长三角乡村振兴与发展观察

CHANGSANJIAO
XIANGCUN
ZHENXING
YU FAZHAN GUANCHA

严瑾 刘祖云 等 著

社会科学文献出版社
SOCIAL SCIENCES ACADEMIC PRESS (CHINA)

序　一

实施乡村振兴战略，是党中央从党和国家事业全局出发，着眼于实现中华民族伟大复兴、实现“两个一百年”奋斗目标、顺应亿万农民对美好生活的向往做出的重大决策，是新时代“三农”工作的总抓手，有着深刻丰富的内涵和非常重要的意义。十八大以来，我们党带领全国人民，打赢了历史上规模空前、力度最大、惠及人口最多的脱贫攻坚战，朝着共同富裕的目标又迈出了坚实的一大步。习近平总书记指出：“农业强不强、农村美不美、农民富不富，决定着亿万农民的获得感和幸福感，决定着我国全面小康社会的成色和社会主义现代化的质量。”全面建设社会主义现代化强国，最艰巨最繁重的任务在农村，最广泛最深厚的基础在农村，最大的潜力和后劲也在农村。党的二十大报告提出，要全面推进乡村振兴，加快建设农业强国。因此，必须立足我国的基本国情和现实农情，坚持走中国特色社会主义乡村振兴道路，着力推动农业全面升级、农村全面进步、农民全面发展，扎实推动乡村产业、人才、文化、生态、组织振兴，让亿万农民有更多获得感、幸福感，共享改革发展的成果。

长三角地区作为我国经济最具活力、开放程度最高、创新能力最强的区域之一，有条件、有基础在推进乡村振兴战略中争做示范，打造成我国发展强劲的增长极，引领全国高质量发展。2018 年 11 月，党中央将长三角一体化发展上升为国家战略，着力落实新发展理念，构建现代化经济体系，推进更高起点的深化改革和更高层次的对外开放，为长三角地区全面高质量发展带来了新机遇。《长江三角洲区域一体化发展规划纲要》明确提出，要促进城乡融合发展，提升乡村发展品质。近年来，上海以“363”工程为抓手，着力打造“三园”工程，努力建设具有浓郁江南水乡特征及大都市郊区特色的农业农村；江苏则围绕建设“强富美高”新江苏这一战略任务，努力在城乡融合发展方面先行探索、做出示范，力争率先实现农业农村现代化、在乡村振兴中走在全国前列；浙江以“五万工程”和“五大行动”为抓手，努力打造乡村振兴示范省，致力于率先实现农业农村现代化；安徽提出到2035年要基本实现农业农村现代化，努力建成美丽中国先行区，到2050年实现乡村全面振兴。总体上，该区域在推进乡村振兴实践中，已形成了一些可复制、可推广、可借鉴的发展模式。因而，系统观察和研究上海、江苏、浙江、安徽三省一市乡村振兴战略的实践路径、发展现状和典型做法，不仅对进一步推进长三角地区紧扣“一体化”和“高质量”两个关键、深入推进重点领域一体化建设与全面推进乡村振兴有着重要的参考价值，更对引领和辐射整个长江经济带乃至全国实现乡村振兴高质量发展有着重要作用。

2019年7月，南京农业大学携手南京国家农创中心、浙江大学、上海交通大学、宁波大学、安徽农业大学等12所高校、机构和企业代表，联合发起成立了长三角乡村振兴战略研究院（联盟），汇聚长三角地区高校、园区和企业的科技、人才等多方资源，积极探索服务乡村振兴和长三角一体化发展的新路径、新方略。我非常高兴受邀参加了研究院的成立大会，并在会上做了“特色农镇研究与实践”主旨报告。多年来，我在从事农业科研工作的同时，也十分关注我国“三农”发展并围绕现代农业、农业科技、农业科研管理与服务等领域开展了持续研究。在我国进入新发展阶段、构建新发展格局中，乡村振兴应该聚焦政府要粮食、农民要效益、市民要放心、环境要绿色、竞争要强劲、农村要美丽等关键问题，实现产业融合、功能融合、城乡融合和居民融合，充分利用好两种资源、两个市场，推动大食物观、整产业链、全绿色化、深融合度、多功能性、高附加值、强竞争力的农业不断迈向新的高度。

南京农业大学一直注重发挥科技、人才、平台等综合优势，坚持“扎根大地办大学”，在服务脱贫攻坚和乡村振兴中做出了积极贡献。在长三角乡村振兴战略研究院（联盟）成立后，迅速组织一批专家学者，围绕长三角地区乡村振兴的重点、热点、难点领域，深入开展了学术观察和调查研究，充分彰显了高校在服务乡村振兴战略中的卓越情怀和责任担当。《长三角乡村振兴与发展观察》一书，从高校农业科技工作者角度为我们呈现了长三角地区乡村振兴政策制度、乡村产业、农村基层党建、农村社区建设、农村土地市场、普惠金融、新型农业经营主体等发展的现状，并将视野拓展到国际乡村振兴的经验和高校积极主动服务乡村振兴的路径方略，深入调研了大量的实践案例，研判了存在的问题和挑战，并提出了对策建议和未来展望。该书深入观察了长三角地区乡村振兴高质量发展的成就与经验，提出了许多新观点、新思路，总结了许多新案例、新模式，提出了许多重要结论和有益建议，具有很好的前瞻性和开拓性，同时也对全国乡村振兴高质量发展和农业农村现代化提供了宝贵借鉴和重要参考。

对《长三角乡村振兴与发展观察》一书的出版表示热烈祝贺！期待社会各界同人给予宝贵意见和建议，共同在乡村振兴的伟大事业中迈出坚实的足迹、交流奋斗的心迹，为建设发达、美丽、微笑、安心的新乡村不断贡献智慧和力量！

中国工程院院士

陈剑平

2022 年 10 月

序　二

当前，中国特色社会主义迈进了新时代，中国发展进入新的历史方位。习近平总书记强调，实施乡村振兴战略是关系全面建设社会主义现代化国家的全局性、历史性任务，要坚持把实施乡村振兴战略作为新时代“三农”工作的总抓手。党的二十大报告指出，要全面推进乡村振兴，坚持农业农村优先发展，巩固拓展脱贫攻坚成果，加快建设农业强国。的确，实施乡村振兴战略是一项具有长期性、复杂性和艰巨性的系统工程，有许多重大问题需要深入研究。随着乡村振兴战略的全面推进，在新发展阶段，“三农”工作也面临着如何全面准确贯彻落实新发展理念、构建新发展格局、加快高质量发展的挑战，这也赋予高校科学研究和服务社会新的机遇和使命。

长三角地区作为引领中国经济与社会发展最重要的区域之一，在践行乡村振兴战略上理应走在前列，率先完成乡村振兴的使命，为乡村振兴战略实施提供样板与经验借鉴，为中国乡村振兴与民族伟大复兴探路。因而，系统观察、深入分析与研究长三角地区推进乡村振兴战略的理念、政策和实践，意义尤为重大。作为位于长三角地区的教育部直属高校、已有 120 年办学历史的南京农业大学，正因其与“三农”工作天然的紧密联系，敏锐地找准了乡村振兴与长三角区域一体化两个国家战略的有机契合点，于 2019 年 7 月牵头成立并积极倡议联合长三角地区知名涉农高校和南京国家农创中心等涉农机构与企业，成立了长三角乡村振兴战略研究院（联盟）。在此基础上，设计了“长三角乡村振兴发展观察项目”，并设立了 7 个子课题，组织学校专家学者针对长三角地区乡村振兴与农业农村现代化的重点、难点和热点问题，开展具有全局性、战略性、前瞻性的理论和实践研究，致力于面向“三农”主战场，做出属于“南农”的时代贡献。

通过三年多来的系统谋划、扎实调研、深入研究，围绕长三角地区农村基层党建、农村社区建设、乡村产业发展、农村土地市场、普惠金融、新型农业经营主体发展等主题，南京农业大学的专家团队走进田野乡村、走进基层一线、走进社会现实，将问题导向与现实主题紧密结合，持续地观察与思考长三角乡村振兴发展状况与路径，并为长三角地区乡村振兴发展提供多样化的科技支撑与智力支持。《长三角乡村振兴与发展观察》一书的出版，正是南京农业大学一群知农村、懂农业、爱农民的专家学者不断发挥学校学科和智力优势，助力解决乡村振兴实施过程中遇到的复杂性、代表性、综合性现实问题的集体发声，展现了新时代全面推进乡村振兴战略中南京农业大学的智慧与担当。

《长三角乡村振兴与发展观察》一书真实记录了长三角地区推进乡村振兴的进程，深度挖掘典型经验和创新模式，深入进行理论阐释与实践凝练，既可以为地方政府及相关部门提供决策参考和政策咨询，又可以为学术界提供一线数据、学术资料与实践案例。相关的研究也同时促进了南京农业大学服务乡村振兴的实践与人文社会科学的发展，在项目实施和本书撰写中，打破学科界限，实现了研究团队的广泛交流，开展了系统性、综合性的梳理与总结，也直面长三角地区乡村振兴中的挑战与难题，促进了研究和实践的进一步深入和拓展。

在全面推进乡村振兴、加快农业农村现代化的新征程中，南京农业大学将一如既往地坚持“扎根中国大地办大学”的使命担当，怀着深厚的“三农”情怀，努力当好乡村振兴的智囊团和思想库，持续贡献“南农”力量和“南农”智慧，努力产出高质量、高水平的研究成果，为长三角乃至全国全面推进乡村振兴提供智力支持和决策参考。

我们将深入学习和贯彻党的二十大精神，进一步贯彻落实习近平总书记给全国涉农高校书记校长和专家代表回信的精神，坚持以立德树人为根本，以强农兴农为己任，在新时代“三农”工作的广阔舞台，继续干事创业、砥砺前行。希望以《长三角乡村振兴与发展观察》一书的出版为契机，搭建社会各界同仁共同交流研讨的平台，共同努力为推进乡村振兴与农业农村现代化，做出新的更大贡献！

南京农业大学党委书记
陈利根
2022 年 10 月

前言

在实施乡村振兴战略中，涉农高校不仅肩负着服务国家战略的使命与责任，也迎来了实现自身跨越式发展的新机遇。南京农业大学在建设成为“农业特色世界一流大学”的征程中，一直注重扎根中国大地办大学，发挥科技和人才优势积极服务国家战略，并于2019年倡议并发起成立了长三角乡村振兴战略研究院（联盟），致力于打造乡村振兴的高端智库、人才培养的智慧摇篮和技术示范推广的典型样板。在长三角乡村振兴战略研究院成立后，南京农业大学社会合作处（新农村发展研究院办公室）积极组织学校专家和团队，根据乡村振兴战略“产业兴旺、生态宜居、乡风文明、治理有效、生活富裕”二十字方针，主要围绕长三角地区乡村振兴中的重点、难点、热点问题，紧锣密鼓地开展学术观察与研究。《长三角乡村振兴与发展观察》就是长三角乡村振兴战略研究院等联合资助的研究项目及其成果。“长三角乡村振兴发展观察”的研究项目共设置7个子课题，它们分别是以下内容。

第一，葛笑如、王燕主持的“长三角农村基层党建发展观察”（SKGL2019017）；

第二，姚兆余主持的“长三角农村社区建设发展观察”（SKGL2019018）；

第三，陈超主持的“长三角乡村产业发展观察”（SKGL2019015）；

第四，吴群主持的“长三角农村土地市场发展观察”（SKGL2019014）；

第五，董晓林、张龙耀主持的“长三角普惠金融发展观察”

（SKGL2019016）；

第六，何军主持的“长三角新型农业经营主体发展观察”（SKGL2019019）；

第七，刘祖云主持的“长三角乡村振兴发展观察协调项目”（SKGL2019013）。

该项目的研究目的是：集中南京农业大学人文社会科学研究的团队与力量，通过田野调研，了解长三角地区在乡村振兴战略实施过程中的基本状况与实践经验，并识别长三角地区在乡村建设与发展中存在的一些问题，以提出相应的对策建议。

同时，书中第八章由严瑾撰写的“乡村振兴与发展的个案观察”，分别对乡村振兴的国际代表性案例开展研究分析，对长三角地区以南京农业大学为代表的涉农高校服务乡村振兴的实践案例进行了深入观察，进一步丰富了研究视域，期待能对今后更好地服务乡村振兴工作带来有益启发。

项目的实施和本书的编写离不开南京国家农创中心的大力支持，离不开南京农业大学领导和专家的指导帮助，学校社会合作处（新农村发展研究院办公室）与人文社科处具体承担了项目的组织、推进与管理工作，尤其是在项目的布局谋划、经费筹措、组织实施与成果凝练的全过程中，相关同仁做了大量组织、协调、沟通、服务等工作，向所有对本书给予支持帮助的专家、领导和管理协调者表示诚挚的谢意！

在项目的调查与研究中，南京农业大学相关学科的本科生、硕士生与博士生，都不同程度地参与其中，向这些参与的同学表示诚挚的谢意！每个项目的调查与研究，其背后都有一个学术团队在支持，一并向他们表示诚挚的谢意！

最后，囿于时间与能力的限制，我们呈现的研究成果，难免还存在诸多不足之处。随着研究和实践的不断深入，期待今后会有新的资料继续丰富我们的研究成果。期盼能以本书的出版为契机，搭建践行服务乡村振兴的学习和交流平台，敬请行政管理部门、学术同行、各界同仁不吝指正！

《长三角乡村振兴与发展观察》编写组

第一章｜长三角乡村振兴政策观察*

自党的十九大提出实施乡村振兴战略以来，中央及地方政府都极其重视乡村振兴战略的实施。2018 年以来，国家层面，中共中央、国务院印发的《中共中央 国务院关于实施乡村振兴战略的意见》《乡村振兴战略规划（2018—2022 年）》以及各部委出台的系列行动方案与实施意见，完成了搭建乡村振兴战略“四梁八柱”的任务。地方层面特别是省级政府层面，相继制定了各具特色的乡村振兴规划，出台了乡村振兴战略实施方案，为辖区内乡村振兴确定了路线图、时间表和任务书。

长三角作为引领中国经济与社会发展最重要的区域，在乡村振兴战略实施上理应走在前面，为中国乡村振兴与国家复兴探路，率先完成乡村振兴的使命，为中西部欠发达地区乡村振兴的实施提供样板与经验借鉴。从这一点上看，分析观察长三角乡村振兴政策及其实践意义重大。

本章以长三角四地（上海、江苏、浙江、安徽）乡村振兴实施方案政策文本为分析对象，运用 Python 语言展开政策文本分析，以期把握经济发达地区乡村振兴战略实施的内在规律与特点，为乡村振兴理论界与实务界提供有益借鉴。

第一节　实施方案整体分析

一　文本结构

2018~2019 年，长三角三省一市相继出台了乡村振兴战略实施方案，各地乡村振兴战略实施方案的内容结构详见表 1-1。

* 本章负责人：刘述良，南京农业大学公共管理学院副教授，专业硕士生导师。

表 1-1　长三角三省一市乡村振兴战略实施方案的内容结构

内容结构	《上海市乡村振兴战略实施方案（2018—2022 年）》	《江苏省乡村振兴战略实施规划（2018—2022 年）》	浙江省《全面实施乡村振兴战略高水平推进农业农村现代化行动计划（2018—2022 年）》	《中共安徽省委、安徽省人民政府关于推进乡村振兴战略的实施意见》
第一部分（或篇）	总体目标	规划背景（含重大意义、振兴基础、机遇挑战）	总体要求（含重大意义、指导思想、目标任务、基本原则）	深刻认识新时代实施乡村振兴战略的重大意义
第二部分（或篇）	基本原则	总体要求（含发展目标、重点工程）	实施乡村产业振兴行动，全面加快农村产业融合发展	全面把握实施乡村振兴战略的总体要求（含指导思想、目标任务、基本原则）
第三部分（或篇）	主要内容（含“美丽家园”工程、“绿色田园”工程、“幸福乐园”工程）	构建乡村振兴新格局	实施新时代美丽乡村建设行动，全面打造人与自然和谐共生新格局	提升农业发展质量，培育乡村发展新动能
第四部分（或篇）	保障机制	率先实现农业现代化	实施乡村文化兴盛行动，全面塑造淳朴文明良好乡风	推进乡村绿色发展，打造人与自然和谐共生发展新格局
第五部分（或篇）		培育乡村经济新动能	实施“三治结合”提升行动，全面推进乡村治理体系和治理能力现代化	繁荣兴盛农村文化，焕发乡风文明新气象
第六部分（或篇）		建设生态宜居的美丽乡村	实施富民惠民行动，全面促进全体农民共同富裕	加强农村基层基础工作，构建乡村治理新体系
第七部分（或篇）		繁荣发展乡村文化	全面深化农村改革，深入推进城乡融合发展制度建设	提高农村民生保障水平，塑造美丽乡村新风貌
第八部分（或篇）		完善现代乡村治理体系	加强科技创新与人才培育，增强农业农村发展支撑	打好精准脱贫攻坚战，增强贫困群众获得感
第九部分（或篇）		保障和改善乡村民生	加强农村党建引领，全面夯实基层基础	推进体制机制创新，强化乡村振兴制度性供给
第十部分（或篇）		构建城乡融合发展制度体系	切实加强组织领导	汇聚全社会力量，强化乡村振兴人才支撑

续表

内容结构	《上海市乡村振兴战略实施方案（2018—2022年）》	《江苏省乡村振兴战略实施规划（2018—2022年）》	浙江省《全面实施乡村振兴战略高水平推进农业农村现代化行动计划（2018—2022年）》	《中共安徽省委、安徽省人民政府关于推进乡村振兴战略的实施意见》
第十一部分（或篇）		规划实施		开拓投融资渠道，强化乡村振兴投入保障
第十二部分（或篇）				坚持和完善党对“三农”工作的领导

从表1-1可见，各地实施方案名称分别取名为“实施方案”（上海）、“实施规划”（江苏）、“行动计划”（浙江）、“实施意见”（安徽），名称存在一定差异，但都旨在推动乡村振兴战略的实施。从篇幅及结构来看，上海市的实施方案相对简单一些，篇幅也是长三角中最短的。相较而言，江苏、浙江、安徽乡村振兴实施方案的内容要翔实得多，特别是江苏的乡村振兴战略实施规划长达6.42万字，是长三角中篇幅最长、论述最详细的实施方案。

二　各地实施方案全文分析

1. 上海

《上海市乡村振兴战略实施方案（2018—2022年）》（以下简称“上海乡村振兴实施方案”）的发布为上海乡村振兴提供了详尽的目标、方向、任务和保障机制。基于该方案全文的Python词频分析结果，上海乡村振兴实施方案围绕中央总体部署，将注意力和工作重心放在规划编制与实施（包括战略规划、村庄规划和农业布局规划等）、政策设计、调整农业产业结构、推动农村土地流转、推进美丽乡村建设、开展乡村振兴示范试点等工作上。通过破解关键难题、强化保障机制，力求扎实推进乡村产业、生态、宜居、乡风、乡村治理及村民生活等方面的工作，打造具有江南水乡特色、大都市郊区特色的新型上海农村。本文基于Python提取了方案全文前100个高频词，并从高到低进行了排列（见表1-2）。

表 1-2　上海乡村振兴实施方案全文高频词（前 100 位）

语词	频数	语词	频数	语词	频数	语词	频数	语词	频数
农业	37	牵头	12	覆盖	7	村庄	5	产业	4
农民	36	提升	11	行动计划	7	打造	5	村民	4
乡村	34	服务	10	机制	7	建立	5	达到	4
农村	28	个	10	加大	7	考评	5	督查	4
实施	27	工程	10	力度	7	培训	5	高效	4
区	19	集中	10	模式	7	任务	5	管理	4
推进	19	居住	10	生态	7	示范	5	环境	4
规划	18	上海	10	用地	7	水产	5	基本	4
建设	18	完善	10	公共服务	6	水平	5	技术	4
发展	15	振兴	10	加快	6	体系	5	利用	4
工作	15	促进	9	经营	6	推广	5	美丽	4
年	15	加强	9	培育	6	围绕	5	年度	4
涉农	15	提高	9	全面	6	文化	5	平台	4
部门	14	为	9	生产	6	相结合	5	区域	4
绿色	14	坚持	8	循环	6	新	5	确保	4
相关	14	开展	8	要	6	新型	5	融合	4
就业	13	品牌	8	制度	6	政策	5	生活	4
农产品	13	实现	8	重点	6	职业	5	探索	4
到	12	特色	8	编制	5	按照	4	现代化	4
配合	12	创业	7	创建	5	帮扶	4	项目	4

上海将乡村视为超大城市的功能承载者、城市能级与核心竞争力提升的战略资源。从上海乡村振兴实施方案全文词云图（见图 1-1）和表 1-2 来看[①]，上海乡村振兴的具体思路和举措体现为上海市乡村振兴实施“363”

① 词云图均为运用 Python 对方案全文或部分文本进行分词及基于词频统计得来，在设置词云图参数时，relative_ scaling 即词条频数比例和字号大小比例的换算关系取默认值 0.5，即削弱高频词的大小，以防止不同频率的语词大小过于悬殊。如未做说明，relative_ scaling 均取默认值 0.5。

工程，即以项目化为抓手，通过建设“三园”工程（包括“美丽家园”工程、“绿色田园”工程、“幸福乐园”工程）、六大行动计划、三大保障机制落实乡村振兴各项关键举措。

图 1-1　上海乡村振兴实施方案全文词云图

2. 江苏

文本分析结果表明，《江苏省乡村振兴战略实施规划（2018—2022 年）》（以下简称“江苏乡村振兴实施方案”）在注重对接国家规划和目标的同时，亦注重系统谋划，体现建设“强富美高”新江苏的时代特色，尝试走出一条具有江苏特色的乡村振兴之路，在突出梯次推进的同时，设置任务专栏，以细化各项乡村振兴任务并与重大工程、行动相衔接。从内容来看，江苏乡村振兴实施方案在阐述乡村振兴战略重大意义、总体要求、基本原则、乡村振兴格局、率先实现农业现代化、培育现代乡村产业体系和乡村经济发展新动能、生态宜居、农业绿色发展、乡村文化与乡风文明、现代乡村治理体系建设、乡村民生改善及生活富裕、乡村振兴支撑保障等议题上都设置了相应的指标和任务。本文提取了江苏乡村振兴实施方案全文前 100 个高频词，并从高到低进行了排列（见表 1-3）。

表 1-3 江苏乡村振兴实施方案全文高频词（前 100 位）

语词	频数	语词	频数	语词	频数	语词	频数	语词	频数
农村	456	加快	106	创新	73	生活	58	有	47
农业	412	到	105	培育	73	能力	55	统筹	46
乡村	381	为	105	提高	73	保障	54	战略	46
建设	347	开展	104	城乡	72	健全	54	打造	45
发展	323	支持	104	基本	72	乡镇	54	优化	45
推进	220	建立	103	水平	71	主体	54	有效	45
农民	194	机制	96	管理	69	集体	53	促进	44
服务	160	农产品	96	新	68	村	52	功能	44
文化	151	推动	92	地区	66	设施	51	省级	44
提升	141	鼓励	90	工作	66	新型	51	土地	44
加强	139	实现	90	综合	66	引导	51	个	43
生态	135	体系	89	规划	65	创业	50	技术	43
特色	133	制度	88	经济	64	形成	50	加大	43
实施	129	改革	86	融合	64	传统	49	人才	43
振兴	128	生产	86	社会	63	企业	49	文明	43
完善	123	政策	86	治理	63	探索	49	现代农业	43
保护	115	全省	83	基础设施	62	基层	48	一批	43
产业	111	组织	83	村庄	59	坚持	48	达到	42
重点	111	工程	77	强化	58	经营	48	环境	42
年	108	资源	75	全面	58	江苏	47	示范	42

从江苏乡村振兴实施方案全文词云图（见图 1-2）和表 1-3 来看，江苏着力从城乡融合发展的角度，加快建设农业强、农村美、农民富的新时代鱼米之乡。从内容看，江苏乡村振兴方案非常注重解决城乡关系、农村低收入群体及农民增收、乡村宜居、农村基层治理、农村土地改革、脱贫攻坚、小城镇发展、农业结构优化、现代农业经营体系、乡村生态保护、乡村文化、乡村生活富裕、乡村基础设施、乡村振兴人才支撑、多元投入机制、责

任落实、加强领导、考核评估等议题，旨在高质量推进特色小镇、特色田园乡村和新型农村社区建设，大力改善农村基础设施，补齐农村基本公共服务短板，体现出系统谋划、准确聚焦、有序推进乡村振兴战略的特点。

图 1-2　江苏乡村振兴实施方案全文词云图

3. 浙江

文本分析结果显示，浙江省《全面实施乡村振兴战略高水平推进农业农村现代化行动计划（2018—2022 年）》（以下简称“浙江乡村振兴实施方案”）把实施乡村振兴作为新时代“三农”工作的总抓手，力图在生态农业、美丽乡村、农民收入增长、农村改革、乡村面貌及农民生活、生态宜居、城乡融合等方面实现大突破、大发展，浙江乡村振兴实施方案明确了近、中、远期目标，围绕产业振兴、一二三产业融合发展、高效生态农业、新型农业主体、美丽乡村、乡村文化、农村人居环境质量、农民素质提升、农村实用人才培养、农村头雁、富民惠民、农村土地改革、农村集体产权改革、乡村治理机制创新、村党组织领导等方面做文章，力求取得重大突破。本文提取了浙江乡村振兴实施方案全文前 100 个高频词，并从高到低进行了排列（见表 1-4）。

表 1-4 浙江乡村振兴实施方案全文高频词（前 100 位）

语词	频数	语词	频数	语词	频数	语词	频数	语词	频数
农村	170	产业	31	领导	21	落实	15	好	12
乡村	146	深化	31	人才	21	年	15	科技	12
建设	111	治理	31	支持	21	强化	15	社会	12
农业	108	融合	30	保障	20	现代化	15	土地	12
推进	93	机制	28	建立	20	新	15	用地	12
发展	84	培育	28	保护	19	基层	14	部分	11
振兴	82	推动	28	改革	19	农户	14	服务体系	11
加强	63	工程	27	基本	17	提高	14	构建	11
完善	63	经济	27	能力	17	不	13	鼓励	11
农民	60	生态	27	三农	17	高水平	13	规划	11
实施	53	坚持	26	利用	16	合作社	13	集体经济	11
加快	52	实现	26	美丽	16	生活	13	开展	11
服务	47	城乡	25	农产品	16	新型	13	绿色	11
文化	44	管理	23	特色	16	形成	13	全	11
全面	43	深入	23	文明	16	浙江	13	试点	11
提升	43	组织	23	有	16	质量	13	要求	11
村	40	创业	22	把	15	重点	13	宅基地	11
体系	40	党组织	22	到	15	党员	12	战略	11
工作	37	政策	22	对	15	覆盖	12	主体	11
制度	36	创新	21	行动	15	干部	12	标准	10

从浙江乡村振兴实施方案全文词云图（见图 1-3）和表 1-4 来看，坚持基层创新示范带动、坚持数字化改革引领，致力于建设高质量乡村振兴示范省是浙江乡村振兴的总体思路，其乡村振兴实施方案紧紧围绕农业农村现代化、农村产业融合发展、美丽乡村建设、乡村文化与乡风建设、“三治结合”、“三位一体”农合联改革、乡村治理体系和治理能力现代化、富民惠民、深化农村改革、城乡融合、科技创新与人才培育、农村党建引领、全面夯实基层基础、切实加强组织领导等领域体系化、系统化推进，体现出数字化、标准化、工农互促、城乡融合、系统衔接的特点。

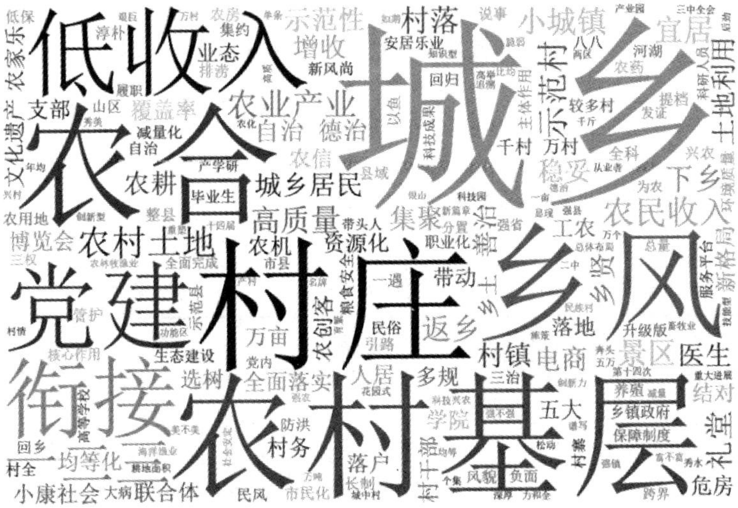

图 1-3　浙江乡村振兴实施方案全文词云图

4. 安徽

《中共安徽省委、安徽省人民政府关于推进乡村振兴战略的实施意见》（以下简称“安徽乡村振兴实施方案”）要求各级党委、政府把实施乡村振兴置于优先位置，夯实责任，分阶段完成乡村振兴的目标任务，旨在实现农业综合产能提升、完善农业供给体系、农村一二三产业融合发展、拓宽农民增收渠道、缩小城乡居民生活水平差距、解决区域性整体贫困，完成农村厕所、垃圾、污水专项整治“三大革命”，改善农村基础设施，最终实现城乡基本公共服务均等化和城乡融合发展，提升农村人才吸引力，改善农村生态环境，推进农村改革、乡村治理改革和乡村文明建设。本文提取了安徽乡村振兴实施方案全文前 100 个高频词，并从高到低进行了排列（见表 1-5）。

安徽乡村振兴实施方案强调以问题为导向，针对农业农村发展中存在的短板弱项，突出乡村发展、乡村建设和乡村治理三项重点，围绕年度性任务和针对性举措，以重大工程、重大项目为抓手，扎实稳妥地推进乡村建设，加快推动乡村发展。从安徽乡村振兴实施方案全文词云图（见图 1-4）和表 1-5 来看，安徽乡村振兴实施方案聚焦质量兴农、绿色兴农、农业对外开放、现代农业发展、农村思想道德建设、农村公共文化、农村基层党组织、法治乡村、平安乡村、健康乡村、精准脱贫攻坚、农村基本经营制度、农村土地制度改革、农村"三变"改革、新型职业农民、财政投入和资金筹集、农村工作领导体制机制等议题，注重对接中央乡村振兴目标，统筹兼顾，强调可操作性，力求目标清晰、措施有力。

表 1-5 安徽乡村振兴实施方案全文高频词（前 100 位）

语词	频数	语词	频数	语词	频数	语词	频数	语词	频数
农村	173	体系	33	重点	22	培育	17	向	14
乡村	163	文化	32	扶贫	20	引导	17	新型	14
建设	110	保护	31	社会	20	城乡	16	作用	14
农业	100	生态	31	生产	20	行动	16	促进	13
振兴	83	推动	31	新	20	基层	16	大力	13
推进	81	落实	30	治理	20	加大	16	鼓励	13
实施	74	改革	29	产业	19	力度	16	生活	13
农民	66	为	29	基本	19	深入	16	现代化	13
发展	65	年	28	领导	19	统筹	16	政府	13
加强	53	政策	28	要	19	文明	16	制定	13
工作	52	战略	27	组织	19	质量	16	资金	13
服务	42	坚持	26	管理	18	发挥	15	保险	12
提升	41	建立	26	能力	18	集体	15	党	12
全面	40	脱贫	26	人才	18	农户	15	干部	12
制度	37	健全	25	三农	18	深化	15	教育	12
支持	36	强化	24	提高	18	特色	15	美丽	12
机制	34	实现	23	创新	17	综合	15	群众	12
完善	34	保障	22	村	17	持续	14	问题	12
加快	33	到	22	工程	17	全省	14	用地	12
开展	33	农产品	22	好	17	设施	14	宅基地	12

三 总体分析结论

从乡村振兴战略实施方案的总体结构来看，长三角四地的政策文本既有共同之处，也有明显差异，主要体现在以下几点。

图 1-4　安徽乡村振兴实施方案全文词云图

第一，在注重对接国家规划和目标的同时，强调因地制宜，体现地域特色。中央层面，在乡村振兴战略提出后，制定了《乡村振兴战略规划（2018—2022 年）》，印发了《中国共产党农村工作条例》，并积极推进《乡村振兴促进法》的制定。从政策文本的内容及政策制定思路来看，长三角四地均努力对接中央乡村振兴战略规划与目标，都致力于解决本地区农业农村发展中的突出矛盾与问题。其中，上海重点解决的是如何推进特大城市乡村振兴工作的问题。江苏着力解决城乡之间以及区域内部乡村之间发展不平衡不充分的问题，目的是要消除经济社会发展中“三农”的短板。浙江在新时代“两个高水平”建设层面，主要将乡村振兴问题定位于农业生产方式转型，提升乡村规划能力、建设能力、管理水平及农村公共服务能力。安徽则以习近平总书记视察安徽特别是视察小岗村时所做的重要讲话精神为指导，系统推进“三农”工作。

第二，虽然表述有所差异，但四地实施方案在内容结构上都涵盖了“总体目标”“基本原则”“主要内容”“保障机制”。从谋篇布局和篇幅来看，上海乡村振兴实施方案由 4 个部分组成，共 0.48 万字；江苏乡村振兴实施方案由 11 个部分组成，共 6.42 万字；浙江乡村振兴实施方案由 10 个部分组成，共1.75万字；安徽乡村振兴实施方案由12个部分组成，共1.94万字。江苏乡村振兴实施方案最为翔实。

第三，在具体思路和举措上，各地都强调要解决关键难题，把解决好“三农”问题作为全党工作的重中之重，但在路径选择上各有侧重。其中，上海围绕“强村、富民、美环境”，着力打造“363”工程。江苏则坚持系统谋划，力求在率先实现农业现代化、培育现代乡村产业体系和乡村经济新动能、生态宜居、农业绿色发展等方面实现重大突破。浙江力图在生态农业、美丽乡村、农民收入增长、农村改革、乡村面貌及农民生活、生态宜居、城乡融合等问题上实现大突破、大发展。安徽则强调坚持党管农村工作、坚持农业农村优先发展、坚持城乡融合发展，强调质量兴农、绿色兴农，统筹兼顾，注重方案的可操作性。

第四，在目标定位上，四地都强调要通过乡村产业、乡村人才、乡村文化、乡村生态、乡村组织振兴，大力促进城乡融合发展、质量兴农、乡村绿色发展、乡村文化兴盛、乡村善治。但在具体表述上，各地设定的目标差异较明显。上海最终要建成具有浓郁江南水乡特征及大都市郊区特色的上海农业农村。江苏努力在城乡融合发展方面先行探索、做出示范，力争率先实现农业农村现代化，在乡村振兴中走在全国前列。浙江确立了分四步走的阶段目标，努力打造乡村振兴示范省，目标是要率先实现农业农村现代化，跻身国际先进水平。安徽提出到2035年要基本实现农业农村现代化，并成为美丽中国先行区，到2050年实现乡村全面振兴。

第五，在实现机制上，各地都设置专篇讨论乡村振兴实施方案的落地问题，都强调要加强党在农业农村工作中的领导地位，推进体制机制改革，激发各方活力，以确保乡村振兴工作有序推进。在具体方案设计上，四地各有偏重。上海强调要推进组织体制完善，落实五级书记抓乡村振兴，推进督查考核和信息推送工作，强调要发挥好典型的示范引领作用。江苏则从加强党的领导、落实各方责任、强化法治保障、动员社会参与、严格评估考核等方面，推进乡村振兴工作。浙江在强调党管农村工作的同时，尝试建立乡村振兴专家决策咨询制度。安徽则致力于完善乡村振兴战略领导责任制，初步建构起省负总责、市县抓落实、乡村组织实施的工作机制。

第二节　分主题分析

一　关于产业兴旺

1. 上海

文本分析结果显示，在产业方面，上海实施现代农业经营体系行动计划，积极发展新型农业经营主体，围绕生产方式、生态循环农业、农业科技装备、绿色农产品产销平台、一二三产业融合、农业社会化服务、做强做大农产品品牌，促进产业结构调整，实现农业产业提质增效，发展农村产业新业态，提升农村产业能级水平。本文提取了上海乡村振兴实施方案主要内容部分排在前 50 位的高频词（见表 1-6）。

表 1-6　上海乡村振兴实施方案主要内容部分的高频词（前 50 位）

语词	频数	语词	频数	语词	频数	语词	频数	语词	频数
部门	12	安置	2	安全	1	病虫害	1	产销	1
编制	5	按照	2	安全感	1	不断	1	产业化	1
创建	5	并	2	办公	1	不少	1	场所	1
帮扶	4	不	2	保护区	1	不同	1	撤并	1
保护	3	财产性	2	保留	1	部分	1	城乡	1
布局	3	城乡建设	2	保障局	1	财政投入	1	城镇居民	1
城镇	3	传统	2	比	1	策划	1	持续增长	1
创新	3	App	1	标志	1	层级	1	充满活力	1
产业	3	GDP	1	标准	1	产品	1	畜牧	1
畜禽	3	安防	1	标准化	1	产权制度	1	传承	1

推进绿色生产、提升农业智能化生产与装备水平、壮大经营主体、着力构建大都市乡村产业体系是上海乡村产业振兴的方向。上海乡村产业振兴重

在开发农村产业新业态，树立农业地理和农业品牌形象，积极探索都市郊区农村振兴新模式，找到乡村产业振兴强村的新路子。

2. 江苏

在文本结构上，江苏专门设立第四部分、第五部分解决乡村产业发展问题。在产业现代化方面，江苏坚持以质量兴农、以品质强农以及藏粮于地、藏粮于技的战略，通过现代农业提质增效工程、高标准农田建设和农业供给侧结构性改革、调整农业结构，发展江苏智能农业、特色产业和现代农业生产、经营和产业体系，确保粮食安全。本文提取了江苏乡村振兴实施方案“率先实现农业现代化”部分排在前 50 位的高频词（见表 1-7）。

表 1-7 江苏乡村振兴实施方案“率先实现农业现代化”部分的高频词（前 50 位）

语词	频数	语词	频数	语词	频数	语词	频数	语词	频数
农业	166	企业	25	水平	20	科技	17	产业	14
发展	64	提高	25	鼓励	19	培育	17	到	14
农产品	49	建立	24	加强	19	现代农业	17	农田	14
建设	46	粮食	24	经营	19	重点	17	推动	14
特色	40	推进	23	设施	19	基地	16	优势	14
生产	39	完善	23	农村	18	技术	16	出口	13
提升	27	政策	22	实施	18	全省	16	打造	13
品牌	26	服务	21	优质	18	畜禽	15	高标准	13
体系	26	支持	21	质量	18	农户	15	规模	13
加快	25	保险	20	创新	17	生态	15	合作	13

围绕农业高质高效，强化农业重要基础地位，江苏着力强化现代农业基础支撑。观光农业、质量兴农、提质增效、“两区”建管护、农业装备、农业机械化、耕地保护、土地综合整治、农业产能提升、农业新业态、农业结构调整、精准农业、生物农业、智能农业等领域是江苏农业现代化的发力方向，目的在于藏粮于地、藏粮于技，实现质量兴农、品牌强农。

除了率先实现农业现代化，江苏还计划通过制度、技术与经营模式创新，促进乡村经济多元化发展，为乡村经济发展提供动力。从江苏乡村振兴实施方案提供的路径来看，主要包括挖掘开发乡村资源（如生态资源、农村文化资源等）、发展乡村特色产业（如民间故事、园艺、餐饮、刺绣、非遗产品等）、发展新产业新业态（如创意农业、体验农业等）、实现农村产业融合和构建各类农村发展平台和载体等，实现产业兴村强县和农业农村现代化、信息化。本文提取了江苏乡村振兴实施方案“培育乡村经济新动能”部分排在前50位的高频词（见表1-8）。

表1-8　江苏乡村振兴实施方案“培育乡村经济新动能”部分的高频词（前50位）

语词	频数	语词	频数	语词	频数	语词	频数	语词	频数
农业	66	融合	23	提升	13	产品	9	构建	7
农村	40	新	18	产业链	11	农民	9	鼓励	7
发展	38	培育	15	产业园	11	加快	8	国家	7
和	35	推进	15	省级	11	加强	8	集中区	7
产业	34	服务	14	示范	11	科技	8	经济	7
建设	27	特色	14	推动	11	区	8	开展	7
的	26	现代农业	14	创新	10	全	8	利益	7
农产品	25	支持	14	企业	10	升级	8	平台	7
乡村	25	打造	13	为	10	文化	8	强化	7
等	24	加工	13	与	10	共享	7	休闲	7

发展高效特色农业，繁荣县域富民产业，支持农民就地就近就业创业，实现农村一二三产业融合发展，加快构建比较优势明显、生态友好、生产安全可靠的现代乡村产业体系，是江苏培育乡村经济新动能、实现乡村产业振兴的关键举措。

3. 浙江

浙江坚持农业供给侧结构性改革这一主线，以质量兴农、绿色兴农、科技兴农、品牌强农为抓手，通过发展高效生态农业（主要涉及农业“12188”工程、省级现代农业园区、农业可持续发展示范园、特色农业强镇、示范性农业全产业链、粮食生产功能区建设）、培育新型农业主体（包括建设农业经营者队伍，培育规范化农民合作社、骨干农业龙头企业、示范性家庭农场、农创客创业园）和农业品质品牌（主要涉及建立绿色农业标准体系、标准化生产、全产业链风险管控和农业品牌建设与宣传）、推进农村一二三产业融合，发展现代农业经济，最终打造富有浙江特色的现代农业产业、生产、经营体系。本文提取了浙江乡村振兴实施方案“产业振兴行动”部分排在前 50 位的高频词（见表 1-9）。

表 1-9　浙江乡村振兴实施方案“产业振兴行动”部分的高频词（前 50 位）

语词	频数	语词	频数	语词	频数	语词	频数	语词	频数
农业	38	以上	9	为	6	乡村	5	深化	4
发展	27	绿色	8	现代	6	重点	5	生态	4
产业	16	以	8	产业链	5	大力发展	4	示范性	4
建设	14	个	7	级	5	工程	4	试点	4
农产品	14	加快	7	加强	5	行动	4	特色	4
培育	13	经济	7	家	5	加工	4	一二三	4
推进	11	品牌	7	千亿	5	粮食	4	博览会	3
服务	10	融合	7	生产	5	旅游	4	持续	3
体系	10	实施	7	提升	5	农业产业	4	功能	3
农村	9	完善	6	现代农业	5	平台	4	国家	3

在产业振兴方面，浙江全力优化乡村产业生产力布局，加强乡村产业服务支撑，推动科技人才返乡入乡和绿色发展，以“两进两回”赋能乡村产业高质量发展。

4. 安徽

文本分析结果显示，安徽着力通过农业供给侧结构性改革，坚持质量、绿色兴农理念，提升农业产能（落实皖粮出省战略、严守耕地红线、加强农业节水、发展现代农业产业技术体系和农业大数据信息平台，实现农机装备产业转型升级），制定质量兴农战略规划，促进农村一二三产业走向融合，打造“绿色皖农”品牌，形成一村一品、一县一业发展新格局，实现农村产业兴村强县以及农业强省提升农业竞争力、创新力的目标。本文提取了安徽乡村振兴实施方案“提升产业发展质量”部分排在前 50 位的高频词（见表 1-10）。

表 1-10　安徽乡村振兴实施方案"提升产业发展质量"部分的高频词（前 50 位）

语词	频数	语词	频数	语词	频数	语词	频数	语词	频数
农业	44	小	10	年	6	产业化	4	一批	4
农产品	21	产业	9	农村	6	创建	4	重点	4
发展	20	加快	9	等	5	大力	4	安全	3
和	20	生产	9	工程	5	大力发展	4	产品	3
建设	18	加强	8	推动	5	服务	4	大	3
实施	15	培育	8	现代	5	行动	4	对	3
提升	12	体系	8	兴农	5	开展	4	对接	3
推进	11	乡村	7	支持	5	绿色	4	扶持	3
质量	11	到	6	做	5	特色	4	高标准	3
农户	10	经营	6	安徽	4	新型	4	各类	3

安徽乡村产业振兴的抓手主要是实施十大千亿级绿色食品产业全产业链建设行动，大力推进数字乡村建设和农业农村绿色发展，通过大力发展县域富民产业和加强县域商业体系建设，实现乡村产业的繁荣发展。

5. 各区域产业兴旺政策比较

在产业方面，上海积极实施现代农业经营体系行动计划，努力发展新型农业经营主体，重在开发农村产业新业态、树立农业地理和农业品牌形象，积极探索都市郊区农村振兴新模式，找到乡村产业振兴强村的新路子。

江苏则将工作重点定位于农业产业现代化，旨在通过质量兴农、品质强农及现代农业提质增效工程、高标准农田建设和农业供给侧结构性改革，率先实现江苏农业生产智能化、经营和产业体系现代化。

浙江尝试以质量兴农、绿色兴农、科技兴农、品牌强农为抓手，发展高效生态农业、培育新型农业主体和农业品质品牌，实现农村一二三产业融合，最终形成富有浙江特色的现代农业产业、生产和经营体系。

安徽着力坚持质量、绿色兴农理念，推动农村一二三产业走向融合，打造"绿色皖农"品牌，实现农村产业兴村强县以及农业强省。

二　关于生态宜居

1. 上海

从上海乡村振兴实施方案的文本分析结果看，在生态宜居方面，上海主要通过建设示范村、推动行政村人居环境整治、完善郊野单元（村庄）规划编制以及强化风貌保护，以项目为载体，推进农村水利、交通、生活污水处理、垃圾分类、农田林网、生态廊道建设，打造绿色生态乡村。

此外，上海农居集中计划也是一项值得关注的举措，特别是上海关于解决村落散户的思路，“三高”沿线、生态敏感区、环境整治区村落撤并的思路，村民建房管理制度等，值得其他地区跟进学习。

2. 江苏

本文提取了江苏“建设生态宜居的美丽乡村”部分排在前50位的高频词（见表1-11）。

表1-11　江苏乡村振兴实施方案“建设生态宜居的美丽乡村”部分的高频词（前50位）

语词	频数	语词	频数	语词	频数	语词	频数	语词	频数
保护	43	保水	2	布局	2	宝华	1	边界	1
补偿	14	保有量	2	安全隐患	1	保存	1	标准化	1
岸线	7	保障	2	按	1	保肥	1	滨岸	1
保护区	4	标准	2	按量	1	保护地	1	滨河	1
保洁	4	滨海	2	把	1	保护率	1	滨湖	1
编制	4	并	2	把准	1	保护性	1	濒危	1
按照	3	补贴	2	搬迁	1	保留区	1	病虫害	1
安全	2	补助	2	搬入	1	保土	1	病死	1
安置	2	不	2	包装物	1	保有	1	剥离	1
保持	2	不同	2	薄弱	1	比例	1	捕鱼	1

江苏乡村振兴实施方案内容显示，生态保护已成为江苏乡村振兴的一项重要工作，其举措主要是发展绿色农业（包括保护与节约利用资源、提倡生态循环农业、大力整治农业环境问题等）、建设美丽宜居乡村（包括加强乡村规划、整治农村人居环境、建设特色田园乡村、改善农居条件等）、保护乡村生态（包括乡村生态系统的保护与修复以及构建完善市场化、多元化生态补偿机制等），最终实现乡村生态振兴，建设生态宜居乡村。

3. 浙江

“农村”“建设”“生态”“美丽”等词语是浙江乡村振兴实施方案“美丽乡村建设行动”部分的高频词（见表1-12），“提升”“治理”“振兴”是其中的主基调。

表1-12 浙江乡村振兴实施方案“美丽乡村建设行动”部分的高频词（前50位）

语词	频数	语词	频数	语词	频数	语词	频数	语词	频数
农村	22	加快	8	服务	6	小城镇	5	浙江	4
建设	21	提升	8	森林	6	振兴	5	制度	4
推进	16	治理	8	深入	6	城镇	4	质量	4
生态	12	村庄	7	有	6	管理	4	标准	3
乡村	11	个	7	行动	5	机制	4	财政	3
美丽	10	工程	7	环境	5	垃圾	4	处理	3
加强	9	能力	7	落实	5	年	4	打造	3
实施	9	农业	7	全面	5	设计	4	到	3
完善	9	保护	6	实现	5	特色	4	覆盖	3
分类	8	城乡	6	推动	5	以上	4	革命	3

从浙江乡村振兴实施方案内容看，浙江推进乡村生态宜居的思路是统筹规划、特色鲜明、全域推进，主动融入“四大”（大湾区、大花园、大通道、大都市区）建设，通过实施“千村精品、万村景区”工程、保护和修复农村生态、加强乡村规划设计和村庄特色风貌引导保护、全方位提高农村人居环境质量、促进农村基础设施提档升级、加快小城镇建设进度等手段，力图打造现代版“富春山居图”，使乡村成为美丽浙江的底色。

4. 安徽

从文本分析的结果看，安徽乡村振兴实施方案“生态宜居建设”部分的高频词主要有“生态”“保护”“补偿”“绿色生态”“功能区”“综合治理”等（见表1-13），综合治理、生态保护、环境整治是安徽生态宜居建设的努力方向。

表 1-13　安徽乡村振兴实施方案“生态宜居建设”部分的高频词（前 50 位）

语词	频数	语词	频数	语词	频数	语词	频数	语词	频数
生态	17	发展	5	自然	4	养殖	3	达到	2
和	12	森林	5	防治	3	优势	3	打造	2
农村	9	湿地	5	废弃物	3	综合	3	到	2
推进	8	乡村	5	服务	3	综合治理	3	国家	2
保护	7	制度	5	功能区	3	病虫害	2	行动	2
加强	7	建设	4	落实	3	草地	2	好	2
加快	6	开展	4	绿色	3	产品	2	河湖	2
农业	6	流域	4	绿色生态	3	产业	2	湖草	2
重点	6	全面	4	实施	3	处理	2	淮河	2
补偿	5	修复	4	统一	3	畜禽	2	环境	2

安徽计划通过山水林田湖草系统治理（主要包括推进生态文明样板工程、重点林业生态工程，建立农业资源休养生息制度，推进水生态保护修复、农业水价综合改革、水土流失治理等）、农村环境整治、构建市场化与多元化生态补偿机制、增加农业生态服务供给等手段推进乡村宜居建设，实现人与自然和谐共生发展。

5. 各区域生态宜居政策比较

在生态宜居方面，上海力图通过建设示范村、推动行政村人居环境整治、加强郊野单元（村庄）规划编制，实现农村水利、交通、生活污水处理、垃圾分类、农田林网、生态廊道建设的大改观。

江苏乡村生态宜居举措主要是发展绿色农业、建设美丽宜居乡村、保护乡村生态，其目的是要实现乡村生态振兴，建设生态宜居乡村。

浙江通过实施“千村精品、万村景区”工程，保护和修复农村生态，通过加强乡村规划设计和村庄特色风貌引导保护、农村基础设施提档升级，全方位提高农村人居环境质量和宜居水平。

安徽农村生态宜居举措主要为山水林田湖草系统治理、农村环境整治、构建市场化与多元化生态补偿机制、增加农业生态服务供给等，其目的是要实现人与自然的和谐共生发展。

三　关于乡风文明

1. 上海

上海有关乡风文明建设的举措着墨不多。现有乡村振兴实施方案中有关乡风文明建设的举措主要集中在文明村、文明镇的创建，重在创建平安乡村，大力推进乡村“雪亮工程”“智能安防”等的建设，同时健全完善有关章程和村规民约。

2. 江苏

本文提取了江苏乡村振兴实施方案“繁荣发展乡村文化”部分排在前50位的高频词（见表1-14）。

表1-14　江苏乡村振兴实施方案“繁荣发展乡村文化”部分的高频词（前50位）

语词	频数	语词	频数	语词	频数	语词	频数	语词	频数
文化	98	农民	14	到	8	社会主义	7	参与	5
乡村	40	活动	13	发展	8	书屋	7	村镇	5
建设	25	历史	13	加强	8	有效	7	达到	5
农村	25	群众	12	推动	8	产品	6	地区	5
保护	23	推进	12	村落	7	实施	6	扶持	5
文明	21	开展	11	鼓励	7	实现	6	工程	5
传统	19	传承	9	名村	7	文化产业	6	基本	5
服务	17	提升	9	年	7	乡镇	6	开发	5
特色	17	创建	8	农家	7	与	6	培育	5
公共	15	村	8	全省	7	在	6	社会	5

提升村民精神风貌、推进乡风文明建设是江苏乡村振兴实施方案的重要内容。江苏着眼于深入推进农村精神文明建设（如实现核心价值观进村入户、创建文明村镇、实施公民道德建设工程等）、弘扬优秀文化（如重塑乡村文化生态、传承优秀传统文化、支持乡村文化产业发展等）、加强乡村公共文化建设（主要是加强公共文化服务供给、提升公共文化服务质量等），以培育文明乡风，为乡村振兴提供强大的精神支持。

3. 浙江

“文化”“建设”“保护”“培育”“乡风”等是浙江“乡风文明建设”部分排名靠前的高频词（见表1-15），可见浙江在建设乡风文明时尤其重视对传统文化的保护与传承。

表1-15　浙江乡村振兴实施方案“乡风文明建设”部分的高频词（前50位）

语词	频数	语词	频数	语词	频数	语词	频数	语词	频数
文化	30	提升	6	深化	4	农耕	3	发挥	2
农村	18	推进	6	有	4	农民	3	个	2
建设	12	乡风	6	振兴	4	文化遗产	3	广泛开展	2
文明	12	公共	5	保障	3	意识	3	行动	2
保护	8	家庭	5	发展	3	优秀	3	坚持	2
传统	7	农业	5	服务	3	最美	3	精神文明	2
乡村	7	村落	4	供给	3	产品	2	开展	2
活动	6	工程	4	好	3	传承	2	良好	2
培育	6	加强	4	礼堂	3	淳朴	2	每年	2
实施	6	利用	4	历史	3	村镇	2	民风	2

在乡风文明建设上，浙江立足于农村文化礼堂，通过提升村民文化素质和开展“千镇万村种文化”活动，用好村规民约、乡风评议，加大乡村文化产品供给力度，传承乡村优秀传统文化，大力培育“三风”（文明乡风、良好家风、淳朴民风），强化农民的“四大”意识（社会责任意识、规则意识、集体意识、主人翁意识），实现乡村文化振兴，为乡村全面振兴提供乡风文明保障。

4. 安徽

从文本分析的结果看，安徽乡村振兴实施方案“乡风文明建设”部分位居前列的高频词主要有“文化”“建设”“保护”“传统”“传承”等，这一部分的前50位高频词见表1-16。

表 1-16 安徽乡村振兴实施方案“乡风文明建设”部分的高频词（前 50 位）

语词	频数	语词	频数	语词	频数	语词	频数	语词	频数
文化	25	推进	5	有	4	社会主义	3	意识	3
农村	15	优秀	5	安徽	3	深化	3	保障	2
建设	11	服务	4	传承	3	深入开展	3	不断	2
乡村	10	好	4	大力	3	实践	3	村落	2
保护	8	红色	4	地方	3	实施	3	村镇	2
传统	8	活动	4	发展	3	特色	3	发挥	2
加强	7	开展	4	工程	3	提升	3	繁荣	2
文明	7	利用	4	民歌	3	挖掘	3	丰富	2
公共	6	推动	4	群众	3	文化遗产	3	核心	2
农民	6	戏曲	4	社会	3	乡风	3	弘扬	2

安徽乡风文明建设与浙江的做法基本类似，也是通过加强村民思想道德建设（主要加强中国特色社会主义和中国梦的宣传教育，实施乡村公民道德建设工程）、传承农村优秀传统文化（如弘扬红色文化、传统文化、地域文化，保护利用传统村落、开展“戏曲进乡村”活动等）、加大农村公共文化建设力度和开展移风易俗行动（主要包括文明村镇、星级文明户、文明家庭等创建活动，发挥农村党员干部示范作用、加强无神论宣传教育和深化农村殡葬改革等），从而繁荣乡村文化，提升村民精神风貌。

5. 各区域乡风文明政策比较

上海有关乡风文明建设的举措主要集中在文明村、文明镇的创建，其中心工作主要为创建平安乡村，在建设乡村“雪亮工程”和智能安防系统的同时，健全完善有关章程和村规民约。

提升村民精神风貌、推进乡风文明建设是江苏乡村振兴实施方案的重要内容。江苏力图通过农村精神文明建设、弘扬优秀文化、乡村公共文化建设，培育文明乡风，为乡村振兴提供强大的精神支持。

与上海、江苏不同，浙江立足于农村文化礼堂和“千镇万村种文化”活动，大力培育“三风”，强化农民的“四大”意识，为乡村全面振兴提供乡风文明保障。

安徽乡风文明建设与浙江的做法基本类似，主要通过加强村民思想道德建设、传承农村优秀传统文化、加大农村公共文化建设力度和开展移风易俗行动，繁荣乡村文化，提升村民精神风貌。

四　关于治理有效

1. 上海

上海乡村振兴实施方案的文本分析表明，上海在提升治理能力方面的思路是加强区域化党建，实现群众工作与乡村管理的融合，实行网格化治理，推进“阳光村务工程”，利用新媒体拓宽村务管理及民主监督渠道，促进村务公开、民主监督信息化。通过村干部开放式办公，提升干群沟通水平，提升乡村服务效能。

2. 江苏

本文提取了江苏乡村振兴实施方案“治理有效”部分前50位高频词（见表1-17）。

表1-17　江苏乡村振兴实施方案“治理有效”部分的高频词（前50位）

语词	频数	语词	频数	语词	频数	语词	频数	语词	频数
农村	34	服务	15	提升	11	农民	8	德治	6
建设	29	治理	15	自治	11	委员会	8	队伍	6
乡村	27	党员	13	道德	9	创新	7	加大	6
组织	26	工作	13	监督	9	村级	7	设置	6
加强	21	村民	12	群众	9	机制	7	社区	6
基层	20	管理	12	社会	9	坚持	7	实现	6
党组织	18	健全	12	体系	9	全面	7	提高	6
农村基层	17	推进	12	推动	9	优秀	7	村务	5
乡镇	17	村	11	完善	9	中	7	党	5
法治	15	开展	11	领导	8	党建	6	基本	5

江苏拟通过加强农村基层党组织建设（主要是健全农村基层党组织体系、加强农村基层党组织带头人队伍建设、农村党员队伍建设和夯实农村基

层党组织建设责任），实现自治、法治、德治有机结合，推进平安乡村建设和加强基层政权建设（主要是夯实基层政权、健全农村基层服务体系），打造善治乡村。

3. 浙江

本文提取了浙江乡村振兴实施方案“乡村治理改革与创新”部分前50位高频词（见表1-18）。

表1-18　浙江乡村振兴实施方案“乡村治理改革与创新”部分的高频词（前50位）

语词	频数	语词	频数	语词	频数	语词	频数	语词	频数
乡村	18	基层	6	全面	4	坚持	3	村级	2
治理	16	体系	6	提升	4	健全	3	村务	2
建设	10	能力	5	推动	4	领导	3	对	2
农村	9	社会	5	为	4	实现	3	发展	2
服务	8	完善	5	制度	4	委员会	3	法律	2
推进	8	自治	5	办	3	无	3	法治化	2
组织	8	德治	4	创新	3	乡贤	3	覆盖	2
法治	7	规范化	4	党组织	3	依法	3	个	2
村	6	加强	4	构建	3	把	2	工作	2
村民	6	清单	4	加快	3	充满活力	2	管理	2

浙江乡村治理的改进努力主要体现在以下几个方面：一是创新和完善组织形式，特别是强调加强基层党组织的领导，完善乡村治理组织体系；二是通过深化乡村“最多跑一次”改革和完善“基层治理四平台”，构建浙江乡村便民服务体系；三是推进“三治结合”，发展“枫桥经验”“后陈经验”，推进“三无”（无案件、无诉讼、无信访）村建设；四是实现治理机制创新，建立乡村小微权力清单、负面清单制度，特别是用足用好村民说事制度。

4. 安徽

本文提取了安徽乡村振兴实施方案“乡村治理有效”部分排在前50位的高频词（见表1-19）。

表 1-19 安徽乡村振兴实施方案“乡村治理有效”部分的高频词（前 50 位）

语词	频数	语词	频数	语词	频数	语词	频数	语词	频数
农村	24	党组织	7	社会	6	社区	4	发挥	3
乡村	16	服务	7	治理	6	深入	4	公共	3
建设	11	基层	7	法律	5	深入开展	4	机制	3
法治	10	健全	7	加强	5	引导	4	积极	3
工作	9	农民	7	开展	5	执法	4	基础	3
村	8	制度	7	农村基层	5	把	3	继续	3
村民	8	自治	7	提升	5	保障	3	加大	3
等	8	创新	6	乡镇	5	持续	3	坚持	3
推进	8	村级	6	多	4	创建活动	3	建立	3
组织	8	活动	6	领导	4	道德	3	力度	3

安徽乡村治理体系的完善同样是从农村基层党组织建设和完善村民自治、法治、德治乡村着手，建设平安乡村。从文本数据来看，安徽乡村治理体系的完善及治理能力的提升，主要围绕党建促村、强化领导核心、管好用好小微权力、抓好带头人队伍建设、提升村干部和党员干部素质、村民议事会、选优配强村党组织书记等展开。

5. 各区域治理有效政策比较

在提升治理能力方面，上海的思路是加强区域化党建，建设“阳光村务工程”，通过村干部开放式办公，提升干群沟通水平，提升乡村服务效能。

江苏拟通过加强农村基层党组织建设，实现自治、法治、德治有机结合，推进平安乡村建设和加强基层政权建设，打造善治乡村。

浙江有关乡村治理的改进努力主要是强调加强基层党组织的领导，完善乡村治理组织体系，同时构建乡村便民服务体系，推进“三无”村建设。

安徽乡村治理体系的完善及治理能力的提升主要围绕党建促村、管好用好小微权力、抓好带头人队伍建设、提升村干部和党员干部素质、选优配强村党支部书记等工作进行。

五　关于生活富裕

1. 上海

上海乡村振兴实施方案文本分析的结果显示，上海将推进实施“幸福乐园”工程作为三大乡村振兴内容之一。具体来看，上海拟定了农民长效增收行动计划和农民美好生活提升行动计划，前者主要聚焦农民培训、促进农民非农就业、集体经济创新和增加农民财产性收入；后者则关心农村公共服务布局优化、农村公共服务能力提升以及乡村治理创新，努力实现乡村公共服务供给的网络化、智能化和专业化，特别是优化乡村医生队伍结构和实现义务教育优质均衡发展，以持续提高农民的获得感、幸福感、安全感。

2. 江苏

本文提取了江苏乡村振兴实施方案“乡村生活富裕”部分前50位高频词（见表1-20）。

表1-20　江苏乡村振兴实施方案“乡村生活富裕”部分的高频词（前50位）

语词	频数	语词	频数	语词	频数	语词	频数	语词	频数
农村	110	发展	21	基本	15	网络	11	机构	9
农民	43	工程	20	建立	15	养老	11	教师	9
建设	41	城乡	19	制度	14	组织	11	升级	9
乡村	37	基础设施	19	机制	13	促进	10	实现	9
服务	36	加快	19	年	13	覆盖	10	卫生	9
提升	30	地区	18	农村公路	13	开展	10	物流	9
创业	27	实施	18	推动	13	能源	10	义务教育	9
推进	27	加强	17	健全	12	人才	10	中心	9
完善	24	水平	16	基层	11	保障	9	城乡居民	8
就业	23	政策	16	健康	11	规划	9	达到	8

在保障和改善乡村民生方面，江苏计划通过提升农村公共服务水平，如加大农村教育事业发展力度、提升乡村客运和物流服务能力、统筹城乡社会保障、发展与完善农村养老服务体系、提升农村防灾减灾救灾能力等，以及

实施农民增收致富工程，如激发农民活力、实现农民高质量就业、增加财产性收入等，抓重点、补短板、强弱项，让农民生活更富裕，收入有保障。

3. 浙江

本文提取了浙江乡村振兴实施方案“富民惠民行动”部分排在前50位的高频词（见表1–21）。

表1–21 浙江乡村振兴实施方案“富民惠民行动”部分的高频词（前50位）

语词	频数	语词	频数	语词	频数	语词	频数	语词	频数
农村	16	低收入	8	就业	5	实现	4	工作	3
发展	12	实施	8	保障	4	收入	4	公共安全	3
完善	12	推进	8	城乡	4	养老	4	机制	3
农民	11	基本	6	村	4	医疗	4	级	3
建设	10	农户	6	服务	4	帮扶	3	坚持	3
扶贫	9	提升	6	公共服务	4	变	3	救助	3
加快	9	制度	6	健康	4	标准	3	旅游	3
加强	9	残疾人	5	全面	4	产业	3	深化	3
经济	9	创业	5	深入	4	城乡居民	3	提高	3
乡村	9	工程	5	生活	4	促进	3	危房	3

在生活富裕方面，浙江专辟第六、七部分聚焦农民生活问题。在富民惠民方面，浙江强调要通过发展乡村“五型”经济（旅游经济、生态经济、电商经济、文创经济、养生经济）增加农民收入，通过发展农村教育、基层公共就业创业服务、卫生健康、文化体育事业提高农村公共服务水平，通过完善城乡居民基本医疗保险、基本养老保险、最低生活保障、社会救助制度提升农村社会保障能力，通过“除险安居”工程等提高乡村公共安全水平。

除了富民惠民行动，浙江还在城乡融合发展方面持续发力。浙江乡村振兴实施方案“城乡融合发展”部分排在前50位的高频词见表1–22。

表 1-22　浙江乡村振兴实施方案“城乡融合发展”部分的高频词（前 50 位）

语词	频数	语词	频数	语词	频数	语词	频数	语词	频数
农村	18	以	9	集体	6	权	5	加快	4
完善	13	制度	9	联	6	振兴	5	加强	4
改革	12	服务	8	流转	6	政策	5	经营权	4
建设	12	合作社	8	农村土地	6	登记	4	体系	4
推进	12	农合	8	为	6	方式	4	土地利用	4
农业	11	乡村	8	保障	5	共享	4	要素	4
土地	11	发展	7	承包	5	管理	4	支持	4
用地	11	利用	7	城乡	5	规划	4	综合	4
宅基地	11	农民	7	村	5	合作	4	组织	4
深化	10	服务体系	6	金融机构	5	机制	4	产权制度	3

为了实现工农互促、城乡融合互补、共同繁荣的良好局面，浙江采取的相应措施是巩固和完善农村基本经营制度以及农村土地制度改革，特别是农村承包地“三权分置”改革、农村集体产权改革、“三位一体”农合联改革等。

4. 安徽

本文提取了安徽乡村振兴实施方案“村民生活富裕”部分排在前 50 位的高频词（见表 1-23）。

表 1-23　安徽乡村振兴实施方案“村民生活富裕”部分的高频词（前 50 位）

语词	频数	语词	频数	语词	频数	语词	频数	语词	频数
农村	39	基本	6	全面	5	改造	4	电网	3
建设	21	基础设施	6	学校	5	行动	4	服务中心	3
乡村	20	教育	6	重点	5	加快	4	环境	3
推进	14	美丽	6	转移	5	年	4	计划	3
服务	11	农民	6	残疾人	4	生活	4	健全	3
实施	11	推动	6	城乡居民	4	义务教育	4	救助	3
加强	10	城乡	5	村	4	支持	4	开展	3
提升	8	发展	5	地区	4	把	3	落户	3
就业	7	巩固	5	覆盖	4	城镇	3	能力	3
促进	6	落实	5	改善	4	到	3	农民工	3

为实现村民生活富裕这一目标，安徽的主要思路是把发展乡村教育事业放在首位，重点支持贫困地区、大别山革命老区和皖北地区义务教育发展。同时，大力促进农村劳动力转移，多措并举实现农民增收。在实施这些举措的基础上，推动农村基础设施提档升级，完善农村社会保障体系，大力推动健康乡村建设，优化农村人居环境，使乡村真正成为农民的幸福家园。

5. 各区域生活富裕政策比较

关于生活富裕，上海拟定了农民长效增收行动计划和农民美好生活提升行动计划。

江苏通过提高农村公共服务水平以及实施农民增收致富工程等手段，抓重点、补短板、强弱项，让农民生活更富裕，收入更有保障。

浙江在富民惠民方面，强调要通过发展乡村“五型”经济增加农民收入，通过发展各类农村事业，提高农村公共服务水平、提升农村社会保障能力。同时，浙江还采取了一系列促进城乡融合发展的举措。

在农村民生方面，安徽把发展乡村教育事业放在首位，同时，多措并举实现农民增收，完善农村社会保障体系。

六　关于保障机制

1. 上海

好的实施方案需要相应的保障机制支持。从上海乡村振兴实施方案来看，上海单设专篇讨论乡村振兴实施保障问题。从文本分析的结果来看，上海为保障乡村振兴战略的实施，专门建立了三大保障机制（责任机制、督查机制和考评机制），强调除了要明确责任主体、加大制度供给力度，还要建立乡村振兴年度任务清单，展开专项督查，并委托第三方机构进行考评问责。上海乡村振兴实施方案“保障机制”部分排在前50位的高频词见表1-24。

表 1-24　上海乡村振兴实施方案"保障机制"部分的高频词（前 50 位）

语词	频数	语词	频数	语词	频数	语词	频数	语词	频数
区	5	年度	3	力度	2	保障机制	1	发现	1
乡村	5	涉农	3	清单	2	本	1	公布	1
振兴	5	向	3	情况	2	并	1	供给	1
督查	4	责任	3	任务	2	部分	1	汇报	1
各	4	部门	2	是	2	单位	1	机构	1
工作	4	根据	2	推进	2	党政	1	及时处理	1
考评	4	和	2	相关	2	第三方	1	节点	1
的	3	加大	2	要	2	第四	1	开展	1
对	3	加强	2	一	2	第一	1	考核	1
机制	3	进行	2	责任人	2	二	1	领导	1

2. 江苏

本文提取了江苏乡村振兴实施方案"规划实施"部分排在前 50 位的高频词（见表 1-25）。

表 1-25　江苏乡村振兴实施方案"规划实施"部分的高频词（前 50 位）

语词	频数	语词	频数	语词	频数	语词	频数	语词	频数
乡村	38	现代化	8	科学	5	等	4	评估	4
振兴	31	加强	7	年	5	地区	4	强化	4
发展	11	任务	7	农民	5	发挥	4	体系	4
工作	11	社会	7	全面	5	各类	4	形成	4
规划	10	实现	7	全省	5	基本	4	支持	4
农业	10	机制	6	推动	5	建设	4	重大	4
农村	9	落实	6	政府	5	阶段	4	重点	4
实施	9	政策	6	主体	5	考核	4	抓	4
要	9	坚持	5	参与	4	领导	4	组织	4
推进	8	建立	5	城乡	4	目标	4	把	3

江苏乡村振兴实施方案包括：一是加强组织领导、明确各方责任，严格实行中央统筹、省负总责、市县落实的分工负责机制；二是强调要加强

法治保障，积极动员社会参与；三是要建立科学的评估考核机制，准确聚焦阶段任务，合理把握乡村振兴的节奏力度，梯次推进和有序实现乡村振兴。

3. 浙江

本文提取了浙江乡村振兴实施方案“保障机制”部分排在前50位的高频词（见表1-26）。

表1-26　浙江乡村振兴实施方案“保障机制”部分的高频词（前50位）

语词	频数	语词	频数	语词	频数	语词	频数	语词	频数
乡村	36	体系	8	保障	4	发挥	3	协调	3
振兴	26	建立	7	财政	4	基金	3	一线	3
工作	22	农业	7	强化	4	坚持	3	优先	3
农村	16	实施	7	投入	4	决策	3	政府	3
三农	12	完善	6	要	4	开展	3	支持	3
干部	9	形成	6	政策	4	落实	3	指导	3
建设	9	把	5	作为	4	群众	3	制定	3
领导	9	农民	5	部门	3	省	3	抓	3
推进	9	统筹	5	地方	3	调整	3	资金	3
加强	8	推动	5	队伍	3	为	3	总	3

浙江拟从以下四个方面确保乡村振兴得以实施：一是加强党对农村工作的全面领导，特别是将原浙江省社会主义新农村建设领导小组调整为省乡村振兴领导小组，建立乡村振兴战略领导责任制和乡村振兴实绩考核制度；二是建立多层乡村振兴实施体系，强化规划的引领作用，建立省市县三级联动、部门协同、乡村落实的工作推进机制，加强乡村振兴标准体系建设以及建立乡村振兴专家决策咨询制度等；三是建立投入保障机制，努力形成财政优先、金融倾斜、社会参与的多元投入格局；四是加大“三农”工作队伍建设力度，努力实现“三农”工作队伍的专业化，形成有利于人才向农村基层流动的激励机制和用人导向。

4. 安徽

本文提取了安徽乡村振兴实施方案“保障机制”部分排在前50位的高频词（见表1-27）。

表1-27　安徽乡村振兴实施方案“保障机制”部分的高频词（前50位）

语词	频数	语词	频数	语词	频数	语词	频数	语词	频数
乡村	28	政府	7	落实	4	或	3	统筹	3
振兴	26	加强	5	强化	4	机制	3	向	3
工作	20	推进	5	为	4	决策	3	协调	3
农村	12	抓	5	制定	4	领导班子	3	新	3
要	12	党	4	安徽	3	年	3	形成	3
三农	10	党委	4	按照	3	农业	3	一线	3
领导	9	各级党委	4	保障	3	社会主义	3	在	3
实施	9	规划	4	村庄	3	实绩	3	指导	3
干部	8	建立	4	各	3	特色	3	中国	3
战略	8	建设	4	工作部门	3	条例	3	作为	3

安徽力图通过以下方式把乡村振兴战略、党管农村工作的要求落到实处：一是健全农村工作领导体制，落实乡村振兴战略领导责任制；二是建立有利于壮大“三农”工作队伍的激励机制；三是强化规划引领，分类有序推进乡村振兴；四是依法实施乡村振兴；五是营造良好的乡村振兴氛围，建好用好乡村振兴智库；六是形成乡村振兴合力，加强乡村振兴考核。

5. 各区域乡村振兴保障机制比较

从四地的文本来看，各地都注重完善乡村振兴实施方案的保障机制。

上海单设一部分专门讨论乡村振兴实施保障问题，建立了责任机制、督查机制和考评机制三大保障机制。

江苏乡村振兴规划实施措施除了加强组织领导、明确各方责任、评估考核，还强调要加强法治保障，积极动员社会参与。

浙江从加强党对农村工作的全面领导、建立多层次乡村振兴实施体系、建立投入保障机制和加大“三农”工作队伍建设力度四个方面确保乡村振兴得以实施。

安徽乡村振兴实施保障机制则主要体现在健全农村工作领导体制、壮大“三农”工作队伍的激励机制、依法实施乡村振兴、加强乡村振兴考核等方面。

七 对其他地区的借鉴意义

从长三角四地乡村振兴实施方案的比较来看，未来长三角各地乡村振兴战略的实施可以借鉴其他三个地区的设计。

第一，进一步提升方案品位及乡村振兴战略定位。如上海将其乡村振兴的任务定位为打造具有江南水乡特征和大都市郊区特色农业农村，具有较好的前瞻性。此外，浙江未来乡村建设也值得参考，江苏在实现农业农村现代化和城乡融合方面的探索值得借鉴。

第二，在推进生态宜居方面，上海和浙江有不少值得借鉴的思路。如上海农居集中计划就是一项值得关注的举措，特别是上海关于解决村落散户的思路，“三高”沿线、生态敏感区、环境整治区村落撤并的思路以及村民建房管理制度等，值得跟进学习。又如浙江推进乡村生态宜居思路是统筹规划、全域推进，主动融入“四大”（大湾区、大花园、大通道、大都市区）建设，也很有借鉴意义。

第三，在乡村文明建设方面，平安乡村建设可以成为下一阶段江苏农业农村工作的重心内容之一。在这一问题上，可以借鉴上海文明村、镇的创建，特别是其建设乡村“雪亮工程”和智能安防系统的思路，实现乡村平安建设的体系化、智能化。

第四，在提升乡村治理效能方面，各地区的经验有重要的参考作用。特别是浙江关于深化乡村“最多跑一次”改革、完善“基层治理四平台”等构建浙江乡村便民服务体系，以及实现治理机制创新等方面的思路，对其他地区具有很重要的参考价值。

第五，在实施机制上，各地区的构想也值得参考。比如上海专门建立了乡村振兴战略实施责任机制、督查机制和考评机制，并且计划建立乡村振兴年度任务清单，引入第三方机构进行考评问责，就是不错的实施思路。又如浙江为加强党对农村工作的全面领导，将原浙江省社会主义新农村建设领导小组调整为省乡村振兴领导小组，也是不错的举措。此外，浙江还尝试加强乡村振兴标准体系建设，建立乡村振兴专家决策咨询制度，这些都值得借鉴参考。

第二章 | 长三角农村基层党建发展状况*

2021 年是中国共产党百年华诞，从百年前中国共产党成立时只有 50 多名党员，发展到今天拥有 9500 多万党员，中国共产党成为中华民族坚强的领导核心和力量。中国共产党历经百年苦难辉煌，创造了举世瞩目的伟大成就，其成功的基因和密码之一就是不断加强党的建设。在党的建设新的伟大工程中，加强基层党组织建设是重要内容和关键环节。2018 年 3 月 10 日习近平总书记在参加第十三届全国人大一次会议重庆代表团审议时强调：中国特色社会主义大厦需要四梁八柱来支撑，党是贯穿其中的总的骨架，党中央是顶梁柱。同时，基础非常重要，基础不牢、地动山摇。在基层就是党支部，上面千条线、下面一根针，必须夯实基层。要有千千万万优秀基层骨干，结合实际情况落实好各项工作。2018 年 7 月 3 日，习近平总书记在全国组织工作会议上发表讲话时进一步指出：加强党的基层组织建设，关键是从严抓好落实。要以提升组织力为重点，突出政治功能，健全基层组织，优化组织设置，理顺隶属关系，创新活动方式，扩大基层党的组织覆盖和工作覆盖。2020 年 6 月 29 日习近平总书记在中共中央政治局第 21 次集体学习讲话中指出，基层党组织是贯彻落实党中央决策部署的"最后一公里"，要坚持大抓基层的鲜明导向，抓紧补齐基层党组织领导基层治理的各种短板，把各领域基层党组织建设成为党的领导的坚强战斗堡垒，充分发挥广大党员在

* 本章负责人：葛笑如，南京农业大学马克思主义学院教授，硕士生导师；陈蕊，博士，南京农业大学马克思主义学院副教授。

改革发展稳定中的先锋模范作用。

作为中国经济发展速度最快、总量最大、最具有潜力的长三角地区，如何开展基层党组织建设？取得了哪些成绩和有益经验？为全国其他地区基层党组织建设提供了哪些启示？在实证调研和文献研究基础上，本章试图回答以上问题。根据惯例划分，基层党建涉及领域包括农村、国企、非公领域、机关、高校和城市社区六个领域。本章主要聚焦农村基层党建，也涉及一部分城市社区和非公领域的基层党建工作。

第一节　长三角农村基层党建概述

一　长三角农村基层党建的重点亮点工作

（一）江苏农村基层党建的工作重点

根据江苏省委组织部发布的党内统计数据，截至 2021 年 6 月 5 日，江苏省共有中国共产党党员 540.66 万名，基层党组织 26.93 万个。党员队伍中，工人有 49.66 万名，农牧渔民有 116.35 万名。523 个城市街道、721 个乡镇、7511 个社区（居委会）和 13657 个行政村已建立党组织，覆盖率均超过 99%。全省共有企业基层党组织 9.17 万个，社会组织基层党组织 0.84 万个，基本实现应建尽建。

江苏省委加强农村基层党建顶层设计，形成了清晰的基层党建路线图：精准选派驻村“第一书记”（2010 年）—实施“一聚三强”[①] 行动（2017 年）—农村基层党建“基础建设年”（2018 年）—“五聚焦五落实”三年行动计划（2019~2021 年）。2010~2020 年，江苏省市县三级精准选派 1.3 万名“第一书记”到村任职，通过抓党建促脱贫攻坚，取得了很大成效。2018 年，江苏实施农村基层党建“基础建设年”，重点围绕基本组织、基本队伍、基本活动、基本制度、基本保障“五个基本”建设，破解基层党建

① 一聚三强：“一聚”即回聚优秀人才，“三强”即政治引领强、创业富民强、文化善治强。

难题。在此基础上，2019 年启动“五聚焦五落实”三年行动计划，提升基层党组织的组织力。其主要做法如下。

1. 通过抓重点项目做实基层党建

江苏省委组织有关单位领导干部开展蹲点和专题调研，把“五聚焦五落实”行动计划细化为 30 个重点项目，并提出 20 多个量化指标，把相关内容纳入党建考核，以考核倒逼落实。例如，设立关于组织建设的 2 个指标规定：到 2021 年不低于 70%的村实现村书记和村主任“一肩挑”；非公企业和社会组织党组织单独组建率每年分别提高 3%和 10%。

2. 瞄准基层党建难点问题加强建设

针对农村基层党组织“没钱办事、没人办事”的难点问题，江苏省委健全了基层党组织的经费投入增长机制，并决定从 2019 年起，将全省村级组织运转经费的保障标准提高到每年不低于 38 万元，对困难地区，省财政将给予补助。同时，落实社区党组织为民服务专项资金每年不低于 20 万元，实施村集体经济“18 万+”扶持计划。到 2021 年，薄弱村集体经济经营性年收入不低于 18 万元，并实现稳定增长。

3. 各种资源政策向基层倾斜

为着力解决基层党建难点、薄弱点问题，江苏省委制定政策，保证各种资源向基层投入。经费、人才是最重要的资源，江苏省委在经费投入不断增长的同时，也聚焦基层队伍建设，做出了一系列具体要求，比如，县级组织部门确保 1/3 以上人员从事基层党建工作，配齐配强乡镇街道组织委员等，配强用好乡镇街道党（工）委书记。建立乡镇街道干部“3 个 20%”激励关爱机制，即经济待遇一般高于县级机关同职级干部 20%，公务员年度考核优秀比例提高到 20%，三年内符合条件的优秀党务干部提拔不少于 20%，让基层干部有干劲、有奔头。深入开展乡土人才“三带”行动，培育“定制村干”，定向培养 2000 名左右高中毕业生在大学毕业后回乡任职，设立乡村振兴特聘岗位，优先选聘有创业经验、创业项目的返乡大学生和退伍军人。到 2021 年底，平均每个村选聘并动态保持 2 名兴村特岗人员；村党组织书记基本报酬不低于上年度所在县（市、区）农民人均可支配收入的 2.3

倍，并同步提高其他村干部待遇。[①]

“五聚焦五落实”三年行动，是江苏省贯彻习近平新时代中国特色社会主义思想、落实新时代党的建设总要求和党的组织路线的重要举措，为加强农村基层党组织建设注入了持续的动力。

（二）安徽农村基层党建的工作重点

2019年以来，安徽省农村基层党建工作重点主要有两个方面：一是继续加强基层党组织标准化建设；二是加强党的作风建设，集中整治基层工作中的形式主义和官僚主义。

1. 基层党组织标准化建设

党建标准化是指把标准化的原理、方法引入党的建设，运用标准化“简化、统一、协调、优化”的原理，发挥其可复制、可推广的优势，以追求最佳秩序、获取最大效能为目标，把党建工作制度系统化、党建工作职责清晰化、党建工作内容程序化、党建工作要求规范化，以切实提升党建工作科学化水平。[②] 2014年3月，习近平总书记在河南兰考调研指导党的群众路线教育实践活动时指出：标准决定质量，有什么样的标准就有什么样的质量，只有高标准才有高质量。在这一背景下，2017年安徽省推出《安徽省农村基层党组织建设标准（试行）》，从党的组织设置、班子队伍建设、党员教育管理、党内组织生活、为民便民服务、场所建设管理、工作运行机制和工作保障八个方面对农村基层党组织提出建设标准。通过农村基层党组织标准化建设，着力强化基层党组织政治功能，落实服务功能，实现组织设置更加科学优化、领导班子更加坚强有力、党员队伍更加充满活力、场所功能更加务实管用、工作载体更加形式多样、制度机制更加健全完善、基础保障更加充分有力、工作业绩更加突出有效的目标。

2. 开展“严规矩、强监督、转作风”集中整治专项行动

在基层党组织标准化建设基础上，2019年2月，安徽省委出台了《关

---

① 资料来源：《江苏实施基层党建“五聚焦五落实”三年行动计划》，http：//dangjian. people. com. cn。

② 郭春英：《以党建标准化推进全面从严治党科学化》，《中国机关后勤》2017年第11期。

于坚持“三严三实”整治形式主义官僚主义突出问题的意见》，组织开展了“严规矩、强监督、转作风”集中整治专项行动，巩固深化了“三严三实”主题教育成果。

（三）浙江农村基层党建的工作重点

截至2019年底，浙江省共有中国共产党党员403.1万名，其中农牧渔民有112.9万名。全省有基层组织22.4万个，社会组织基层党组织0.9万个，城乡社区党组织的覆盖率为99.3%。[①] 浙江在社会治理和党的建设领域有诸多创新，在全国引起了很大反响。21世纪以来产生了“宁海36条”“后陈经验”“三治融合”等乡村治理创新实践。在基层党建领域，浙江的工作经验被冠以“浙江二十条”向全国推广。

2019年以来，浙江抓住政治体制改革和监察机构设立的契机，在全省开展了“强化清廉村居建设、有力推动基层治理”专项工作，主要做法及成效有以下几个方面。

1. 普遍设立村级监察工作联络站

2020年初专项工作启动以后，浙江省纪委监委就推动全省村（社区）全部设立监察工作联络站。杭州市纪委监委利用3个月时间，在全市3144个村（社区）设立了监察工作联络站，共聘任联络站站长2945名、其他联络员7289名。监察工作联络站的设立，为基层监督补充了大量新鲜血液，缓解了监察体制改革后基层监察对象数量剧增但乡镇（街道）纪检监察组织人手不足、日常监督力量薄弱的问题。

2. 明确并规范联络站监察工作职权

村级监察联络站的监督重点是村（社区）的“小微权力”。另外，浙江省委在进行政策设计时，还进一步明确了监察工作联络站的履职清单，推动联络站规范化建设。比如，杭州市西湖区要求监察联络员对照13项监督内容，重点上报村务决策、村务公开、三资管理等内容。江干区制定“监察工作联络站标准36条”，针对一些苗头性、倾向性问题、涉及村（社区）

① 资料来源：《浙江省中共党员总数403.1万名》，www.zj.xinhuanet.com。

两委的群众反映强烈的问题以及信访投诉等8类重点内容进行监督。[①]

3. 充分利用大数据增强监察效能

早在2003年，时任浙江省委书记习近平便提出了建设“数字浙江”的决策部署，成为引领浙江发展总纲领“八八战略”的重要内容。2020年3月29日至4月1日，习近平总书记在浙江考察时强调，要抓住产业数字化、数字产业化赋予的机遇，加快5G网络、数据中心等新型基础设施建设。为贯彻落实《数字乡村发展战略纲要》，浙江省委办公厅、浙江省人民政府办公厅印发了《浙江省数字乡村建设实施方案》。在清廉村居建设中，浙江充分利用大数据等信息化手段，增强监察效能。比如，2019年以来，建德市就开始建设“清廉建德智慧监督平台”，采集了25个部门、16个乡镇（街道）、256个村（社区）的数据信息，形成了超过1.5亿条的“数据池”，构建了覆盖市、镇（街道）、村（社区）的立体化监督网络，深入开展数字赋能纪检监察工作。

4. 提升监察工作联络站的效能

联络站作为上级监察职能的进一步延伸，在一定程度上解决了村（社区）同级监督难的问题，将监察监督“再延伸一公里”，基层监察监督效能也得到提升。2020年上半年，杭州各乡镇（街道）纪检监察组织通过联络员上报的信息，及时纠正了权力行使不规范、履职尽责不到位、损害群众利益等问题142个，有关信访量也明显走低，杭州基层村（社区）纪检监察信访量同比下降41.8%。[②]

（四）上海农村基层党建的重点工作

上海市在基层社会治理和基层党建工作中不断创新，不仅在长三角地区而且在全国都起到了非常好的示范作用。在农村基层党建领域，上海的亮点工作主要有两个：一是实施“结对百镇千村，助推乡村振兴”行动，二是开展了毗邻党建的实践创新探索。

① 资料来源：《浙江杭州——监察监督“再延伸一公里”》，http：//dangjian. people. com. cn。

② 资料来源：《浙江杭州——监察监督“再延伸一公里”》，http：//dangjian. people. com. cn。

1. “结对百镇千村，助推乡村振兴”行动

自2006年开始，上海市委开展了三轮城乡党组织结对帮扶行动，帮扶资金累计超过5.5亿元，完成帮扶项目近4000个。结对双方引入各自优势资源，实现优势互补，助推乡村发展。上海各区都出现了一些有代表性的成功案例。

上海青浦区朱家角镇建立了“江湾·角里”城乡党建联盟，村党组织动员种植大户和群众，将稻米和蔬菜等青浦特色农产品运送至街道市民驿站、园区党群服务中心等指定地点销售，在丰富中心城区社区居民“菜篮子”的同时，也显著提升了区域绿色农产品的显示度。上海崇明区港西镇党委及所属的12个行政村先后与18家单位结成帮扶对子。各帮扶单位帮助结对村升级改造党群服务点、检修整治路面、增设路灯监控，有效解决了农村基础设施建设、民生实事工程中面临的困难和问题。上海益民公司党委帮助新港村拆除破旧“五棚”188处，共计4099.7平方米；清理环境整治中产生的各类垃圾714.1吨，整治河道22.5公里。

结对帮扶行动充分体现了基层党组织在乡村振兴和城乡一体化发展中的引领带动作用。

2. 毗邻党建的实践创新探索

上海东部临海，西、南与江苏、浙江一部分地区接壤。从近代以来，这些毗邻地区在经济往来、交通运输、文化风俗、人员交流等很多方面互通频繁，在环境保护、基层社会治理、疫情防控等方面更是需要相互配合、协同行动。基于这样的历史和现实，上海市因势利导，创新基层党建模式——毗邻党建，来弥合长三角一体化区域内的地理和行政缝隙，以党建引领经济、社会、文化一体化深入发展。

最先探索毗邻党建实践创新的地区是上海青浦区朱家角镇。在青浦辖区内，朱家角镇与同区的姚庄镇、黎里镇、西塘镇等六镇相邻，于是倡议建立“长三角一体化示范区六镇党建联盟”，建立召集人半年度轮值、定期工作例会、专题协商会议等工作协调机制；设立并实施长三角小城镇党群公益项目；在基层党组织结对共建、人才培养、党建品牌创建等方面开展深度合

作，走出了毗邻地区党建共建的第一步。

接着是上海市金山区和浙江省平湖市，走出了省际毗邻党建的重要一步。2017 年 8 月 17 日，两地签订毗邻党建引领区域联动发展合作框架协议，构建两地相关职能部门组成的 6 个专门工作小组以及新埭镇-枫泾镇、新仓镇-吕巷镇、独山港镇-金山卫镇、广陈镇-廊下镇 4 个毗邻地区的“1+6+4”合作框架。在此基础上，共同打造“一带六廊”①。在工作推动过程中，两地建立了联席会议制度，定期召开工作例会，毗邻镇、村（社区）、“两新”组织等也同步建立了协商机制，共同研究部署共建工作。通过党员队伍共管、资源信息共享、服务群众共联等形式，实现党的组织和工作及时有效覆盖。比如，平湖市兴旺村与金山区蔷薇村建立产业联合党支部，探索试行产业党员顾问机制，为两村农产品外销拓宽信息渠道和牵线搭桥。还有一些毗邻村探索实施“双委员制”，互派党支部委员交叉任职，探索建立人才共育机制，实施“毗邻党建·领雁工程”，加强科技人才、专业技术人才、党政人才之间的交流互动，这些做法不仅突出了“党管人才”的原则，也加强了乡村振兴人才供给。毗邻党建的推进，也促进了毗邻区域资源要素的加速流动和优化配置。比如，在公交路网建设上，金山-平湖打通了两条省际断头路，开通了三条省际毗邻公交线路和一条城际公交快线，平湖的公交卡、市民卡可以直接在上海、金山的地铁、公交上使用，实现了公共交通的互联互通；两地群众可以持本地医保卡在两地医院享受门诊、住院医疗费实时点对点结算服务。②

在疫情防控常态化时期，毗邻党建的创新实践在长三角更多地区推广实施，并带动长三角地区一体化发展走向更广更深层面。比如，上海青浦、江苏吴江、浙江嘉善共同开展环境治理，形成了长三角生态绿色一体化发展示范区。上海崇明区与江苏南通市毗邻，崇明区新海镇与南通市海永、启隆两

① “一带六廊”指以一条毗邻党建七彩示范带为基础，深入推进建设产业发展、为民惠民、平安建设、生态旅游、文化科创、人才建设六条合作共赢发展走廊。

② 资料来源：《浙江省平湖市：毗邻党建模式打造长三角高质量一体化发展新样板》，http：//dangjian. people. com. cn。

镇以毗邻党建为抓手，着力打通跨界合作体制壁垒，努力形成跨辖区、跨体制推动区域协同发展的命运共同体。

二 长三角农村基层党建的成效

从中国共产党诞生伊始，加强党的建设就一直在路上，并成为革命、建设、改革成功的重要保证。改革开放之初，党的建设主要围绕思想建设、组织建设和作风建设展开；党的十三届七中全会审议并通过的《中共中央关于制定国民经济和社会发展十年规划和"八五"计划的建议》，提出"加强党的政治、思想、理论和组织建设"；党的十六大提出"制度建设"；党的十七大提出"反腐倡廉建设"，党的建设形成了五大建设布局，即思想建设、组织建设、作风建设、反腐倡廉建设、制度建设；党的十九大报告对加强党的建设又提出了新要求：全面推进党的政治建设、思想建设、组织建设、作风建设、纪律建设，把制度建设贯穿其中，深入推进反腐败斗争。从改革开放之初"三位一体"到党的十九大"五位一体两翼"，党建布局更加全面。

同时，党的十八大以来，一系列党纪党规出台，用党内法规制度保障党的建设。2012 年和 2017 年两次修订《中国共产党章程》，把科学发展观和习近平新时代中国特色社会主义思想写入《中国共产党章程》，为加强党的政治建设和思想建设提供根本遵循。此外，还密集出台了一系列党纪党规，包括：《中国共产党巡视工作条例》《中国共产党问责条例》《中国共产党纪律处分条例》《中国共产党廉洁自律准则》《关于新形势下党内政治生活的若干准则》《中国共产党党内监督条例》等，为全面加强党的建设提供了重要依据。

农村基层党建内容丰富、涵盖面广，涉及"五位一体两翼"诸多内容。本文对长三角农村基层党建取得的快速发展和明显成效的研究，主要聚焦以下几个方面。

（一）党员教育管理水平显著提升

党员是组织的细胞，没有良好的党员教育管理，就没有坚强有力的基层组织。长三角农村基层党组织采用多元化教育方法，提升教育管理实效。

从党员日常性教育管理来看，借助“学习强国”App、地方政务 App 以及基层党组织自行建立的微信群等平台载体，相互交流信息、发布学习内容和管理要求，利用多媒体资源进行学习教育。开展线上主题党日活动，召开线上会议，突破党员教育管理的时空限制，不仅密切了党员与组织之间的联系，而且提升了教育管理的实效性。

从党员思想教育来看，每年“两会”精神、中央全会精神以及其他重要的会议精神都会及时要求党员开展学习。“四史”和党史学习教育也在农村基层党组织和党员中广泛开展，党员参与度和学习感悟不断加深，党员领导干部的理论水平和思想政治觉悟不断提升。

流动党员教育管理是党建的难点和重点。长三角地区由于其强大的经济社会发展活力和前景，对各类人才的吸引力都很强，既吸引了地区内党员跨地区流动，也吸引了众多全国其他地区的党员流入长三角地区。因此，长三角地区是中国流动党员规模比较大的区域之一，党员教育管理的任务也非常艰巨。目前，长三角地区多地建立了以流出地管理为主、流入地-流出地双向管理的模式，并通过加大“两新”组织党建、行业党建和楼宇党建力度，扩大党组织覆盖面；通过城乡社区基层党组织兜底等方式，使外出的流动党员“流动不流失”，使流入的流动党员能找到组织归属，显著提升了流动党员教育管理水平。

（二）基层组织不断建强

面对基层党组织软弱涣散、虚化、弱化、边缘化的问题，2018 年，中共中央印发《中国共产党支部工作条例（试行）》。这是党的历史上第一部关于党支部工作的基础主干法规，为全面加强新时代党支部建设提供了基本遵循。长三角三省一市，把扎实推进党的基层组织建设作为巩固党执政根基的基础工程，出台系列文件①，实施多个专项行动计划，全面增强基层党组

① 2019 年 5 月江苏省委出台了《关于加强基层党组织基本阵地规范化建设的意见》，同年 7 月江苏省实施“五聚焦五落实”三年行动计划。2019 年，浙江省委出台了《基层党建工作标准化体系》，随后开展新一轮“整乡推进、整县提升”工程来提升基层党组织战斗堡垒作用。2017 年安徽省委出台了《关于推进基层党组织标准化建设的意见》。

织的政治功能和组织力，推动农村基层党组织在脱贫攻坚、乡村振兴和基层治理中发挥不可替代的领导作用。

从基层党组织覆盖面来看，长三角地区遵照中央精神通过多种创新，尽可能扩大基层党组织“两个覆盖”。通过共建联建结对帮扶，基层党组织力量得到很大提升，各地出现了“支部建在班级里”“支部建在楼上”“支部建在项目上”“支部建在网格里”“支部建在产业链上”“支部建在乡土人才中”“支部建在行业里”“支部建在抗疫第一线”，真正做到了哪里有党员，哪里就有党的基层组织。从1927年毛泽东领导“三湾改编”首次提出“支部建在连上”到今天，99%以上基层组织都实现了党组织应建尽建，为实现第二个百年奋斗目标打下了牢固的组织基础。

（三）基层党组织和领导干部的工作作风持续改善

党的作风是指党在行动和工作中表现出来的态度和行为，是党的性质、宗旨和世界观在党的活动中的具体表现。党的作风是党的形象，党的优良作风是形成并增强党的创造力、战斗力和凝聚力的重要前提和基础。党的十八大以来，党中央下大力气纠正“四风”，党的作风建设得到了有效加强，特别是“中央八项规定”实施以来，领导干部在公车配备、出访考察、公务接待、新闻报道、会风文风等方面，持续改善工作作风。课题组在近10年农村调研中，通过前后对比发现：原来存在于基层、让老百姓深恶痛绝的吃喝风被刹住以后，老百姓对基层政府和领导干部的印象也在发生改变。再加上近几年不断推进村级代办业务，几乎所有的村在党群服务中心都建有一站式服务大厅和其他为民服务项目，基层组织和干部改进了工作作风，对老百姓诉求有了更快的回应和更好的服务。作风问题的核心是党和人民群众的关系问题。党的作风持续改善，说明党的群众路线得到贯彻落实，党与人民群众的血肉联系得到了进一步加强，党执政的群众基础不断得到厚植。

（四）“党建+”功能不断凸显

长三角地区农村基层党建工作的成效不仅体现在党组织自身，而且也体现在基层党组织的引领作用上。“东西南北中，党政军民学”，党领导一切，其所产生的政治动能得到充分体现，基层党建工作已经融入经济社会发展的各个方面。

1. 党建引领乡村振兴

无论是在发达的上海，还是在长三角其他省市的农村地区，党建成为乡村振兴的引擎。农村基层党组织通过党的组织体系，与其他基层党组织建立联系，使各种资源和各方力量循着红色组织血脉源源不断输送到农村地区，助力乡村振兴战略实施。上海的“结对百镇千村，助推乡村振兴”行动、江苏的“五方帮扶”工作机制都是典型代表。长三角各地还广泛实施了“支部+电商”党建富民工程，推进“支部+基地”“支部+致富能人”“支部+产业项目”等基层党建工作创新，充分发挥党员和基层干部的示范引领作用。

2. 党建引领社会基层治理

长三角地区的网格化治理已经实施多年。在此基础上，各地也在积极探索，逐步把党组织建在网格上，建成了数百万个“红色网格”。通过“双网融合”，打破网格内各单位相对分隔的状态，为网格化治理赋能，同时推动社会治理重心进一步向基层转移，切实发挥基层党组织和党员的引领作用。以网格化党建引领基层网格化治理，在基层党支部引领下，居民、驻区单位、社会组织等广泛参与治理，形成良性互动，共建共治共享的社会治理新格局进一步形成。

3. 党建引领抗疫抗洪不断取得胜利

在突发性社会公共事件中，更能彰显党的建设重要作用。在抗疫抗洪一线，各地党员响应“我是党员我先上”的号召，发挥先锋模范作用。而基层党支部也建立在抗疫抗洪的第一线，火线发展党员，充实了基层党组织的力量。基层党组织和党员接受了一次特别的政治洗礼和严峻考验。

三　长三角农村基层党建的比较研究

通过前文对长三角地区农村基层党建工作亮点和成效的简要梳理，对该地区农村基层党建工作形成了一定的总体印象：长三角三省一市农村基层党建工作既有高度的相似性，也有鲜明的地区特色。

（一）长三角农村基层党建的相同点

中国共产党是一个组织严密、纪律性极强的执政党，这一属性使得党的建设具有统一的刚性要求，呈现明显的自上而下性和集体行动性。

1. 农村基层党建工作的自上而下性和集体行动性

农村基层党建工作是党的建设新的伟大工程之一。农村基层党组织在开展党建工作时，都会严格贯彻落实上级党组织的组织意图和工作要求。从党中央到省级党委，再到市级、县级党委，党的方针路线和政策一级一级向下贯彻落实，而基层党支部就是最后的承担者，体现了明显的自上而下性。

正是农村基层党建工作的自上而下性，使来自党中央或者省级党委的党建工作要求层层落实，才使得农村基层党建工作呈现明显的集体行动性。例如，2019 年党中央开展“不忘初心牢记使命”主题教育，全国各地各级党组织和党员领导干部按照要求都参加了这一主题教育。2021 年党中央在全党开展的党史学习教育亦是如此。

2. 挖掘地方红色文化资源助力党建工作

在革命、建设和改革过程中，中国共产党团结带领全国各族人民顽强奋斗，在全国各地留下了丰富的历史印迹。长三角地区是党诞生、发展、壮大、奋斗的重要区域，留下了许多珍贵的红色遗迹，沉淀了丰厚的红色文化。在庆祝中国共产党成立 100 周年纪念大会的讲话中，习近平总书记首次提出了伟大的建党精神：一百年前，中国共产党的先驱们创建了中国共产党，形成了坚持真理、坚守理想，践行初心、担当使命，不怕牺牲、英勇斗争、对党忠诚、不负人民的伟大建党精神，这是中国共产党的精神之源。中国共产党的诞生地是上海和嘉兴，伟大建党精神就发轫于这两个地区。在新时代党建工作中，长三角各地也在积极挖掘这些红色文化历史资源，并充分应用于党的建设中。在江苏，历史遗存达到 100 多处，包括雨花台革命烈士纪念馆、侵华日军南京大屠杀遇难同胞纪念馆、渡江战役胜利纪念馆、新四军军部旧址、淮海战役纪念馆等。江苏各地基层党组织纷纷组织党员干部赴这些教育基地参观考察，开展主题党日活动和系列学习教育。上海市委宣传部更是把上海市红色文化资源开发制作成系列"微党课"和"党史教育微课"，上传到党员教育平台，供全体党员观看学习。安徽各地农村基层党组织也纷纷组织党员赴凤阳县小岗村、金寨县红军广场、宣城泾县皖南事变烈士陵园等教育基地，开展实践活动。在浙江，嘉兴南湖、浙南抗日根据地旧址、浙东抗日根据地旧址等也是党员教育的重要实践基地。

3. 长三角地区智慧党建发展迅速

长三角统一规划区域拥有众多核心城市，被称为"世界第六大都市群"，是我国经济最活跃、开放程度最高、创新能力最强的区域之一。上海市社会科学院的调查数据显示：2020 年，长三角以占全国 1/26 的土地、占全国 1/6 的人口产出了全国 1/4 的 GDP、1/4 的财政税收、1/3 的进出口贸易和 58%的外资利用。[①] 强大的经济基础为长三角地区 5G 通信网络等基础设施建设奠定了重要基础，从而也为智慧党建的发展奠定了重要的物质基础。课题组在调研中看到，发达地区农村基层组织在党群服务中心或为民服务办事大厅均配备了智能化办事引导系统，自主开发各类政务 App 并投入使用，宽带已经普遍接入各行政村。浙江省被树为全国"数字乡村"建设的典型示范区，这一示范作用必将带动长三角地区信息化时代的发展。在这一背景中，传统党建模式正在向智慧党建模式转变。目前长三角各地在农村基层党建工作中，已经自觉应用 5G、新媒体、大数据等信息技术助力党建工作，网上支部、在线会议、网络学习活动普遍开展，党组织关系转移接续也基本可以实现网上办公。

（二）长三角农村基层党建的不同点

以上对长三角农村基层党建的相同点进行了简要总结，在相同中也蕴含着不同之处，其中地区党建发展不平衡性是最大的不同之处。

1. 从标准化建设到内涵建设不断建强基层党组织

考察发现，长三角三省一市农村基层党建呈现从标准化建设到内涵建

---

① 资料来源：《长三角地区 41 个城市经济增长报告（2020 年）》，上海社会科学院长三角与长江经济带研究中心，http：//cyrdebr. sass. org. cn。

设的梯度发展格局。最早提出党建标准化并付诸实践的是浙江省，随后在浙江全省及全国推广。2019 年，浙江省又开始了新一轮“整乡推进、整县提升”工程，继续加强基层党组织建设，巩固前期标准化建设成果。从农村党建的实际情况看，上海虽然不是最早提出“标准化建设”的地区，但是由于其良好的区域发展环境和社会基础，使得标准化建设早已不是上海农村基层党组织发展中的重点问题，上海已经完成了标准化意义上的农村基层党组织建设，并向内涵式建设发展：基层党支部在加强自身建设的同时，把自身建设的成果更多地转化为服务居民生产生活、服务村庄发展的动能，加强服务型党组织建设。江苏正在以“五聚焦五落实”行动建强基层党组织，在全省范围推进村主任书记“一肩挑”，力图从制度上根除存在多年的“两委矛盾”，增强基层党组织战斗堡垒作用。对于相对落后的苏北地区，借助这一行动，推进了党群服务中心建设、村级卫生室建设，吸纳了更多乡村振兴人才进入基层党组织，进一步缩小了与发达地区的差距，在标准化建设中更进一步。2019 ~ 2020 年，安徽以巢湖地区为试点，大力推进标准化建设，在发展相对落后的地区，特别是未进入长三角统一规划区域的地方，基层党组织在办公设施、人才、资金等方面，面临较大约束，标准化建设的任务比较艰巨。

2. 长三角各地各级党委和政府对农村基层党建人才的引培能力差异大

为加强农村基层党建工作、深入推进乡村振兴战略和农业农村现代化，长三角各地各级党委和政府都出台了相关人才引进和培训计划。长三角各地实施“头雁计划”，加强农村基层党组织带头人队伍建设。上海市实施“墩苗计划”为全市基层党组织培育年轻干部，聚焦“选、育、用”三个环节，开展年轻干部储备情况调研，建立镇村后备干部培养机制，滚动更新后备干部人才数据库；选派优秀年轻干部到维稳拆迁、扶贫抗疫等重要一线岗位进行锻炼；精心搭建学习平台，设计学习培训课程体系；根据工作需要和青年后备人才综合素质，适时推荐他们到新的工作岗位，为农村工作提供强有力的人才支撑。安徽各地实施“引凤还巢”计划，建立外出能人信息库，注重从高校毕业生、退伍军人、机关事业单位优秀党员中培养选拔村党支部书记，为村级党组织建立人才储备库。江苏省在实施“五聚焦五落实”三年行动计划中，深入开展乡土人才“三带”行动，到2021年底，平均每个村选聘并动态保持2名兴村特岗人员。从“墩苗计划”到“专项计划”“定制村干”再到“引凤还巢”，客观反映出长三角地区农村基层对人才吸引和培训差异较大：江苏（除苏州外）、浙江及上海发达地区对各类人才有较强吸引力，农村基层人才储备较为丰富；而在苏北和安徽相对落后地区，对人才吸引力也不大，吸引回来的人才也留不长久，这种差异不仅对农村基层党建，而且对农村各项工作都有较大影响。

3. 长三角各地上级组织对农村基层党建投入的资源差异大

长三角地区各地农村基层组织资源禀赋差异很大，禀赋差异在一定程度上影响了基层各项工作的开展，继而走上良性循环或相反的发展轨道。课题组在调研中发现上海、江苏、浙江发达地区的行政村的村集体资产雄厚，有的明星村积累了几十亿元的集体资产，其他各类资源也相对丰裕。而在苏北、浙西、皖北的一些行政村，资源禀赋特别少，只能通过精准扶贫逐步摆脱贫困，推动各项工作稳步开展。这些行政村及其基层党组织对上级的资源依赖非常强。而上级组织所能拨付的资源又跟各自经济社会发展水平和省级财政收入息息相关，这客观上造成了长三角各地上级组织对农村基层组织的资源投入差异很大。上海的农村基层组织依靠土地流转、各类房屋出租、乡村旅游等，本身有一定的收入，同时上海市委还通过城乡党组织“结对帮扶”等渠道将城市各类组织的资源输送到农村地区。江苏对于贫困村，也是采用“五方挂钩”帮扶的形式，输入各类资源，同时由省委出台政策，由省级财政负担，向农村基层组织下拨为民服务专项资金和组织运转经费。浙江本身经济实力雄厚，用于下拨的经费较为充足。而安徽是长三角地区经济发展较为落后的省，农村基层组织需要更多的资源投入，客观需求在现实中无法从省市两级财政或其他组织那里得到满足。可见，长三角地区各地资源禀赋的差异影响了农村基层组织各项工作的开展。

四　进一步加强长三角农村基层党建工作的建议

通过上述对长三角地区农村基层党建亮点工作的梳理以及比较分析，课题组发现了农村基层党建中存在的一些薄弱环节，也有一些难点和痛点问题还没有突破。例如，农村基层各类资源相对较少，经济社会发展压力大，会对党建工作造成一定的影响，党建引领作用在一些地方不够凸显。例如，部分党员领导干部面对信息时代，思想、思维和能力准备不足，难以适应智慧党建的时代发展需要等。为此，需要从长三角地区农村基层党建整体层面和具体问题出发，采取有针对性的措施，进一步提升党建工作质量。

（一）加强长三角农村基层党建工作的政策依据

2019 年，中央出台了《中国共产党农村工作条例》和《中国共产党农村基层组织工作条例》两个重要文件。《中国共产党农村工作条例》对党在农村经济社会发展中所担负的责任进行了进一步明确，包括各级党委特别是县级党委应当认真履行农村基层党建的主体责任；坚持农村基层党组织领导地位不动摇，乡镇党委和村党组织全面领导乡镇、村的各类组织和各项工作；推动全面从严治党向基层延伸，深入推进农村党风廉政建设，加强农村纪检监察工作，建立健全农村权力运行监督制度，持续整治侵害农民利益的不正之风和群众身边的腐败问题。《中国共产党农村基层组织工作条例》对农村基层党组织的设置、人员配备、组织职责做了具体的规定，如提高党的农村基层组织建设质量，为新时代乡村全面振兴提供坚强的政治和组织保证；乡镇党委和村党组织是党在农村的基层组织，是党在农村全部工作和战斗力的基础；农村基层组织全面领导和加强经济建设、精神文明建设、乡村治理、领导班子和干部队伍建设、党员队伍建设等。这两个文件为加强长三角地区农村基层党建工作提供了最根本、最直接的政策依据。

（二）加强长三角农村基层党建协同发展的顶层设计

在《长三角地区一体化发展三年行动计划（2018~2020 年）》《长江三角洲区域一体化发展规划纲要》两个文件中提到的区域合作主要聚焦交通、产业、能源、公共服务、生态环境等内容。在基层党建方面没有基于区域的顶层设计。为了更好地服务长三角区域发展目标，借鉴毗邻党建实践经验，可以从以下几个方面加强基层党建的顶层设计。

1. 打造长三角红色文化带

长三角地区拥有非常丰富的红色历史文化资源，各地的开发利用和保护水平参差不齐，其教育价值和历史价值没有被充分展现。为此，课题组建议建立长三角红色历史文化开发保护联盟组织，三省一市宣传部门给予业务指导和支持，推广上海市各级党组织的经验，统筹规划、开发、利用、保护，打造长三角红色文化带，形成党建文化共同体，发挥红色文化在区域经济社会发展和党员教育中的作用。

2. 党员教育管理一体化

在党员教育管理方面，长三角地区可以先行一步，加强一体化教育管理。例如在教育资源共享、教育活动共办方面推动长三角地区集体行动，特别是流动党员教育管理，长三角区域内可以借助“学习强国”平台和大数据技术，实现流动党员思想教育、组织归属、服务帮扶、关系转接等一体化管理。

3. 加强基层党建人才队伍协同培养

农村基层党组织负责人和后备人才队伍在长三角区域内分布非常不平均，这对基层党建工作产生较大影响。在长三角区域层面，通过举办培训班、参观交流、挂职锻炼等措施，提高党建工作队伍的能力和水平，助力农村基层党建工作高质量发展。

4. 大力推广毗邻党建工作经验

在长三角地区内部特别是重点领域和重点地区大力推广毗邻党建实践经验，在基层党组织交叉任职、挂职锻炼、合作交流等方面进一步突破。在公共服务、生态环境治理、疫情防控等事务中进一步深化合作，增加协同性。以基层党建弥补各种有形无形的壁垒，实现各类资源配置的优化和地区发展水平的整体性提升。

（三）进一步推进“智慧党建”模式创新

第四次工业革命以来，以 5G、大数据、区块链为代表的信息技术深刻地改变了我们的学习、工作和生活模式，也带动了传统党建模式向信息化时代“智慧党建”模式的转型。为适应信息化时代要求，长三角地区要在现有实践基础上，进一步推进“智慧党建”模式创新。在党建工作中积极采用大数据、融媒体等新技术，提升农村基层党建工作科学化、智能化和信息化水平。

1. 开发形式多样、内容丰富的党课资源

相比较于传统的文件学习、阅读报刊、观看科教片等学习内容和学习方式，现如今的微视频、微党课、云上党课、在线音频、“扫码听书”等形式的创新丰富了党课资源，虚拟仿真等技术也进一步丰富了党员思想政治教育的方式，增强了教育的情境性和感染力。长三角地区各地都进行了丰富的创新实践，也取得了良好的效果。在现有基础上，各地可以进一步开发共享党课资源，扩大应用范围，注重弹性管理、碎片化学习和主题学习相结合，提高党员教育效果。

2. 进一步提升党员领导干部信息化素养

为适应信息化时代对党建工作提出的新要求，提升广大党员特别是领导干部的信息化素养变得非常迫切。对于年龄较大的党员来说，由于他们信息技术能力较弱而不能充分享用信息技术带来的便利。因此，对基层党组织负责人、骨干分子、后备人才适时开展信息技术能力培训，转变工作思维、增强变革意识、掌握信息技能，不仅满足他们自身学习和工作的需要，还可以帮助身边的人一起迎接信息时代的工作挑战。

3. 加强基础设施建设

“智慧党建”对通信设施和终端设备有刚性需求，在部分农村地区特别是长三角的山区，这部分地区基础设施建设比较落后，高速信息通道还没有建立，终端配套设备购置和后期维护对于基层党组织来说是一大笔支出。这些现实情况要求省级党组织要提高农村地区网络覆盖率，加强信息安全基础设施建设和信息维护，以满足“智慧党建”的基本需求。

（四）加强党建工作平台建设

除了硬件设备，“智慧党建”还需要开发和建设一系列软件和平台。党建平台既是开展党建工作的载体，也是展示党建成果、交流经验的窗口。目前，从中央到地方各级党组织和政府部门都开发了很多政务 App 的系统软件，在省级层面也有一些专门的党建平台。从现实运行来看，出现了一些问题。如平台过多、功能不全、使用不便，从而造成使用者负担过重；内容高度重复，部分内容粗制滥造；系统平台之间缺乏必要有效的对接，导致资源浪费，从而给使用者带来不便。从最近几年增长的政务类 App 可见此问题的严重程度。因此，课题组对党建平台建设有以下几点建议。

1. 建立中央—长三角—省—县四级系统平台

精简平台数量，实现平台之间有效对接。从中央级来看，有“中国共产党员网”、“学习强国” App 等高质量平台，可以基于这些现有平台开发下级平台，完成立体化平台建设。长三角一体化战略已经被实施，目前还缺少一个相配套的互联网平台。在加强长三角一体化平台和县级平台建设的同时，实现平台和系统的信息共享和平台对接显得非常重要。

2. 开发、整合、优化党建平台功能

在精简平台、实现对接的同时，还要进一步开发、整合、优化党建平台功能，增强组织和个体用户使用舒适度。在调研中发现，诸如“学习强国” App 这类优质的平台，其会议功能、党员管理功能等尚未充分发挥，这就需要在后期平台运行中进一步开发优化这些功能。在平台功能开发中，要从简单的新闻资讯播送向深度学习、精细管理等方面优化。

（五）加大对农村基层党建的各类资源投入

在前文比较分析中，课题组发现上海在党建工作中有突出的创新业绩。上海之所以取得这么骄人的成绩，其中一个重要的原因在于其投入基层党建的各类资源非常丰富。课题组在上海书院镇的调研中也深切感受到这一点，这种大投入不仅源于上海雄厚的财政实力，也源于上海城乡基层社区本身就拥有较丰富的资源禀赋。在经济社会发展相对缓慢的安徽，课题组调研发现，其对党建的重视程度不亚于上海，但是其实际党建创新不够突出。原因有很多，其中一个重要的原因就是资源投入少、自身资源禀赋不足。同样是一个村党支部，上海的村党支部可以举办大型的丰收节晚会，有效融入党建要求，可以把村中红色历史遗存充分开发、完善保护，而同样的党建工作在安徽就比较难以完成。

因此，加大对基层党建资源投入是提升党建工作业绩的重要措施。具体可以从以下几个方面入手。

1. 提供省级财政保障并适当提高为民服务资金

江苏在“五聚焦五落实”行动计划中，全省村级组织运转经费保障标准为每年不低于 38 万元，社区党组织为民服务专项资金保障标准为每年不低于 20 万元，并建立逐步增长机制。江苏这一做法值得其他地区借鉴。因此，无论是村级组织运转保障经费，还是为民服务专项资金，通过建立直拨和逐年递增机制，可以为村级党组织各项工作开展提供最基本保障。

2. 保障农村基层党组织负责人的薪酬收入

基层党组织留不住人才的重要原因之一是薪酬水平低，低到不如外出务工的收入。这在苏北和安徽部分地区非常明显，成为基层党建工作的重要制约因素。很多地方已经建立县级财政兜底制度，保证村两委负责人的年收入不低于当地农村人口平均收入的 2.3 倍。除了农村基层党组织负责人，还有其他一些从事党务工作的人员，比如大学生村官等，也应该为其建立相应的薪酬制度，保障基本生活和发展需要，推动基层党建工作可持续开展。

3. 增加基层党组织人才供给

人才资源是农村基层党建工作高质量发展的另一个制约因素。对于广大农村地区来说，党员队伍老龄化现象非常普遍。目前长三角各地已经从省、市两级制定了专门的人才计划，从大学毕业生、退伍军人中选拔培养一批基层党组织后备干部，充实基层党组织人才队伍建设。但是现实中有相当一部分人才被乡镇、街道截留使用或长期“借用”，而不能直接到达村级党组织，实际上村级组织还是面临人才荒的问题。所以，长三角地区特别是相对落后地区的农村，还需要加大人才供给力度，除选派“第一书记”外，更要侧重从原籍大学生、退伍军人、返乡优秀青年中选拔培养后备干部，也可以与机关事业单位招考相匹配，建立相关入选者到基层党组织锻炼的人才选拔机制。

第二节　江苏加强流动党员教育管理的经验及进一步优化策略*

一　加强流动党员教育管理的重要意义

党员是党的肌体的细胞，党员的状况决定党的战斗力、凝聚力和领导力。加强党的建设，其中最重要的一个内容就是要加强对党员的教育管理。在全面加强党的建设背景下，对党员的教育管理在逐步加强并日益规范。2019 年 5 月中共中央印发《中国共产党党员教育管理工作条例》（以下简称《条例》），指出党员教育管理是党建的基础性、经常性工作。从政策角度来说，这是党内第一次针对教育管理出台的文件，凸显了这一问题的重要性和紧迫性。

在党员教育管理中，流动党员教育管理是最棘手也是最重要的问题。改革开放以来，随着中国社会的结构性变革，整个社会加速流动，流动党员随之出现且规模越来越大，至今我们也无法准确知道这一群体的数量。相当一部分流动党员与党组织的联系越来越弱，甚至成为“口袋党员”“隐形党员”“失联党员”。部分党员在流动中党性意识模糊，先锋模范作用不能很好发挥。这种情况既影响到党员个体发展，更影响到党的整体状况和基层党组织的凝聚力和战斗力。为此，《条例》第七章单独就流动党员教育管理进行规定：流动党员是党员队伍的重要组成部分，要努力让每名流动党员都纳入党组织有效管理的范围。

江苏是人口大省和经济大省，全省共有党员 540 多万名，基层党组织超过 26 万个。跨省（区、市）和省内跨地区流动的党员数量都不容小觑。根据南京农业大学《江苏农村基层党建发展报告（2018～2019）》对江苏省

* 本节内容选自《江苏加强流动党员教育管理的经验及进一步优化策略》，该报告提交江苏省委组织部，并荣获 2021 年度江苏省社科应用研究精品工程“庆祝建党百年·江苏党的建设历史经验”专项课题优秀成果三等奖。

内 100 多个行政村开展问卷调查的数据推测，苏南和苏中地区外出流动党员占到全村党员的 15%左右，苏北地区外出流动党员占比高达 20%~30%。考虑到江苏对全国其他省（区、市）的人才吸引力，从江苏省外流入江苏的外省流动党员，虽然具体数量不清，但是一定非常可观。

所以，对江苏流动党员教育管理的经验进行总结，不仅对于加强长三角地区基层党的建设，而且对于全国其他地方基层党的建设都具有重要意义。

二　江苏加强流动党员教育管理的基本经验

1994 年 12 月中央试行的《流动党员活动证》制度对流动党员首次进行了政策界定，即短期外出（6 个月以内）或长期外出但暂时无法转移组织关系的党员。2006 年 6 月中共中央办公厅印发《关于加强和改进流动党员管理工作的意见》，第一次以党中央文件的形式明确指出，流动党员是指由于就业或居住地变化等原因，在较长时间内无法正常参加正式组织关系所在党组织活动的党员。

改革开放 40 多年来，江苏在社会主义市场经济建立、发展和完善过程中，释放了广阔的社会空间，也产生了数量众多的流动党员。2021 年，江苏的城市化率已经高达约 73%，这意味着很多农村居民和城乡接合部居民都进入城市生活，在客观上形成了流动党员群体中最大的两个亚群体：一是从农村到城市务工的党员群体；二是由于城郊拆迁后离开原来社区、党组织关系还留在拆迁地基层党组织中的党员群体。此外，江苏民营经济和集体经济非常发达，省内有“两新”组织接近 2000 万家，也吸引了众多省内外劳动者；省内有大中专院校 1282 所，有超过 100 万的大中专学生，他们成为大学生流动党员的重要来源。“两新”组织虽然是吸引就业的重要领域，但是从劳动力市场特点来说，“两新”组织大多属于次级劳动力市场，就业不稳定，这也形成了以大中专学生为主体的“两新”组织领域的流动党员队伍。从上述几个方面来分析，江苏流动党员主要由农村外出务工党员、城郊拆迁流动党员以及“两新”组织领域的流动党员这三个群体组成。有相当一部分大学生党员在未实现稳定就业之前，往往倾向于把党组织关系转到原籍村，他们是农村年轻党员的重要来源，也是农村外出党员的组成部分。为了分析方便，对于上述三类流动党员群体，统称为“农村外出流动党员”。

对党员的教育管理主要分为日常教育管理服务和党内集中教育两个方面。党的十八大以来，党内集中教育主要有群众路线实践教育、两学一做、三严三实、不忘初心牢记使命、党史学习教育等。党内集中教育凡是涉及普通党员的学习教育内容，农村基层党组织都坚决贯彻落实上级党组织要求和部署，不折不扣开展工作，特别是近两年来开展的不忘初心牢记使命主题教育和党史学习教育，都已经建立了常态化的学习教育机制。本章主要探讨流动党员日常教育管理服务。

（一）农村外出流动党员的日常教育

1. 开展政治理论和党性意识教育

农村外出流动党员的政治理论和党性意识教育，主要通过集中学习、网络学习和自学三个途径进行。集中学习一般利用春节返乡时期开展，也可以利用冬训集中开展；网络学习除了定期在微信群发放资料，最主要的学习平台是“学习强国”；自学主要利用流动党员节假日和工作之外的零碎时间进行。学习内容以党章党规党纪、最新中央文件精神、会议精神和领导人讲话为主，也包括一些时事学习。通过学习提升流动党员政治理论水平和党性修养，流动不流失，离乡不离党。

2. 开展法律法规教育

农村外出流动党员在外流动，居无定所，而且农村党员在流出前长期生活在农村，法制教育较为欠缺，法律意识较为淡薄。为了帮助农村外出流动党员在外立住脚跟，基层党组织也会开展法律法规教育，普及日常必备法律知识，增强农村外出流动党员的法律意识，引导农村外出流动党员在外流动时不仅能够遵纪守法，还能够依法维护自身权益。

（二）农村外出流动党员的管理

1. 利用“互联网+”密切与农村外出流动党员联系

从全国来看，各地对流动党员的教育管理形成了六种模式，分别为流出地—流入地双重管理模式、流入地管理模式、流出地管理模式、中介管理模式、行业管理模式、联建管理模式。这些管理模式在江苏各地都有实践。

从调研情况来看，流动党员教育管理仍然以流出地教育管理为主。通过在苏南、苏中、苏北各地调研的村庄来看，较为普遍的做法是利用互联网建立管理平台或基层党支部微信群，发布党员学习教育内容、党组织重要活动通知、村镇重大事项通报等信息。比如，江苏睢宁县委组织部与睢城街道党工委在2018年联合开发了“星火睢城”流动党员平台，开展学习教育等活动。扬州市江都区在“智慧江都”平台上建有“红色堡垒”，各基层组织上报党建活动信息，经审核后发布。利用互联网建立网上党支部、党总支，突破地理区域限制，聚合分散的流动党员，实现集中教育管理，建成网络组织体系，探索“互联网+党建”发展的新模式。这是江苏加强流动党员教育管理比较普遍的做法。

2. 流出地—流入地双重管理

在江苏流动党员教育管理中，有一个比较有代表性的做法就是流出地—流入地双重管理模式。这一模式一般来说指流出地和流入地党组织通过签订联建共管协议，建立正式组织联系，规范两地权责。流出地保留党员组织关系，而将部分管理权限移交流入地党组织，共同教育管理流动党员。这种模式主要以灌南驻杭流动党委为代表，其得以建立的基本条件之一是灌南籍流动党员在一个地方相对较为集中，以业缘、地缘关系将流动党员组织起来，成立一个驻外流动党组织，在流出地—流入地组织部门的关心和支持下，实现双重管理。在驻杭流动党委经验基础上，灌南组织部又在苏州、上海等灌南籍流动党员相对集中的城市建立了驻沪、驻苏流动党支部。

3. 流入地管理

由于党员以个体形式单独流动，流入地分布甚广，流出地党组织在外广泛建立流动党支部不现实。为此，流入地组织部门，依托楼宇、社区、商圈、工程项目等流动党员集中地，将辖区内流动党员集合在一起，进行教育管理。从各地流入的党员参加党组织活动后，由基层党组织在《流动党员活动证》上盖章以进行组织生活证明。目前这一模式在经济发达的城镇被较多采用。江苏省南京市在 2011 年就开始成立商圈党委，遴选重点商圈，推进商圈党建工作，为人员流动频繁的各商圈的党建开辟了新路径。南京玄武区“红领·汇杰”就在新街口商圈开展了多年的“跑楼”摸排工作，排查外地流入党员，吸纳他们进入楼宇党支部或者社区党支部参加组织生活，进行属地化教育管理和服务。除商圈以外，社区党支部也积极在社区中进行排查走访，主动邀请外地流入党员参加组织生活和学习。社区中的流动党员以投靠子女的外地父母为主，他们的组织关系留在了原籍或者原单位，会在子女所在社区居住长短不等的时间。由于这部分流动党员有固定的居所，指引他们进入社区党支部参加组织生活相对容易。

4. 对流动党员进行监督、考核和评议

农村基层党组织一般利用春节返乡期间，召开党员大会，按照个人自评、党员互评、民主测评的程序，对全体党员进行民主评议和考核。流动党员介绍自己在外地参加组织活动、学习、志愿服务等情况，同时汇报思想和工作状况，并把外地所见所闻、工作机会、最新资讯分享给与会党员。这对于提升党员思想意识、开阔眼界、互通有无起到了非常好的作用。

5. 服务保障等工作

对于需要转移组织关系的流动党员，农村基层党组织非常配合，并积极引导有条件转出的流动党员及时转出组织关系，以更好地参加流入地组织生活。关于流动党员党费缴纳，基层党组织会适时提醒，部分流动党员在春节返乡时，也会主动多缴纳一部分党费。对于村中重大事项需要表决的，流动党员也可以委托在村党员或者支部书记代为行使表决权。由于外出务工的流动党员工作比较繁忙，遇到村中有重大事项必须他们发表意见或表决时，村党组织也会协调他们的时间召开线上会议，或者单独电话沟通。

课题组在调研中了解到，农村基层党组织普遍反映，最近十几年来发展党员名额较少，一般来说，两年才会有一个名额，而村中积极分子可能有十几个，农村基层党组织一般都积极发展村级后备干部。所以外出流动党员中预备党员的数量少之又少。这个问题在后续党建工作中有待完善。

三　江苏流动党员教育管理存在的困难及进一步优化策略

（一）流动党员教育管理中存在的困难

虽然党的各级组织都重视流动党员教育管理，也采取了许多积极措施。但是在实践中，有些措施也不是非常有效，还存在一些不容忽视的问题。如瞒报外出情况、隐藏党员身份、推脱组织生活、网络学习和自学缺乏有效监督、流动党员身份意识不明确、不能主动发挥先锋模范带头作用、党员个人工作生活与组织活动之间存在时间冲突等。

为了有效管理流动党员，《条例》明确提出：党员工作单位、经常居住地发生变动，或者外出学习、工作、生活 6 个月以上并且地点相对固定的，应当转移组织关系。对具备转移组织关系条件的流动党员，流出地和流入地党组织应当衔接做好转接工作。但结合调研情况，上述规定在实际操作中存在一些困难。

1. 转移组织关系中的困难

第一，符合转移条件的党员少。从农村外出流动党员自身来看，农村党员流动在外，虽然在地域上出现变化，但其多数并没有固定职业，其再流动性可能大，不符合党员组织关系转移的条件。还有一部分流动党员，虽然符合转移组织关系条件，但出于“多一事不如少一事”的心理，且对转移组织关系流程不了解，干脆放任不管，选择不转移组织关系。而对于从高校毕业后进入次级劳动力市场工作的学生党员来说，也基于工作稳定性的考虑，避免转接党组织关系的烦琐，更倾向于把组织关系放在户籍所在地党组织。

第二，不愿转移组织关系的党员。有一些城郊拆迁地域的流动党员，由于原来拆迁村居有一定集体资产及收益，也不愿意转移组织关系，而倾向于留在原村居继续享有集体分红或者福利保障。

第三，党组织缺乏引导党员转移组织关系的意识。从流出地党组织来看，其对流动党员外出后的情况并不了解，对其行踪也没有确切把握，即使具备转接条件，也因为信息不对称而无法主动引导。而流入地党组织并没有要求流动党员转入组织关系的权限，且部分流入地党组织对在辖区内无固定居所、无稳定工作的流入党员一般也不接收，导致这部分流动党员组织关系也无处落实。

2. 管理过程中的困难

首先是管理主体不明确。是流出地党组织管，还是流入地党组织管，还是两者共建共管等问题，在实际工作中依然没有明确答案，这使得教育管理机制滞后于农村外出流动党员现状。虽然多数地区都在致力于构建两地共建共管模式，但在实践中真正以签订协议的方式落实两地职责的情况并不多。缺乏书面协议导致两地党组织在实际工作中无法真正明确各自职责。管理主体不明确使得党员教育管理常规化机制落实不到位，一些基本制度如“三会一课”“主题党日活动”都难以保证。

其次是监督机制缺位。监督是教育管理措施落实到位的重要保障。部分党组织对于流动党员教育管理缺少物质或精神奖励。党组织就管理谈管理，缺少人文关怀，导致教育管理成效低。同时，当前基层党组织普遍缺乏强有力的监督机制来落实对流动党员的教育管理，使得基层党组织教育管理工作的执行力度不强。

最后是处罚、退出机制缺位。处罚、退出机制是对监督机制的补充和完善。少数流动党员不参加党支部组织的活动，不过组织生活、不参加学习、不按期缴纳党费，长期脱离党支部却仍保留党员身份。党内评议考核偏软，没有退出机制，这就在客观上纵容了一批本来可以实现关系转接或者参加组织生活的流动党员，也使得党员教育管理工作权威性弱化，进而降低教育管理实效。

（二）对流动党员关怀服务不够

流动党员作为组织严密、纪律严明的中国共产党的普通一员，应该履行党员所要履行的一切责任义务。但是从另一个角度来说，流动党员群体中的大多数人都就业于次级劳动力市场，收入较低、工作和生活负担较重，这在一定程度上使他们没有更多时间精力参加组织生活，甚至不得不隐瞒自己的党员身份。调研发现一些“两新”组织的流动党员，不愿意把组织关系转入流入地，其中有一个原因就是农村党员缴纳党费比较少，而转入以后，按照工资比例则要缴纳更多党费。

1. 流出地基层党组织对流动党员的关怀服务

农村外出流动党员一般是家里的主要劳动力和顶梁柱，他们外出以后，在家中必会留下妻儿老小成为农村留守人群的一部分，更是流动党员外出以后最大的牵挂。对于农村基层党组织来说，村中的日常工作已经不堪重负，可能实在无暇顾及这样一个群体，但是实际造成的结果可能是疏远了流出地基层党组织和外出流动党员之间的关系。

2. 流入地基层党组织对流动党员的关爱和扶助

如果说外出流动党员是农村中的较优秀群体，那么进入城市以后，他们可能就成为弱势群体，更需要流入地基层党组织和党内同志的关心帮扶，比如较好的就业机会、较好的就业资讯、较多的生活关爱。然而在现实中，流入地基层党组织在这些方面的服务和关心不够充分。基层党组织与流动党员之间的联系仅仅建立在“要求学习—被迫学习、管理—被管理、收党费—缴纳党费”等事务上。无论是流入地还是流出地的基层党组织，如果他们对流动党员只提出要求，不提供关心和服务，长此以往，流动党员对基层党组织的归属感和认同感就会降低。

（三）进一步优化流动党员教育管理的策略措施

1. 转变流动党员教育管理宏观思维

针对前文提出的困难和问题，优化流动党员教育管理首先要转变思维，而思维转变主要体现在三个方面。

第一，从传统固定单位制管理思维向现代流动社会弹性管理思维转变。

流动党员产生于从传统单位制社会向现代高流动社会转型的过程中，城乡社会涌现出的一大批体制外就业单位接收了自由流动的农村劳动力。党员也不再固化于原籍或原单位而实现了自由流动，这种流动趋势不可阻挡且会成为一种常态。传统的党员教育管理模式和思维产生于低流动性的二元社会结构中，在新时代条件下，要适应现代社会的高流动性，就必须转变思维，从而实现党员教育管理的根本性变革。

第二，在信息技术条件下从具象化思维向抽象化思维的转变。

新时代的一个重要特征是以信息技术变革为驱动的智能化、自动化和网络化发展趋向，“互联网+”和大数据应用为社会管理开拓了广阔的空间。对于党员教育管理特别是流动党员教育管理，党组织要适应这一时代发展变化，充分利用时代赋予的技术优势，开发教育管理新途径、新方法。

第三，从单一思维向多元思维转变。

虽然流动党员教育管理针对的是党员中的特殊群体，但是不能把眼光局限在这一特殊群体上，而要放在一个多元框架中考虑这一问题。比如，加强“两新”组织党建与加强流动党员教育管理问题的关联性；流动党员教育管理要突破单位和地域限制，建立大基层观并实现联动管理；通过制度创新解决流动与非流动的相关问题，从而构建一种全新的党员教育管理模式；对流动党员既要讲党员义务和责任，也要讲党组织关怀和同志关爱等。

2. 优化流动党员教育管理的对策

第一，坚持以人为本，尊重流动党员现实需要。

流动党员在他乡就业和生活中，总是会面临更多的困难和挑战。各级党组织要把组织的关心、尊重和服务融入教育管理，坚持以人为本，开展“有温度的管理”。

（1）政治上关心。不仅要求流动党员履行其作为党员的义务，也要保证其应有的权利。在评优选优时充分考虑流动党员，表彰优秀流动党员，增强流动党员的组织归属感。

（2）生活上关爱。各级党组织要关爱流动党员，关心其生活和工作，主动为流动党员提供服务，为其排忧解难。在注重刚性教育管理要求的同时，注入柔性的服务关怀，激励流动党员不断发挥党员先锋模范作用。

（3）健全党内帮扶机制。当流动党员在生活和工作中遇到大事难事时，启动党内帮扶机制，为流动党员排忧解难。

通过以上一些措施，增强党组织对流动党员吸引力和流动党员对党组织的归属感，实现“流动不流失”的管理目标。

第二，加强流动党员教育管理平台的建设。

“学习强国”平台是中宣部为推动建设马克思主义学习型政党和学习大国而开发的融媒体平台，它具有在线学习、传播资讯、考核考评、线上会议等多项功能，实现了新媒体与思想政治教育传统的高度融合。选择“学习强国”平台作为全国流动党员网络教育平台具有很大的优势。目前这一平台的部分功能还有待进一步开发和推广使用。比如可以进一步开发把党员基本信息全部上网、各级党组织基本信息全部上网，党员组织关系转接也可以实现网上办理，从而方便流动党员在流动中随时转接组织关系，融入距离工作生活地最近的党支部参加组织生活，找到组织归属感。再如，每一个党员拥有一个注册号，类似于身份证号或社保号，可终身使用，党员网络学习、考评等可以在线进行，利用大数据反映党员学习教育情况。平台还可以设置不同的进入端口，普通党员、党务工作者从不同端口进入，所能接触到的信息范围以及所能使用的功能要有所差异。有了这样一个功能强大的网络平台，流动党员政治学习、组织生活等都可以在线进行。这样的平台，必须在国家层面上统筹打造、开发和维护，才能解决跨省流动的党员教育管理问题。

第三，为流动党员教育管理服务提供充足的物质保障。

一定的物质保障是加强流动党员教育管理服务的前提条件。课题组在农村调研中发现，很多村党支部缺少党务活动经费。实行村财乡管以后，乡镇政府掌握了村里各项经费和收支大权，甚至有些地方政府把每个基层党组织所有的为民服务专项经费在乡镇层面统筹使用，这就导致相当多的村级组织缺乏党务活动经费，影响基层党建工作开展，包括对流动党员的教育管理和服务。所以，扩宽渠道、增加基层党组织活动经费就成为一个基础条件。具体措施包括以下几点。①财政拨付。将党员教育管理服务经费纳入市、区、县级党建工作年度预算中，设置专项经费，确保落实到位，禁止挪用、不用行为。另外，为民服务专项资金拨付到位，专款专用。②党费返还。党费本身就是党组织活动的经费，按照返还比例，通过填写《党费返还申请表》，向上级组织申请返还部分党费作为开展流动党员教育管理和服务工作的经费。③企业资助与党员自筹。流动党员外出后很大一部分流入非公企业或者

“两新”组织中，党组织应做好思想引导，争取相关企业支持，建立企业资助和企业内流动党员自筹的方式充实流动党员教育管理和服务工作经费，朝着与企业共建的方向努力。

除了保证较为充足和稳定的党务活动经费，为加强流动党员教育管理服务，各地需要建好党群服务中心，配齐办公室、会议室、活动室、娱乐室等必备设施，让流动党员“有地找、有地活动”，更好地为流动党员提供服务，打造流动党员的“红色家园”。在农村外出流动党员集中地，包括乡村、楼宇、园区、商圈、市场等地打造网格化服务站点，方便将流入党员及时吸纳进流入地党组织。

第四，加强城市社区和“两新”组织党建。

农村外出流动党员大部分都进入了城市社区和“两新”组织中，少部分进入体制内单位的党员则稳定下来，从流动党员变为非流动党员。所以，加强流动党员教育管理服务要与加强城市社区和“两新”组织党建结合起来。①明确流动党员身份，享受流动党员服务。调研发现，流动党员不愿意加入流入地党组织的一个原因是两地党费缴纳差异。建议针对农村外出流动党员，一旦组织上确认了其流动党员身份，不管其流动到哪里或是否转为非流动党员，依然可以按照农村党员党费标准缴纳，鼓励流动党员亮明身份。②创新党建方式，扩大组织覆盖面。在“两新”组织中按照应建尽建原则，建立基层党组织。不符合单建条件的，创新“楼宇党建”“行业党建”“红色网格”“项目党建”等模式，采用联建、共建等方式，做到全覆盖和全吸纳。③加强基层党组织专业人才队伍建设，特别是加强对“两新”组织书记、专职党务工作者、党建指导员等的培训培养，为加强党的建设提供坚强组织保证。

第五，加强流动党员教育管理服务的机制建设。

确保流动党员教育管理和服务取得实效，还需要有一套完整有效的机制来落实。①考核机制。针对流出地的远程教育管理和流入地的吸纳融入进行考核，并将其作为对基层党组织考核的重要内容。针对流动党员自身的考核，可以依据流出地和流入地基层组织提供的活动数据，也可以依据“学习强国”平台的学习记录等信息。②激励机制。无论对于流出地基层党组织、流入地基层党组织还是流动党员，都要采取一定的激励机制。对于基层组织，可以用物质和精神奖励为主，也可以通过增加发展党员名额、增加党费返还等方式。对于流动党员，可以通过增加落户积分、优先晋升、颁发荣誉称号等方式进行奖励。③惩罚机制。对于基层党组织在教育管理服务流动党员工作不力的，要追究责任。对于流动党员，不参加组织生活、不履行党员义务的，也要给予党内提醒、劝诫甚至警告等处罚。对于长期拖欠党费、游离于组织之外、隐瞒身份、不履行党员义务的流动党员，必要时可以采用党员退出机制，以整肃党的队伍。

第三节　“巢湖模式”及其实践成效——以黄麓镇为例

一　安徽开展党建标准化的背景

《中共中央关于党的百年奋斗重大成就和历史经验的决议》指出，党始终把解决好“三农”问题作为全党工作重中之重，实施乡村振兴战略，加快推进农业农村现代化。加强农村基层党建工作，不仅是实现乡村振兴战略的重要一步，也是加强基层治理的重要举措，更是不断满足农民日益增长的美好生活需要的必要前提。党历来重视农村基层党组织建设，尤其是党的十八大以来，以习近平同志为核心的党中央高度重视党的农村基层组织建设。2016 年 4 月，习近平在小岗村主持召开农村改革座谈会时强调，要把农村基层党组织建设成为落实党的政策、带领农民致富、密切联系群众、维护农村稳定的坚强领导核心。2019 年 6 月，中共中央政治局审议《中国共产党农村工作条例》时指出，要加强农村党的建设，把农村基层党组织建设成为宣传党的主张、贯彻党的决定、领导基层治理、团结动员服务群众、推动改革发展的坚强战斗堡垒。

同时，为落实全面从严治党要求，进一步提高党建科学化水平，2016 年国家标准委组织编制了《国家标准化管理委员会机关全面从严治党标准体系》，并于2017年3月发布实施。而在此之前的2012年，浙江舟山、江西鹰潭两地已开始借鉴企业标准化管理的做法，探索基层党建标准化建设。习近平总书记2014年3月在河南兰考调研时指出：标准决定质量，有什么样的标准就有什么样的质量，只有高标准才有高质量。

作为新生事物，党建标准化为推进基层党建工作提供了全新视角和科学依据，这不仅是党的十八大以来党建工作的重大创新，也是经实践检验后提升党建科学化水平的有效路径。这既是提升基层组织组织力的重要创新之举，也是推动全面从严治党向纵深发展的必要之举。

二　巢湖党建标准化模式概述

2017年，安徽省对照国家要求，推出《安徽省农村基层党组织建设标准（试行）》（以下简称《标准》）。《标准》按照“一年推广打基础、二年深化出成效、三年全面上台阶”的要求，从党组织设置、班子队伍建设、党内组织生活、为民便民服务、场所建设管理、工作运行机制等八个方面对农村基层党组织提出了48条建设标准。这48条标准统筹兼顾，不仅对党的组织设置提出了宏观的建设标准，也对诸多微观细节提出了对照标准，如规定乡镇党委每月至少开展1次中心组学习、乡镇党员干部每人每年参加各类培训不少于12天；村级组织活动场所达到200平方米以上，党员活动室不低于100平方米等。自《标准》推行以来，安徽各地都对照标准找差距、找短板，不断完善与健全当地农村基层党组织体系标准化建设。

素有“鱼米之乡”美誉的安徽巢湖市位于皖中地区，2011年8月撤地级市设县级巢湖市。市域面积2046平方公里，辖12个乡镇、5个街道、145个村、38个城市社区，总人口92万。全市共有基层党组织1833个，其中党委186个、党总支78个、党支部1569个，共有党员39128名。巢湖市委下辖12个乡镇党委、5个街道党工委、5个市直属党（工）委。[①]

“巢湖模式”始于2017年安徽省基层党组织标准化建设乡村试点工程。

① 根据2020年9月的调研数据。

作为合肥市党组织标准化建设的试点乡镇，巢湖市在推进过程中，由巢湖市委总结提炼经验，逐渐形成颇具特色的“巢湖模式”。其特点主要包括以下几个方面。

1. 突出政治建设，建立健全基层组织体系

巢湖以提升基层组织力为重点，不断提升农村基层党组织建设的质量和水平。牢固树立大抓党支部的鲜明导向，按照一竿到底指导、一组台账规范、一套制度推进、一张图表作战等“四个一”推进机制，扎实推进基层党组织标准化规范化建设，深入实施党支部提升行动。按照“五有一好”标准，分两批打造50个基层党建示范典型，逐步形成“环巢湖党建明珠长廊”。2020年9月巢湖市1833个基层党组织标准化建设达标率为96.2%。同时，巢湖积极创新基层党建工作模式，创建全省首个农村党建联盟，成立半岛之心区域化党建联盟、中庙街道党建共同体，实现优势党建资源共建、共治、共享。

2. 突出强基固本，大力加强基层队伍建设

各村、社区以村和社区两委换届为契机，推行编制化、专职化、规范化管理，选优配强村级两委班子，努力打造一支铁军队伍。坚持“凡进必考”，对村干部实行定编、定岗、定则、定薪的编制化管理。巢湖市委印发了《关于进一步加强全市村干部队伍建设的“十八条”意见》，明确到2020年实现三个“1/3”目标，即全日制大专以上文化程度的村干部占1/3、优秀退役士兵占1/3、致富能手和乡贤人士占1/3。出台《关于推行村党组织书记专职化管理的实施办法》，实行村党组织书记县级备案管理制度，建立统一规范的人事档案。推行村干部勤政档案管理制度，实行“一人一档”，每季度进行一次评议排序，作为年度考核的重要依据。同时，全面落实村和社区干部报酬待遇。开展“一述四定”工作，有效督促村干部履职尽责。建立健全以“四议两公开”“小微权力清单”等为主要内容的民主决策监督制度，增加了村级工作透明度。

3. 突出载体创新，着力增强党员队伍活力

突出党员教育管理和服务，充分发挥党员在基层一线的先进模范作用。

运用各类新媒体平台和横幅、公开栏、“口袋书”等形式，发布学习内容，通报学习进度。升级改版“明珠巢湖·智慧党建”云平台，实行“三会一课”等组织生活制度进行网上督查、网上考核，推进党员教育管理信息化、精准化。试点党员分类量化积分管理，推进党组织活动方式创新。在乡村振兴和脱贫攻坚一线，设置党小组之家、党员先锋站、党员中心户等“微阵地”。定期开展“党建微课堂”，巩固提升党代表“五员”工作法，充分发挥党代表“当监督员督查大事、当研究员破解难事、当信息员通报急事、当参谋员研讨要事、当服务员办好实事”的作用。

4. 突出党建引领，扎实推进脱贫攻坚工程

巢湖市印发《巢湖市党建引领扶贫实施方案》等文件提出，发挥基层党组织、党员干部在脱贫攻坚中的作用。树立面向基层的用人导向，确保人员不断档、工作不掉队，全力助推贫困村发展。切实加强帮扶队伍建设，构建扶贫网格责任区，明确工作职责，建立会议、台账、报告和排查四项工作制度。

5. 突出加大投入，不断强化基层党建工作基础保障

坚持钱往基层投、政策往基层倾斜，强化经费和待遇保障，夯实农村基层党建工作基础。具体做法包括“加大经费投入”“加强人才储备”“增强发展动力”三个方面。巢湖市财政每年预算 7200 多万元用于基层党建保障工程。村级组织基本运转经费标准由 579 元调整至 7911 元，为全市 145 个村落实基本经费 1337 万元。投入 2800 多万元改造升级 67 个村（社区）活动服务场所，实现了全市村活动服务场所全达标。每村配备 2 名后备干部，解决村级组织后继乏人问题。提倡党小组长兼任村民组长，让党的工作覆盖到村民小组。结合脱贫攻坚和美丽乡村建设，加大村级集体经济项目资金投入力度。

三　巢湖黄麓镇基层党建标准化实践

巢湖市黄麓镇位于巢湖北岸，以“文化之乡”著称。因安徽组织干部学院坐落于此，所以省委组织部高度重视黄麓镇基层党组织标准化建

设工作，要求黄麓镇在全省范围内先行启动基层党组织标准化建设，树立标杆。

近年来，在基层组织建设上，黄麓镇党委按照“常规工作整体提升、重点工作创新突破、特色工作叫响品牌”的定位，聚焦主责主业、科学精准施策、强化责任担当、狠抓任务落实，确保党建工作创先争优，并在党建引领下大力推进“美丽乡村特色工程”“镇村道路提级工程”“四大园区升级工程”“人居环境品质工程”“组织建设强基工程”五大工程，着力打造“书香黄麓・科创小镇”。

（一）主要做法

1. 加强组织领导

黄麓镇党委制订实施方案，成立了工作领导小组，建立了“一对一”帮扶制度、督查制度、奖励制度等。为规范标准化创建程序，制定了《推进基层党组织标准化建设流程》《基层党组织标准化建设工作提示单》，并对各指导员、党组织书记、党建员等进行了业务培训，全面学习了省委组织部出台的推进基层党组织标准化建设“1+7”意见等，确保参与该工作的同志吃透文件要求和上级精神。

2. 对照标准自查

对照《安徽省农村基层党组织建设标准（试行）》和《中共巢湖市黄麓镇基层党组织标准化建设制度汇编》等文件设计自查表，对全镇各个党组织围绕组织关系隶属、党组织设置、对标分析等细致摸底，查清党员底数，摸清组织设置，理顺组织关系，找准对标差距。经自查，黄麓镇村居、机关、学校、非公企业和社会组织五种不同类型党组织 96 个党支部中，85%以上的工作均按标准化要求开展。对其余未达到标准化建设要求的，逐一分析、逐个研究实施，实行动态管理、销号管理。

3. 制定整改细则

对查出来的问题，党组织有针对性地提出改进措施，每个党组织制定一个具体的基层党组织标准化建设整改文件，明确整改内容、责任人员、完成时限，实行销号整改，确保整改实效。按照党的组织设置、班子队伍建设等八个标准化建设的内容，制定了基层党组织标准化建设作战图，实行挂图作战。

4. 全面创争达标

聚焦总体目标、工作任务、具体标准，对省委组织部规定的标准化建设内容，一项一项推进、一项一项落实，以制度化促进规范化、以规范化引领标准化、以标准化提升科学化。各指导员深入相应党组织，根据党组织不达标的内容，点对点、面对面，重点从“强化硬件提升、推进软件规范、创新活动载体、营造党建氛围”等四个方面，推进96个党支部标准化建设全面升级、全面达标，推动了基层党组织建设全面进步、全面过硬。

（二）黄麓镇党建标准化的实践成效

通过开展基层党组织标准化建设，实现了组织设置更加科学优化、领导班子更加坚强有力、党员队伍更加充满活力、场所功能更加务实管用、工作载体更加形式多样、制度机制更加健全完善、基础保障更加充分有力、工作业绩更加突出有效的目标。

1. 组织设置更加科学优化

以扩大党组织覆盖和党的工作覆盖为着力点，突出务实、管用、有效，不断健全完善基层组织体系，优化组织设置，理顺隶属关系，确保做到应建尽建、设置规范、调整及时、体制明晰。同时，纪检委员及工青妇等群团组织均按规定调整配备到位。[①] 9个村居均建立健全了以村级党组织为领导核心，村民自治和村务监督组织为基础，群团、集体经济和农民合作组织为纽带，各种经济社会服务组织为补充的村级组织体系。

2. 领导班子更加坚强有力

黄麓镇制定了加强基层党组织书记队伍建设的相关文件，以增强班子整体功能为着力点，创新培养选拔机制，选优配强基层党组织领导班子，特别是基层党支部书记，做到选拔导向鲜明、人员素质优良，班子结构合理、成员责任明确。

① 相关数据来自黄麓镇实地调研资料。

镇党委通过专题培训、以会代训等形式，组织镇村干部、各基层党组织书记和党务工作者参加各类培训，全面提高了镇村干部整体素质，实现了干部作风明显改善、服务水平明显提升、行政效能明显增强、发展环境明显优化、人民群众满意度明显提高，为推动党建工作更好更快发展提供了强有力保证。

3. 党员队伍更加充满活力

黄麓镇制定了党员发展和党员教育等相关文件，在党员教育培训、党员日常管理、党员发展管理、流动党员规范化管理等方面都做出了标准化规定。

在党员教育方面，黄麓镇党员每年集中学习时间32学时以上，基层党组织书记和班子成员每年集中学习时间56学时以上，至少参加1次集中培训。在党费缴纳管理上，及时核定党员缴纳党费具体数额，每半年公布1次收缴情况。每年还对党员组织关系进行1次集中排查，党员组织关系清楚，每名党员都纳入党的一个基层组织，组织关系转接规范有序。

全镇为加强流出党员规范化管理，按照“流动有序、异地有家、管理有章、永葆先进”的要求，在北京、上海组建了2个流动党员党支部。每年审核1次《流动党员活动证》，每季度开展1次流入、流出党员情况排查，做到底数清、情况明，“双向共管”措施到位。建立健全党内激励关怀机制，动态建立困难党员台账，经常开展关怀帮扶活动。每5年开展2~3次党内表彰活动。

通过这些举措，黄麓镇不仅党员队伍结构进一步优化、数量进一步扩大，而且党员队伍进一步做到了信念坚定、素质优良、纪律严明、作用突出。

4. 场所功能更加务实管用

以建好用好管好活动场所为着力点，推进场所规范建设，丰富场所服务功能，做到场所面积达标、硬件配置齐全、场所功能完备、标牌设置规范、管理制度完善，较好满足党员活动和服务群众的需要。主要体现在：村居党群服务中心，均按“六室一厅一廊一栏一广场”的标准统一建设，“六室”

即党员活动室、综合议事室、民情工作室、社会事务室、计生服务室、档案资料室，“一厅”即为民服务大厅，“一廊”即先锋长廊，“一栏”即公开栏，“一广场”即文化广场。9 个村居新建党群服务中心 2 个、改扩建 4 个、提升 3 个。[①]

5. 工作载体更加形式多样

以党员群众满意为着力点，强化服务功能，拓宽服务领域，增强服务本领，各项载体抓手务实管用。党建工作在服务改革、服务发展、服务民生、服务群众、服务党员方面取得明显成效。比如全面推行为民服务全程代理制，创新服务载体，建立了党员政治生日等制度，制作了党员证、党员户门牌、党员家书等，建立了“明珠巢湖·智慧党建”云平台，创建了全省首个农村区域党建共同体“半岛之心”区域化党建联盟，建立了“黄麓组工”微信群。推进党内组织生活制度化、标准化、规范化，“三会一课”规范开展；建立“党员活动日”制度，每月 18 日组织党员开展活动，编制了《党员学习活动记录本》、活动记录规范等。

6. 制度机制更加健全完善

出台了《黄麓镇党委会议事规则（试行）》《关于在全镇村级组织推行“四议两公开”工作法的实施方案》《关于在全镇村级“两委”班子和村干部中推行“一述四定”工作的实施方案》《黄麓镇村干部规范化管理暂行办法》《关于深化抓镇促村全面加强基层党组织建设的实施方案》等相关文件，健全完善工作机制，强化机制运行，做到责任明确、领导有力、运转有序、保障到位。

实施村党组织提议、村两委会商议、党员议事会或党员大会审议、村民代表会议或村民会议决议、决议公开、实施结果公开的“四议两公开”工作法。推行“一述四定”制度，对村“两委”班子及其成员开展一年一度的述职评议，确定考核等次、确定承诺事项、确定绩效报酬、确定工作去留。

---

① 相关数据来自黄麓镇实地调研资料。

7. 基础保障更加充分有力

出台了《黄麓镇村级组织基本运转经费使用管理暂行办法》《关于规范非公企业和社会组织党组织工作经费的实施方案》《关于规范村级干部报酬的实施方案》，以保证基层党建工作正常开展为着力点，强化人员力量保障，建立健全多元化投入、稳定的经费保障制度，做到基层党组织有人干事、有钱办事、能办成事。

四 “巢湖模式”实践面临的问题及对策

（一）“巢湖模式”在实践中面临的问题

虽然党建“巢湖模式”的实践取得了相当成效，在调研中也得到了认同与肯定，但经济、人口、党建工作三者间的密切相关性决定着它在现实中仍存在薄弱环节，基层党组织标准化建设的相关工作需要进一步加强与调整。主要表现为以经济、人口为代表的失衡问题。

1. 农村党员队伍年龄结构失衡

当下，党员队伍老龄化已成为农村基层党组织队伍中存在的共性问题，也制约了标准化建设成效的取得，主要原因包括以下几点。标准化建设中无论是新媒体技术的运用，还是理念的更新等，都需要一支充满活力、学习能力强的党员队伍。在访谈中有人就指出：年轻的党员大多数在外务工，不能经常回来，这就导致留下来的党员老龄化，致使党员教育工作也存在一些欠缺，年纪大的学习能力跟不上，特别在政策理解方面有些欠缺。可见，具有相对活力与创新力的中青年党员的断档在很大程度上削弱了农村党员队伍的整体素质，尤其表现为理解能力、学习能力、创新能力等多方面的欠缺。因此，农村党员的年龄结构失衡正是当下农村基层党组织标准化建设面临的首要问题。

2. 农村党员干部收入与付出失衡

虽然巢湖已在标准化建设中出台相关政策，强化经费和待遇保障，但在调研中发现报酬偏低的情况仍然存在，同时这也是造成农村基层党组织年轻人匮乏的重要原因之一。

3. 农村外流人口与留守人口的失衡

这一问题弱化了农村党建的群众基础，削弱了创新的基础。改革开放以来，城乡二元体制开始松动，全国性劳动力市场开始形成。到 2000 年左右，几乎所有限制劳动力流动的体制障碍都已清除，全国劳动力市场正式形成。农村劳动力更倾向于进入城市寻找高收入的工作机会。从劳动力再生产方式来看，农村的推力与城市的拉力使得目前中国农村普遍形成了“以代际分工为基础的半工半耕”家计模式。农民家庭中，年轻子女进城务工经商，中老年父母留村务农，是导致农村年轻人不足、基层党组织队伍建设后备力量不足的重要因素之一。

4. 流动党员的管理失衡

开放性与流动性是现代社会的特征之一。虽然大数据时代的信息化与智能化在很大程度上弥补了开放与流动造成的物理性疏离，但不可否认的是，新技术既可以让人建立起以前无法建立的新联系，但也可能因此替代直接面对面的人际互动，从而导致事实上的人际疏离。在现代社会中，如何合理管理流动党员、开展党组织活动等也成为农村党组织不得不直面的一个问题。尽管“巢湖模式”专门强调了对流动党员的规范化管理，但通过调研、访谈了解到，一些村镇对流动党员的管理仍感吃力，还在为诸如提供流动党员在外参加党组织活动的相关材料等工作而努力。因此，对流动党员的监管失衡一定程度上削弱了基层党建标准化建设的成效。

（二）优化“巢湖模式”的对策建议

如果仔细审视以上失衡，其根本原因可归因于九个字：“外流易”“内引艰”“驻守难”。这九个字背后造成的影响不仅制约了农村基层党组织标准化建设的成效，更严重制约了乡村振兴的步伐。因此，推进新时代农村基层党组织标准化建设应有的放矢。

1. 多点发力，缓解“外流内引”之困

第一，精准定位、特色创新，壮大集体经济，提升乡村引力。

有学者指出，凡是党建工作有特色、有亮点的村庄，同时也是村集体经济发展较好的村庄，农村党建各项工作的高质量落地，都离不开必要的财力、物力支持。这就凸显了发展壮大集体经济对农村基层党建强大的助力效应。调研发现，环巢湖地区乡村旅游文化资源丰富，但乡村文化、交通、产品、服务等要素与旅游产业融合不够充分，美丽乡村建设重复多、特色少，令现有旅游产业规模和能级不能满足本土及周边群众的消费升级要求。因此，发展壮大集体经济应基于不同建制村的特点和优势，立足村情民情，多方参考，做好顶层设计。

具体而言，巢湖应抓住长三角一体化的契机，利用其独特的区位优势与资源优势，深挖巢湖乡风文化的特点与价值意蕴，打出经济、文化特色牌，打造环巢湖乡风旅游文化的新路径，着力做到“一村一品”，提升自身引力，留住人才、吸引人才，缓解人员“外流”困境，为基层党组织标准化建设提供源源不断的新生力量。

第二，增强联系、加大宣传，强化流动党员的情感认同，构建情感共同体。

流动党员的流动特质一方面造成他们与家乡的物理性疏离，另一方面也可能导致他们与家乡的情感性疏离，这对流动党员的有序管理造成了直接影响。因此，如何强化情感联系、构建流动党员群体的情感认同、打造情感共同体也成为摆在乡村基层组织面前的重要课题。鉴于情感总是发生于互动关系中，乡村基层组织可从以下三点入手，以促进对流动党员的有效管理。首先，以天然的地缘情感增强情感联系。地缘、人缘情感是构建情感共同体的天然条件，乡村基层党组织要增强与流动党员间的情感联系，促进情感共同体中成员情感责任的生成，为实现对流动党员的有效管理奠定情感基础。其次，以智能手段搭建情感平台。集体行动的情感需要持续互动才能维持下去。有效的媒介与平台有助于情感互动，乡村基层党组织要灵活利用多元化的现代技术手段搭建情感联系，唤醒流动党员自我责任感、荣誉感与归属感，以铸牢情感共同体。最后，以组织活动促进情感满足。这样更能激发党员在情感满足上的贡献与付出，助力家乡基层党组织建设，加快乡村振兴的步伐。

2. 多措并举，破解“驻守”之难

第一，优化整体素养，铸牢信仰根基。

农村党员整体素质不高，已经成为制约农村基层党组织建设标准化及其成效的旧病顽疾。因此，要从多方入手开出有效的“药方”。①优化农村党员年龄结构，着力吸纳年轻党员。2014 年 6 月中央办公厅印发的《中国共产党发展党员工作细则》指出，要重视从青年工人、农民、知识分子中发展党员，优化党员队伍结构。据此，在留住年轻人、引入年轻人的基础上，农村基层党组织要注重将年富力强、干劲十足的优秀村民吸纳入党。②开展多元多面培训学习，提升农村党员基础素养，强化责任意识，铸牢信仰根基。理论学习是提升素养的直接路径。《中国共产党党员教育管理工作条例》（简称《条例》）规定党员每年的集中学习培训时间一般不少于 32 学时。其中基础理论学习不仅是《条例》的要求，也是农村基层党组织标准化建设的基本要求，更是提升农村党员素养、备战乡村振兴的必要条件。在具体实践中，学习的内容、形式、过程等都要有精心的设计，既要照顾到学习对象的年龄层次、知识结构，又要紧跟理论时事，结合信息化手段在内容与形式上时更时新、多彩多元，以实质效果促进农村党员的政治素养、党性修养、责任意识的不断提升以及信仰根基的不断强化。

第二，提高干部待遇，强化队伍建设。

科学的物质激励有利于把外在强制转化为内在驱动。仅依靠精神激励而忽视人的基础物质需要、无视人的需要的发展变化，将会严重挫伤人的积极性。因此，基层政府不仅要从制度上保障干部的物质待遇，更要在现实中保障相关政策的具体落实，避免“口惠而实不至”。与此同时，由于有些干部过于看重物质利益，存在一定程度上的“看不见”的信仰危机、道德危机、认同危机。所以，基层政府在保障党员干部合理、合法的工资待遇的同时，更要注重对农村党员队伍的思想引导，铸牢党员的责任信念，以确保基层党组织标准化建设中有一支真正的铁军队伍。

综上，推进基层党组织标准化建设，根本目的是为农村基层党组织建设提供基础保障，推动农村基层党建工作多元开展，锻造乡村振兴坚实的领头雁队伍，激发乡村建设主体的活力，促进农村基层社会多方面发展，最终真正实现乡村振兴。巢湖市基层党建工作在实践中探索形成的“巢湖模式”始终坚持围绕中心、服务大局，把基层党组织标准化建设与学习宣传贯彻党的文件精神、美丽乡村建设等中心任务结合起来，以服务发展的实际成效来检验标准化建设的实效。与此同时，“巢湖模式”也面临着“外流易”“内引艰”“驻守难”等诸多挑战。这不仅要求巢湖政府一方面要从经济、文化、制度、情感等多方面入手，多点发力，提升乡村吸引力，缓解“外流易”“内引艰”之困；另一方面更要多措并举，优化党员队伍整体素养，铸牢信仰根基，强化队伍建设。

参考文献

郭春英：《以党建标准化推进全面从严治党科学化》，《中国机关后勤》2017 年第 11 期。

朱孟光：《近二十年来流动党员管理研究述评》，《中共天津市委党校学报》2015 年第 1 期。

杜何琪等：《江苏农村基层党建发展报告（2018～2019）》，中国农业出版社，2020。

卢云峰、陈红宇：《乡村文化振兴与共同体重建：基于浙江省诸暨市的案例分析》，《清华大学学报》（哲学社会科学版）2022 年第 3 期。

南京农业大学长三角基层党建观察课题组“巢湖市黄麓镇党建标准化访谈资料”，2019。

中共巢湖市黄麓镇委员会：《基层党组织标准化建设制度汇编》，2017。

中共巢湖市委组织部：《健全组织体系增强政治功能——巢湖市党的基层组织建设情况汇报》，2019。

中共巢湖市黄麓镇委员会：《干在实处走在前列——黄麓镇全面推进基层党组织标准化建设达标升级》，2019。

郁芬：《“五聚焦五落实”提升基层组织力》，《新华日报》2019 年 4 月 20 日。

新华社：《中共中央印发〈中国共产党农村工作条例〉》，《农村工作通讯》2019 年第 18 期。

第三章 | 长三角农村社区建设发展状况*

第一节　长三角农村社区建设状况

农村社区是农村地域范围内的人们基于共同的利益和需求，在长期互动过程中形成的具有较强认同感和归属感的社会生活共同体。[①] 农村社区建设不仅是农村社会建设的重要组成部分，而且是推进乡村振兴战略顺利实现的重要平台。

农村社区建设是指在行政村的地理区域范围内，依靠政府、社会和农村居民等多方面的资源和力量，解决农村社区问题，优化农村社区功能，使社区成员的生活水平和生活质量得到提高。早在新中国成立之初，我国政府就已经开始进行农村社区建设。在人民公社时期，农村社区的经济建设、社会建设和政治建设均取得了一定的成就。但是，农村社区建设这个概念，最早出现于2006年党的十六届六中全会通过的《中共中央关于构建社会主义和谐社会若干重大问题的决定》，这份文件不仅完整地提出农村社区建设的概念，而且要求积极推进农村社区建设，健全新型社会管理和服务体制，把社区建设成为管理有序、服务完善、文明祥和的社会生活共同体。2015年6月，中共中央办公厅、国务院办公厅颁布《关于深入推进农村社区建设试点工作的指导意见》，提出农村社区建设的任务是完善在

---

* 本章负责人：姚兆余，南京农业大学人文与社会发展学院教授，硕士生导师。

① 项继权等：《中国农村社区建设研究》，经济科学出版社，2015。

村党组织领导下的农村社区治理机制，促进流动人口有效参与农村社区服务管理，畅通多元主体参与农村社区建设渠道，推进农村社区法治建设，提升农村社区公共服务供给水平，推动农村社区公益性服务、市场化服务创新发展，强化农村社区文化认同，改善农村社区人居环境。2017 年，中共中央、国务院出台了《关于加强和完善城乡社区治理的意见》，对城乡社区治理体系的建设提出了要求，强调要不断提升城乡社区治理水平，着力补齐城乡社区治理短板，意味着社区建设的社会治理时代已经到来。

一 长三角农村社区建设的发展历程

长三角地区地域辽阔，各地的经济社会发展水平存在差异，因而农村社区建设的进程并不完全一致。

（一）上海市农村社区建设的发展历程

作为我国经济实力最为强劲的地区，上海市农村社区建设一直贯穿在城乡一体化建设之中。20 世纪 80 年代以来，上海市农村社区建设主要经历了五个阶段。

1. 城乡一体化建设起步阶段（1984~2000 年）

改革开放后，为促进地方经济发展，1984 年，上海市在全国范围首次提出城市经济发展战略，并创造性地提出以“城乡通开”“城乡一体”为发展理念，并于 1986 年再次提出“一二三四”工作方针，加快城乡一体化建设。20 世纪 90 年代以来，“三个集中”（农民居住向城镇集中，工业向园区集中，发挥郊区城镇在集聚人口和发展产业中的作用）、“农业定位于都市农业，农村定位于郊区，农民定位于现代农业劳动者”等政策相继出台，使得城乡功能定位进一步明晰，郊区城镇化快速发展。这一时期，上海市农村社区建设的重点是农村产业经济的发展，通过加大对农业产业及乡镇企业的扶持，促进农村地区经济快速增长。

2. 郊区城镇化建设（2001~2005 年）

21 世纪以来，为缩小城乡之间的发展差距，上海市十分重视郊区农村城镇化的建设。在农村社区基层治理方面，2004 年积极探索“村企分开”，完善郊区基层社会管理体制。在公共卫生服务方面，2004 年上海市加强基层和郊区医疗卫生服务，开展新型社区卫生服务模式试点，完成了 40 所乡镇卫生院标准化建设。这一时期，农村社区建设的重点是农村社区治理。2005 年宝山区月浦镇沈巷村等 6 个村被司法部、民政部命名为“全国民主法治示范村”，自此，全市共有 12 个村获此称号。

3. 农村社区建设扩大试点阶段（2006~2008 年）

在社会主义新农村建设的背景下，上海市积极开展农村社区建设实验区的试点工作。2006 年 12 月，上海市民政局转发了民政部下发的《关于做好农村社区建设试点工作推进社会主义新农村建设的通知》。次年 6 月，上海市人民政府发布了《关于完善社区服务促进社区建设的实施意见》，要求按照社会主义新农村建设的要求，逐步推进郊区农村社区建设，提升郊区农村社区的功能。截至 2008 年底，上海市共有嘉定区、浦东新区、青浦区、金山区、松江区、南汇区（2009 年划归浦东新区）6 个“全国农村社区建设实验区”。

4. 农村社区建设全面推进深化阶段（2009~2017 年）

为进一步推动农村社区建设向纵深发展，2009 年上海市出台了《上海市关于加强农村社区建设的指导意见》，积极推进农村社区建设实验活动，完善农村社区的社会管理和公共服务等功能。2012 年，上海市浦东新区和嘉定区成功创建为“全国农村社区建设实验全覆盖示范区”。2013 年的《上海市民政工作要点及任务分解》，明确了农村社区建设工作由基层政权和社区建设处牵头，要求在开展农村社区标准化示范点建设的基础上，完善农村社区公共服务体系。2015 年 6 月，上海市民政部转发了中共中央办公厅、国务院办公厅《关于深入推进农村社区建设试点工作的指导意见》，要求各区县以全面提高农村居民生活质量和文明素养为根本，完善村民与多元主体有机结合的农村社区共建共享机制，打造一批管理有序、服务完善、文明祥和的农村社区建设示范点，为全面推进农村社区建设、统筹城乡发展探索路径并积累经验。2016 年，上海市民政局转发了《民政部关于开展全国农村社区建设示范创建活动的通知》等文件，要求上海市各区县在做好顶层设计的同时，积极开展农村社区建设调研，并启动“社区发展三年行动计划”，全面推进“10+1+X”工作模式，深入推进农村社区建设试点工作。

5. 乡村振兴背景下农村社区建设全面推进阶段（2018 年至今）

2018 年，上海市正式提出实施乡村振兴战略，推进城乡融合发展。2019 年 1 月，上海市民政局颁布《贯彻落实乡村振兴战略规划实施方案（2018—2022 年）》，提出在社区建设方面要健全党组织领导下的农村社区治理体系、服务体系。同年 5 月，出台《关于切实改善本市农民生活居住条件和乡村风貌进一步推进农民相对集中居住的若干意见》，提出打造社区治理创新的“上海模式”。截至 2019 年，上海市完成全部村庄布局规划编制，建成 9 个乡村振兴示范村，并推动 1.28 万户农民相对集中居住，完成涉及 7 万户的村庄改造和 9 万户的农村生活污水处理设施改造。

（二）江苏省农村社区建设的发展历程

江苏省农村社区建设一直处于全国领先地位。早在 1999 年，江苏省就开始推进农村社区建设。此后，江苏省采取政策引导、资源整合、试点探索和典型示范等措施，加大农村社区建设的力度。总体上看，江苏省农村社区建设分为以下四个阶段。

1. 江苏省农村社区建设的萌芽阶段（20 世纪 90 年代至 2005 年）

江苏省是全国最早开展农村社区建设工作的省份。早在 1999 年，张家港市在全省率先开展农村社区建设工作，各村都加挂社区管委会牌子，实行“两块牌子一套班子”，村民事务和居民事务一同由社区负责。[①] 通过“两块牌子一套班子”，打破了社区建设之间的城乡差别，也打通了城乡社区建设的经验交流和沟通，使得江苏农村社区建设站在较高的起点上。随后，农村社区服务成为江苏民生工程的重要内容。

2. 江苏省农村社区建设的试点阶段（2006~2010 年）

21 世纪以来，江苏省农村社区建设进入快速发展时期。2006 年，《中

① 吴洪彪主编《民政 30 年 · 江苏卷（1978 年—2008 年）》，中国社会出版社，2008。

共中央关于构建社会主义和谐社会若干重大问题的决定》提出积极推进农村社区建设，健全新型社区管理和服务体制，把社区建设成管理有序、服务完善、文明祥和的社会生活共同体。随后，民政部下发了《关于做好农村社区建设试点工作推进社会主义新农村建设的通知》，对农村社区建设的试点工作进行了部署。2007 年 3 月，民政部印发了《全国农村社区建设实验县（市、区）工作实施方案》，要求在不断的实验中，逐步探索并形成合适的建设思路，同时实现农村社区建设组织管理体制与运行模式的不断完善。2007 年 10 月，民政部在南京市举办第 1 期全国农村社区建设实验工作讲习班，800 名来自全国农村社区建设实验县（市、区）的代表参加了学习，并实地察看了南京市江宁区、栖霞区的农村社区建设实验成果。

基于该背景，江苏省农村社区建设如火如荼地开展起来。2006 年 5 月，江苏省在吴江区召开和谐村镇社区建设经验交流会，研究部署村镇社区建设工作。

2007 年 11 月，江苏省出台《关于加强社区服务促进和谐社区建设的意见》，指出要打造各具地方特色、覆盖社区全体成员，服务主体多元、服务功能完善、服务质量和管理水平较高的社区服务体系。这是江苏省推进城乡和谐社区建设的指导性文件，为全省城乡和谐社区建设确立了指导思想、目标任务和基本原则。此外，江苏省积极参加全国农村社区建设试点申报工作，2008 年 4 月在民政部公布的全国 296 个农村社区建设实验县（市、区）中，有 33 个来自江苏省。2009 年 3 月，民政部授予海门市、张家港市首批“全国农村社区建设实验全覆盖示范单位”。

3. 江苏省农村社区建设的推进阶段（2011~2017 年）

该阶段主要是在农村社区建设取得初步成果之后对建设经验进行推广。2011 年 9 月，江苏省在全国率先出台《关于加强新形势下城乡社区建设的意见》，指出要切实加大对农村社区的支持力度，统筹推进城乡社区协调发展，对制约城乡社区建设发展的“人、财、物”等突出问题做了硬性规定，提出 2015 年实现全省 80%的农村社区达到省级和谐社区标准的目标。

2012 年，江苏省委、省政府研究制定了《江苏省城乡和谐社区建设发展“十二五”规划》，指出要将苏南95%的城市社区、90%的农村社区，苏中93%的城市社区、85%的农村社区，苏北90%的城市社区、80%的农村社区创建成省级和谐社区。

2013年，江苏省发布《江苏基本实现现代化指标体系》。该体系包括经济发展、人民生活、社会发展、民主法治和生态环境5大类30项53个指标，其中第19个指标为和谐社区建设水平，要求城市和谐社区建设达标率的基础线为98%，农村和谐社区建设达标率的基础线为95%。此外，省政府办公厅还出台了《关于在全省推行“政社互动”推动社会管理创新的意见》。同年，江苏省民政厅评选出20个县（市、区）“江苏省和谐社区建设示范县（市、区）”、350个“江苏省和谐社区建设示范社区”、693个“江苏省和谐社区建设示范村”。

2014年，江苏省委办公厅、省政府办公厅出台的《关于减轻城乡社区负担提升社区服务效能的实施意见》，推动了基层政府职能转变，推进了社区治理创新。2014年9月，江苏省民政厅颁发《关于建设全省现代社区治理创新实验区的通知》，确定南京市鼓楼区、无锡市崇安区（后并入梁溪区）等13个县（市、区）为首批“全省现代社区治理创新实验区”，入选“全国社区治理和服务创新实验区”的南京市玄武区、雨花台区、秦淮区和常州市天宁区、苏州市工业园区5个区以及无锡市，共同参与实验区建设工作。2014年还启动了江苏现代民政示范县（市、区）评选工作，社区建设成为重要指标，该指标包括3个具体指标，即城乡和谐社区建设合格率、城乡社区综合服务中心建设合格率、乡镇（街道）“政社互动”运行机制建设覆盖率。

2015年5月，江苏省民政厅出台了《关于贯彻落实〈关于深入推进农村社区建设试点工作的指导意见〉的通知》，指出农村社区建设试点工作要围绕“迈上新台阶，建设新江苏”的总要求，以全面提高农村居民生活质量和文明素养为根本，以增强服务功能、创新治理机制、完善村民自治、推进“智慧社区”建设为重点，积极试点。同年12月，江苏省委办公厅、省政府办公厅出台了《关于加强城乡社区协商民主建设的实施意见》。2015

年，江苏省民政厅授予121个乡镇（街道）为“江苏省和谐社区建设示范乡镇（街道）”，授予689个城乡社区为“江苏省和谐社区建设示范社区”。在江苏省和谐社区建设示范社区中，农村社区占比接近一半。

2016年，江苏省发布了《江苏省国民经济和社会发展第十三个五年规划纲要》，明确提出加强县（市、区）、乡镇（街道）、社区（村）三级社会服务管理平台规范化建设，完善“一委一居一站一办”社区服务管理体制，强化社区、社会组织和社会工作专业人才“三社联动”效应，建设社区治理和服务创新实验区。2016年12月，江苏省民政厅制定了推进社区社会工作服务的相关文件。这些政策的制定和推行，为全省城乡社区建设提供了强有力的保障。

4. 乡村振兴背景下农村社区全面深入推进阶段（2018年至今）

在乡村振兴背景下，江苏省针对农村基础设施、公共服务和环境建设等方面，都出台了专门的方案和计划。2018年4月，省委办公厅、省政府办公厅印发《江苏省乡村振兴十项重点工程实施方案（2018~2022年）》，提出加强和创新乡村治理，并将农村基础设施和公共服务建设列入乡村振兴十项重点工程。2018年5月，江苏省委、省政府发布了《关于贯彻落实乡村振兴战略的实施意见》，提出要持续推进基础设施一体化，促进城乡之间生产要素合理流动、资源均衡配置；加强基础设施和公共服务设施配套；统筹城乡公共文化设施布局、服务提供、队伍建设和资金保障，推动公共文化资源向农村倾斜，健全乡村公共文化服务体系。同月，江苏省委、省政府出台了《关于加强新型农村社区治理与服务的意见》，这是全国首个针对农村社区治理与服务的意见。该意见明确了农村社区建设的指导思想、基本原则、目标任务，为江苏省农村社区治理和社区服务建设提供了方向和路径，加快推进乡村治理体系和治理能力现代化。

此外，江苏省还制定了一系列政策文件，为农村社区的基础设施建设、公共服务、社区治理、环境建设提供了强有力的保障。

（三）浙江省农村社区建设发展历程

浙江省农村社区建设走在全国前列，不仅起步时间较早，而且成效显著。从 21 世纪初至今，其发展大致经历了以下四个阶段。

1. 自发探索阶段（2003~2005 年）

2003 年，浙江省按照统筹城乡发展的理念和农村全面小康建设的要求，以农村生产、生活、生态的“三生”环境改善为重点，开展了“千村示范、万村整治”的“千万工程”，由此拉开了村庄整治、建设美丽乡村的序幕。2004 年，浙江省委、省政府印发《浙江省统筹城乡发展推进城乡一体化纲要》，要求规范村居建设，做好环境整治工作，逐步健全农村社区公共服务体系，加快农村社会事业发展，加强精神文明建设，完善村民自治，扩大基层民主，以“规划科学、经济繁荣、环境优美、管理民主、生活富裕、社会和谐”为目标，建设农村新社区。

2. 启动试点阶段（2006~2007 年）

2006 年 8 月，浙江省民政厅确定了 46 个农村社区试点实验村，覆盖全省 11 个县（市、区）。2007 年 7 月，浙江省民政厅发布《关于实施“农村老年福利服务星光计划”试点的通知》，决定在全省 100 个农村社区先行试点，更好地满足农村老年人的需求。同年，还发布了关于加强农村社区服务中心建设的相关文件，提出进一步加快农村社区服务中心建设。同年，杭州市江干区、宁波市镇海区等 18 个县（市、区）被民政部确定为全国农村社区建设实验县（市、区）。

3. 全面推进阶段（2008~2016 年）

2008 年 12 月，浙江省委、省政府召开全省农村社区建设工作会议，标志着农村社区建设步入全面推进的新阶段。浙江省委、省政府下发了《关于推进农村社区建设的意见》，强调以群众自治、管理有序、设施配套、服务完善、生态和谐、文明祥和为总体目标，积极推进农村社区建设，在全国率先形成了系统的农村社区建设制度体系。

根据浙江省安吉县美丽乡村建设的实践经验，2010 年浙江省政府出台了《浙江省美丽乡村建设行动计划（2011~2015 年）》，强调打造生态宜居的生活环境。同年，颁布关于农村社区布局规划编制的相关文件，提出要根据县（市、区）总体规划和村庄布局规划，按照乡镇土地利用总体规划和村庄建设规划，对每个农村社区进行范围和中心的空间确定。

2011 年，浙江省提出从 2011 年开始，用 3 年时间在全省 2000 个中心村或者较大村建立以日用消费品店和农资连锁店为基础、融多项便民服务为一体的农村综合服务社，到 2013 年底全省要建成 2000 家农村综合服务社。同年，为了进一步推进城乡服务业发展，制定了《浙江省城乡社区服务业“十二五”发展规划》。

2013 年，浙江省出台了《关于建立和推进农村环境监督员制度建设的意见》，要求将环境监督员制度推广开来，在行政村和社区建立农村环境监督员队伍，加强农村环境监督管理工作，保护和改善农村环境。

2014 年，浙江省民政厅发布《关于加快推进“三社联动”完善基层社会治理的意见》，通过社区建设、社会组织建设和社会工作的整体运作，解决社区问题，完善社区治理。

2016 年，浙江省农办印发了《浙江省美丽乡村建设行动计划（2016～2020 年）》，对浙江省美丽乡村建设提出了具体要求、基本原则及工作举措。

4. 深入推进阶段（2017 年至今）

2017 年 3 月，浙江省委办公厅印发《关于深入推进农村社区建设的实施意见》，对强化农村社区文化认同、增强农村社区服务功能、完善农村社区治理机制、推进农村社区法治建设、形成农村社区建设强大合力等方面做了具体部署。

2018 年 2 月，浙江省委、省政府出台了《关于加强和完善城乡社区治理的实施意见》，详细部署了城乡社区治理的相关工作。同年 5 月，浙江省召开农村社区建设推进会，省民政厅在会上发布了《浙江省农村社区建设测评指标体系》，该指标体系涵盖了农村社区公共空间基础设施、公共服务和社区治理 3 大方面的 50 项指标。2019 年 11 月，浙江省政府办公厅出台了《关于高质量加快推进未来社区试点建设工作的实施意见》，正式启动未来社区建设。截至 2020 年底，浙江省已陆续培育建成了 60 个未来社区省级试点，未来社区的建设工作驶入快车道。

（四）安徽省农村社区建设的发展历程

2007 年以来，安徽省对农村社区建设给予了高度的重视，相继出台了一系列相关的政策文件，力求促进农村社区建设稳步向前发展。总体上看，安徽省农村社区建设经历了以下四个阶段。

1. 试点阶段（2007~2008 年）

2007 年 3 月，安徽省民政厅颁发了《安徽省开展农村社区建设试点工作的实施意见》，选取青阳县蓉城镇城西村、五河县头铺镇屈台村等为试点农村社区。

同年，安徽省委、省政府印发《关于加强和谐社区建设的意见》，指出要在新农村建设的背景下，着手制定村落社区建设规划，将社区建设由城市向农村延伸。2007 年，芜湖县获得由民政部颁发的农村社区建设实验县的称号。

2. 推进阶段（2009~2012 年）

2009 年，安徽省民政厅发布《关于开展农村社区建设工作的意见》，明确开展农村社区建设的指导思想、基本原则、主要目标和措施，强调要以推进社区生产服务、开展社区保障服务、拓展社区养老服务、加强社区卫生服务、完善社区平安服务以及繁荣社区文化服务为主要任务。2010 年，安徽省委、省政府发布《关于加强和改进新形势下城乡社区服务工作的意见》，提出力争通过 3 年的努力，将全省 98%的城市社区和 60%的农村社区建设成为管理有序、服务完善、文明祥和的社会生活共同体，基本实现社区居（村）民老有所养、残有所助、孤有所抚、病有所医、学有所教、难有所帮。

2012 年 12 月，安徽省民政厅出台《城乡社区标准化建设指导意见（试行）》，对城乡社区硬件设施和管理运行机制建设等提出了具体标准。同年，安徽省人民政府办公厅印发《安徽省“十四五”社区服务体系建设规划（2011~2015 年）》，实施社区服务设施建设、人才队伍建设、信息化建设以及家庭服务业拓展 4 大工程。

3. 全面推进阶段（2013~2014 年）

2013 年 4 月，安徽省委办公厅和省政府办公厅印发了《关于进一步加强农村社区建设的意见》，提出共同推进农村社区建设与美好乡村建设，要求从 2013 年开始，每年选择 10 个县（市、区）、120 个乡镇、1500 个村开展农村社区建设试点，到 2016 年，全省初步建立起与社会主义市场经济体制相适应、覆盖农村社区全体成员、服务功能完善、服务质量和管理水平较高的社区服务体系，到 2020 年，基本实现农村社区全覆盖。该文件的发布，标志着安徽进入全面启动农村社区建设的新阶段。同年，安徽省在肥西县、全椒县、舒城县、繁昌县、宁国市、潜山县、歙县、淮北市杜集区、蚌埠市淮上区、阜阳市颍泉区 10 个试点县（市、区）试点农村社区建设。

4. 深入推进阶段（2015 年至今）

2015 年，安徽省委办公厅、省政府办公厅印发了《关于深入推进农村社区建设试点工作的实施意见》，对农村社区建设试点工作提出新的要求，明确到 2020 年，基本实现农村社区全覆盖。

2017 年，安徽省委办公厅、省政府办公厅印发《关于以村民小组或自然村为基本单元的村民自治试点实施方案》，选择不同类型的县（市、区）开展试点。同年 4 月，安徽省召开全国农村社区建设示范创建推荐单位基础评价工作会议，省民政厅会同全国和全省基层政权以及社区建设专家委员会成员，对各拟申报单位开展了基础评价工作。

2018 年，安徽省政府办公厅印发《全省智慧社区建设试点工作方案（2018—2020）》，稳步推进智慧社区试点工作，打造“设施智能、服务便捷、治理精细、环境宜居”的智慧社区。同年 12 月，安徽省委、省政府发布《关于加强和完善城乡社区治理的实施意见》，积极构建基层党组织领导、基层政府主导的多方参与、共同治理的城乡社区治理体系，使城乡社区治理体制更加完善，城乡社区治理能力显著提升，城乡社区公共服务、公共管理和公共安全得到有效保障。

二　长三角地区农村社区建设的成效

农村社区建设包括农村社区基础设施、农村社区服务、农村社区治理、农村社区文化、农村社区环境 5 个方面内容。经过 10 余年的努力，长三角地区的农村社区建设取得了显著成就，具体表现在农村基础设施建设日益完善、公共服务水平不断提高、乡村治理能力不断增强、农村文化建设持续推进、人居环境质量逐步提升5个方面。

1. 农村基础设施建设日益完善

基础设施是指为社会生产和居民生活提供公共服务的物质工程设施。近年来，长三角地区不断夯实农村基础设施建设，为农村社区建设奠定了坚实的物质基础。

上海市通过乡村振兴示范村项目，加快农村基础设施建设。2018~2020年已建成37个乡村振兴示范村，推动2.55万户农民相对集中居住，完成涉及52.51万户的村庄改造和61.6万户的农村生活污水处理设施改造，持续推进农村公路提档升级，全面实现集中供水，全面完成“大棚房”问题专项清理整治行动的排查清理和555个“大棚房”问题的整治整改任务。[①]“十四五”规划期间，上海继续加强数字化农业农村信息平台建设，持续推进“一图”“一库”“一网”，推动农业大数据、物联网等信息技术在农业生产、管理、服务方面的应用；继续推进农村“雪亮工程”和“智慧公安”建设；推进农村地区5G网络覆盖，有效发挥5G技术优势，实现更加精细化城乡网格管理，构建城乡智慧化管理体系。

江苏省是首批开展农村公共服务运行维护建设的试点省份。2016年，江苏省委农工办和省农委等多部门联合发布江苏省农村公共服务运行维护地方标准，内容涉及村庄基础设施、环境卫生、综合服务中心、信息化建设和文体设施等5个方面。“十三五”规划期间，江苏省新建和改造社区基础平台达标项目5278个，新增社区服务用房185.3万平方米，实现了城乡社区综合服务设施全覆盖，改善苏北农房20余万户。在农村道路建设方面，到2020年，江苏省农村路网结构明显优化，通行政村双车道四级公路覆盖率达100%；乡道及通镇村公交线路的村道安全隐患治理率基本达100%；农

① 数据由上海市2016~2021年的政府工作报告计算所得。

村公路三类及以上桥梁的比例不小于95%。在邮政设施方面，江苏省拥有农村网点1837个，实现了乡镇100%覆盖，每天有18000多名邮递员奔走在千家万户之间，实现了建制村通邮率100%。[①]

截至2020年，浙江省实现陆域“县县通高速”，新建和改造“四好农村路”超8000公里，实现建制村客车“村村通”，成为全国示范；率先基本实现城乡同质饮水，新增384万农村居民喝上达标饮用水；统筹推进路、水、电、网、气、能等基础设施城乡互联互通、共建共享，农饮水累计完成提标人口1054万人，达标人口覆盖率95%以上，水质达标率90%以上，城乡规模化供水率85%以上。

安徽省实施农村道路提质工程，有序实施县乡公路升级改造，具备条件的建制村通双车道公路和较大人口规模自然村（组）通硬化路，2021年提质建设农村公路3000公里；加强农村资源路、产业路、旅游路和联网路建设；推进农村公路建设项目更多向进村入户倾斜；深入推进“四好农村路”和城乡交通一体化示范创建；实施农村供水保障工程，推进“引江济淮”工程和大中小型水库等工程建设，加强水源保护；沿江、沿淮、淮北及江淮等有条件的地区优先实行城乡供水一体化，没有条件的地区实施区域供水规模化，少数深山区实行小型集中供水工程建设和规范化管理，到2025年，农村自来水普及率达到90%。[②]

2. 公共服务水平不断提高

农村社区公共服务是保障农村居民基本生活的公共产品。农村社区公共服务涵盖范围十分广泛，是一个包含医疗卫生服务、养老服务、最低生活保障、基础教育、公共安全、科技文化等在内的综合体。本文仅介绍医疗卫生服务、养老服务和最低生活保障。

上海市全面实现城乡基本公共服务均等化，在全国范围内首次建立起统一的城乡居民养老和医疗保险制度、最低生活保障标准以及特困人员供养标

---

① 陈智泉：《加快构建农村快递物流体系》，《群众》2022年第9期。

② 资料来源：《中共安徽省委安徽省人民政府关于全面推进乡村振兴加快农业农村现代化的实施意见》，www.ah.gov.cn。

准。在医疗卫生服务方面，上海市不断加强社区卫生服务平台建设，截至2020年底，上海共有1169所村卫生室；完善镇村一体化管理，将村卫生室运行、管理、考核进一步纳入社区卫生服务中心精细化管理范畴，提升村卫生室服务效能。在养老服务方面，优先向农村倾斜，2020年全市新增养老床位7000余张，新建睦邻点1744家，其中80%分布在农村地区；完成80家农村薄弱养老机构改造。[①] 在最低生活保障方面，2021年最低生活保障标准提高到1330元/（人·月）。

江苏省农村公共服务水平不断提高。在医疗卫生服务方面，农村卫生室数量从2007年的12336个发展到2017年的15320个，农村每千人口卫生技术人员从2007年的3.22人发展到2017年的4.99人。农村每千人口执业（助理）医师从2007年的0.83人发展到2017年达到2.16人。在养老服务方面，江苏农村社会养老服务体系不断完善，逐渐形成了以居家为基础、机构为补充的养老服务体系。按照江苏省“十四五”规划养老服务指标的要求，到2025年，农村特困人员供养服务机构护理型床位占比要从2020年年初的50%提升到55%，标准化农村区域性养老服务中心建成数要从2020年年初的26家增长至228家，具备失能（失智）特困人员集中供养服务功能的机构建成数要从2020年年初的21家增加至76家[②]。在农村最低生活保障方面，截至2020年底，江苏省农村最低生活保障标准提高到771元/(人·月)，且以设区市为单位，全面实现城乡并轨、同城同标。

浙江省积极加强农村公共服务建设。在医疗卫生服务方面，截至2020年底，建成县域医共体161家，村卫生室11300个，村卫生室规范化率达74.5%。[③] 在养老服务方面，建成乡镇（街道）居家养老服务中心683家，乡镇（街道）示范型居家养老服务中心覆盖一半以上的乡镇（街道），50%以上的城乡社区实现助餐配送餐服务覆盖。在最低生活保障方面，标准从

① 资料来源：《上海农业和农村发展报告》，http：//nyncw. sh. gov. cn。

② 资料来源：《省政府办公厅关于印发江苏省“十四五”养老服务发展规划的通知》，www. jiangsu. gov. cn。

③ 资料来源：《2020年浙江省国民经济和社会发展统计公报》，http：//tjj. zj. gov. cn。

2015 年底的农村 570 元/（人·月）、城镇 653 元/（人·月），提高到 2020 年的城乡同标 886 元/（人·月）。

安徽省农村公共服务能力显著增强。在医疗卫生方面，2020 年，安徽省基本建立覆盖城乡的基本医疗卫生制度框架，统一城乡居民基本医疗和大病保险，全面覆盖基本医疗和基本养老保险，建成卫生院 1361 个，社区卫生服务中心（站）1870 个，村卫生室 15710 个，配备乡村医生和卫生员 3.1 万人。在养老服务方面，建成 341 个乡镇养老服务中心，1023 个村级养老服务站，养老服务质量明显改善。[①] 在最低生活保障方面，标准从 2015 年的 3261 元/（人·年）提高到 2020 年的 7670 元/（人·年），共有 183.7 万人享受农村居民最低生活保障。

3. 乡村治理能力不断增强

农村社区治理事关农村居民的切身利益，事关农村社会的和谐稳定。"十三五"规划以来，长三角地区根据"民本、法治、创新、融合、共享"的社区治理现代化理念，深化改革创新，逐步实现"治理主体多元化、治理方式法治化、服务体系社会化、协商民主制度化、治理手段信息化、社区文化特色化"的发展目标。

上海市大力实施"阳光工程"，截至 2019 年底，全市 1281 个村全面实现开放式集中办公，903 个村已完成村务、财务公开信息化平台建设。全面完成阳光村务工程，实现村民办事不出村、服务群众"零距离"。[②] 加强农村基层党组织带头人和党员干部队伍建设，从机关事业单位干部、社区工作者、退役军人、本村致富能手、外出务工经商返村人员、大学生村官、本乡本土大学毕业生中，选用村党组织书记 320 人。大力推进平安乡村建设，深入开展扫黑除恶专项斗争，严厉打击危害农村治安、破坏农业生产和侵害农民利益的各类违法犯罪活动，维护农村社会和谐稳定。

江苏省高度重视农村社区治理工作。在社区治理实践方面，通过开展

---

① 资料来源：《安徽省民政厅 2020 年部门项目》，http：//mz.ah.gov.cn。

② 资料来源：《2019 年上海实施乡村振兴战略情况综述》，www.shjcdj.cn。

"政社互动""减负增效""三社联动"等创新举措，逐渐形成了特有的"江苏名片"。苏州市的"一上一下一包"模式、徐州市沛县的"1+5"机制、邳州市的"四权"工作机制、宿迁市的"勤廉双述制度"、溧阳市的"三制"民主管理制度、连云港市海州区的"一委三会"模式、盐城市的"一核四翼五联"体制、镇江市的"135"民主议事制度、泰州市的"村（居）民直评村（居）官"活动等，都是江苏农村社区治理的重要创新。在基层民主协商方面，涌现了"掌上云社区""社区天天乐""村民议事代表团制""睦邻议事坊""马庄精神"等一大批鲜活案例。[①] 截至2020年底，江苏省共有15个全国社区治理和服务创新实验区，3个全国农村社区治理实验区。全省城乡和谐社区建设达标率分别达到99%和97%，基本实现和谐社区现实全覆盖。

浙江省在全国率先实施农村社区建设分类指导、分层提升，出台了全国首个村务监督省级地方标准《村务监督工作规范》。截至2019年底，浙江省基层群众性组织共计25403个，其中村委会20402个，社区居委会5001个；全省社区社会组织平均每个城市社区15个、农村社区5个；枢纽型、支持型社会组织覆盖97%的乡镇和82%的农村社区。[②]

安徽省在"十三五"规划期间5个县（市、区）被确定为全国农村社区治理实验单位，数量居全国第一。在基层社会治理创新方面，形成了以合肥市的"五社联动"、淮北市的"一组一会　三治融合"、宿州市的"三说一听"多元化解矛盾纠纷新机制、马鞍山市的"四邻"工作法等为代表的基层治理创新经验。

4. 农村文化建设持续推进

农村公共文化服务是满足农村群众的精神文化需求、繁荣农村文化的重要工作。长三角地区因地制宜，开展了较有特色的文化服务活动。

上海市制定文化乡村创建工作方案，充分挖掘具有农耕特质、江南地域

① 资料来源：《图解：江苏基层政权和社区治理工作"十三五"工作亮点》，http://mzt.jiangsu.gov.cn。

② 资料来源：《回望2019·浙江篇：聚焦民生守初心　治理服务担使命》，www.mca.gov.cn。

特点的物质文化遗产，提炼乡村特色文化符号和元素，打造淞北平江文化圈、沿海新兴文化圈、沙岛文化圈等郊区文化地标。通过开展历史文化名镇名村保护、村史馆建设、村志编撰、村歌谱写、村 LOGO 设计等活动，编写村规民约和村民手册，保留“原真、原味、原生态”的乡村文化，提振农村精气神。上海市已全面提升农村标准化居村综合文化活动室（中心）服务功能，使得公共文化服务真正惠及基层群众。

江苏省积极推进乡风文明提升工程。2012 年，江苏省出台《江苏省农村公共文化服务管理办法》，希望在实现农村公共文化服务进一步发展的同时，构建起现代公共文化服务体系。“十二五”规划期间，江苏省在全国率先建成“省有四馆、市有三馆、县有两馆、乡有一站、村有一室”五级公共文化设施网络体系。2020 年，江苏省实现乡镇（街道）综合性文化服务中心全覆盖，村（社区）综合性文化服务中心覆盖率达 98%以上。除了开展群众性文化体育活动之外，江苏省不断深化文明户和文明村镇建设，积极开展“文明信用户”“文化中心户”“学习型农户”“乡风文明岗”“四好农家”“五好文明家庭”，以及“文明村”“文明生态村”“文明小康村”“全民健身村”“科普示范村”“民主法制村”等创建活动，取得了较好的成果。

浙江省以农村文化礼堂为重要抓手，开展新时代文明实践中心试点工作，实现农村文化礼堂的“建管用育”一体化，覆盖率和惠民度进一步提升。截至 2020 年底，浙江省共有农村文化礼堂 1.78 万家，新时代文明实践中心建设试点 54 个，实践中心全覆盖，实践所、站覆盖率达 70%；乡镇文化站和行政村文化活动室覆盖率均达 100%，公共图书馆虚拟网络基本全覆盖；另建成中心村全民健身广场（体育休闲公园）798 个。①

安徽省积极推进乡风文明建设，实施农村文化设施建设工程、农村题材艺术创作工程、送戏进万村工程、百馆千村文化结对工程、乡村文化遗产保护工程、乡村文化产业发展工程、农村文化市场繁荣发展工程、乡土文化人才队伍建设工程等，截至 2020 年 6 月已建成新时代文明实践中心（所、

① 《2021 年浙江省政府工作报告》，www. zj. gov. cn。

站）2万多个，基本实现全覆盖；开展村规民约“大体检”，80多个县（市、区）建立了移风易俗倡导性标准，95%以上的行政村健全完善“一约四会”，有效遏制陈规陋习；以办好“中国农民丰收节”为契机，弘扬农耕文明。[①]

5. 人居环境质量逐步提升

近年来，长三角地区积极推进生态文明建设，农村人居环境均得到较大改善和提升。

上海市以《上海市生活垃圾管理条例》出台为契机，实现农村生活垃圾分类全覆盖。“十四五”规划期间，上海市将持续加大水环境治理力度，加快农村生活污水治理，农村生活污水处理率超过90%，农村生活垃圾有效收集率达100%，生活垃圾回收利用率超过45%，50%的行政村湿垃圾实现不出村、不出镇。

江苏省积极推进农村环境整治和美丽乡村建设。2013年，江苏省被财政部、环保部（2018年撤销）确定为全省覆盖拉网式农村环境综合整治试点工作全国试点省份之一，试点工作的具体内容为“四个建设、两个推动”，即推动开展村庄绿化、立面出新、河道清淤、道路硬化等村庄环境综合整治工作，推动建立落实农村环境基础设施长效运行管理制度。经过10余年的努力，截至2020年已实现建制镇垃圾中转站、行政村生活垃圾收集点全覆盖，1.2万个村庄配套生活污水处理设施，农村无害化卫生户厕普及率达95%以上，农村生活污水治理行政村覆盖率达74%。[②] 在特色田园乡村建设方面，以生态优、村庄美、产业特、农民富、集体强、乡风好为建设目标，一大批融合了传统特质与现代文明的新型社区得以创建，既承载了人们的乡愁记忆，又满足了人们对现代生活的需求。其中，64个新型农村社区已经成为省级特色田园乡村。南京市江宁区黄龙岘等12个村先后被农业部（2018年撤销）、环保部（2018年撤销）、住建部及国家级新闻媒体授予中国最美村镇（乡村）、中国最美田园等荣誉称号。

---

① 《关于省十三届人大三次会议第696号代表建议答复的函》，http：//nync. ah. gov. cn。

② 周力主编《江苏农村发展报告2022》，社会科学文献出版社，2022。

浙江省致力于打造农村人居环境建设“千万工程”名片，通过开展创建美丽乡村示范县、美丽乡村示范乡镇、美丽宜居示范村、环境整治示范村，改善和优化农村人居环境。2020 年 6 月，生态环境部发布《2019 年全国农村人居环境整治监测报告》，浙江省以 96.39 分的成绩名列全国第一。

安徽省积极实施农村人居环境整治提升行动。2018 年 5 月，安徽省委、省政府发布《安徽省农村人居环境整治三年行动实施方案》，致力于打造绿色江淮美好家园。2021 年，农村人居环境整治提升五年行动在安徽正式启动，以“三大革命”即农村厕所、垃圾与污水革命和“三大行动”即村庄整洁、畜禽粪污资源化利用、村庄规划建设提升行动为重点。2021 年，农村生活垃圾无害化处理率达 75%，所有乡镇政府驻地和美丽乡村中心村的生活污水治理设施全覆盖，全省已建和在建美丽乡村中心村 8290 个，已认定省级美丽乡村示范村 1612 个、重点示范村 544 个。农村人居环境明显改善，村庄环境基本实现干净、整洁、有序。①

第二节　长三角农村社区建设水平分析

为了全面分析和评价长三角地区农村社区建设状况，本章构建了农村基础设施建设、农村公共服务、农村社区治理、农村社区文化建设和农村社区环境建设等 5 个一级指标、20 个二级指标的综合评价体系，通过统计数据对全国各省市农村社区的现状和水平进行描述性分析，呈现长三角地区农村社区建设的地区差异和总体水平。

一　长三角农村社区建设发展状况

（一）评价指标体系

农村社区建设包括农村基础设施建设、农村公共服务、农村社区治理、农村社区文化建设和农村社区环境建设。考虑到不同省份或地区在乡村人

---

①　史力：《安徽省公布新一批美丽乡村省级中心村创建名单》，《农民日报》2021 年 8 月 5 日。

口、乡镇村的数量上存在差异，指标多采用均量指标。评价指标体系及计算方式见表3-1。

表3-1 评价指标体系及计算方式

一级指标	二级指标	计算方式
农村基础设施建设	村均道路长度(公里)	村道路长度/村个数
	村均排水管道沟渠长度(公里)	村排水管道沟渠长度/村个数
	村供水普及率(%)	村供水普及率
	村燃气普及率(%)	村燃气普及率
农村公共服务	平均每千农村人口村卫生室人员数(人)	平均每千农村人口村卫生室人员
	乡村义务教育学校师生比(%)	乡村小学和初中的专任教师与乡村普通小学和初中的在校人数比率
	每万乡村人口接受劳动培训人数	就业训练中心和民办职业培训机构培训人数中农村劳动者之和/乡村人口
	每千老年人口养老床位数(张)	每千老年人口养老床位数
农村社区治理	乡镇平均建设管理人员数(人)	镇建设管理人员数与乡建设管理人员数之和/乡镇数量
	有总体规划的乡镇占比(%)	有总体规划的乡和镇的数量/乡镇数量
	参加投票人占完成选举村委会选民登记数的比重(%)	2016~2020年村委会选举投票人数除以选举完成村的选民登记数*
	县级社会组织数(个)	县级社会组织数目
农村社区文化建设	乡镇平均文化站数(个)	乡镇文化站数/乡镇数量
	艺术表演团体演出村均场次(次)	艺术表演团体演出农村场次/村个数
	村均综合文化服务中心面积(平方米)	乡镇内村综合文化服务中心面积/村个数
	农村电视节目综合人口覆盖率(%)	农村电视节目综合人口覆盖率
农村社区环境建设	乡镇污水处理率(%)	建制镇和乡的污水处理率的均值
	乡镇绿化覆盖率(%)	建制镇和乡的绿化覆盖率的均值
	乡镇平均环卫车辆设备数(辆)	建制镇和乡环卫车辆设备数的和/乡镇数
	乡镇平均公共厕所数(座)	建制镇和乡公共厕所数的和/乡镇数

注：*选择5个年度数据是根据村民委员会选举法规定，村委会成员任期一届为5年。

评价数据主要来自《中国城乡建设统计年鉴2020》《中国农村统计年鉴2021》《中国社会统计年鉴2021》《中国文化文物和旅游统计年鉴2021》中

的省级行政单位数据，数据对应的统计年为 2020 年。部分指标数据综合使用《中国社会统计年鉴》2017~2021 年 5 个年度的数据。

（二）农村社区建设发展状况

1. 农村社区基础设施建设

农村社区基础设施建设中村均道路长度、村均排水管道沟渠长度、村供水普及率、村燃气普及率 4 个指标基本情况见表 3-2 和表 3-3。

表 3-2　长三角地区农村社区道路和排水管道沟渠设施状况

	村均道路长度			村均排水管道沟渠长度		
	总量（公里）	村均（公里）	排名	总量（公里）	村均（公里）	排名
上海	11139.83	7.33	16	6767.38	4.46	4
江苏	143693.32	10.54	4	48605.04	3.57	6
浙江	80023.71	4.89	28	40433.15	2.47	16
安徽	157957.76	10.68	3	43438.30	2.94	11
全国总数	3358041.38	—	—	1203114.45	—	—
全国平均	108323.92	7.30	—	38758.26	2.50	—

资料来源：《中国城乡建设统计年鉴 2021》。

表 3-3　长三角地区农村供水普及率和燃气普及率

	村供水普及率		村燃气普及率	
	值（%）	排名	值（%）	排名
上海	95.42	5	74.46	2
江苏	97.54	1	85.84	1
浙江	84.86	19	50.87	10
安徽	79.20	25	34.31	13
全国平均	85.20	—	32.17	—

资料来源：《中国城乡建设统计年鉴 2021》。

从道路长度来看，上海市农村道路长度为 11139.83 公里，江苏省为 143693.32 公里，浙江省为 80023.71 公里，安徽省为 157957.76 公里。31 个省市自治区的农村道路平均长度为 108323.92 公里。可以看到，江苏省、安徽省的农村道路长度远超全国平均水平，但浙江省和上海市要低于全国平均水平。从村均道路长度来看，上海市为 7. 33 公里，江苏省为 10. 54 公里，浙江省为 4. 89 公里，安徽省为 10. 68 公里。全国平均村道路长度为 7. 30 公里，上海市、江苏省和安徽省村均道路长度要高于全国平均水平，浙江省村均道路长度要低于全国平均水平。长三角村均道路长度占到全国村均道路长度的 14. 78%。

从排水管道沟渠长度来看，上海市农村排水管道沟渠长度为 6767. 38 公里，江苏省为 48605. 04 公里，浙江省为 40433. 15 公里，安徽省为 43438. 30 公里。31 个省市自治区的平均农村排水管道沟渠长度为 38758. 26 公里。可以看到，江苏省、浙江省和安徽省的农村排水管道沟渠长度超过全国平均水平，但上海市要远低于全国平均水平，长三角排水管道沟渠长度占全国的 11. 59%。从村均排水管道沟渠长度来看，上海市村均排水管道沟渠长度为 4. 46 公里，江苏省为 3. 57 公里，浙江省为 2. 47 公里，安徽省为 2. 94 公里。全国平均村均排水管道沟渠长度为 2. 50 公里，浙江省村均排水管道沟渠长度全国排名第 16 位，要低于全国平均水平。从长三角地区的全国占比来看，村均排水管道沟渠长度占到全国排水管道沟渠总长度的 17. 34%，可见长三角地区村均排水管道沟渠长度整体水平较高，但存在内部差异。

从村供水普及率来看，上海市村供水普及率为 95. 42%，江苏省为 97. 54%，浙江省为 84. 86%，安徽省为 79. 20%，而全国平均村供水普及率为 85. 20%。可以看到，上海市和江苏省农村供水普及率要远高于全国平均水平，浙江省和安徽省农村供水普及率要低于全国平均水平，分别位列第 19 和第 25。

从村燃气普及率来看，上海市的村燃气普及率为 74. 46%，江苏省为 85. 84%，浙江省为 50. 87%，安徽省为 34. 31%，而全国平均水平为 32. 17%。由此可以看到，江苏省、上海市和浙江省农村的燃气普及率相对较高，尤其是江苏省和上海市，是全国平均水平的 2 倍以上，分别位列全国第 1 和第 2。安徽省村燃气普及率略高于全国平均水平，全国排名第 13。

通过长三角地区农村社区基础设施的相关指标可以看出，长三角地区各省市的基础设施水平总体要高于全国平均水平，这体现了长三角城镇化进程对农村社区基础设施建设的优势。上海市和江苏省的基础设施明显较好，但浙江省村均道路长度和村均排水管道沟渠长度要低于全国平均水平，安徽省村供水普及率要低于全国平均水平。由此可以看到，尽管长三角地区农村基础设施总体要高于全国平均水平，但是部分省市在部分指标上存在弱项。

2. 农村社区公共服务

长三角地区农村社区公共服务建设状况见表3-4。其中，平均每千农村人口村卫生室人员数、乡村义务教育学校师生比、每万乡村人口接受劳动培训人数、每千老年人口养老床位数分别代表农村社区公共服务中的农村公共医疗服务、农村公共教育服务、农村公共就业服务和农村社会保障4个方面。

表3-4　长三角地区农村社区公共服务建设状况

	平均每千农村人口村卫生室人员数		乡村义务教育学校师生比		每万乡村人口接受劳动培训人数		每千老年人口养老床位数	
	数量(人)	排名	比值(%)	排名	数量(人)	排名	数量(张)	排名
上海	—	—	11.72	21	3.79	31	29.39	15
江苏	1.66	10	14.44	6	76.76	25	30.78	9
浙江	0.97	28	13.98	9	84.62	24	53.17	1
安徽	1.35	18	13.91	11	67.71	26	37.33	4
全国平均	1.55	—	13.18	—	147.75	—	31.1	—

资料来源：《中国农村统计年鉴2020》《中国社会统计年鉴2021》。

从平均每千农村人口村卫生室人员数来看，江苏省为1.66人，浙江省为0.97人，安徽省为1.35人，全国平均值为1.55人。江苏省要高于全国平均水平，但安徽省和浙江省要低于全国平均水平，分别位列第18和第28。

从乡村义务教育学校师生比来看，上海市为11.72%，江苏省为14.44%，浙江省为13.98%，安徽省为13.91%，而全国平均值为13.18%。

可见，除上海市乡村义务教育学校师生比要低于全国平均水平外，江苏省、浙江省和安徽省三省的乡村义务教育学校师生比要高于全国平均水平。

从每万乡村人口接受劳动培训人数来看，上海市为3.79人，江苏省为76.76人，浙江省为84.62人，安徽省为67.71人，全国平均值为147.75人，长三角三省一市均未达到全国平均水平。从排名来看，三省一市排名也相对较为靠后。因此，在公共就业服务方面，长三角地区各省市尚有待进一步推进。

从每千老年人口养老床位情况来看，上海市为29.39张，江苏省为30.78张，浙江省为53.17张，安徽省为37.33张。上海市和江苏省略低于全国平均水平，浙江省和安徽省要高于全国平均水平，浙江省排在全国第1。从三省一市的排名来看，长三角地区的农村养老保障制度相对较好。

通过长三角地区农村公共服务的若干指标，可以看到江苏省每千农村人口村卫生室人员数较多，乡村义务教育学校师生比较高，浙江和安徽两省的养老床位数较多。总体而言，长三角农村公共服务水平相对来说并不突出，农村公共就业服务处于较低水平。

3. 农村社区治理

农村社区治理从乡镇平均建设管理人员数、有总体规划的乡镇占比、参加投票人占完成选举村委会选民登记数的比重、县级社会组织数4个指标来测算，基本情况见表3-5和表3-6。

表3-5　长三角地区乡镇平均建设管理人员数和乡镇总体规划情况

	乡镇平均建设管理人员数		有总体规划的乡镇占比	
	数量(人)	排名	比值(%)	排名
上海	12.63	1	83.17	23
江苏	8.35	2	98.15	1
浙江	5.76	7	92.71	11
安徽	3.63	13	91.69	13
全国平均	3.50	—	84.21	—

资料来源：《中国城乡建设统计年鉴2021》。

表 3-6　长三角地区村委会选举参与情况和社会组织数

	参加投票人占完成选举村委会选民登记数的比重		县级社会组织数	
	比值(%)	排名	数量(个)	排名
上海	64.70	20	3902	20
江苏	73.80	15	30419	1
浙江	76.67	12	19459	2
安徽	61.12	22	9903	10
全国平均	65.63	—	8096.45	—

注：参加投票人占完成选举村委会选民登记数的比重根据《中国社会统计年鉴》2017~2021 年 5 年数据计算得到。

从乡镇平均建设管理人员数来看，上海市有 12.63 人，江苏省为 8.35 人，浙江省为 5.76 人，安徽省为 3.63 人。而全国平均有 3.50 名建设管理人员，上海市和江苏省要远高于全国平均水平，分别位列全国第 1 和第 2；浙江省和安徽省要略高于全国平均水平。总体而言，长三角地区建设管理人员配备较高。

从有总体规划的乡镇占比来看，上海市有 83.17%的乡镇有总体规划，江苏省这一比例为 98.15%，浙江省为 92.71%，安徽省为 91.69%，而全国平均水平为 84.21%。可以看到，除上海市外，江苏省、浙江省、安徽省有总体规划的乡镇占比要高于全国平均水平，江苏省更是高出 13.94 个百分点。

从参加投票人占完成选举村委会选民登记数的比重来看，上海市为 64.70%，江苏省为 73.80%，浙江省为 76.67%，安徽省为 61.12%，而全国平均水平为 65.63%。可以看到，江苏省和浙江省参加投票人占完成选举村委会选民登记数比重要高于全国平均水平，但上海市和安徽省相对较低。由此可见，长三角地区农村居民参与村委会选举投票的比率相对较低。

从县级社会组织数来看，上海市为 3902 个，江苏省为 30419 个，浙江省为 19459 个，安徽省为 9903 个，而全国平均每个省有 8096.45 个，江苏省、浙江省位居全国第 1 和第 2。安徽省的县级社会组织数量高于全国平均水平，但上海市相对较低。可见，长三角地区社会组织参与社区建设的比重相对较高。

综上可以看出，长三角地区各省市农村建设管理人员配备、总体规划和社会组织相对来说处于较高水平。江苏省在农村社区治理方面都要高于全国平均水平。

4. 农村社区文化建设

农村社区文化建设关乎农村居民精神文化需求的满足。课题组从乡镇平均文化站数、艺术表演团体演出村均场次、村均综合文化服务中心面积和农村电视节目综合人口覆盖率 4 个指标来测算长三角地区农村社区文化建设基本状况，见表 3-7。

表 3-7 长三角地区农村社区文化建设基本状况

	乡镇平均文化站数		艺术表演团体演出村均场次		村均综合文化服务中心面积		农村电视节目综合人口覆盖率	
	数量(个)	排名	数量(次)	排名	数量(平方米)	排名	比率(%)	排名
上海	0.99	30	2.24	1	463.47	19	100.00	1
江苏	1.13	6	1.99	2	1111.10	1	100.00	1
浙江	1.07	10	0.46	15	1051.26	4	99.82	9
安徽	1.03	17	0.43	17	521.27	17	99.88	6
全国平均	1.10	—	0.53	—	558.55	—	99.45	—

资料来源：《中国农村统计年鉴 2020》《中国社会统计年鉴 2021》《中国文化和旅游统计年鉴 2021》。

从乡镇平均文化站数来看，上海市有乡镇文化站 0.99 个，江苏省为 1.13 个，浙江省有 1.07 个，安徽省有 1.03 个，而全国平均有 1.10 个。在三省一市中，仅有江苏省高于全国平均水平。

从艺术表演团体演出村均场次来看，上海市有 2.24 次，江苏省有 1.99 次，浙江省有 0.46 次，安徽省有 0.43 次，而全国艺术表演团体演出村均场次为 0.53 次。可见上海市和江苏省的艺术表演团体演出村均场次要高于全国平均水平，浙江省和安徽省略低于全国平均水平。

从村均综合文化服务中心面积来看，上海市为 463.47 平方米，江苏省为 1111.10 平方米，浙江省为 1051.26 平方米，安徽省为 521.27 平方米，而全国平均村综合文化服务中心面积为558.55平方米。江苏省和浙江省高于全国平均水平，江苏省位居全国第1。

从农村电视节目综合人口覆盖率来看，上海市和江苏省的占比为100%，浙江省为99.82%，安徽省为99.88%，而全国平均值为99.45%。长三角地区三省一市的农村电视节目综合人口覆盖率都要高于全国平均水平，上海市和江苏省的占比达到全覆盖，这为丰富农村居民的精神文化生活提供了重要的媒介。

综上可以看出，长三角地区的艺术表演团体演出村均场次、村均综合文化服务中心面积、农村电视节目综合人口覆盖率总体处于较高水平，江苏在农村社区文化上综合表现较好。

5. 农村社区环境建设

农村社区环境建设指标主要包括乡镇污水处理率、乡镇绿化覆盖率、乡镇平均环卫车辆设备数和乡镇平均公共厕所数4个指标，具体情况见表3-8。

表3-8 长三角地区农村社区环境建设状况数

	乡镇污水处理率		乡镇绿化覆盖率		乡镇平均环卫车辆设备数		乡镇平均公共厕所数	
	比率(%)	排名	比率(%)	排名	数量(辆)	排名	数量(座)	排名
上海	81.60	4	21.83	6	26.59	1	21.44	1
江苏	89.00	2	30.19	1	11.02	2	11.02	6
浙江	70.77	6	17.04	12	10.51	5	20.23	2
安徽	65.70	9	19.37	8	8.28	6	8.28	8
全国平均	43.51	—	15.96	—	4.96	—	5.80	—

资料来源：《城乡建设统计年鉴2021》。

从乡镇污水处理率来看，上海市为81.60%，江苏省为89.00%，浙江省为70.77%，安徽省为65.70%，而全国平均水平为43.51%。三省一市的乡镇污水处理率要高于全国平均水平，排名均在10名以内。长三角地区农村社区污水处理率位居全国前列。

从乡镇绿化覆盖率来看，上海市为21.83%，江苏省为30.19%，浙江省为17.04%，安徽省为19.37%，而全国平均水平为15.96%。三省一市的乡镇绿化覆盖率都要高于全国平均水平，江苏省位居全国第1，这与自然环境有一定的关联。

从乡镇平均环卫车辆设备数来看，上海市有26.59辆，江苏省有11.02辆，浙江省有10.51辆，安徽省有8.28辆，而全国平均拥有4.96辆。可以看到，上海市和江苏省分别位列全国第1和第2，长三角三省一市的环卫车辆设备配备较好。

从乡镇平均公共厕所数来看，上海市有21.44座公共厕所，江苏省有11.02座，浙江省有20.23座，安徽省有8.28座，而全国平均每个省有5.80座。可以看到，长三角三省一市的乡镇平均公共厕所数都要高于全国平均水平，上海市和浙江省分别位列前二。

综上可以看出，长三角地区农村社区的乡镇污水处理率、乡镇绿化覆盖率要远高于全国平均水平，环卫车辆设备数和公共厕所数也排名靠前。因此，长三角地区在社区环境建设方面的成果卓著，在污水处理、乡村绿化、环卫车辆设备和公共厕所数量等方面都在全国处于较高水平。

二 长三角地区农村社区建设整体水平分析

（一）评价方法

为了科学地评价全国各省市农村社区建设的发展水平，从而更好地了解长三角地区农村建设的整体水平，本章采取熵权法，通过31个省（区、市）的20个二级指标对农村社区建设水平进行综合评价。熵权法是利用各指标的熵值所提供的信息量的大小来决定指标权重的方法，通过对各指标熵值的计算，可以衡量出指标信息量的大小，从而确保所建立的指标能反映绝大部分的原始信息。①

① 章穗、张梅、迟国泰：《基于熵权法的科学技术评价模型及其实证研究》，《管理学报》2010年第1期。

研究方法步骤主要包括：①建立评价矩阵。通过 5 个一级指标和 20 个二级指标，建立了 31 个评价单元，20 个评价指标。

$$X = (x_{ij})_{n \times p} \tag{1-1}$$

②建立规范矩阵，数据标准化处理。采用无量纲化的方式将评价矩阵数据进行标准化处理，建立规范矩阵。

$$P_{ij} = (x_{ij} - x_{\min(j)}) / (x_{\max(j)} - x_{\min(j)}) \tag{1-2}$$

③确定指标权重，即熵值。根据公式可以得到第 i 个指标的熵值。

$$E_i = -k\sum_{i=1}^{n} f_{ij}\ln f_{ij} \tag{1-3}$$

$$f_{ij} = X''_{ij} / \sum_{i=1}^{n} f''_{ij} \tag{1-4}$$

④根据熵值来计算综合得分。如果某个指标的信息熵越小，在综合评价中所起的作用就越大，其权重也就应该越大，反之则越小。

$$W_j = 1 - E_i / \left[p - \sum_{i=1}^{n} E_j\right] (j = 1,2,\cdots,p) \tag{1-5}$$

$$X''_{ij} = X''_{ij} W_j (i = 1,2,\cdots,n; j = 1,2,\cdots,p) \tag{1-6}$$

在原始数据的基础上，可以得到一级指标和二级指标的熵值和熵权。数据分析主要是基于 Excel 软件完成的。一级指标的权重和二级指标的熵值和熵权可见表 3-9。

表 3-9　评价指标熵值及熵权

一级指标	指标权重	二级指标	熵值	熵权
农村基础设施建设	0. 1902	村均道路长度	0. 9329	0. 0456
		村均排水管道沟渠长度	0. 9445	0. 0377
		村供水普及率	0. 9614	0. 0262
		村燃气普及率	0. 8813	0. 0806

续表

一级指标	指标权重	二级指标	熵值	熵权
农村公共服务	0.1687	平均每千农村人口村卫生室人员数	0.9391	0.0414
		乡村义务教育学校师生比	0.9616	0.0261
		每万乡村人口接受劳动培训人数	0.8778	0.0830
		每千老年人口养老床位数	0.9731	0.0183
农村社区治理	0.1620	乡镇平均建设管理人员数	0.9186	0.0553
		有总体规划的乡镇占比	0.9678	0.0218
		参加投票人占完成选举村委会选民登记数的比重	0.9640	0.0244
		县级社会组织数	0.9111	0.0604
农村社区文化建设	0.2076	乡镇平均文化站数	0.8769	0.0836
		艺术表演团体演出村均场次	0.8775	0.0833
		村均综合文化服务中心面积	0.9541	0.0312
		农村电视节目综合人口覆盖率	0.9859	0.0096
农村社区环境建设	0.2714	乡镇污水处理率	0.9270	0.0496
		乡镇绿化覆盖率	0.9450	0.0374
		乡镇平均环卫车辆设备数	0.8723	0.0868
		乡镇平均公共厕所数	0.8562	0.0977

（二）长三角地区农村社区建设发展状况

1. 全国农村社区建设发展状况

通过运用熵权法对31个省（区、市）农村社区建设数据的分析，可以得到全国各省市农村社区建设综合得分，以及农村基础设施建设、农村公共服务、农村社区治理、农村社区文化建设、农村社区环境建设5个单项指标得分，结果见表3-10。

表3-10 全国各省（区、市）农村社区建设发展状况

	农村基础设施建设	农村公共服务	农村社区治理	农村社区文化建设	农村社区环境建设	总得分	总排名
北　京	0.0847	0.0227	0.0737	0.0455	0.1003	0.3269	12
天　津	0.1129	0.0426	0.0422	0.0291	0.1209	0.3476	9

续表

	农村基础设施建设	农村公共服务	农村社区治理	农村社区文化建设	农村社区环境建设	总得分	总排名
河　北	0.0827	0.0583	0.0474	0.0423	0.0304	0.2610	22
山　西	0.0539	0.0401	0.0286	0.0688	0.0553	0.2467	24
内蒙古	0.0394	0.0377	0.0498	0.0794	0.0371	0.2434	25
辽　宁	0.0568	0.0228	0.0400	0.0641	0.0373	0.2210	28
吉　林	0.0825	0.0294	0.0215	0.0465	0.0282	0.2081	29
黑龙江	0.0705	0.1014	0.0237	0.0475	0.0133	0.2564	23
上　海	0.1471	0.0230	0.0911	0.1064	0.2545	0.6221	2
江　苏	0.1712	0.0462	0.1349	0.1491	0.1606	0.6621	1
浙　江	0.0856	0.0504	0.0992	0.0741	0.1786	0.4878	3
安　徽	0.1020	0.0450	0.0648	0.0481	0.1063	0.3662	8
福　建	0.1256	0.0435	0.0694	0.0439	0.1243	0.4066	6
江　西	0.0519	0.0454	0.0714	0.0721	0.0518	0.2927	19
山　东	0.1081	0.0506	0.0787	0.0514	0.1079	0.3966	7
河　南	0.0428	0.0481	0.0723	0.0766	0.0710	0.3109	14
湖　北	0.0870	0.0519	0.0768	0.0723	0.1198	0.4079	5
湖　南	0.0537	0.0448	0.0750	0.1031	0.0695	0.3461	11
广　东	0.1294	0.0413	0.1049	0.0505	0.1204	0.4465	4
广　西	0.0988	0.0483	0.0747	0.0366	0.0502	0.3087	15
海　南	0.1364	0.0533	0.0489	0.0397	0.0295	0.3078	16
重　庆	0.0496	0.0427	0.0643	0.0314	0.0742	0.2621	21
四　川	0.0864	0.0410	0.0466	0.0963	0.0442	0.3145	13
贵　州	0.0544	0.0488	0.0564	0.0585	0.0603	0.2784	20
云　南	0.0824	0.0529	0.0606	0.0489	0.0495	0.2942	17
西　藏	0.0262	0.0818	0.0197	0.0521	0.0098	0.1896	30
陕　西	0.0577	0.0316	0.0683	0.0958	0.0395	0.2929	18
甘　肃	0.0365	0.0407	0.0622	0.0477	0.0340	0.2211	27
青　海	0.0533	0.0644	0.0286	0.0145	0.0244	0.1852	31
宁　夏	0.1137	0.0496	0.0464	0.0769	0.0603	0.3469	10
新　疆	0.0494	0.0453	0.0340	0.0788	0.0231	0.2305	26

从总得分情况来看，全国 31 个省（区、市）的农村社区建设综合得分平均值为 0. 3254。其中，上海市农村社区建设总得分为 0. 6221，位列全国第 2；江苏省农村社区建设总得分为 0. 6621，位列全国第 1；浙江省农村社区建设总得分为 0. 4878，位列全国第 3；安徽省农村社区建设总得分为 0. 3662，位列全国第 8。长三角地区的三省一市在农村社区建设上总得分尽管存在一定的差异，但江苏省、上海市和浙江省位列前三强，安徽虽然与江苏省、上海市和浙江省存在差异，但全国位次依然较为靠前。

从农村基础设施建设来看，全国 31 个省（区、市）得分平均值为 0. 0817。其中，上海市农村基础设施建设得分为 0. 1471，江苏省为 0. 1712，浙江省为 0. 0856，安徽省为 0. 1020。

从农村公共服务来看，全国 31 个省（区、市）得分平均值为 0. 0466。其中，上海市农村公共服务得分为 0. 0230，江苏省为 0. 0462，浙江省为 0. 0504，安徽省为 0. 0450。

从农村社区治理来看，全国 31 个省（区、市）得分平均值为 0. 0605。其中，上海市农村社区治理得分为 0. 0911，江苏省为 0. 1349，浙江省为 0. 0992，安徽省为 0. 0648。

从农村社区文化建设来看，全国 31 个省（区、市）得分平均值为 0. 0628。其中，上海市农村社区文化建设得分为 0. 1064，江苏省为 0. 1491，浙江省为 0. 0741，安徽省为 0. 0481。

从农村社区环境建设来看，全国 31 个省市得分平均值为 0. 0738。其中，上海市农村社区环境建设得分为 0. 2545，江苏省为 0. 1606，浙江省为 0. 1786，安徽省为 0. 1063。

2. 长三角地区农村社区建设一体化状况

尽管长三角地区三省一市在农村社区建设总得分上表现出较强的优势，但是各类指标之间的均衡发展如何呢？长三角地区在各省级行政单位农村社区建设排名情况见表 3-11。从农村基础设施建设来看，江苏省和上海市位居全国第 1 和第 2，安徽省和浙江省分别位列第 9 和第 13。从农村公共服务来看，浙江省位列第 9，江苏省位列第 14，安徽省位列第 17，上海市位列第29。从农村社区治理来看，江苏省、浙江省和上海市分别位列第1、第3和第4，安徽省位列第14。从农村社区文化建设来看，江苏省和上海市分别位列第1和第2，浙江省、安徽省分别位居第10、第20。从农村社区环境建设来看，上海市、浙江省和江苏省分别位列前三，安徽省位居第9。

表3-11　长三角地区在各省级行政单位农村社区建设排名情况

	农村基础设施建设排名	农村公共服务排名	农村社区治理排名	农村社区文化建设排名	农村社区环境建设排名	总排名
上海	2	29	4	2	1	2
江苏	1	14	1	1	3	1
浙江	13	9	3	10	2	3
安徽	9	17	14	20	9	8

可以看出，江苏省在农村基础设施建设、农村社区治理和农村社区文化建设上位居全国第1，上海市在农村社区环境建设、农村基础设施建设和农村社区文化建设上位居全国前列，浙江省在农村社区治理和农村社区环境建设上位居全国前列。安徽省各方面表现均在中等偏上的行列。但是，江苏省在农村公共服务名次较为靠后，上海市在农村公共服务上处于靠后的水平，浙江省在农村基础设施建设方面表现稍显落后，安徽省在农村公共服务、农村社区治理、农村社区文化建设三方面表现略显逊色。因此，要进一步提升长三角在农村社区建设上的一体化，在保持优势指标的基础上，进一步加强农村公共服务和农村基础设施建设。

为了进一步了解长三角地区农村社区建设与京津冀地区、东北地区、珠三角地区等其他主要地区的比较，课题组在地区均值和地区总分上对不同地区农村社区建设总得分、差异指标、地区均值进行比较，结果见表3-12。

表 3-12　长三角地区与其他地区农村社区建设得分的比较

	地区	农村基础设施建设	农村公共服务	农村社区治理	农村社区文化建设	农村社区环境建设	总得分
地区总分	京津冀	0.2803	0.1235	0.1632	0.1169	0.2515	0.9355
	东北地区	0.2097	0.1536	0.0852	0.1581	0.0789	0.6855
	长三角	0.5059	0.1646	0.3900	0.3777	0.7000	2.1382
地区差异	京津冀	0.0169	0.0178	0.0169	0.0087	0.0474	0.0452
	东北地区	0.0129	0.0436	0.0101	0.0099	0.0121	0.0250
	长三角	0.0396	0.0123	0.0289	0.0436	0.0613	0.1347
地区均值	京津冀	0.0934	0.0412	0.0544	0.0390	0.0839	0.3118
	东北地区	0.0699	0.0512	0.0284	0.0527	0.0263	0.2285
	长三角	0.1265	0.0412	0.0975	0.0944	0.1750	0.5346
	珠三角/广东	0.1294	0.0413	0.1049	0.0505	0.1204	0.4465
区域比较	长三角—京津冀	0.0330	0.0000	0.0431*	0.0555*	0.0911*	0.2227*
	长三角—东北地区	0.0565*	-0.0101	0.0691**	0.0417	0.1487**	0.3061**

注：区域比较是采用 LSD 法对地区均值进行多重比较和检验。显示值为 Mean Difference（I-J），* 表示 sig. <0.05，** 表示 sig. <0.01。地区均值是地区总分除以区域内省（自治区、直辖市）数量所得的商，代表区域每个省市自治区的平均水平

从地区总分来看，长三角三省一市的农村社区建设总得分为 2.1382，京津冀地区总得分为 0.9355，东北地区总得分为 0.6855。可以看到，长三角地区在农村社区建设的地区总分上优势明显，远远超出其他地区。这一优势也体现在农村基础设施建设、农村社区治理、农村社区文化建设、农村社区环境建设 4 个一级指标得分上。

采用地区内不同省份的标准差作为差异指标来看，长三角地区内部在农村基础设施建设、农村社区治理、农村社区文化建设和农村社区环境建设上的差异显然要比京津冀地区和东北地区大，因此，长三角地区在农村社区建设上的内部差异也值得关注。

从地区平均水平来看，长三角地区农村社区建设总得分的平均值为 0.5346，京津冀地区总得分的平均值为 0.3118，东北地区总得分的平均值为 0.2285，珠三角地区（广东省）总得分的平均值为 0.4465。总体而言，

长三角地区的农村社区建设的地区平均水平位居全国前列，这一优势也体现在农村社区文化建设、农村社区环境建设两个一级指标得分上。

通过以上分析，可以得出以下结论：

第一，长三角地区三省一市在农村社区建设上均位居全国前列，拥有较强的一体化建设的基础。江苏省农村社区建设总得分为 0.6621，位列全国第 1；上海市农村社区建设总得分为 0.6221，位列全国第 2；浙江省农村社区建设总得分为 0.4878，位列全国第 3；安徽省农村社区建设总得分为 0.3662，位列全国第 8。长三角地区的三省一市在农村社区建设上总分尽管存在一定的差异，但江苏省、浙江省、上海市位列前三，安徽省虽然与江苏省、浙江省、上海市存在一定的差距，但在全国的位次依然较为靠前。

第二，长三角地区在农村社区建设上具有较强优势。长三角地区在农村社区建设的总量指标和大部分均量指标上具有明显优势，与京津冀地区、东北地区相比具有一定的优势，长三角地区在农村社区治理、农村社区文化建设和农村社区环境建设上的水平要显著高于京津冀地区，在农村基础设施建设、农村社区治理和农村社区环境建设上的水平要显著高于东北地区。长三角地区平均水平与珠三角地区（广东省）接近。因此，推进农村社区建设一体化具有现实基础。

第三，长三角地区不同省市在农村社区建设的不同领域的发展状况存在一定程度的差异，需要进一步统筹推进。长三角地区内部在农村基础设施建设、农村社区治理、农村社区文化建设和农村社区环境建设上的差异显然要比京津冀地区和东北地区大，要通过长三角一体化进程有效缩减农村社区建设差距，可以通过江苏省、浙江省和上海市带动安徽省农村社区建设进程。长三角地区的农村公共服务整体水平相对而言具有很大的上升空间，在农村医疗、教育、就业、养老等农村公共服务领域发力。

第三节 长三角农村社区建设面临的挑战和对策建议

在农村社区建设的发展历程中，长三角地区农村在基础设施建设、公共服务、社区治理、文化服务和环境建设等方面均取得了显著的成就，社区服务体系不断完善，社区治理能力不断提高，农村人居环境明显改善。随着新型工业化、信息化、城镇化、农业现代化进程加快，长三角农村社会治理出现了很多新情况和新问题，农村社区建设面临新的挑战。因此，必须大力推进农村社区建设，为农村居民提供较好的生产和生活环境。

一　长三角农村社区建设面临的挑战

第一，农村社区建设总体上处于领先地位，但区域发展不平衡。

长三角地区自然条件优越、交通便利，经济社会发展水平均位于全国前列。但是，长三角地区农村社区建设的发展状况存在一定程度的差异。上海市和江苏省在农村社区建设各领域都居于全国前列，上海市在农村社区环境建设、农村基础设施建设和农村社区文化建设上优势明显，江苏省在农村基础设施建设、农村社区治理和农村社区文化建设上优势明显。浙江省在农村社区环境建设、农村社区治理上优势明显，但在农村基础设施建设和农村公共服务和农村社区文化建设上水平一般，有待进一步提升。安徽省在农村社区文化建设上需要提升，在农村基础设施建设和农村社区环境建设上有相对优势。此外，即便是在各省市区域范围内，农村社区建设情况也呈现东部快于西部、南部快于北部的特点，尤其是江苏省与安徽省，这种区域内部发展差异更为明显。

第二，农村基础设施建设总体较好，但质量有待提高。

调研发现，各地政府在大力推进乡村振兴的过程中，加大了对农村基础设施建设的投入，农村基础设施建设取得较快的发展，但质量有待进一步提高。从道路交通方面来看，长三角地区基本实现村镇主要道路硬化，并积极推进农村公路向自然村延伸，但仍有部分村落尚未实现“村村通”，缺少公交站点，且公交车运行数量有限。从饮用水设施建设来看，仅浙江省基本实现城乡同质饮水，安徽省则刚实现农村饮用水安全问题动态清零。从垃圾处置设施建设情况来看，长三角地区已实现农村垃圾收集点全覆盖，但并未实现垃圾处置站点的全覆盖，仅上海市真正实现了农村生活垃圾100%有效收集、100%无害化处理。从基础设施使用情况来看，部分农村社区道路需要整顿维修，污水处理系统设计不合理，公共卫生厕所建设质量差，缺乏后期维护。

第三，农村公共服务总体水平较高，但地区差距较大。

从最低生活保障水平上看，按高低排列是上海、浙江、江苏、安徽。其中，安徽省最低生活保障标准与上海市相差520元/（人·月），与江苏省相差131元/（人·月）。从医疗保障上看，长三角地区的城乡医疗保障差异逐渐缩小，城乡统一的医疗保障体系逐渐建立，但农村地区的医疗卫生机构质量、专业医师数量还有待提升和增加，不少农村居民看病所花费的路程成本较高。从养老服务上看，长三角地区的农村养老服务质量正在不断提升，农村养老机构数量和养老床位数量逐年增加，并以农村社区为基础，增设老人日间照料中心，配备送餐服务。但是，与城市社区相比，农村养老服务质量有待提高，尤其是对“空心村”老人的照料，在送医护理、文化娱乐、精神关爱和心理慰藉方面缺乏相应的服务。从儿童保障上看，长三角地区的农村留守儿童、困境儿童生活逐渐得到重视，农村普惠性幼儿园数量明显增多，但与城市学校的教学质量相比，农村地区的教学质量存在很大差距，这也造成不少农村孩子为了享受更好的教学资源纷纷离开农村。

第四，农村社区治理创新显著，但发展活力不足。

长三角地区农村社区治理实验区数量位于全国前列，出现了大量的社区治理典型案例。但总体而言，农村社区治理主体单一，政府治理、社会调节、居民自治良性互动的社区治理体系尚未完全形成，村民参与社会治理的组织形式和制度化渠道还没有完全建立。具体表现在三个方面：一是农村社区社会组织发展滞后。近年来，在各地政府的引导和支持下，长三角地区农村涌现了一大批社会组织，在农村公共服务、救助困难群众、帮教特殊人群、预防违法犯罪等方面发挥了重要的作用，但与农村经济社会发展的要求相比，无论在种类、数量和质量上，都存在一定差距，尤其是经济发展欠发达地区，甚至没有社会组织。二是村民参与社区公共事务的意愿有待提高。经过多年实践，部分地区村民认为政府和村干部是农村社区治理的主体，自身能力有限，因而不愿参加社区事务决策。三是农村社区治理体系不完善，多元主体协商共治模式尚未真正建立。在乡村社会场域中，每个主体都是不同利益的代理人，要构建完备的乡村治理体系，就必须协调好不同利益主体间的关系。但是，在当前的农村社区治理过程中仍然是以政府为主导，社会组织和村民参与较为欠缺。

第五，农村文化设施相对完善，但文化活动较为单调。

长三角地区农村文化设施建设已实现三个全覆盖，即农村综合文化服务中心全覆盖、新时代文明实践中心全覆盖、广播电视全覆盖。但是，从公共文化设施使用情况来看，大多数农村地区的文化设施使用率并不高，部分农村的文化室、图书室、文化礼堂、体育设施在一定程度上成为摆设，距离村委会较远的自然村村民更是很少使用社区公共文化设施。从文化活动内容来看，虽然文化活动内容多样，既有送电影、送戏下乡，也有农民丰收节、村民运动会，但部分文化活动并不受村民欢迎，如很少有村民前去观看村委会放映的电影。

第六，农村人居环境建设成绩显著，但长效管理体制不健全。

长三角地区的农村人居环境建设一直走在全国前列，并形成了各自的特色项目，如江苏省的“特色田园乡村”建设、浙江省的“千万工程”、安徽省的“美好乡村”建设、上海市的“美丽家园”建设。但是，长三角地区农村人居环境建设也存在一些不足。首先，从建设情况来看，除村集体经济较为富裕的农村社区有足够的资金支持农村人居环境建设外，村集体经济较为一般或中等偏下的农村社区在人居环境建设方面存在明显的资金投入不足的问题，主要依靠政府补贴。其次，不少农村社区在学习先进示范村的同时，出现“千篇一律”现象，不能根据本村实际情况，在保护本村特色的同时，进行人居环境改造，最终导致本村特色丧失，出现一批失败的乡村旅游项目。最后，由于农村社区大多为自然村落，缺乏规划，因而在农村污水管理体系建设方面存在诸多技术困难，导致部分农村社区的卫生厕所后期维护困难，难以真正发挥惠民效益。

二　推进长三角农村社区建设的对策建议

1. 建立区域协同发展领导小组，推进区域联动发展

长三角地区农村社区建设发展水平一直处于全国领先位置，但在农村社区建设方面仍然存在严重的区位分隔，各行其是，尚未形成一体化的联动机制和发展格局。因此，要全面落实长三角一体化高质量发展战略部署中的强化区域联动发展的要求，在机制和措施等方面进行创新。具体来说，一是要成立长三角社区建设协同发展领导小组，统筹三省一市城乡社区建设，尤其是农村社区建设协同推进工作。二是打通三省一市间的区域发展壁垒，促进生产要素的互联互通，逐步缩小不同区域间的发展差距。三是消除城乡之间的发展机制壁垒，由城市向农村提供更多的技术支撑，完善道路、通信等基础设施建设，实现城乡之间的优势互补。四是引导各地探索多样性的农村社区建设新模式，打造建设长三角农村社区建设示范区，积极开展农村社区建设的经验交流活动。五是利用大数据、人工智能、互联网等智慧技术，提高长三角农村社区智慧治理的技术和水平。

2. 培育社区建设多元主体，构建社会协同有效机制

农村社区建设主体多元化是社区发展的必然趋势。在农村社区建设的过程中，要充分发挥社区党组织、居委会、社会组织、居民的作用，构建政府治理、社会调节、居民自治良性互动的社区治理体系。

一是要加强和创新社区党组织建设。农村社区建设必须在基层党组织领导下开展工作，应进一步健全农村社区党组织体系、创新党组织活动载体、完善社区党建工作联席会议制度等。

二是要提升村民委员会的自治能力，特别是要完善党领导下的基层群众自治制度，完善村民议事会、理事会、监督委员会等自治载体，健全村民参与社会治理的组织形式和制度化渠道。

三是要大力培育农村社区社会组织，健全和完善社会组织参与社区建设的机制，将社区公共服务和居民服务交给社区社会组织承办。社会组织要加强自身建设，完善内部治理结构、组织体系和规章制度等，提高自我管理能力

和服务能力。此外，要建立社区志愿者制度和运作机制，培育志愿者社团组织。

四是要增强农村居民的主体意识，调动农村居民参与社区建设的积极性，共同助力农村社会治理。

在构建多元治理主体的同时，要创新农村社区治理的模式和机制，完善农村社区党组织领导下的多层次、多渠道的民主协商议事机制。构建或完善社区居民会议和居民协商议事会议制度，建立民事民议、社区听证、社区论坛、社区评议等对话机制，为农村居民提供参与治理的机会，增强农村居民的权益意识和责任意识。

3. 补齐农村基础设施建设短板，建立多元供给机制和有效维护机制

针对目前农村社区基础设施存在的问题，需要抓重点、补短板。在未来一个时期内，农村社区建设的工作重点是推动村际基础设施服务均等化，科学规划公共服务设施功能布局；加强社区基础设施建设，提高公共服务可及性，实现全体村民资源共享；加强道路建设，提高农村客运班车覆盖率，方便居民出行；加快实现饮水“同源、同网、同质、同服务”；推进农村社区信息化建设，加快建设“光网乡村”“无线乡村”，让农民享受信息化成果。

鉴于农村社区建设的资金短缺问题，必须拓宽资金渠道，从而保证资金投入的可持续性。一是加大政府财政支持。农村社区承担着国家农村基层组织管理和服务的职责，政府应加大对农村社区建设的资金扶持，将农村社区建设纳入公共财政保障范围，列入财政预算。二是大力发展新型农村集体经济。农村的集体经济发展是促进社区组织运转、推动社区发展的有效保障。因此，政府应从政策上和资金上支持农村集体经济发展，强化其支持农村社区建设的能力。例如，在有条件的地区可结合乡村文化建设和人居环境建设，发展乡村旅游；对于以农业生产为主的村庄，可打造农业特色品牌，增强市场竞争力，延长产业链，提高农产品的附加值。三是鼓励民间资本参与社区建设。通过招商引资的方式，积极吸纳企业投资、社会组织投入、个人赞助等社会资金和民间资本，鼓励社会组织、公益组织和个人以捐赠、投资、参股或其他形式，参与到社区基础设施建设和公共服务中来。

此外，要完善农村公共服务设施的维护机制。针对当前农村社区建设中存在的重建设、轻管理的情况，一是要加大长三角地区在基础设施建设、公共服务、精神文明建设、人居环境、社区治理等方面的经验交流和统筹推进，建立健全长效机制，不断提升农村社区建设管理水平。二是要继续扩大农村社区建设的内容宣传，积极引导村民参与，建立健全包括村民主体在内的农村社区建设的长效维护机制。三是要加大技术投入，从根本上提高农村社区基础设施建设的质量水平，定期对村内的基础设施建设状况进行质量评估与改建。

4. 加强农村社区文化建设，提振农民的精神风貌

文化是社区的核心要素。在农村社区文化建设过程中，一是要完善农村公共文化服务体系。以农村居民实际需求为导向，进一步完善农村公共文化基础设施，推动文化广场、健身广场向自然村延伸。二是要开展特色农村公共文化服务。在尊重和保护村落传统文化的基础上，挖掘和打造新的文化品牌，更好地服务农民群众。三是要创新农村文化内容。淘汰农村居民不喜欢的文艺活动，结合社会主义核心价值观，以农民群众日常生活材料或传统文化材料为主，编写相应的戏曲和剧目。

5. 加强人才队伍建设，提升管理和服务水平

农村基层干部队伍的思想认识水平和实践经验，直接影响到农村社区的建设和发展。调研发现，不少地方基层干部对社会治理的理解不够深入，对社区建设的重要性认识不足，缺乏社区建设的理念和思路，因而在工作中缺乏能动性和创新性。新型农村社区建设的复杂性和难度远远大于传统农村社区建设，迫切需要大量高素质的专业社区工作人员。因此，要通过培养和引进相结合的方式，积极培养农村社区建设人才。

一是制订人才引进专项计划，推动人才资源向农村地区流动，充实农村地区的医师、养老服务人员、教师等农村公共服务人员数量。二是定期开展专业技能培训，向农村地区输送先进的医疗、养老、教育等相关领域的专业知识，提高农村本地公共服务人员的综合素质，增强社区工作人员的社区治理理念，具备从事社区服务的能力和方法。三是引进专业社区工作者。专业社区工作者是指经过社会工作专业训练、掌握社区工作知识和方法的专业人才。目前全国高校培养了大批专业社会工作人才，但由于农村社区工作人员存在工资低、发展空间不足等问题，导致社会工作人才很少在农村就业和发展。因此，政府应提高农村社区工作者的待遇，为他们提供更多的发展空间，在竞聘乡镇领导时给予其一定的政策倾斜。同时，制定合理的绩效考核制度，将社区工作者的薪资待遇与工作的完成度挂钩，对优秀者给予一定的物质奖励和精神奖励，从而提高社区工作者的积极性，能够把他们留在乡村、服务乡村。

第四节　长三角农村社区建设案例分析

本文选取上海界浜村、江苏璜土村、浙江枫源村、安徽群心村为研究对象，通过实地考察收集研究资料，全面分析农村社区建设的做法和成效。这些典型案例虽然不能全面反映长三角地区农村社区治理的全貌，但也具有较高的代表性，可以反映长三角农村社区治理模式和发展趋势。

一　上海市浦东新区界浜村

（一）界浜村概况

界浜村位于浦东新区周浦镇东北部，村域面积 3.273 平方公里，耕地面积 1752 亩，其中桃林面积约 61.33 亩。村下设 18 个村民小组，户籍人口为 1218 户 3156 人，其中农业人口 1286 人，非农人口 1870 人；外来人口约为 2500 人。村内 85%的村民没有外出，15%的村民在外买房，整个村的老龄化程度较高，60 岁以上老人有 1000 余人，约占总人口的 30%。[①]

2018 年，界浜村成功创建市级美丽乡村示范、市级农村社区建设试点示范村、市级文明村、“市民修身行动”市级示范点，并荣获 2018 年中国最美村镇·治理有效奖。

---

① 资料来源于 2020 年 8 月实地调研。

（二）界浜村社区建设状况

1. 产业兴旺

界浜村谋划“一花一果一民宿”产业布局，将“一村一品”做大做强。“一花”指700亩花海，主要种植四季花。花海带来的效益主要有四个方面，一是给村民带来收益，有远高于市场价的土地流转费；二是带动本村和邻村的百姓就业，实现本村80名村民再就业；三是反哺村集体经济，其中30%用于百姓福利，30%用于村庄公共建设，40%用于留存；四是花海本身带来的福利，关注村内公益事业，如每年过年对本村村民门票免费，每年婚丧送去慰问等。“一果”主要指桃树种植，桃子品种丰富，每户每年收入达到每亩2.2万元左右。桃子种植业现形成一种新业态，村民会在抖音直播间进行销售。“一民宿”主要得益于上海迪士尼度假区，使村里的民宿从最开始的6家发展到现在的27家，还有6家在建。

2. 文化富足

一是党建文化。界浜村做到党群服务品牌化。将“德行润泽厚土，恩惠广施愿民”的理念融入党群服务，打造“德润”党建品牌，形成“五个一”服务体系。搭建党员学习教育平台，成立社区党校，镇党建服务中心定期将优秀师资送到家门口。启动智慧党建模式，用好“微党课”和远程教育资源，解决党建教育“最后一公里”难题。

二是乡贤文化。乡贤文化活动多以志愿活动形式开展，如许多老年人活动由乡贤进行对接，工作以志愿者形式进行。

三是道德文化。界浜村挖掘文史资料，制作宣传册和墙绘，采取“老故事新讲法，老物件新模样，老地方新用处，老邻里新互动”的办法，让过去朴素的情怀成为现在勤俭节约的好传承。制定美丽庭院“星级户”考核细则，每季度对各家各户确定星级，通过创建评比，营造村风家风新风尚。

3. 设施完备

界浜村围绕“四站一室”功能布局的整体要求，打造“两区一线多点”空间布局，强化“1+5+X”建设，不断做实七大类服务（党群服务、政务服务、生活服务、法律服务、健康服务、文化服务、社区管理服务），[①] 推进党群、政务、文化、综治、健康服务功能板块提升。“四站一室”即党建服务站、市民事项受理服务站、文化服务站、联勤联动站和卫生室。“两区”即社区服务中心南区和北区。“一线”即包含德和广场、怀信步道等在内的文化健身区域。“多点”即多个“家门口”服务点。服务点按照每2个村民组1个服务点设置布局。界浜村先行先试，已成功打造集党建、村民事务代办、老年睦邻、妇女、文化服务功能“五位一体”的服务点，并有3个服务点在装修，其余5个服务点已选好点位，后续将抓紧推进。经过多年的努力，界浜村已建成307个村家门口服务中心，每个中心均设置了“四站一室”。

4. 生态宜居

村容村貌建设。垃圾分类工作、中小河道整治、截污纳管工程、美丽庭院建设、绿色田园行动等村景美颜工程有助于打好桃源景观造势、发挥千亩桃林优势，使“桃园界浜”更响、更红、更亮。

5. 服务利民

一是社区文化服务更加精准化。界浜村按需调整文化服务项目；完善文化活动场，丰富活动宣传渠道，搭建才艺展示平台，如开展的“家庭才艺秀”和村民厨艺大赛、文化服务品牌项目“福良送戏”每两月一次，村民自娱自乐，涵养群众文化。二是社区健康服务趋向全龄化。建立家庭医生巡诊制度，引入中医理疗服务，增设母婴服务空间，优化健康服务空间设备，将村卫生室、红十字会服务站、理疗室等功能室整合在一起，增设诊察床、治疗车、AED等急救设备。

（三）界浜村社区建设的创新和亮点

1. 界浜村社区建设的创新点

（1）充分发挥党员群众主体作用。创新建构线上线下“一站四点十网

① 《浦东新区：推进“家门口”服务体系建设　创新党建引领社会治理》，上海基层党建网，https：//dj. shjcdj. cn。

格”组织体系，把党建阵地开拓至居村、小组、家庭等，把服务精准连接到每位村民和党员。

（2）“三会”制度常态化。请村民做主“能不能、要不要、好不好”，并运营“德润界浜”公众号，组建“一全多专”微信群，即一个“家门口”服务大群和多个学习交流小群，由专人管理，深入听取村民需求。

2. 界浜村社区建设的亮点

（1）“德润”党群品牌。创建“五个一”服务体系德润品牌。

（2）联动维护社区治安秩序。界浜村在各要道枢纽安装视频设备共计120台，杜绝视频死角。为网格员配置电动车，使他们能在处理应急事件时第一时间抵达现场，抢险救灾。

（3）服务资源集成化。集三级三类服务资源，为丰富“四站一室”服务功能提供来源。

（4）工作方式智能化。全覆盖推行“视频远程办理”使各村与街镇事务受理中心直接连线；开发“全岗通”系统，通过语音输入、语音转文字等功能，让村居干部走访时即时录入群众需求；探索开发“三个民生”网上资源商城，将职能部门下沉到村居的民生服务项目，作为“商品”摆到“货架”上，由村居结合群众需求，点单使用。

二　江苏省江阴市璜土村

（一）璜土村概况

璜土村面积4.2平方公里，其中耕地面积1317亩，由20个自然村组成，下设34个村民小组，共有215名党员。村内户籍人口1718户，常住人口5000余人，外来居住人口7000余人。璜土村在地理位置上享受不到上海的辐射。该村主要种植物为葡萄和水稻，村内种植2000亩葡萄和100亩水稻。①

① 资料来源于2020年8月实地调研。

（二）璜土村社区建设状况

1. 经济良好

璜土村里没有支柱产业。璜土村的集体经济收入仅有630余万元，为了能在有限的经济条件下做更多惠民利民的实事，该村自创“省钱模式”，即所有工程项目都不发包，由村委人员自己设计，省去了工程设计费，再组织本村工匠施工建设。这种模式一方面省去了承包商的费用，另一方面本村工匠是为自己家前屋后的环境改善而工作，工程质量有保障。省钱模式的创新让璜土村在新农村建设工作上减少了很大的经济压力。同时，为保障集体资金可持续使用，璜土村闲散资金都存于政府财政，本金不动，每年只用利息和当年村级经济收入作为建设资金，如有盈余则继续存于政府财政，获得利息收入。

2. 生态宜居

村容整洁是农村建设另一个重要方面。为确保村庄长久美丽整洁，璜土村十分重视村庄的长效管理。全村全面完成了20个自然村的道路硬化及亮化，排水沟渠顺通实用，垃圾收集转运有序。全村村民的饮用水100%使用自来水。农村卫生服务实行全覆盖，彻底清除了露天粪坑。农村医疗保险参保率达100%，村民100%享受新农保。2015年璜土村制订了“家河整治三年计划”，到2017年底，完成了全村86条家河的整治工作，同时也完成了全村20个自然村的雨污分流工作。

3. 乡风文明

为了刹住拜年送礼、迎来送往、互相请吃等不正之风，璜土村在2007年推行“党员干部廉政建设八条铁律”，村两委班子带领全村村民做出了表率，村党员干部在群众中的威信和形象也得到大幅提升，全村上下“干部担当作为、群众全力支持”的浓厚氛围逐渐形成。

4. 精神富足

璜土村大力挖掘本土特色文化，把文化阵地建在村民身边。璜土村着力打造“村村有文化、村村有特色”的精神文明创建新格局，完成了18个特色文化阵地的建设，其目的在于以文化提升村民思想高度、以文化引领群众行为规范，并营造浓厚的道德氛围。

5. 设施完备

村内新建农家书屋、粟香书屋、流动书屋、电子阅览室等阅读场所，新增图书3000余册，利用各类学习平台每年定期开展政策法规、实用技术、卫生知识等培训30多场。

村内现有村道路35公里，桥梁10座。此外，先后完成了6000余平方米的璜石路商住楼、2000余平方米的两个集医疗和老年活动于一体的村民活动室、6000余平方米的西街综合大楼和15000余平方米的书香苑商住楼等五大工程建设。2018年初，璜土村综合服务大楼——养心楼的建成，标志着璜土村室内惠民服务场地超过1万平方米。

6. 自我管理

在听取村民意见的基础上，修订发布了《璜土村村规民约》《璜土村村训》《璜土村精神》，并创作了《璜土村村歌》。村里还设计了专门的议事大厅，每次议事确定对象、目的、主题、方式。遇到疑难问题通过乡贤、政协代表、党员代表、人大代表等进行调解和协商。

璜土村依托完善的制度来进行日常管理。村制定了《璜土村环境卫生长效管理制度》《璜土村环境卫生保洁工作制度》以及相关的考核制度。为保证管理的时效性，璜土村又对长效管理队伍进行了更进一步的划分，将长效管理队伍分为八项专业队伍和专人负责制。这些专业队伍的员工由村里招聘，工资由村里支付。通过这些队伍建设，璜土村的村容村貌得到了改善。

7. 产业发展

随着璜土村生态旅游资源的开发，游客越来越多。2018年统计参观游客400余批次，共4万余人。璜土村的旅游发展潜力也引来了艺术乡村旅游团队，在璜土村南片打造乡村旅游项目“胡子小镇”。村民也发现了乡村旅游市场的潜力，开始兴办农家乐、瓜果采摘、垂钓等旅游休闲项目，为开展乡村旅游打好基础。

（三）璜土村社区建设的创新和亮点

1. 璜土村社区建设的创新点

（1）注重党组织建设，党建引领模式。八条铁律规范党员干部作风与行为，增设“党员报箱”、张贴“党员家庭”标牌激发党员干部责任意识，发挥党员的先锋模范作用。

（2）文化软治理渗透村民生活。在各个自然村打造 18 个文化阵地，包括党建文化、家教文化、孝子文化等。

2. 璜土村社区建设的亮点

（1）璜土模式保证经济可持续。村里规定每年收入的 1/3 必须存管，每年拿回 200 万元利息，同时社区内所有工程项目不对外发包。

（2）党群监督和规范工作流程。为了让村民能够了解村三务状况，璜土村积极探索研究“三务公开”工作，并且形成了“一栏三屏”多载体格局。“一栏”是指传统的三务公开栏。“三屏”是指“三务公开直通车”触摸屏。触摸屏位于璜土村村委便民大厅，由于点位局限，村民亲临村委才能了解村务详情。为了能够更有效、便捷与全面地将村务信息传递给村民，“璜土村在线”三务公开微信公众平台与“三务公开户户通”电视平台完成建设，村民足不出户就能在家对璜土村的“三务”进行了解和监督，其中村财务状况受关注程度最高。璜土村在开展每个项目前，都召开党员代表大会和村民代表大会，由大会表决通过。项目所需材料款、人工费用需要经手人、项目负责人和村民三人以上签字方可生效。项目完成后，璜土村将整个项目的人工、材料等费用支出做好整体报告并再次公示。

（3）党建引领。璜土村始终坚持党组织建设工作，通过 2007 年制定的璜土村“党员干部廉政建设八条铁律”严格要求，规范党员干部的思想和行为，让党员干部在群众中树立威信。在这个基础上，璜土村发挥党员在群众中的作用，积极宣传、组织，带领村民加入新农村建设，形成村民共建、共管、共享的和谐态势。同时，璜土村为每个党员安装“党员报箱”，为党员订阅党报党刊，让党员接受党的教育和领导。通过这一系列做法，璜土村的党组织建设工作有了明显成效。

三　浙江省诸暨市枫源村

（一）枫源村概况

枫源村位于浙江省诸暨市枫桥镇东南部，枫桥江上游，毗邻“中国香榧之乡”赵家镇。全村由大竺、大悟、泰山3个自然村合并而成。村域面积5.93平方公里，有水田1233亩，旱地343.5亩，山林3837亩。村内人口有近600户、1700余人，党员约100名。下设13个村民小组，其中1个自然村是3个村民小组，另外2个自然村各有5个村民小组。枫源村60岁以上人口约占总人口的1/5，大多数村民基本保留户籍，外出务工，家庭内老人留守农村。枫源村先后荣获“浙江省全面建设小康示范村”、“浙江省先进基层党组织”、“浙江省文明村”、“绍兴市民主法治村”、“诸暨市新农村建设示范村”、诸暨市创新发展“枫桥经验”先进集体等荣誉称号。2016年被列为诸暨市级“精品村”。新时代枫桥经验则为“矛盾不上交，平安不出事，服务不缺位”，主要以服务为主。

（二）枫源村社区建设状况

1. 产业兴旺

高岭土矿山是该村支柱产业，个体私营经济以轻纺业、运输业、外出承包工程为主。村集体收入约为180万元，来源主要有三方面，一是靠山吃山，依托矿山资源，开采高岭土；二是开展土地、房屋承包；三是国家支持，予以复垦补贴，补贴款为500元/亩。村内没有村办企业，但有旅游公司和民宿业务，借此发展旅游产业。

2. 组织建设

枫源村启动规范化的村级社会组织管理，让“5+X”社会组织在村级事务中各施所长、服务村民。枫桥镇决定推进村级社会组织标准化建设，以村为单位，整合原先零碎、分散的非标准化社会组织，在各村形成乡贤参事议事类、红枫义警（平安巡防）类、乡风文明类、580志愿服务类、邻里纠纷调解类这五大类社会组织，并因村而异，建设“X”个个性化团体。①

3. 服务到位

第一是为退役军人服务。枫源村共有57个退役军人，6个肄业军人，

① 《枫桥镇试点村级社会组织标准化建设　“5+X”破解种类繁杂服务交叉等问题，精准服务村民》，诸暨市人民政府网，www.zhuji.gov.cn。

其服务主要是了解退役军人需求，帮他们找工作。第二是为老百姓服务。村与农业银行、农商银行联合，为农户贷款上门服务，帮其办理信用户证和信用卡，村里有80%农户已经办理了信用户证。第三是为弱势群体服务。村里有580志愿服务队，不定期上门为弱势群体服务。第四是为患病群体服务。免费为村内高血压者检测，不方便的为其提供上门服务。枫源村成立了村民互助关爱协会，以“帮危扶困、奉献爱心、关爱社会”为目的，对村里的孤寡老人、贫困学生和困难家庭实施帮扶，把对村民的关怀融入日常生活中，在农村培育文明向上、互助友爱的乡风。第五是为老人服务。社区内设有一个老年服务中心，为行动不便的老年人提供家庭服务，服务中心内老年人活动设施完备、活动内容丰富。

4. 乡风文明

枫源村设立乡风文明理事会，由各自然村有威望的村民、红白事中各项业务负责人、文艺爱好者等组成，负责引导村民在婚丧嫁娶等活动中破除陈规陋习。例如有人嫁女儿，一桌饭的金额控制在1000元以内，丧葬费用不超过800元，避免村民间的攀比之风，村内往来红包不能超过500元。村文化礼堂是枫源村实现德治教育的重要基地，礼堂的座位上面雕刻着枫源村的家风家训、古诗，积极开展德治讲堂、文化下乡等活动，在润物细无声中将德治深入人心，这也是枫桥镇“三治融合”的细节展现。

（三）枫源村社区建设的创新点和亮点

1. 枫源村社区建设的创新点

（1）“三治融合”。党组织领导的自治、法治、德治相结合的“三治融合”，是“枫桥经验”的重要内容。在建设过程中，枫源村建立村级关爱基金，推广“乡村巧妇”，创新乡风文明理事会，建设“五清”村居，建立“文明实践中心—文明实践所—文化礼堂”三级体系，建立“老杨调解中心”，专为群众调解纠纷。

（2）智慧治理。加强科技力量的融合，解决基层群防力量分散、信息交流不畅等难题。在枫桥，一旦发现可疑人员或公共设施遭到损坏，群众通过手机拍照上传至该镇官方微信公众号“古镇枫桥”，就能将情况上报到镇综合指挥中心，指挥中心会视具体问题交由相关部门和人员处理。

2. 枫源村社区建设的亮点

（1）“微网格”顺应基层治理要求。枫源村以自然村为单位，将整个村划分成三个网格。每个网格都配齐“一长三员”。网格长由村两委干部担任，协调组织专兼职网格员开展网格服务。网格指导员由驻村指导员担任，主要指导村里网格工作并帮助解决网格问题。①

（2）社会组织积极参与社会治理。枫源村社区关注人民群众在社区治理中的力量，产生了多个社会组织，范围涉及公益、环境、社会调查等多方面，组织并发展了“580 协会”“乡贤参事会”等具有影响力的社会组织。

（3）“三上三下”透明化决策。“一上一下”即收集议题阶段，群众意见上，干部征求下；“二上二下”为酝酿方案阶段，初步方案上，民主恳谈下；“三上三下”是审议决策阶段，党员审议上，代表决策下。决策、实施和结果满意度全过程公开，确保群众的知情权、参与权、监督权，让群众来当家。通过这一制度，村内实施的自来水改造、农村生活污水治理、枫溪江景观环境提升等工程，得到了全村村民的理解和支持，村级建设工程至今“零上访”。

四 安徽省铜陵市群心村

（一）群心村概况

群心村地处江心洲，全村共有近 800 户，4 个自然村，20 个村民小组，总人口 2400 多人，面积 7.5 平方公里，总耕地约 1800 亩，养殖水面积约 1400 亩，村集体收入约 200 万元，以集中种植为主。先后荣获“全国美丽宜居村庄示范”“中国人居环境范例奖”“全国乡村治理示范村”“全国生态文化村”“中国村庄 2019 特色村”等称号。

① 《55 载“枫桥经验”历久弥新谱写基层治理新故事》，https：//news. china. com。

（二）群心村社区建设状况

1. 产业兴旺

群心村村收入主要来源于国家生态补偿、旅游公司、餐饮住宿、农产品销售和螃蟹养殖等方面。村内有属于自己的旅游公司，并与周围的地区共建，依托地理位置发展旅游业，旅游业收入占村收入较大比重。

2. 村容村貌

群心村在进行住宅建设的过程中，强调百姓住宅只能进行修缮，不能进行重建，新建的只能在规划点建设，进行装潢的不能够影响房屋结构。村庄为老年人打造专门公寓，对购买的家庭予以补贴。

村庄用水方面，从最初依靠村内水厂转为通过镇政府引进干净卫生水改善环境。由于村里有一定经济基础，自来水实施免费措施。

3. 惠民利民

村里组建了健身球、广场舞等娱乐活动队伍，对参加文体活动的村民，村委会提供一切便利条件，对接市区送文化下乡的各类文艺团体，让村民的文化生活美起来。

为提高村内升学率，实行升学奖励制度。此外，对于志愿参军的青年也有相应的奖励。村里在合作医疗方面也有补助。下一步考虑采用福村宝，主要靠第三方运营，以解决医疗保险额度外的 30% 费用，防止村民因病返贫。

4. 文化熏陶

群心村有很多红色故事。该村是红军 71 师、70 师会师点，村内有两个土碉堡，在抗日战争、解放战争和抗美援朝三个战争时期各有一位烈士。此外，村内有一个乡贤馆，设有红色记忆、乡贤人物、廉政建设、家规家训、群心好人 5 个展厅，已成为城乡市民和中小学生红色教育基地。同时，群心村依托新时代文明实践站充分调动全村村民的积极性，开展经常性、面对面、村民喜闻乐见的文明实践活动，牢牢占领农村思想文化阵地。群心村在中心村创建家风家训示范街，各家门前镶有一块扇形门牌，牌子上印有该家庭的家风家训文字，共有 168 户人家门前镶有“家风家训”门牌，营造良好的乡贤文化氛围，传承家风美德。

5. 为老服务

由于群心村外出务工人员增多，部分老人和儿童留守农村，群心村对村里的“老”“小”都提供服务。对于“小”，创办免费幼儿园，等外出务工父母春节回来再把孩子接回去。群心村与中心小学协调，合办村办幼儿园，不以赢利为目的，高薪聘请教师。村办幼儿园的经济来源除国家优惠外，群心村提供20万元资金支持。对于“老”，给60岁以上的老年人补贴。村内组织志愿服务队为有需要的老人提供生活方面的志愿服务。该村不定期邀请医生、专家来为老年人做义诊、会诊，有问题及时通知子女。村庄每年会举办“美丽长安街”，邀请全村老人一起就餐，让老人边品尝美食边聊村庄发展状况，在场的社区干部听取意见。

6. 乡风文明

群心村主要通过村规民约对村民行为进行约束，如引导村民移风易俗。群心村投资50万元，新建喜庆堂和“家风家训示范街”等场所，为村民提供移风易俗平台，开展好家风好家训传承教育，认真实施“传育立行”教育工程。喜庆堂承接红白事宜的操办，同时防止攀比。

（三）群心村社区建设的创新和亮点

1. 群心村社区建设的创新点

（1）打造“传育立行”教育工程，提高社区精神文明水平。成立群心村新时代文明实践站，组建村新时代文明实践志愿服务分队。

（2）发挥党员先锋模范作用。村新时代文明实践站开展“不忘初心、牢记使命”主题教育，规定每月最后一个工作日为党员学习日；对于村内五保户，与党员结对帮扶，帮助解决生活困难、工作困难等；党员亮身份制度，在重大活动中表明身份，影响带动身边百姓。

2. 群心村社区建设的亮点

（1）为老服务惠民利民。文化活动中心与老年人配餐中心服务老年人的日常生活与休闲娱乐；“夕阳红”志愿服务小队开展敬老爱老送温暖活动；实施居家养老和老年人日间照料服务。

（2）依托红色资源发展红色文化。群心村在乡贤馆内设“红色记忆”

展厅，成为村民德治教育的红色平台。下一步村庄将挖掘红色故事文化带动乡村旅游产业振兴。

（3）志愿服务添色村庄风采。“爱我家”保洁服务小队，在村庄、广场等处开展环境整治；“保护母亲河”志愿服务小组，开展长江群心段江门漂流物清除工作。

第四章 | 长三角农村土地市场发展状况*

第一节 长三角土地承包经营权流转

一 土地承包经营权流转概况

2020年，长三角地区农村土地承包经营及流转情况与全国平均水平相比，具有流转合同规范化、流转形式多样化、流转市场主体多元化等特征。

1. 长三角地区家庭承包经营总况

目前，全国农村土地承包经营权确权登记颁证工作基本完成，解决了承包地面积不准、四至不清、空间位置不明、登记簿不健全、档案管理不规范等问题。从《2020年中国农村政策与改革统计年报》来看，截至2020年底，长三角地区家庭承包耕地面积达1.5亿亩，家庭承包经营农户3325万户，已签订家庭承包合同3254万份，颁发土地承包经营权证3148万份。

2. 家庭承包耕地以及流转情况

2020年家庭承包耕地江苏省5269万亩、浙江省1832万亩、安徽省7966万亩、上海市168万亩，承包经营户数江苏省1197万户、浙江省819万户、安徽省1252万户、上海市57万户。截至2020年底，长三角地区家庭承包耕地流转面积8220万亩，其中，江苏省3230万亩、浙江省1103万

* 本章负责人：吴群，南京农业大学公共管理学院教授，博士生导师。

亩、安徽省 3734 万亩、上海市 153 万亩。

3. 流出率总体均高于平均水平，但存在区域差异

从全国和长三角地区土地流转率来看（见表 4-1），长三角地区土地流转率约为 53.95%，较大幅度领先于全国平均水平。其中，上海市土地流转率最高，在 91%以上。江苏省、浙江省土地流转率较高，有超过 60%的承包地进入了土地流转市场，安徽省土地流转率不足 50%的比例明显低于江浙两省，但仍高于全国平均水平，主要原因是开展土地确权工作后，家庭承包经营耕地面积大幅上升。

表 4-1　全国和长三角地区土地流转率

单位：%

区域	土地流转率
全国	34.08
江苏	61.30
浙江	60.21
安徽	46.87
上海	91.07
长三角地区	53.95

4. 流入主体仍然呈现多元化特征，但逐渐向专业大户及家庭农场集中的趋势明显

由于当前政策的引导与鼓励，农场承包地流转主体的范围日益扩大，逐渐由单一主体向普通农户、专业合作社、农业企业、专业大户及家庭农场等多元主体共存的局面转变，使得流转主体多元化成为农村承包地市场的一大显著特征。

从表 4-2 各省市承包地流入主体状况分析可知，首先江苏、浙江、安徽三省流转对象以普通农户为主，其次专业合作社占比较高，占比最少的是农业企业，但数据显示省份之间差异较大。江苏与安徽承包地流入主体的结构较为近似，土地转入普通农户和专业合作社比例较高。上海市转入主体比

例较为均衡，相较于长三角其他地区，转入给普通农户的占比最低，仅为24.39%，而土地转入专业合作社和其他主体的比例相应较高一些。

表 4-2　各省市承包地流入主体状况分析

单位：%

区域	普通农户	专业合作社	农业企业	其他主体
江苏	51.98	26.27	13.72	8.03
浙江	62.56	19.89	8.62	8.93
安徽	50.02	30.05	12.63	7.30
上海	24.39	36.59	13.82	25.20

5. 土地流入方的来源主要为乡镇内部，各地来源结构相近

土地流入方来源状况见表 4-3，长三角地区土地流入方为乡镇内部人员的平均占比为82.27%，当前长三角地区土地流入方仍主要集中于乡镇内部人员。同时，上海地区乡镇外部承租者的占比为9.93%，低于江苏的21.30%、浙江的18.47%与安徽的14.96%，这可能与各省份人员从事家庭经营劳动的倾向相关。根据2020年中国农业农村部发布的统计年报，共汇总浙江省农村劳动力数2342.9万人，其中从事家庭经营劳动的人口达到1213.3万人，占比51.8%，而上海市这一数值仅为17.7%，江苏省为39.1%，安徽省为45.1%。更大比例的从事家庭经营的人口，促生了更强烈的土地流入意愿，因而增加了从乡镇外部流入土地的比例。上海市、江苏省农村地区外出务工人口比例较高，影响了农村劳动力水平，经营乡镇以外土地的能力也随之下降了。

表 4-3　土地流入方来源状况

单位：%

区域	乡镇内部	乡镇外部
江苏	78.70	21.30
浙江	81.53	18.47
安徽	85.05	14.96
上海	90.07	9.93
长三角地区	82.27	11.34

虽然乡镇内部来源的土地流入方占比过半，但随着近两年乡村振兴战略的深入实施与完善，长三角各区域外来承租者的占比均有一定程度的上升，呈现十分明显的承租者来源范围向外扩张的发展趋势。

6. 农地流转后的非粮化利用现象仍然存在，但整体有了较大好转

流转土地非粮化问题是农业用地永恒的热点话题，是经济效益与粮食安全问题矛盾的产物，是地方土地流转市场普遍存在的状况和突出表现的问题。流转土地用于种植粮食作物的比例见表 4-4，在流转土地用于种植粮食作物的比例方面，安徽省最高，江苏省、上海市次之，浙江省最低。江苏省、上海市和浙江省内部仍存在较高的流转土地非粮化问题，有约一半的流转土地并未用于种植粮食作物，尤其在经商人口比例更高的浙江省更加突出。同时，综合对比安徽省的非粮化现状可以看出，随着社会经济发展水平的提高，流转土地非粮化的问题愈加突出。其主要原因在于，经济较发达的地区农业生产的经济效益与其他产业的经济效益相差更大，也就是说，同样一块土地，非粮化经营的收益将会远高于种植粮食作物，在利益最大化原则的驱动下，经营主体往往会选择非粮化经营，因而经济越发达的地区其流转土地非粮化问题越严重。

与往年相比，长三角地区农地非粮化问题已经有了较大的改善，说明近年来的政策引导与鼓励已经发挥了一定的效用，但要彻底解决非粮化问题，仍需从根本上改善经济效益与粮食安全两者之间的矛盾，相关政策的发布只能起到一定的辅助作用。

表 4-4　流转土地用于种植粮食作物的比例

单位：%

区域	比例
江苏	61.83
浙江	44.24
安徽	73.70
上海	52.29

二　土地承包经营权流转政策区域比较

1. 江苏省政策演进

2003 年，江苏省颁布了《江苏省农村土地承包经营权流转办法》，为农村承包经营权合法流转提供了政策支持。2005 年，江苏省人民政府发布了《江苏省农村土地承包经营权保护条例》，对流转的收益权、自主权做了详细的规定，同时也提出了依法设立土地流转中介服务机构或其他代理人，建立土地承包经营权有形市场等创新意见。可见，这一阶段法律、政策对土地承包经营权流转极为重视，土地承包经营权流转机制和体系得到了进一步的完善和健全。

2015 年，江苏省被当时的农业部确定为农村土地承包经营权确权登记颁证整省推进试点省份，在江苏省委、省政府的统一部署下，全省 98%的应确权村已启动确权，其中 49%的行政村完成合同签订任务。2016 年，根据《农业部关于印发〈农村土地经营权流转交易市场运行规范（试行）〉的通知》要求，江苏省农委结合江苏实际，制定了《江苏省农村土地经营权流转市场交易实施细则》，该实施细则对农村土地经营权流转的流转主体、交易平台、结算方式、合同颁证纠纷仲裁、抵押登记等多个方面做了详细规定。

2. 浙江省政策演进

1997 年，依据中共中央办公厅《关于进一步稳定和完善农村土地承包关系的通知》的指示以及《农村土地承包法》第 42 条和《农村土地承包经营权流转管理办法》第 35 条的有关农业合作生产的规定开展了试点工作。2006 年，根据《农村土地承包法》等法律、法规，结合实际，浙江省人大常委会制定了《浙江省实施〈中华人民共和国农村土地承包法〉办法》。

为了更好地规范农民专业合作社，2009 年浙江省工商局和农业厅联手，在国内出台了首个规范土地流转的《浙江省农村土地承包经营权作价出资农民专业合作社登记暂行办法》。

2015 年，浙江省委办公厅、省政府办公厅发布《关于引导农村土地经营权有序流转促进农业现代化建设的若干意见》，明确浙江省将用3年左右的时间，基本完成土地承包经营权确权登记颁证工作，并在年内完成所有涉农县农村产权交易服务平台建设，并定下目标，即到2017年基本建立农村产权流转交易制度体系。同年，《浙江省农村流转土地经营权登记管理办法（试行）》颁布，该办法规定了农村流转土地经营权登记发证的条件、办理流程及登记簿、权证样式，为当前浙江省通过土地流转形成的农业规模经营主体所享有的经营权开辟了一条登记发证新路径。

3. 安徽省政策演进

为了规范农村土地流转交易行为，保障交易各方合法权益，安徽省依据农业部印发的《农村土地经营权流转交易市场运行规范（试行）》，以引导土地经营权公开、公正、规范流转交易，并在全省范围内推广使用2017年8月安徽省农委、省工商局联合制定发布的《安徽省农村土地承包经营权流转合同》示范文本，引导流转双方签订规范的书面流转合同。

此外，为了加快土地流转，提高土地利用效率，2015年和2017年，安徽省委、省政府分别制定印发《关于引导农村土地经营权有序流转发展农业适度规模经营的实施意见》《关于完善农村土地所有权承包权经营权分置办法的实施意见》，引导和支持各类农业经营主体依法采取转包、出租、互换、转让及入股等方式流转承包地。

4. 上海市政策演进

按照《农村土地承包法》的规定，上海农村经过20世纪80年代农地第一轮15年承包经营后，根据中央统一部署，1998年进行了第二轮30年的延包。党的十七届三中全会后，中央又提出农村土地承包经营权可以长久不变。

2008年上海市出台《上海市土地交易市场管理办法》，2009年，上海市规划和国土资源管理局提出，在产权明晰的前提下，对农村集体建设用地试点进行有条件的流转，并逐步建立城乡一体化的房屋土地登记体系。2014年，上海市人大常委会在听取十四届人大二次会议之后，根据上一轮试点的结果，决定在上海市开展农村土地流转公开交易市场的试点，按照“三先三后”（先合规后流转、先确权后实施、先试点后推开）、“三统一”（统一规则、统一平台、统一监管）的总体要求，制定了相关政策文件，实现流转信息向全社会公开发布和土地流转的招投标式竞价交易，逐步建立规范有序、信息快捷、网络健全、公平合理的农村土地流转公开交易市场。

三　承包地市场发展存在的主要问题

1. 农村承包地流转价格形成机制扭曲

由于承包地市场还未设置与市场价格相协调的农地基准地价，农户无法获得判断其农村承包地流转价格的依据，目前江苏省的农村承包地流转大多都是由农村集体经济组织或农户个人根据周边地区的交易价格与土地承包主体进行沟通协商并最终达成协议价格。在上述价格形成机制中，其土地交易价格并不是在健康的土地流转市场内部根据供需平衡机制形成的价格，农村承包地流转价格机制并没有呈现其应有的重点和核心地位，各城市区域之间割裂式的土地流转交易市场无法提供真实、统一的价格信号，容易导致市场交易价格失真、土地要素配置扭曲，大大阻碍承包地流转市场的长远发展。

另外，一些差异化的补贴也可能造成承包地流转市场中土地要素真实价格的信号模糊，进而导致承包地流转价格形成机制不健全。

2. 政府行为过度干预农地流转市场发展，承包地转出方期望价格过高

随着农业供给侧结构性改革和乡村振兴战略的提出与实施，大量社会工商资本进入农村承包地流转市场。这些大体量的资本往往会寻求基层政府机构人员充当代理人，以避免与众多分散的农户进行沟通与协商。在降低土地流入方的相关交易成本的基础上，作为中立第三方的基层政府进入土地流转市场，可以为流转双方提供相关服务，一定程度上保障了流转双方的合法权益。与此同时，政府具有主导承包地流转市场的偏好，不利于市场自发的调节机制发挥作用，甚至会干扰和破坏市场机制的正常运行。

另外，政府参与市场，往往会整合一定的惠农政策，在一定程度上抬高土地流转交易价格，也使得周边农户价格期望过高，即使是在农作物价格下降、市场不景气的年份，土地流转价格仍居高不下。这一行为严重影响了承

包地流转双方的交易意愿，转出农户的期望价格虚高，即使转入方因经济效率低下而交易积极性不高，转出农户也不愿意降低土地流转价格，在一定程度上会导致流转地交易市场发展停摆，也就难以在一定时间内达到为农户增收的目的，乡村振兴战略更是无从谈起。

3. 农业经营市场风险增大，承包地转入方积极性不高

承包地流转价格逐年上涨，农地流转面积逐年增加，农地经营规模逐年增大，相关产业的经营成本与经营难度也因此逐渐上升。但与之相对应的是，近年来的农产品价格出现较大回落，承包地经营成本逐年上涨，承包方不得不高价转入土地，却受到农地用途管制制度的限制，只能进行利润较为低廉的农业种植养殖行为，农业经营效益低下，导致承包地转入方积极性不高，部分地区的承包地市场发展陷入僵局。另外，土地流转及农业经营的风险保障制度还在试行摸索阶段，风险防范方面的能力存在明显不足，无法在市场风险较大的情况下给予土地流转交易双方足够的保障。

四　典型案例剖析

1. 安徽省绩溪县电商订单农业

绩溪县是典型的皖南山区，人均仅几分耕地，农田分布零散，没办法成片经营，做不到集约化生产。农民耕地收益普遍较低，每年一亩地纯收入约为 600 元。近年来，随着大量农村劳动力外出务工，出现了 30%的土地闲置、10%的土地所有者不耕种免费给别人耕种的现象。不过绩溪县旅游资源丰富。因此，为了发展当地农村经济，绩溪县选择了走乡村旅游和休闲农业相结合的道路。

2014 年 3 月 11 日，某购物平台推出了一个“老乡喊你来分地”的“互联网私人订制农场”的项目，是由该购物平台和浙江兴合电子商务有限公司联合打造的休闲农业现实版“开心农场”，绩溪县政府在土地流转奖补等方面给予政策支持。

“聚土地”项目是以绩溪县旅游精品线路瀛洲镇仁里村、湖村及伏岭镇湖村三个村农民手上的 1000 亩闲散农地作为标的物，将农地分割成价值

580 元的 1 分地套餐、2400 元的半亩地套餐和 4800 元的 1 亩地套餐。通过该购物平台让市场消费者认购，并由本地农民根据消费者需求耕种作物套餐，将农地全年产出的农产品按每月两次的频率派送给消费者。

2. 浙江省海盐县农地金融创新

浙江省海盐县是浙江首家农村土地流转和产权交易服务中心的成立地，早在 2009 年就能够提供审核、发布土地流转供求信息，提供土地流转指导价格和规范的合同文本，建立土地流转档案，以及对流转合同的履行进行监督等服务。该中心已在全县范围内成立服务站，推动了农村土地“自发向委托、零星向规模、短期向长期”流转转变。

2009 年，海盐县在浙江省率先推出以农村土地承包经营权为抵押品的专项贷款“农钻通”。该产品把集体所有权、承包权和土地经营权“技术分离”，一方面有利于发挥金融资本对农业增加投入的积极作用，改善土地资源的配置效率和推进农业规模化、产业化、集约化经营。另一方面有利于搞活农村土地，突破农村土地不可抵押的瓶颈，有效解决了农业大户贷款难、担保难的问题。

3. 江苏省海门市风险防范机制

2017 年，江苏省海门市出台《关于农村土地“三权分置”创新示范县建设的实施意见》，特别规定了土地流转履约保证保险的三年试点实施办法，规定从当年 7 月 1 日起，在市级土地产权交易平台新增流转的土地需要参加履约保证保险，不在平台流转的由基层政府鼓励投保。土地流转履约保证保险是一款政策性保险，2017 年 7 月在海门试点，实施费率为土地年租金的 3%，每亩暂时规定保费 30 元，财政补贴保费的 50%。流出土地的农户是被保险人（受益人），保费全由土地流入方（投保人）承担，在土地流转违约事故发生后由保险公司对土地流出方的损失进行赔付，并对违约方进行债务追偿、法律诉讼等。目前，这款保险的保费一般从土地流转管理费中抽取支付。

该保险的创新之处在于，在土地流转履约保证保险中增加设立了“赔款等待期”的概念。试点期内（暂定三年），如当年土地流转保险赔付达到保费总额的150%时，承保公司终止赔付，同时启动风险预警机制，对于超过保险赔付150%的赔付部分参照承保公司赔付标准，优先使用历年来利润分配的市级留存部分，仍有不足则由市和区镇负责赔付。

悦来镇廷奎村老龄化程度严重，耕地出现大面积撂荒的现象。因此，村组织积极促进本村土地流转，并承担起帮助村民流转土地、收缴租金的责任。但是在土地流转过程中，不同年份稻麦农作的市场价格波动较大，租入土地的生产大户拖欠租金的情况时有发生，于是村组织开始采用收取押金、提前3个月收租等方法确保村民每年按时收到土地租金。

廷奎村流转的土地占村中耕地总面积的比例高达50%，近几年所在村镇接连发生多起拖欠租金、农户追缴无门的事件使廷奎村村组织意识到流转土地存在较大风险。由于廷奎村收取一定押金或是预先收取租金等原有方法只能控制土地流转的短期租金风险，而履约保证保险实施能为3年甚至5年以上的长期流转交易提供风险分担机制，所以村组织积极响应履约保证保险试点工作，在告知村民后为新流转的土地缴纳了保费。

4. 上海市奉贤区经营权入股模式

奉贤区是上海的农业大区，也是多个农村农业试点工作开展的先头部队。根据中央文件精神，1993年开始奉贤区村民已经自发地进行土地流转，土地流入主体包含不少外地农民，到1997年、1998年的时候，已经成了普遍现象。2010年，新叶村陆续开始让村民把承包地委托给村里统一流转。2013年，奉贤区就已经出台相关文件，鼓励农民将土地承包经营权委托给村集体统一流转。

2018年，奉贤区开始启动农村土地股份制合作改革试点，奉贤区农委选择庄行镇新叶村、西渡街道南渡村、四团镇大桥村、奉城镇盐行村和朱新村5个村庄作为试点地，农民以土地承包经营权作价入股股份制合作社，获得保底收益、二次分配。这5个村庄均采用村级自营的方式，即农民以土地承包经营权作价入股村级土地股份合作社，村级股份合作社将农田划片交给分组作业户进行管理，每年支付分组作业户一笔管理费，并制定亩产量基准线，超出部分在股份制合作社和分组作业户之间分成。奉贤区农委介绍，除了一些合同还没到期，或投入周期较长的果林、蔬菜、养殖用地还保留外租形式，其他土地均由村里的股份合作社收回自营。

奉贤区的股份制改革令土地重新回到村集体手中，目前来看对分包作业户的收入影响不大，同时更有利于村集体在大型项目下乡的时候做出及时有效的反馈，引导企业资本入驻实现政府扶持、规模经营以及市场销售的有机结合。

五 土地承包经营权流转对策建议

1. 加速土地流转中介组织的培育和发展

要促进农地流转中介组织的培育和发展，现阶段仍需要政府的坚定支持，为中介机构的稳定发展创造完善的法律环境，对其社会性质、作用职能、权利范围、设立标准等进行规范和限制。同时，鉴于农地流转中介组织的社会服务性质，政府部门可以结合当地特色及财政状况发布一系列的优惠帮扶政策，在各个方面扶持中介组织的创建和发展。需要注意的是，目前江苏省内中介组织的担任者大多为村集体经济组织或乡镇政府机构人员，故在建立中介机构时，应注意处理中介组织与上述两者之间的关系，保证中介组织能够具有一定的独立性，避免成为政府机构或集体经济组织指令的执行者，正视中介组织作为土地流转活动中除政府、农户或村集体外的中立第三方这一重要地位。

2. 正确定位土地流转中政府的角色

市场调节是经济活动出现问题时的主要解决办法，政府通常只在市场调节失灵的状况下才适宜对经济活动进行一定程度的干预，以维护市场的健全发展及其对经济活动的主导地位。就当前的承包地流转市场而言，政府对于农地流转行为存在一定的过度干预现象，应主动约束相关政府行政机构的权力范围，减少甚至严禁利用行政力量强行推动农村承包地的流转，降低政府角色在农地流转价格形成机制中的影响力。加强政府机构在市场交易过程中纠纷仲裁者角色的作用发挥，进一步促进土地流转中介组织的建立和培养，完善相关法律法规的建立，增强政府在监管方面的力度，同时提高政府在发布流转信息、规范合同签署、仲裁流转纠纷、监管流转行为等各方面的服务，极力避免因上述服务功能的缺失而引起农地流转纠纷在同一区域内重复出现，减轻乡镇机关的行政管理压力，并在积极引导社会资金进入农地流转的同时，大力加强对金融秩序的维护，为承包地高效有序流转和农村规模经营保驾护航。

3. 合理构建土地流转市场准入机制

土地流转市场准入机制是指通过设定一定的条件和门槛，对农村土地承包经营权流入主体的经营能力进行审核、鉴定及监管，以期能够在一定程度上降低土地流转风险，保障农业经营市场的正常运行。加强事前资格准入、事中监督管理以及事后限制准入全过程监管机制。事前资格准入注重对土地流出方的土地面积、质量、利用现状等进行审核记录，同时对土地流出方的经营能力、履约记录、资信情况及现有土地经营状况等进行核实与审查，以确定发包方及承包方的交易资格，避免其中任何一方出现无法如期履行应尽的责任义务而引起一系列经济纠纷等各种损害双方利益的状况。事中监督管理强调通过农村产权交易相关平台进行鉴定证明，对合同内容进行统一规范化的管理，并对承包地流转后的经营形式及土地利用用途进行跟进、核实、检验以及监督管制，以达到规范土地流转行为、防范农地经营市场风险的目的。事后限制准入指若在流转过程中或者流转完成后的承包期限内，土地流转交易任意一方出现违反合同条款的行为时，应依法终止流转行为，追究相关违约人员的责任并进行处罚和赔偿，将其违约行为公开记录在不诚信单位或个人名单中，以便进行事前准入资格审核。

4. 完善农村土地流转信息化管理平台的相关功能及服务的建设

进一步对信息化平台的相关功能进行建设与完善。需要对相关专业人员在土地估价、谈判、签约、登记、纠纷处理等各个方面的处理能力进行专业化培训，以提高承包地市场内部总体的经营效率。全面推进对土地流转交易双方提供咨询、查阅功能，或者与第三方合作开发专业的土地估价、委托谈判等服务，积极减少流转纠纷，更好地保障交易双方的合法权益。

5. 探索土地流转信用监管和仲裁机构的建立

充分利用农村土地流转信息化交易平台及政府有关部门的统计数据，探索建立并逐渐完善土地发包方、承包方的履约信用数据库，制定“黑白名单”信用管理机制，对失信人员的不履约行为或违约行为进行详细记录，严重违反条例的将其列入“黑名单”中，对其进行严苛的土地流转交易限制甚至在一定期限内禁止其进行流转交易行为，反之则进入“白名单”中，给予一定的政策优惠或补贴。土地流转信用监管体系的建立有助于加强土地流转市场的准入机制，便于进行流转交易前期的资格审查。同时，为了更好地保障土地流转交易双方的合法权益，积极推广海门、丹阳和金湖等地创立土地流转履约保险的做法，即土地流转交易双方在按照规定缴纳一定比例的保险费用后，相关政府部门通过相应的引导激励政策对其流转项目给予一定程度的优惠或补助，并建立农地流转保险基金，在出现不履约或违约行为后，对农户的合法权益及社会机制的稳定运行进行维护。

第二节　长三角集体经营性建设用地入市

一　集体经营性建设用地入市概况

从地块入市交易工作进度来看，各地区差异明显。浙江省安吉县于2021年7月才开展首批农村集体经营性建设用地入市交易。江苏省锡山区在2020年没有地块入市，而同期开展入市工作的赣榆、高淳等地皆有地块入市。安徽省除金寨县外，截至2021年依然没有其他县（市、区）开展试点工作。

江苏省深入贯彻落实中共中央国务院关于完善社会主义市场经济体制、深化农村土地使用制度改革的决策部署，在全省范围内选择29个基础工作扎实、集体和农民有共同意愿、现实有需求的县（市、区）开展了入市试点工作，为构建更加完善的城乡土地要素市场化配置体制机制积累经验。截至2021年10月31日，江苏省纳入统计的试点地区共成交集体经营性建设用地 391 宗。分地区看，苏北 158 宗，占比 40.41%；苏中 156 宗，占比 39.90%；苏南 77 宗，占比 19.69%。全省集体经营性建设用地总成交面积 9684762.56 平方米。分地区看，苏北总成交面积 5631751.69 平方米，占比 58.15%，苏中总成交面积 2795710 平方米，占比 28.87%；苏南总成交面积 1257300.87 平方米，占比 12.98%。全省集体经营性建设用地总成交金额 300460.48 万元，单价 310.24 元/平方米。分地区看，苏北总成交金额 152200.96 万元，占比 50.66%，单价 270.25 元/平方米；苏中总成交金额 81981.69 万元，占比 27.28%，单价 272.85 元/平方米；苏南总成交金额 66277.82 万元，占比 22.06%，单价 527.14 元/平方米。据统计，江苏省 24 个集体经营性建设用地入市地区中，入市地块最多地区为高邮市，数目为 58 块，总成交金额最大地区为盐城市射阳县，金额为 46401.2187 万元，入市总面积最大地区为高邮市，数目为 1494724 平方米，单价金额最高为海安市，为 1614.9922 元/平方米。

江苏省集体经营性建设用地入市工作取得的成效主要体现在四个方面。

一是构建了较为完备的入市制度体系，大部分试点地区在充分调研、多方听取意愿、广泛征求意见的基础上，出台了一系列集体性经营建设用地的政策文件，在入市主体、入市程序、入市条件和范围、土地增值收益调节金征收、入市增值收益分配等方面形成了若干符合各地实际的制度成果。为确保入市工作有序推进，防范入市工作政策风险，部分试点地区还出台了相关配套政策。例如沛县、天宁、武进等地不仅出台了上述四项方案，同时也出台了相关政策，开发信贷平台，保护了借贷当事人合法权益，同时促进了集体建设用地使用权抵押贷款试点工作。常熟、赣榆、盐都等地出台了《集体经营性建设用地入市民主决策管理办法》，积极寻求民主决策机制，广泛征求社会各界对政策界限及其实施的意见和建议，掌握群众对政策的总体评价，明确民主决策等相关内容和要求，为入市工作的顺利开展奠定了制度基础。

二是盘活存量资产，保障项目用地。随着新修改的《中华人民共和国土地管理法》的实施，对农民集体所有土地征收范围有了严格限制，如何通过集体经营性建设用地入市的模式来盘活存量，部分试点地区展开了积极探索。例如，新沂市对一些原本想继续使用国有建设用地却遇到瓶颈，出现后续建设手续无法办理的项目，进行多方协调，推进集体经营性建设用地入市试点，保障项目用地需求，有效解决项目业主和招商部门的“急难愁盼”。常熟市探索“点状供地”形式保障项目用地，按照实际用地需求供应土地，建多少、批多少，相比原来的“片状供地”更灵活，特别适合现代种养业、农产品加工流通业、乡村休闲旅游业等用地面积小于 30 亩的乡村产业项目。这样不仅能解决乡村振兴的项目用地问题，也可以最大限度地少占耕地，达到了盘活村内存量建设用地的效果。赣榆区举行全省试点地区首个地块入市交易签约仪式，现场颁发《交地确认书》《建设工程规划许可证》《不动产权证书》《建筑工程施工许可证》，实现“交地即拿证、拿证即开工”，在建立城乡统一的建设用地市场上迈出了实质性步伐。高邮市制定了《高邮市项目用地全程保障流程》，对于因征地无法落实导致项目迟迟无法落地的地块，推行采取先租后让、缩短年限弹性出让等方式减轻企业资金压力、降低用地成本，共有 7 个地块在全国率先采取了 30 年期的弹性出让模式，降低了企业用地成本。泰兴市建立了入市地块补偿安置资金、标准和落实情况前置审核机制，确保农民从集体土地入市中取得的直接性补偿收益与国有土地征收保持基本一致，通过建立农村集体经营性建设用地“一级市场”出让收益和“二级市场”再转让收益城乡分配机制，提高了土地出让收入和增值收益用于农业农村比例，明确出让净收益主要归集体经济组织所有，乡镇（街道）入市净收益的分配和使用向建设用地所在村倾斜，主要用于集体经济增收项目、社会保障、基础设施建设和提升农村公共服务等公益事项，实现了土地出让收益取之于农、用之于农。

三是尊重农民意愿，实行科学决策。在制定政策文件的过程中，多个试点地区广泛征求社会各界对政策界限及其实施的意见和建议，掌握群众对政策的总体评价。例如，南通市通州区召开了 16 次座谈会议，并相对应地抽取了 10 个镇和 4 个街道中的 97 个村居以及 2 家相关企业，共 512 人进行了问卷调查。除此之外，入市工作的相关工作人员更是深入基层，来到农民身边，通过印发宣传册、政策宣讲解读等方式，为农民答疑解惑。泗洪县制定社会稳定风险评估报告，进行可行性分析，为科学决策奠定了基础。

四是创新实施社保安置制度。集体经营性建设用地入市后土地使用权发生转移，所有权仍为集体经济组织所有，在社会保障安置方面的制度安排具有一定的特殊性。宿城区在被征地农民社会保障专户下设“集体建设用地入市保障”二级专户，参照征地标准，缴纳失地农民社保资金，按照标准购买城乡居民养老保险，解决同地同价根本问题。宿城区多措并举筹集社保资金，在入市的12宗土地过程中出资近4400万元，累计为470户群众购买养老保险，真正让入市主体群众获得实实在在的收益，有效提升广大群众的认可度与支持率。

江苏省集体经营性建设用地入市试点工作亮点主要体现在四个方面。

一是增强了农村产业发展保障用地能力。如新沂市已成功完成入市挂牌成交地块17宗，收取入市出让价款3657万元，有效解决了瓦窑镇的亚威铸造、共进机械，唐店街道的江海粮油、恒添包装等诸多企业用地手续办理问题，使得这些项目得以推进。再如赣榆区，实现首宗集体经营性建设用地入市“交地即拿证，拿证即开工”。

二是提升了农民获得感、幸福感。集体经营性建设用地入市收益主要用于集体积累，用于发展和壮大集体经济，用于农村基础设施建设、农村居民民生项目和农村公共服务运行维护等支出，进而保障了农民生活质量，提升了农民生活水平。如新北区通过集体经营性建设用地入市试点工作，实现孟河农贸市场原址重建，为孟河老镇区提供优质的农贸产品交易服务，着力保障和改善了民生。再如高邮市实现53宗出让地块，农民集体经济组织所得收益比征收后所得收益多了5135万元，农民个人所得收益比土地征收所得收益多了2624万元。通过入股量化后的村集体土地收益委托镇政府管理获取稳定收益，保证了农民的长远生计，为农民解决了后顾之忧。

三是增加了供地渠道，推动了城乡统一市场建设。城乡建设用地市场初步建立，打破了农村集体土地使用权不得出让、转让或者出租用于非农建设和不能单独用作抵押的限制，消除了城乡建设用地市场的二元制度壁垒。如武进区建立了覆盖城乡的基准地价体系，为改革试点提供了基础性价格形成依据。使用集体经营性建设用地使用权网上交易平台，与江苏省国有建设用地网上交易系统同网运行、同网竞价、同网交易，充分发挥市场在土地资源配置中的决定性作用，实现了城乡土地平等入市、公平竞争。高邮市现已有 7 家银行参加试点，做到了入市的集体土地既能建设，又能交易，特别是能抵押。高淳市对集体经营性建设用地使用权抵押贷款工作召开联席会议，明确了第一批试点银行 3 家，并明确要按照农村集体经营性建设用地与国有建设用地同等入市、同权同价的原则，核定土地价格和贷款额度，明确提高首宗入市地块抵押率，核定贷款额度为 300 万元。

四是提升了土地利用与保护水平。长期以来，农村集体经营性建设用地闲置荒废、低效建设的现象比较普遍，没有发挥土地的最大效益。集体经营性建设用地入市解决了镇村布局落后、散乱差现象，加快了空间规划落实。而且通过引入高新技术行业，促进了农村土地高质量利用，为园区建设、地方经济高质量发展注入新活力。如灌云县谋划实施一批驱动引领力强、弥补产业发展短板的重大乡村产业投资项目。

二　集体经营性建设用地入市政策及区域比较

从农村集体经营性建设用地入市省级层面规范来看，江苏省出台了《农村集体经营性建设用地入市试点方案（试行）》，对农村集体经营性建设用地入市范围、入市主体及组织形式、入市模式、入市方式、入市地块的条件等做出原则性规定。浙江省针对集体资产分配难题，出台了《浙江省农村集体资产管理条例（草案）》，并规定入市收益作为集体资产可以折股量化到本集体经济组织成员，但不得直接分配。上海市出台了《上海市土地交易市场管理办法》，调整了土地交易入市范围，明确了集体经营性建设用地使用权出让、出租等相关规定。

各试点地区的集体经营性建设用地入市工作主要围绕“谁来入市、哪些地入市、怎么入市、钱怎么分”四个核心问题展开，从完善农村集体经营性建设用地产权制度，明确入市范围和途径，建立兼顾国家、集体和个人的土地增值收益分配机制等方面来落实解决上述问题。

1. 完善农村集体经营性建设用地产权制度

坚持农民主体地位，分类明确入市主体。大部分入市试点地区出台了相关实施方案和管理办法，对入市主体和入市实施主体做出明确规定。农村集体经营性建设用地属村集体经济组织的，由村股份经济合作社或其代理人作为入市实施主体。农村集体经营性建设用地属镇街集体经济组织的，由镇街资产经营公司等镇街全资下属公司或其代理人作为入市实施主体。

2. 明确入市范围和途径

各试点地区对入市范围的规定基本明确入市地块必须符合相关规划条件，做到权属清晰，必须符合产业政策和环保安全等要求，优先保障农村一二三产业融合发展项目和农村服务业、公益事业项目。但部分试点地区政策较为灵活，比如义乌市研究出台相关政策文件，提出将农村集体经营性建设用地入市项目区块内所涉及的国有建设用地所有权，与就近区域内的集体建设用地所有权进行空间位置的置换，通过置换将入市项目区块内的土地性质规整为集体建设用地所有权。

各试点地区入市地块都可按出让、出租、作价出资（入股）等有偿使用方式入市。部分试点地区能因地制宜制定政策，比如张家港市规定农村集体经营性建设用地使用权以出让、作价出资（入股）方式入市的，在不超过同类用途国有建设用地最高年限的情况下，可根据农村集体经营性建设用地所有权人意愿、产业生命周期和企业实际运营情况等设定使用权年限。以出租方式入市的，出租期限根据项目的具体情况确定，一般最低出租期限不少于 5 年，最高出租期限不得超过 20 年。上海松江区规定，农村集体地下经营性建设用地使用权出让，经出让人同意后，参照《上海市地下建设用地使用权出让规定》《上海市地下经营性用途建筑面积计算及分类规则》，缴付出让价款，签订出让合同。

3. 坚持收益均衡共享，合理分配增值收益

大部分入市试点地区出台了集体经营性建设用地入市土地增值收益调节金征收和使用管理及收益分配管理暂行办法等政策文件。然而，各地对入市

收益分配方案、调节金收取比例等规定差异较大。

入市净收益分配涉及集体和农民个人，但各试点地区入市净收益在集体和农民之间的分配比例差异较大。绝大多数地区入市收益主要留存于集体组织，用于增强集体经济，而分配给农民的较少。但个别地区如丹阳市是将入市净收益全部分配给农民。

按不同用途类型缴纳调节金的，各地集体经营性建设用地入市调节金收取通常以成交价为基础，针对不同用途（主要分为商服用地和工矿仓储及其他用地），调节金收取比例各不相同。按分级累进收取调节金的，各地集体经营性建设用地入市调节金收取通常以成交价为基础，实行分级累进百分比收取。不同试点地区调节金收取方式和标准见表 4-5。

表 4-5 不同试点地区调节金收取方式和标准

行政区	调节金收取标准	
	分级累进制	不同用途类型
丹阳市		农村集体经营性建设用地使用权出让、出租的，出让（出租）方应按成交总价款区分不同情况按比例缴纳调节金：(1)入市土地位于城市规划区内的，商服用地按 35%缴纳，工矿仓储类用地按 20%缴纳；(2)入市土地位于集镇规划区内的，商服用地按 20%缴纳，工矿仓储类用地按 15%缴纳；(3)其他地块商服用地按 15%缴纳，工矿仓储类用地按 10%缴纳
赣榆区	以出让方式入市的，按照成交价格分级累进缴纳土地增值收益调节金。成交价格在 100 万元（含 100 万元）以内的按 5%缴纳；成交价格在 100 万～200 万元（含 200 万元）的按 10%缴纳；成交价格在 200 万元以上的按 15%缴纳；以出租和作价出资（入股）方式入市的，在取得租金、股息、红利收入时，按照收入的 20%缴纳	

续表

行政区	调节金收取标准	
	分级累进制	不同用途类型
沛县	(1)以出让方式入市的,按成交价格分级累进缴纳调节金。出让价格在每亩40万元(含40万元)以内部分按20%缴纳;出让价格在每亩40万~80万元(含80万元)部分按30%缴纳;出让价格在80万元以上部分按40%缴纳。(2)以租赁和作价出资(入股)方式入市的,在取得租金、股息、红利收入时,按照收入的20%缴纳	
射阳县		集体经营性建设用地以出让、出租方式入市的,出让(出租)人应按成交总价款区分不同用途按比例缴纳调节金。工矿仓储用地和其他类型用地按20%比例缴纳,商服用地按30%比例缴纳
平湖市		按成交地价总额区分不同情况按比例缴纳调节金:商服、旅游类用地上缴市财政20%、镇街道20%,工业仓储类用地上缴市财政10%、镇街道10%
义乌市	使用权出让、租赁的,对出让(出租)人实行三级超率累进征收率征收调节金,具体规定如下:增值收益未超过扣除项目50%的部分,征收率为30%;增值收益超过扣除项目50%未超过100%的部分,征收率为40%;增值收益超过扣除项目100%的部分,征收率为50%	
松江区		商服用途的土地使用权出让、租赁、作价出资(入股),出让方、出租方、作价出资(入股)方应按入市收入的50%缴纳调节金,租赁住宅的土地使用权可参照商业办公执行;工业用途的土地使用权出让、租赁、作价出资(入股),出让方、出租方、作价出资(入股)方应按入市收入的20%缴纳调节金;再转让农村集体经营性建设用地使用权的,再转让方按土地增值收益的50%缴纳调节金

续表

行政区	调节金收取标准	
	分级累进制	不同用途类型
德清县		使用权出让、租赁的，出让（出租）人应按成交地价总额区分不同情况按比例缴纳调节金：入市土地位于县城规划区的，商服类用地按48%缴纳，工矿仓储类用地按24%缴纳；入市土地位于乡镇规划区的，商服类用地按40%缴纳，工矿仓储类用地按20%缴纳；其他地块商服类用地按32%缴纳，工矿仓储类用地按16%缴纳

通过对东部江苏、浙江、上海、广东等地典型试点地区的调研发现，除浙江义乌等个别地区外，试点地区主要按成交价款的一定比例，而非按照土地增值收益的一定比例征收调节金。其中，江苏武进对出让方式入市的按照成交总价款分级累进征收；上海松江、江苏张家港等地对工业、商服用地分别设定不同的征收比例；浙江德清、广东佛山南海等地则采用按类别、有级差的征收模式，在工业、商服用地内部进一步设定了不同的征收比例分档。

调节金征收使用中还存在一些问题。一是成本核算科学度不高，征收基数不明确。（1）有些地区根据土地征收区域的平均成本情况，笼统地设定一个成本数额，并未考虑区位和地块个别因素等对成本的影响；（2）部分地区在核算成本时存在缺项、漏项；（3）在测算土地取得成本、开发成本时，以实际投入水平而非客观水平为依据进行测算。此外，值得注意的是，对于工业用地类型，许多地区存在成本和成交价款倒挂的情况，事实上并未产生增值收益。二是征收类别划定不一，征收比例确定缺乏依据。大多数地区采用按成交总价款一定比例征收调节金的简易做法，在设定征收类别时，基本都对不同的土地用途设定了不同的征收比例。有些地区还考虑了土地级别、规划区内外、成交价格区间等因素。总体上看，调节金征收类别划定的随意性较大，缺乏统一的标准。通过调研发现，部分试点地区在确定调节金征收比例时，并未根据当地政府在基础设施、公共服务等方面的实际投入情况认真测算。有些地区甚至只是简单借鉴兄弟地区的做法。三是调节金和净收益的分配主体需进一步厘清。入市净收益指入市交易总价款扣除调节金、取得成本和土地开发支出等相关费用后的收益。根据调节金和净收益的内涵，政府主要通过收取调节金的方式参与增值收益分配，而净收益主要在集体经济组织内部分配，这样做也更加符合国家促进共同富裕、推动乡村振兴的政策导向。在实践中，有些试点地区存在政府参与净收益分配的情形，调节金和净收益的分配主体有待进一步厘清。四是调节金的使用管理有待规范。通过对试点地区的调研发现，在集体经营性建设用地出让交易完成后，一般由公共交易中心收取竞买保证金和剩余出让金，并开具非税收入票据，然后由自然资源主管部门定期将入市土地信息发送给财政局，财政局按照相关政策规定的比例扣除调节金。然而，对于调节金如何使用，是否主要用于乡村振兴和城乡融合发展等，并无明确的规定和有效的制度保障。此外，许多企业反映非税收入票据无法进行税收抵扣，影响了企业使用集体土地的积极性。由此可见，集体土地入市出让金、调节金征缴的相关配套政策有待完善。

总体来看，江苏省试点地区主要按成交价款的一定比例，而非按照土地增值收益的一定比例征收调节金。这种做法是改革起步阶段国内大多数试点地区的通行做法。但也应注意到，浙江德清、义乌等地参照国有土地增值税的相关政策，针对土地增值收益征收调节金，更加符合调节金设定的政策初衷。梳理省内试点县区入市政策规定，调节金征收主要有三种类型：一刀切型（按成交价款的某一固定比例）、分类比例型（按用途、入市方式等分类）和分级累进型（按照成交总价款分级累进）。分级累进型是试点地区采用较多的方法，该方法的优点在于调节金比例的增长速度大于交易价款的增长速度，有利于调节调节金的收取与政府财富的积累。

江苏省有调节金数据的 107 宗地块成交总价款为 75099.78 万元，共收取调节金 13849.41 万元，调节金占成交价款的比例为 18.34%。分用途看，商服用地的调节金征收比例为 15%~30%，而工矿仓储用地的调节金征收比例为5%~20%，商服用地显著高于工矿仓储用地。江苏省调节金征收比例与国内典型地区的征收比例基本一致。

三　集体经营性建设用地入市存在的主要问题

1. 入市收益分配机制不够健全

入市收益分配涉及国家、集体和农民个人。各试点地区在调节金征收比例的确定依据不够科学，存在较大差异，且净收益在集体和农民之间的分配比例差异也较大。绝大多数地区入市收益主要留存于集体组织，用于增强集体经济实力，而直接分配给农民的较少。丹阳市则是个例外，净收益全部分配给农民。

此外，一些地方在参与利益分配的成员资格确定上，尚难形成一致意见。当土地所有权发生转移后，入市增值收益分配不当，也容易造成不同集体组织及其成员之间的矛盾。

2. 调节金征收标准及比例确定依据不足

入市地块成本核算各项指标难以获取有效数据，且区域差别较大，成本核算标准难以统一，实际操作中存在诸多争议。因此，各试点地区调节金征收主要以成交价格为基数。然而，《农村集体经营性建设用地土地增值收益调节金征收使用管理暂行办法》将调节金定义为“对土地增值收益收取的资金”。因此，按照土地成交价格征收，在一定程度上偏离了调节金征收的本意。各试点地区调节金征收比例的确定缺乏标准与依据。归纳起来，主要有两种确定方式，一是以入市总收益分级累进方式收取不同比例的调节金，二是以入市总收益按不同用途类型缴纳调节金。

3. 入市主体界定不够清晰

入市主体通常包括镇集体、村集体和村民小组，但从试点地区来看，村民小组作为入市主体的比例很小。调研中发现，少数地区将入市主体与入市实施主体概念混为一谈，甚至个别地区，通过产权置换等方式变更入市主体，容易产生利益纠纷，甚至侵害原集体经济组织和农民的土地财产权益。

由于村民小组不是独立法人，没有统一的机构代码，难以作为独立主体行使权力。小组内部成员对入市用途、入市价格、收益分配难以形成统一意见，甚至会出现不稳定因素。加之村民小组层面入市地块数量有限、面积较小，入市地块宗地可能涉及多个入市主体，协调处理起来更困难。基于上述原因，村民小组作为入市主体客观上存在一定的困难。但将村、组集体所有权转移至镇集体这种变更入市主体的做法，也容易导致村民发生争议，甚至诱发不安定事件。例如，张家港市金港镇资产管理部门在具体实施入市过程中，组级集体土地所有权转移至镇级集体所有权时，就出现了农户签字难度大的问题，一定程度上阻碍了试点进展。

4. 部分农民、企业对入市存有疑虑

由于新法刚刚实施且入市处于试点阶段，一些农户乃至集体经济组织对于入市及其政策认知程度较低，担心自身利益得不到保障，依然处于观望状态，支持入市的积极性不高。

对企业来讲，依法申请使用国有土地的观念根深蒂固，对集体土地入市相关政策了解不够及时，如宣传解释不够到位，往往不能被企业普遍接受。加之现行体制机制尚未解决国有、集体土地同权同价问题，企业拿地心存疑虑。此外，一些银行和小额担保公司不愿意将集体经营性建设用地作为担保条件，有的尚未开展集体经营性建设用地相关抵押担保业务。

5. 入市地块供应监管缺失容易导致新一轮土地粗放利用

从试点情况来看，尽管各地对入市土地开发利用监管做了相关规定（如土地用途、土地使用条件、容积率等），但入市供地规范和供后监管等政策尚未真正建立，地块建设规划许可、供地项目类型选择、供地门槛设定等若干具体的制度安排缺失，甚至不排除一些地方片面追求入市政绩和土地财政，集体建设用地廉价入市、违法入市的现象难以避免，甚至成为散乱污企业滋生的“高风险地区”，导致新一轮农村建设用地的粗放利用，这值得警惕。

6. 城乡全覆盖的基准地价体系建立滞后

《农村集体土地价格评估技术指引》明确规定不得采用国有建设用地公

示地价体系直接修正评估集体建设用地价格。目前，一些试点地区入市基准地价、标定地价体系尚不够健全，城乡全覆盖的建设用地基准地价体系建立相对滞后。实际操作中少数地区在合理确定集体经营性建设用地入市价格时遇到了难题，个别试点地区反映，农村集体经营性建设用地价格仅仅是通过领导小组商议决定，缺乏科学依据。

四　集体经营性建设用地入市典型案例剖析

1. 安徽省金寨县

金寨县梅山镇小南京村村民董某回乡建设“金禾农业体验园”，需要建设用地约 16.4595 亩，该村民选中一处徐冲村地块的面积约 6.9435 亩的农用地，拟用作民宿，但不符合镇土地利用总体规划，镇政府出于鼓励在外创业人员回乡投资，为此修改了土地利用总体规划，使其符合规划，并利用农村宅基地整治复垦挂钩村庄建设用地，将集体农用地 5602 公顷（其中耕地 1.0973 公顷）转为集体建设用地，办理了农用地转用手续。徐冲和小南京村两地块集体经营性建设用地入市，其中小南京村地块出让总价款 329 万元中，土地取得成本 198 万元，增值收益 131 万元，向县级财政缴纳土地增值收益调节金比例为 40%，折合人民币 52.4 万元。受让人缴纳成交价的 3%（与契税相当）的调节金 9.87 万元。该宗集体经营性建设用地与国有建设用地同域同权、同价同责，入市后享有转让、租赁、作价入股、抵押等权利。

2. 江苏省张家港市

张家港自 2020 年 8 月开始农村集体经营性建设用地入市试点，至 12 月为试点实施阶段，分别制定了入市管理办法、土地增值收益调节金征收和使用管理办法，以及入市净收益使用和分配等系列配套政策，摸清存量集体经营性建设用地现状并明晰具体地块信息后，选定符合条件的试点地块，分别为位于金港镇的 2 宗商业用地与南丰镇的 1 宗工业用地，总面积 40 亩，于 2020 年 12 月 17 日在江苏省农村集体经营性建设用地网上交易系统公告出让，标志着张家港农村集体经营性建设用地入市试点工作取得了初步成果（见表 4-6）。

表 4-6　张家港市集体经营性建设用地挂牌出让成交公示

单位：平方米，万元

地块编号	地块位置	地块面积	竞买单位名称	竞得价	成交时间
张地 2020-JB01-A 号	金港镇永兴村	2110.36	张家港江湾文旅发展有限公司	520.00	2021 年 1 月
张地 2020-JB01-B 号	金港镇永兴村	4804.34	张家港江湾文旅发展有限公司	1182.00	2021 年 1 月
张地 2020-JG01 号	南丰镇常福路南侧	19765.02	张家港市南丰镇村级经济联合发展有限公司	774.7888	2021 年 1 月

2021 年 1 月 18 日，以上 3 宗农村集体经营性建设用地入市地块使用权公开挂牌出让顺利成交并签订《集体经营性建设用地使用权出让合同》，工业用地土地价格为 26 万元/亩，商服用地土地价格为 164 万元/亩，总成交金额为 2476.79 万元。这既是张家港同时也是苏州市首次农村集体经营性建设用地入市，标志着张家港及苏州市域内农村集体经营性建设用地入市试点工作取得了实质性成果。

3. 江苏省高邮市

保障政府在入市土地收入中的收益权。在合理确定土地增值收益调节金比例的同时，按照“谁兜底谁主导、谁付出谁受益”的原则，发挥乡镇（园区）政府的主心骨和调节器的作用，对农民要求进保后的资金缺口兜底负责，土地所有权由村集体所有调换为镇集体所有作为补偿。尊重农民在土地收益分配上的决定权。农民诉求主要包括三个方面：首先是进保，即按征地标准进保，主要是可用土地不多的村组。其次是分配，即在内部合理分配，主要是土地不会被全部使用的村组。最后是分红，即将土地交由乡镇（园区）安排，每年支付分红。根据农民的诉求有针对性地制订了相应的分配方案。在集体经济组织民主决策时，对表决过程和结果录影录像、全程留痕，确保集体经济组织和农民的财产权、收益权和决定权落到实处。

五　集体经营性建设用地入市对策建议

1. 加快确权登记发证，厘清集体土地入市主体

《中华人民共和国土地管理法》中规定了农民集体是集体土地的所有权主体，至于集体如何确定并没有明确规定。《国土资源部、中央农村工作领导小组办公室、财政部、农业部关于农村集体土地确权登记发证的若干意见》中指出，乡（镇）、村和村民小组农民集体三类所有权主体，将农村集体土地所有权确认到每个具有所有权的农民集体。因此，建议以“权属合法、界址清楚、面积准确”为原则，完善农村土地确权登记制度，对土地的具体信息进行详细登记备案，把农村集体土地所有权确认到每个具有所有权的农民集体，并对所有权主体确权后颁发农村集体经营性建设用地产权证书，努力做到每一块土地都有“身份证”，权属明晰。

2. 夯实规划编制根基，规范集体土地入市

符合规划管制、产权登记清晰，是农村集体经营性建设用地入市流转的前提。科学合理的国土空间规划体系对城乡统一建设用地市场的建立和发育具有重要影响。针对目前集体建设用地地块分散、面积较小的问题，需要充分发挥空间规划的治理和管控功能，通过编制因地制宜、详略得当的实用性村庄规划，实现从总体规划向详细规划的本质转变，引导农村集体建设用地由分散、凌乱、无序状态到集中合并，扩大集体建设用地有效规模，真正在村级层面实现经济社会发展、土地利用、村庄建设、环境整治的“一个规划、一本蓝图”，科学、有序引导集体土地入市。

3. 科学界定调节金，合理确定征收标准和比例

一是合理确定征收基准。建议参照国有土地增值税相关政策，以土地增值净收益作为调节金征收的基准。考虑到入市初期企业对集体土地认可度较低，集体土地增值收益调节金征收比率可低于国有土地。二是合理设置征收类别。由于基准地价能够较好反映区位、用途和规划不同造成土地价值，建议以集体建设用地基准地价体系作为征收类别。三是分用途设定征收比例。调节金征收比例宜分用途设定，即商业、工业等用地类型分设。

4. 完善收益分配机制，保障农民集体组织权益

土地财政作为政府财政收入的重要组成部分，增值收益分配改革的障碍主要是地方财政“钱从哪里来”。土地增值收益分配比例往往由政府部门主导，如果不对政府参与分配的方式加以规范，没有一套公平、公开的分配比例制定程序，土地增值收益的合理分配就很难落到实处。针对土地增值收益分配机制不明晰，建议在省级层面出台指导意见，试点地区根据地方实际应尽快制定并完善更为合理科学、可操作性强的土地增值收益分配办法或实施细则，确保政府的收益调节金与相关税收收入基本相当，确保入市增值收益主要留给镇、村、组各级集体经济组织，确保土地增值收益取之于民、用之于民。

5. 多方位确保入市价格，建立城乡统一土地市场

加快建立集体经营性建设用地基准地价体系，规范集体建设用地使用权流转市场秩序，给集体建设用地使用权的出让、租赁、转让、转租、抵押等流转行为提供科学合理的指导价格。同时，建议入市价格评估时应重点考虑市场和区位等条件，有效维护集体经济组织土地财产权益，从而实现集体土地与国有土地同地、同权、同价、同责。

6. 完善政策法规，消除企业用地困惑

切实建立城乡统一的建设用地使用权制度，确保农村集体经营性建设用地的权能。明确企业对其取得的农村集体经营性建设用地依法享有占有、使用、收益的权利，制定受让或承租土地使用权再转让、转租、再抵押、提前收回土地使用权、转让出租收益分配以及对各种违法行为查处等方面的规定和要求。

第三节　长三角宅基地使用权流转

一　宅基地使用权流转概况

党的十九大以来，国家高度重视乡村振兴战略。在“十四五”规划和

2035 年远景目标纲要中，国家明确提出“全体人民共同富裕取得更为明显的实质性进展”的远景目标。农村是我国现代化和共同富裕建设的难点和薄弱点，而农村要素市场建设在“三农”发展中具有基础性地位，处于我国现代化进程和乡村振兴重中之重的历史地位，直接关乎共同富裕远景目标和乡村振兴发展战略的实现。因此以农村宅基地改革为切口，形成加快农村要素市场改革的突破点，有利于落实乡村振兴战略、建设农村现代化和实现共同富裕。长三角地区的江浙皖三省在农村宅基地流转改革工作中积极探索，开启了促进农村土地要素盘活利用的新局面。

1. 浙江概况

浙江作为农村宅基地改革的先行地，近年来积极探索宅基地制度改革，在农村宅基地改革试点基础上，探索建立了科学的宅基地使用权流转体系，形成了以改革带动乡村治理、促进乡村全面振兴的良性循环。

第一，浙江省依据三权分置，适度放活了宅基地使用权，重构了宅基地制度顶层设计。2015 年，义乌市在全国率先提出农村宅基地所有权、资格权、使用权“三权分置”制度设计。绍兴市柯桥区规定农户闲置用房出租用于经营性产业，村集体要收取一定的土地使用费，将集体土地所有权的收益落到实处。

第二，浙江省在宅基地原有属性的基础上，拓展了宅基地的财产性权利，允许农民用农房进行抵押。义乌市允许依法持有宅基地使用权证和房屋所有权证的农户，以农村住房抵押担保方式申请贷款。建立农村住房抵押贷款风险补偿机制和抵押农房司法处置办法，缓解抵押贷款风险。

第三，浙江省鼓励农民开发利用宅基地，激活闲置宅基地和农房资源。各地创新宅基地盘活利用机制，拓宽宅基地利用范围，积极引进各类主体发展乡村旅游、养老养生、运动健康等农村新业态。

2. 江苏概况

随着江苏省新型工业化、信息化、城镇化、农业现代化稳步推进，农业转移人口数量不断增加，农村宅基地和住宅闲置现象日益凸显。2020 年 8 月，课题组对 10 个涉农县（市、区）、20 个乡镇（街道）、103 个村（社区）的

1008户农户进行了问卷调查和走访座谈，以此对江苏省农村宅基地使用权情况进行了深入分析。

宅基地退出状况方面，可分为暂时退出（退出使用权保留资格权）、永久退出（同时退出使用权和资格权）两种方式。约4.1%的受访对象退出了自家的宅基地，主要集中在苏州昆山市、泰州泰兴市、宿迁泗阳县等地。其中，苏州昆山市宅基地退出的数量最多，占退出样本总量的46.3%；其次是宿迁泗阳县，占退出样本总量的19.5%。拆迁和政府统一规划是农户退出宅基地的主要推动力。78%的农户由于修路等原因拆迁而退出了自家的宅基地，12.2%的农户由于政府统一规划而退出了宅基地，少部分农户由于进城入镇等原因退出了宅基地。货币补偿和置换集中安置区住房是宅基地退出的主要补偿方式。54%的受访对象通过置换集中安置区住房的方式退出宅基地，29%的受访对象通过货币补偿的方式退出宅基地，通过置换城镇商品住房及异地迁建的方式退出宅基地的受访对象占比分别为10%和7%。宅基地退出的货币补偿标准存在区域性差异。例如，苏州昆山市千灯镇大唐村由于拆迁退出农户宅基地，补偿标准为宅基地补偿为600元/平方米，建筑物补偿400元/平方米。宿迁市泗阳县卢集镇高集村由于统一规划退出农户宅基地，补偿标准为一处宅基地2.6万元。问卷调查显示，退出后的宅基地主要用于复垦和修路，复垦后土地使用权多由村集体收回。56.1%的宅基地退出后进行了复垦，复垦后的宅基地土地使用权69.6%由村集体收回，未复垦的宅基地主要用于修建道路等。超过80%的受访对象更希望获得实物补偿，接近20%的受访对象希望获得货币补偿。

3. 安徽概况

本书对皖北地区的阜阳市和宿州市的农民工进行问卷调查，对样本农民工有偿退出宅基地意愿及其影响因素进行探析。综合考虑调研村庄区位条件、经济发展水平等因素，选取阜阳市临泉县张营乡、颍州区程集镇和王店镇及宿州市萧县青龙镇作为调研区域。为了保证调研对象的可接触性和问卷调查的效率，将调研对象选定为春节期间返乡过年的农民工，根据村庄规模的大小，每村抽取15~30名农民工进行调查，为了保证问卷调查的质量、数据的准确性和完整性，调查采用一对一的访谈和问卷调查方式进行。此次调查共发放问卷 248 份，收回问卷 248 份，剔除不合格问卷 22 份，获得有效问卷 226 份，调查问卷有效率为 91.13%。调查内容涉及农民工个人和家庭情况、耕地和宅基地利用情况、对宅基地退出政策的认知情况、宅基地退出意愿情况等。为了调查农民工退出宅基地的意愿情况，设计了问题“如果退出宅基地可以获得合理补偿，您是否愿意退出宅基地”，同时设计了两个选项供调查对象选择，即愿意退出和不愿意退出。问卷调查统计结果显示，在被调查的 226 名农民工中，愿意退出宅基地的农民工只有 12 名，占被调查农民工总数的 5.3%；不愿意退出宅基地的农民工有 214 名，占被调查农民工总数的 94.7%。

二　宅基地使用权流转政策区域比较

（一）浙江典型地区政策

1. 义乌市宅基地使用权流转政策

改革开放以来，义乌坚持并深化“兴商建市”发展战略，成为改革开放全国 18 个典型地区之一。2015 年 3 月以来，按照中央部署，义乌市开展了农村土地制度三项改革试点，在全国首创首提、先行先试农村宅基地所有权、资格权、使用权“三权分置”，在宅基地使用权流转方面取得显著成效，其采取的主要政策包括在设定宅基地资格权之后，用市场化配置有限的宅基地资源，激活使用权能。在维护村集体所有权和尊重行使主体的情况下，探索有偿调剂、有偿选位、有偿退出以及有限流转，实现宅基地“三权分置”、有偿使用。

2. 德清县宅基地使用权流转政策

2015 年德清县入选第一轮农村宅基地制度改革试点，在农村宅基地管理制度创新上不断探索，获得了不少有益经验，其所实施的政策如下。

严格规定不得违规违法买卖宅基地，严格禁止利用农村宅基地建设别墅大院和私人会馆。明确宅基地使用权人对经依法取得的宅基地享有占有、使用、收益和处置的权利，并适度放活宅基地和农房使用权，允许农户把一定年期的使用权让渡出去，并获得收益。

在符合规划和用途管制的前提下，允许将农村宅基地用于兴办民宿、餐饮、养老、科研、创意、文化等产业。在确保“户有所居”的前提下，允许农户将一定年限的宅基地使用权转让、出租、抵押。明确宅基地使用权转让年限到期后，资格权人可以收回宅基地使用权和房屋使用权，也可以在资格权人未发生变化时，经双方再次约定续期流转。

由于存在经济社会发展基础和自然地理环境的不同，义乌市与德清县两地政府在宅基地使用权流转的安排部署、制度设计、工作路径和工作进展等多个方面都存在差异（见表 4-7）。

表 4-7　义乌市与德清县的宅基地流转政策对比

	义乌	德清
宅基地使用权流转政策内容	允许宅基地使用权转让，允许合法取得的宅基地连同地上建筑物有条件转让	严格规定不得违规违法买卖宅基地，严格禁止下乡利用农村宅基地建设别墅大院和私人会馆
	全面开展宅基地使用权抵押贷款，构建农村宅基地基准地价体系	在符合规划和用途管制的前提下，允许将农村宅基地用于兴办民宿、住宿、餐饮、养老、科研、创意、文化等产业

（二）江苏典型地区政策

江苏典型地区宅基地使用权流转政策特征主要体现在以下几个方面。

（1）鼓励村集体和集体经济组织成员通过自主经营、合作经营、委托经营等多种形式盘活利用闲置宅基地和农村住宅。支持返乡人员利用自有和闲置住宅发展适合的乡村产业项目。城镇居民、工商资本等租赁村民住宅居住或开展经营的，要严格遵守合同法的规定，农村住宅租赁合同期限不得超过 20 年。合同到期后，双方可以另行约定。

（2）培育盘活利用主体。在充分保障农村村民宅基地合法权益和农民住房财产权的基础上，支持农村集体经济组织及其成员发挥主体作用盘活利用闲置宅基地和闲置住宅。

（3）创新盘活利用机制。支持农村集体经济组织及其成员采取自主经营、合作经营、委托经营等方式盘活利用农村闲置宅基地和闲置住宅。

（4）推广盘活利用模式。综合考虑区位交通条件、自然人文资源禀赋、生态环境容量和产业发展基础，注意发挥地域特色、传统村落、传统建筑、传统民俗等优势，选择适合本地实际的农村闲置宅基地和闲置住宅盘活利用模式。

（5）开展盘活利用示范。支持选择党委政府重视、农村集体经济组织健全、宅基地管理规范、乡村产业发展有基础、农民群众参与积极性高的村庄，集中整合相关扶持资源，有序开展农村闲置宅基地和闲置住宅盘活利用。

（三）安徽典型地区政策

金寨县于2015年被列入全国农村宅基地制度改革试点县，同时也是安徽省唯一的试点县。该县充分抓住国家级贫困县、大别山区集中扶贫连片开发等政策叠加机遇，创造出农村宅基地有偿退出改革与易地扶贫搬迁、水库移民搬迁深度融合以及宅基地复垦腾退的建设用地指标在省域范围内有偿调剂使用的“金寨样板”，并取得了显著成效。

金寨县2016年3月出台《金寨县农村宅基地自愿退出奖励扶持办法（试行）》（以下简称《办法》）。《办法》对农村宅基地实行有偿退出的范围予以界定：一是颁发了农村集体土地使用权证或有其他合法来源手续的；二是符合“一户一宅”建房条件的；三是因继承或经依法批准的其他方式在农村占有和使用宅基地，自愿全部退出的；四是已进城入镇落户自愿全部退出宅基地的；五是其他经农村集体经济组织或村民事务理事会认定，并经乡镇人民政府审核同意有偿退出的。

三　宅基地使用权流转存在的主要问题

1. 宅基地“三权分置”问题

宅基地“三权分置”的重要突破口是放活使用权，而放活使用权的关键在于赋予农户宅基地财产权的同时给予相应的收益权及转用出租权。将宅基地流转严格限定在农村集体经济组织内部，在客观上抑制了宅基地的顺畅流转，不利于闲置宅基地的盘活利用。另外，城市住宅用地使用权是包含转让、出租、互换、赠予等权利在内的完整权利，且并未限定其流转对象。将宅基地使用权与城市住宅用地使用权过度差异化安排容易形成产权歧视。此外，根据《中华人民共和国土地管理法》等法律的规定，宅基地申请主体必须具有农村集体经济组织成员资格，却未对如何认定集体经济组织成员资格做出明确、具体的规定。

2. 宅基地与承包地制度协调配套问题

随着改革开放全面深化，城市化水平的持续提高和农民的代际变化，将带来农民与土地、农民与村庄的黏度的显著变化，出现逆减趋势。同时，随着村庄结构性的演化和分化，意味着部分村庄面临消亡和部分村庄规模集中，这将带来对原来宅基地分配制度、使用制度和财产权利制度的冲击和影响。

3. 统筹推进农村综合配套改革问题

这是解决当前改革碎片化问题、增强改革的叠加效应、充分释放改革红利的根本途径。德清县通过农村集体经营性建设用地入市、土地征收制度和宅基地制度的“三块地”改革统筹，承包地“三权分置”、集体资产股份权能、林权水权和农业经营制度改革集成，“城与乡”政策并轨改革配套，全面推进乡村振兴，推动城乡融合发展。目前，该县城乡交通、住房保障、供水、供气、污水处理、垃圾处理已基本实现“六个一体”。附着在户籍背后的33项城乡居民政策已实现全面接轨，城乡养老服务已实现一体化；2017年城乡居民收入比为1.69∶1，与国际公认的小于或等于1.5∶1基准线越来越接近。

4. 宅基地使用权抵押制度改革问题

由于宅基地使用权具有较强的特殊性，在抵押过程中可能面临较多复杂情况。试点地区现行的宅基地使用权抵押政策可能还不足以应对所有现实问题，相关制度尚需进一步完善。宅基地使用权抵押实践中不仅需要处理好农户用益物权与家庭成员共有产权的关系，还需要处理好宅基地所有权与资格权的关系，而村民委员会、村民小组的同意至关重要，这与城镇国有土地及国有土地上房屋抵押无须获得所有权利人的同意有显著区别。

5. 宅基地有偿使用、自愿有偿退出问题

在试点地区的调研中发现，宅基地有偿使用、自愿有偿退出制度的推行、实施面临较多的困难，试点改革效果不尽理想。在宅基地有偿使用方面，有偿使用范围收费范围偏小，单纯对超标占地和“一户多宅”等收取有偿使用费，农民获得感不强。究其原因主要有两个方面。一是集体积极性不高。每年村集体用于环境卫生和基础设施的支出较大，通过征收有偿使用费获取的收入相对有限，对集体的吸引力不够。二是集体经济组织缺乏强制约束力。村集体经济组织通过村民自治主导农村宅基地制度改革，但由于村民自治达成的集体意见和村规民约并没有强制约束力，在试点地区有偿使用费的收缴上，出现了某些农户不遵守、不执行的现象。

四　宅基地使用权典型案例剖析

1. 江苏沛县宅基地盘活利用

按照《沛县农村宅基地制度改革试点实施方案》要求，江苏沛县安庄社区在充分尊重农民意愿的前提下，坚持“村级主体”的管理机制，积极稳妥开展闲置宅基地整治，建立健全农村宅基地“规划、整治、使用、管理”四统一制度体系，提高土地节约集约利用水平。前期共整治出 7 户闲置宅基地 6.8 亩，整治出的土地优先满足这 7 户居民宅基地需求，按《江苏省土地管理条例》规定标准，每户宅基地面积为 200 平方米；整治出的节余土地经居民代表会议议定后，社区统一规划用于党群服务中心建设以及精品民宿建设，培育发展旅游产业，壮大集体经济。

沛县胡寨镇韩楼村积极引入社会资本，助力宅基地盘活利用。依托沛县农村宅基地改革试点机遇，以旅游为先导、以产业为核心，由村集体和徐垦公司合作，采用退出和长期租赁两种方式盘活村内闲置宅基地和农房，取得了良好的成效。具体做法包括：一是改造闲置民房及老旧危房 28 户，改造面积 8700 平方米，改造好的民房由村集体统一租赁，招引社会资本参与经营管理。二是积极引导农户退出宅基地，共有42户退出，整合建设用地52亩（其中宅基地面积19亩）。对于退出后的宅基地进行统一规划建设，保留一部分质量好的房屋改造建设精品民宿，拆除一部分用于新建村综合服务体。三是扶持鼓励农户及在外人士返乡创业，已有10余户农户申请开店及10余名在外成功人士带资本返乡创业，可提供100余个就业岗位。

2. 安徽合肥“三瓜公社”宅基地盘活利用

“三瓜公社”位于安徽省合肥市合肥巢湖经开区半汤镇汤山行政村，处于江淮丘陵南部，三面环山，环抱巢湖，濒临长江，地理位置优越，交通条件便利，距离合肥市市区约50千米。

2015年3月，合肥市合巢经开区联手安徽淮商集团成立安徽三瓜公社投资发展有限公司，并积极依托和利用汤山村拥有的山地、农田、湿地、水塘等自然资源以及村庄可利用的农房等资源，投资3亿元打造成融合传统田园风光与现代互联网思维的特色小镇“三瓜公社”项目。该项目规划面积为10平方千米，规划范围包括汤山村所辖的12个自然村庄。

根据调查，“三瓜公社”项目股权结构为安徽淮商集团占60%、汤山村村集体占20%、当地农户占20%。安徽淮商集团和合肥市合巢经开区签订战略合作协议，成立安徽三瓜公社投资发展有限公司，并以此为经营主体大力推进电商特色小镇建设，充分发挥政府的引领作用和市场配置资源的优势，合肥市合巢经开区给予安徽淮商集团资金、政策、土地等多方面的支持。

3. 安徽滁州张八岭村宅基地盘活利用

滁州市张八岭村苏油坊组位于张八岭镇南端104国道西侧，北接张八岭镇集镇，南邻高分子产业园。村庄总用地面积60余亩，该组开展改革试点工作以来，立足本组实际，在盘活闲置宅基地上寻求突破，让闲置农房“活”起来。

张八岭村宅基地盘活利用的主要做法包括四个方面。一是加强政策宣传。召开全组村民会议，发放《致全市广大农民朋友一封信》，张贴宅基地制度改革宣传横幅，宣传宅基地制度改革试点工作方案和相关政策。二是开展调查摸底。在理事会的主导下，先后召开苏油坊村民大会三次，完成宅基地资格权认定。经过测绘、公示和信息校对，初步完成苏油坊组 35 户村民宅基地摸底调查工作，及时建立完成卷宗归档，并由户主和四邻签字确认，同时发现有 5 处 22 间宅基地因户主外出务工，长期闲置。三是配套环境基础。依托苏油坊组在 104 国道边区位优势，发动群众开展农村人居环境整治，将其打造成为人居环境整治样板区，在苏油坊组率先开展宅基地使用权流转试点，创造良好环境洽谈社会资本共谋发展。四是尝试产业导入。张八岭镇党委积极牵线景泰阳投资有限公司，与闲置宅基地户主进行洽谈，由景泰阳投资有限公司出资对 5 处闲置房屋进行免费装修，将其改造成旅游民宿，由景泰阳投资有限公司使用，期限为 10 年，每年春节期间免费供房主住宿 1 个月，到 10 年期后所有物品全部归还给房主，如需续租，租金另行商议，盘活了该组闲置农房 22 间计 1600 平方米。

张八岭村宅基地盘活利用的启示和建议主要包括三个方面。一是加强顶层设计。农村宅基地制度改革政策性强、涉及面广、历史遗留问题多，不能盲目推进，要认真抓好顶层设计。二是依靠群众主体。农村宅基地制度改革涉及农民的家家户户，情况复杂多样、问题千变万化，要想做好此项工作，必须相信群众、依靠群众、引导群众、鼓励群众，多用群众的智慧解决农村宅基地制度改革的问题。三是找准方向。闲置宅基地的盘活利用关键在于找准产业发展的方向，发挥区位优势和资源禀赋，引进社会资本，选准项目，实现农户和企业的共赢，才能走得远、走得稳。

五　宅基地使用权对策建议

1. 完善宅基地基础信息调查，加快推进房地一体确权登记颁证工作

整合与补充宅基地基础信息。以第三次全国国土调查、土地利用变更调查为基础，整合县、乡级国土空间规划、村庄规划、宅基地权籍调查和确权颁证中涉及的宅基地基础信息数据，建立农村宅基地数据库和“一张图”，并运用遥感、航测等技术手段，开展宅基地补充调查，全面摸清县域农村宅基地数量、布局、权属、利用状况等基础信息，实现农村地籍数字化。

加快推进房地一体的宅基地权籍调查和确权登记颁证。根据农村不动产统一登记的时序安排，有序推进农村房地一体的权籍调查。

2. 科学组织村庄规划编制，健全集体经济组织的宅基地规划权能

科学研判村庄发展趋势，推进村庄规划的编制与实施。结合区域社会经济发展特征和乡村振兴战略规划，逐村研究村庄发展趋势和人口变化，明确县域村庄分类。在县、乡镇级的国土空间规划中，应统筹城镇和乡村发展，合理优化村庄布局，并根据不同类型村庄发展需要，有序推进村庄规划编制。

落实农村集体经济组织的宅基地规划权能。通过宅基地所有权归属实体化确认，明确农村集体经济组织代表集体行使所有权。集体经济组织在参与村庄规划编制的过程中，应根据宅基地利用现状、村庄规划发展特征和集体成员对宅基地的需求情况，科学确定宅基地规模，优化宅基地空间布局，预留适度的农民建房空间。对于新增宅基地，集体经济组织应遵循村庄规划，合理安排新增宅基地的位置，并确认其四至，防止宅基地被非法侵占、破坏。

3. 引导各地因地制宜完成资格权认定工作，完善农民户有所居的规划、资金保障

有序开展宅基地资格权认定和登记。指导各地结合村民户籍资料、农村土地确权、农村集体经济组织股东台账、农村居民对本村的权利义务关系等资料，因地制宜地制定集体经济组织成员资格认定办法，稳妥开展村庄宅基地资格权认定工作，建立相关登记台账，并严格按程序进行公示，上报乡镇初审，提交成员（代表）大会通过后，上报乡镇备案。

明确以“户”为单位实现宅基地资格权。结合宅基地资格权认定，明确“户”的标准，通过“按人分配、按户控制”的方式实现宅基地资格权，各户取得一定面积的宅基地分配指标，面积大小主要依据其户内成员数量确定。

保障农村居民户有所居。制定分区分类的农民住房保障方式，在城镇开发边界内，探索通过建设农民公寓、农民住宅小区等方式，保障农民住房需求。对人均耕地较少，第二、第三产业比较发达的地区，探索集中统建、多

户联建等保障方式。强化农民居住保障中的规划与资金支持。在年度新增建设用地计划中单列安排不低于5%的新增建设用地计划指标，以保障农民新增住宅建设用地需求。统筹安排地方政府财政资金、土地出让收入，保障农民户有所居，支持农民住房条件改善和居住环境提升，集体经济组织应合理、有效利用集体土地收益，提升农民居住质量。

4. 完善宅基地自愿有偿退出和补偿方式，探索宅基地资格权多样化实现形式

建立宅基地分类退出机制。一是对于已进城落户的农民，可采取拆迁安置、指标置换、货币补偿等有效方式，激励和引导其以自愿、有偿方式永久退出宅基地使用权和放弃宅基地资格权。退出宅基地和农房的补偿应由农村集体经济组织与农户协商确定，确保程序合法、补偿合理，切实保障农民合法经济利益。二是对于“一户多宅”、宅基地面积超标的农户，若因继承房屋、赠予等合法方式占有两处或以上宅基地的，可通过有偿方式引导退出。三是对于违法违规占用宅基地的，根据实际情况依法处置，应当退出的要予以退出。

探索宅基地资格权的多种实现形式。对于部分享有资格权而不需要在农村建房的农民，其可通过书面形式向集体经济组织提交宅基地资格权放弃说明，集体经济组织根据村内宅基地分配规则和基准地价予以经济补偿；也可以建立宅基地资格权保留机制，即由集体经济组织与资格权主体达成相关协议，推迟若干年再回村建房。对于在农村已有房屋，经引导退出宅基地进城居住的，也可探索建立宅基地资格权保留机制，农民在自愿退出宅基地使用权后，享受政府在住房、教育等方面的优惠政策，一定年限（例如20年）后确实不适宜城市生活的，可重新向原集体经济组织申请宅基地。

5. 合理选择闲置宅基地和农房盘活利用方式，强化技术支撑体系和市场平台建设

积极引导集体经济组织、农民、企业和社会组织有序参与闲置宅基地和农房盘活利用。鼓励有一定经济实力的农村集体经济组织与相关机构合作，对农民退出的闲置宅基地和闲置农房进行统一收储利用；鼓励农民通过自营、出租、入股、合作等多种方式，依法依规盘活农村闲置宅基地和闲置住

宅，发展符合农村特点的乡村产业。

引导地方因地制宜、合理开展闲置宅基地和农房盘活。在经济较为发达的城市郊区和有旅游资源的地区，可引导社会资本、技术、人员进入乡村，拓展宅基地及农房使用功能，发展农家乐、餐饮民宿、电子商务、休闲农业、乡村旅游、文化创意等乡村产业；在经济欠发达的传统农区或农村腹地，与村庄布局重构、城乡建设用地增减挂钩等相结合，开展宅基地置换、退出与整理复垦。闲置宅基地和农房盘活利用方式的选择需统筹考虑村庄的区位条件、资源禀赋、农民意愿和产业发展基础，不可忽略村庄基础条件盲目引进产业，不可违背市场规律造成恶性竞争。

6. 探索制定宅基地有偿使用办法，健全政府、集体和农民收益共享机制

明确宅基地有偿使用范围。一是本集体经济组织成员因历史原因超标准占用宅基地的，扣除可享受面积后列入有偿使用范围。二是非本集体经济组织成员通过继承房屋和其他合法方式占有和使用宅基地的，按宅基地实际面积列入有偿使用范围。三是将房屋和宅基地用于经营用途的，按宅基地实际面积列入有偿使用范围。有条件的地区还可实施优质区位宅基地的有偿择位。

第五章 | 长三角普惠金融发展状况*

2016年1月，国务院正式发布《推进普惠金融发展规划（2016~2020年）》，标志着发展普惠金融上升为国家战略。该规划开宗明义：普惠金融是指立足机会平等要求和商业可持续原则，以可负担的成本为有金融服务需求的社会各阶层和群体提供适当、有效的金融服务。小微企业、农民、城镇低收入人群、贫困人群和残疾人、老年人等特殊群体是当前我国普惠金融重点服务对象。发展普惠金融对正处在金融深化的中国而言，有利于打破城乡二元经济结构，缩小城乡金融发展水平的差距，解决经济发展不平衡不充分的问题，最终达到社会经济发展与包容性增长的根本目的。①

长三角地区是我国经济发展最活跃、开放程度最高、创新能力最强的区域之一，普惠金融发展水平在全国居于领先地位。仅就账户拥有率这一普惠金融基础指标而言，长三角地区显著高于我国其他地区。作为中国普惠金融理念发展和实践创新的前沿阵地，从对助农取款模式进行探索，到金融科技公司的出现和蓬勃发展，再到数字技术对传统普惠金融的赋能，长三角地区普惠金融发展在众多方面均展现了充分的活力与创造力。各类金融机构提供种类丰富的产品与服务，为满足差异化、多层次的金融需求奠定基础，相关政策法规的出台也为长三角地区普惠金融发展提供了制度支持。同时，一些

---

* 本章负责人：董晓林，南京农业大学金融学院教授，博士生导师；张龙耀，南京农业大学金融学院教授，博士生导师。

① 孙国茂、安强身：《普惠金融组织与普惠金融发展研究》，中国金融出版社，2017。

鲜活的实践经验，如花木电商（江苏沭阳）、绿色普惠金融（浙江湖州）、党建引领信用村建设（安徽宿州）、金融科技赋能普惠金融（上海）等正成为长三角普惠金融发展过程中的多个样板，以及后续在更广泛范围内进行复制推广的典范。

第一节　站在更高起点上：长三角一体化与普惠金融发展

一　长三角一体化为普惠金融发展开启新篇章

改革开放特别是党的十八大以来，长三角地区发展取得显著成效，经济社会发展水平全国领先，具备在更高起点上推动更高质量一体化发展的良好条件。2018 年 11 月，习近平总书记在首届中国国际进口博览会上宣布，支持长江三角洲区域一体化发展并上升为国家战略。2019 年 12 月，中共中央、国务院正式印发《长江三角洲区域一体化发展规划纲要》（以下简称《纲要》），作为指导长三角地区当前和今后一体化发展的纲领性文件，《纲要》明确了长三角地区一体化发展的重要意义、总体要求、指导思想、战略定位和发展目标等。

金融是现代经济的核心，随着长三角一体化融合步伐加快，金融一体化也加速推进。长三角金融一体化有利于解决区域内金融发展不均衡问题，使得金融资源重新整合并优化配置，促进区域产业升级和经济一体化发展。长三角一体化发展，不仅是划定示范区、实现地理意义上的整合，更是合作机制上的协调，是制度建设层面的探索，对长三角地区金融包容性增长将产生重要影响，也将为普惠金融进一步融合发展提供重要契机。长三角一体化对普惠金融发展的积极影响可从以下三个方面予以阐明：一是金融可得性。长三角金融一体化有利于区域内资源要素有序流动，金融监管政策协调统一，逐步降低金融行业跨区域服务的进入壁垒，有利于金融机构在区域内积极设立分支机构，提高金融产品和服务的可得性。二是多样且适当的产品。长三角一体化将深化金融市场、金融机构之间的跨区域交流合作及加强金融人才的一体化联合培养，有利于普惠金融实践经验的复制和推广，实现优势互补、共赢互利，共同开发出多样且适当的金融产品和服务。三是商业可行性和可持续性。长三角一体化能够有效降低制度性交易成本，营造更加公平的市场化竞争环境，使得面向不同客户群体和细分市场的各类金融服务提供者可以共同推进产品设计或交付模式的创新，促进金融生态体系在长期内的多元化可持续发展。长三角一体化也有利于实现金融基础设施的完备建立、互联互通，支持金融数据和信息在广泛的市场参与者间有效传输，缓解金融市场的信息不对称问题，降低金融机构服务低收入群体的成本，推动普惠金融可持续发展。

二　普惠金融为长三角高质量发展提供重要支撑

2020 年 2 月，中国人民银行等五部门联合发布《关于进一步加快推进上海国际金融中心建设和金融支持长三角一体化发展的意见》，强调了长三角一体化发展过程中金融支持的重要作用。站在这一更高的起点上，金融推进长三角一体化发展需紧扣“一体化”和“高质量”两个关键词，尤其应重点关注“高质量”。高质量发展不仅体现为长三角一体化“一极三区一高地”的宏观战略定位，也体现为城乡区域发展差异逐步缩小的包容性发展目标。《纲要》明确指出到 2025 年，长三角城乡区域协调发展格局基本形成，城乡融合、乡村振兴取得显著成效。

长期以来，长三角一体化发展以建设大城市和中心城市为重心，对其他中小城市和周边乡村的资源要素流动产生了极大的“虹吸效应”，使长三角地区城市之间、城乡之间呈现“强核心弱周边、强城市弱乡村”的不均衡发展现象。[①] 要想促进城乡融合，实现乡村振兴，推进长三角一体化向更高质量发展，普惠金融是其重要支撑。一方面，普惠金融与长三角地区城乡融合、乡村振兴的发展目标相互统一。大力实施乡村振兴战略、提升农村发展

① 黄祖辉：《推进长三角乡村区域一体化振兴发展的建议》，《决策咨询》2019 年第 3 期。

品质，必须解决资金来源问题。当前大多数金融机构在农村仍呈现资金净流出的态势，这种问题还没有从根本上解决。普惠金融发展能够切实缓解这一问题，普惠金融是补短板导向的金融资源再配置，金融资源的普惠配置又是乡村资源再配置的先行变量。普惠金融发展有助于进一步加大对薄弱环节金融服务的政策支持，让所有群体能够以平等的机会、合理的价格享受到符合自身需求特点的金融服务，这与长三角地区城乡融合发展、实现乡村振兴的目标相互统一，有利于解决农村地区日益增长的美好生活需要和农村不平衡不充分的发展之间的突出矛盾。另一方面，普惠金融发展有利于实现农村产业兴旺进而推进乡村振兴。要做到推进乡村振兴，产业兴旺是经济基础，企业是主体。企业跨地区发展有利于形成区域一体化发展的产业组织形态，这种产业组织将自动产生经济一体化发展的内生效应。长三角地区是我国小微企业最发达、最密集的区域，科技型小微企业是长三角地区技术创新的活力之源和经济发展的重要组成部分。普惠金融发展有助于充分盘活各类金融资源，促进资源要素有效流动，加大对“中小微弱”群体的金融支持力度，培育新产业、新业态、新模式，推进一二三产业融合发展，实现长三角一体化高质量发展。

第二节　长三角普惠金融发展进程：政策梳理和发展现状

一　长三角普惠金融政策梳理

长期以来，长三角地区普惠金融发展水平处于全国领先地位，三省一市采取了一系列政策措施推动普惠金融发展，产生了良好的经济效益和社会效益，对长江经济带乃至全国普惠金融发展发挥着引领和示范作用。课题组借鉴国务院《推进普惠金融发展规划（2016~2020 年）》的总体思路，从普惠金融体制改革、金融产品和服务手段创新、金融基础设施体系完善、财政与货币政策引导和激励四个方面梳理了 2014~2020 年长三角地区普惠金融相关典型政策，以反映长三角地区近年来普惠金融发展的政策导向与路径选择。

（一）深化普惠金融体制改革

1. 加快银行普惠金融专营机构建设

长三角地区不断从政策层面推进商业银行金融服务重心下沉，努力提升农村正规金融服务的覆盖面、可得性和满意度，在发挥农村商业银行普惠金融服务主体作用的同时，积极引导辖内大中型银行设立普惠金融事业部、专业支行和特色支行，提高对小微企业和“三农”客户的金融服务能力。以江苏省为例，《省政府关于全面推进农村金融创新发展的意见》明确要求国有商业银行完成普惠金融事业部设立工作，推动地方法人城市商业银行尽快设立普惠金融事业部，引导各类商业银行驻江苏分支机构设立普惠金融事业部。普惠金融事业部要以“三农”、小微企业等薄弱领域的金融服务为重点，建立科学的风险管理机制、合理的利率定价机制和差异化的考核评价机制，推动金融资源更多流向“三农”、小微企业和县域经济。

2. 推进授信尽职免责制度落实

长三角各地区政府部门指导商业银行建立尽职免责机制，通过明确认定主体、建立问责听证制度、畅通内部申诉渠道、建立容错纠错机制等做法，增强风险贷款责任追究透明度，提升责任认定客观性。例如，江苏省政府办公厅在《关于充分发挥融资担保体系作用大力支持小微企业和“三农”发展若干措施的通知》中提出推动银行业金融机构和国有融资担保、再担保机构制定细化全流程全岗位的尽职免责制度，设立内部问责申诉通道容错纠错，对已按规定妥善履行授信审批的银行业金融机构业务人员，实行尽职免责。在对小微企业不良贷款进行责任追究时，安徽省政府出台的《安徽省人民政府关于推进普惠金融发展的实施意见》明确要求，如果银行分支机构当年的小微企业贷款实际不良率未超过该行总行设置目标，对于当年该分支机构经办小微企业贷款产生不良的从业人员，在无违反法律法规行为的前提下，可认定为已勤勉尽职地履行了职责，免除其责任。

（二）创新金融产品和服务手段

1. 增强金融业科技应用能力

金融科技借助机器学习、数据挖掘、智能合约等前沿数字技术简化供需双方交易环节，推动金融机构在盈利模式等方面持续优化，有效解决普惠金融发展面临的成本较高、收益较低、效率和安全难以兼顾等问题，助力金融机构降低金融服务门槛和成本，提高发展普惠金融的内生动力。[①] 近年来，长三角地区出台多项政策推动银行业金融机构科技化运用。例如，《中国人民银行南京分行关于江苏省农村金融综合服务站推广建设工作的指导意见》（南银发〔2014〕34 号）首创“农村金融综合服务站”建设，将新型银行设备摆到村口，借助信息通信技术疏通农村结算渠道，解决农村金融服务“最后一公里”问题。上海市发布的《关于促进金融创新支持上海乡村振兴的实施意见》（沪金工〔2019〕30 号）要求大力发展数字普惠金融，支持金融机构运用技术整合各类涉农主体数据，探索业务申请、身份认证、支付结算和实时授信等全流程在线操作的金融服务。浙江省发布的《浙江省人民政府办公厅关于印发浙江省新型基础设施建设三年行动计划（2020—2022 年）的通知》要求加快智慧金融设施建设，以大数据、人工智能、区块链等技术为基础，不断创新金融服务产品和模式，加快传统金融机构智能化转型、新型金融机构科技化应用。

2. 推进基于互联网的普惠金融发展

互联网金融的健康发展可以在改善信息不对称、提升资金配置效率和提高金融服务质量等方面起到显著作用。浙江省发布的《浙江省人民政府关于印发浙江省“互联网+”行动计划的通知》明确提出着力打造以浙江网商银行为龙头引领的互联网金融新业态，鼓励浙江省内金融机构与互联网支付机构进行广泛合作，积极引导互联网金融企业集聚发展。长三角地区其他各省市金融办近年来也审核批复了多家互联网科技小额贷款公司的设立申请，足以看出长三角地区对利用互联网推动普惠金融发展的重视。上海市明确金融科技发展方向，要求提升金融的普惠性和包容性，切实保障不同群体平等享有安全、便利、优质、高效的金融服务，持续加大金融创新对实体经济和民生领域的支持力度。

---

① 黄益平、黄卓：《中国的数字金融发展：现在与未来》，《经济学（季刊）》2018 年第 4 期。

（三）加快完善金融基础设施体系

1. 深化社会信用体系建设合作

为推进长三角地区社会信用体系建设，三省一市联合制定《长三角地区深化推进国家社会信用体系建设区域合作示范区建设行动方案（2018—2020 年）》，从加快推进区域整体信用制度建设、推动重点领域的跨区域联动奖惩、促进跨区域信用信息共享共用、鼓励信用行业服务创新等方面深化区域信用合作。2020 年以来，“信用长三角”建设的步伐日益加快，长三角地区多家征信服务公司共同发起成立“长三角征信机构联盟”。该联盟以“市场主导、开放共享、平等互利、规范自律”为原则，以“完善跨区域信用信息共享机制，共谋产业协同发展”为宗旨，目的在于探索推动信用信息的跨区域开发、利用和配置，优化长三角信用环境，缓解银企信息不对称，提升长三角整体金融服务水平。

2. 建立普惠金融发展动态评估和考核机制

江苏省在《省政府关于推进普惠金融发展的实施意见》中提出，建立涵盖金融服务可得性、使用情况、服务质量的统计指标体系，开展普惠金融专项调查和统计，收集普惠金融服务基础数据和信息，全面评价普惠金融发展情况。安徽省印发的《安徽省人民政府办公厅关于全面推进金融业综合统计工作的实施意见》提出，收集管理全省普惠金融、精准扶贫、绿色金融、科技金融等重点领域的统计数据，以准确反映地方金融体系对全省经济重点领域和薄弱环节的支持力度。浙江省农信联社制定的《浙江农信普惠金融提升工程五年行动计划（2016—2020 年）》提出，要建立制度、计划、目标、考核、评估的普惠金融发展机制，健全考核评估体系，主动找差距、补短板，定期总结、评估实施效果，并与政策支持、市场准入、资源倾斜等挂钩，不断提升普惠金融发展水平。2019 年，人民银行长三角地区分支机构联合推动建立长三角普惠金融指标体系及填报制度，反映各地区普惠金融发展状况。人民银行上海总部发挥牵头作用，在进一步完善统计指标体系的基础上，推动开展长三角普惠金融指标的填报工作，为长三角地区普惠金融发展提供有效的数据支持和信息参考。

3. 优化担保增信体系和机制建设

长三角地区重点推进建立政府性融资担保体系，设立国家融资担保基金，发挥保险增信作用，探索形成“政府+银行+保险”的小额信贷风险共担模式。例如，上海市开展动产担保统一登记试点工作，建设全流程线上供应链融资链条。浙江省发布的《浙江省人民政府关于大力推进大众创业万众创新的实施意见》明确提出，各级政府主导的融资担保公司对初创期、成长期科技企业的融资行为，可按投资额的50%、最高不超过1000万元的标准给予担保。安徽省信用担保集团推出“4321”新型政银担保合作模式，改变由融资担保公司承担全额代偿风险、政府补贴融资担保公司的传统模式，对单户2000万元以下的贷款担保业务，由融资担保公司、安徽省信用担保集团、银行、当地政府，按4：3：2：1的比例共同担风险责任，减轻担保公司的后顾之忧。江苏省发布的《省政府办公厅关于充分发挥融资担保体系作用大力支持小微企业和“三农”发展若干措施的通知》（苏政办发〔2019〕77号）规定各市、县（市）通过新设、指定或重组等方式，2021年底前至少有一家以政府出资为主、以支小支农等政策性融资担保业务为主业、不以赢利为目的的政府性融资担保机构，并鼓励省、市政府性融资担保、再担保机构通过控股、参股等方式，支持县级政府性融资担保机构发展。

（四）发挥货币和财税政策引导和激励作用

1. 完善货币信贷政策

长三角地区三省一市积极发挥再贷款、定向降准的结构性导向作用，引导信贷资源向小微企业等重点群体倾斜，对在普惠金融领域贷款规模达到一定标准的金融机构实施定向降准。人民银行上海总部印发《关于进一步加强民营企业和科技创新企业金融服务的实施意见》，重点聚焦提升对民营企业、科技创新企业的金融服务水平，引导更多金融资源“精准滴灌”支持上海民营经济健康发展和科创中心建设，明确要求将不少于100亿元的再贷款额度聚焦科技创新、先进制造业等重点领域的民营、小微企业，运用多种货币信贷工具“多管齐下”切实传导信贷优惠政策。2020年新冠肺炎疫情发生后，江苏省发布《省政府关于落实就业优先政策进一步做好稳就业工作的实施意见》，提出落实普惠金融定向降准政策，推动对民营企业和小微企业贷款增量扩面，大幅增加制造业中小微企业中长期贷款额度和小微企业信用贷、首贷、无还本续贷额度。

2. 发挥财税政策作用

长三角地区发挥财政资金杠杆撬动作用，支持和引导金融机构及社会资本支持普惠金融发展，落实小微企业和“三农”贷款的相关税收扶持政策。例如，上海市政府印发《关于本市支持返乡下乡人员创业创新促进农村一二三产业融合发展的实施意见》，将财政政策措施向返乡下乡人员创业创新拓展，将符合条件的创业创新项目纳入强农惠农富农政策范围，鼓励扶持涉农创业创新，并按照规定给予税费减免、小额贷款担保贴息、经营场地房租补贴、初创期社保补贴、创业培训补贴等各类政策扶持。江苏省发布《江苏省普惠金融发展风险补偿基金管理办法》，提出为符合条件的科技、农业、制造业、环保等领域的中小微企业提供融资服务，为小微企业增值税小规模纳税人提供税收减免方面的专属优惠政策。

二　长三角普惠金融指数的构建

发展普惠金融有助于引导金融资源配置到经济社会发展的薄弱环节，解决现实中“三农”、中小企业等弱势领域和群体的金融支持问题，有效促进长三角一体化的高质量发展。长期以来，长三角地区在普惠金融发展方面做出了一系列探索和尝试，普惠金融发展态势良好。构建科学、可信的普惠金融发展指数有利于综合分析长三角地区普惠金融发展现状，但目前来看，针对长三角地区普惠金融发展程度的量化研究仍然相对缺乏。借鉴已有普惠金融发展评价的常用方法，课题组利用变异系数法构建普惠金融指数以刻画长三角地区近 5 年普惠金融发展现状并比较其发展差异。

1. 选取普惠金融发展评价指标

为客观、科学地评价长三角地区普惠金融发展现状，课题组立足普惠金融供给和需求两方面，参考已有普惠金融指标体系①，从金融服务“可获得性”和“使用情况”两个维度选取相应指标构建普惠金融发展评价指标体系(见表5-1)。供给方面，金融服务可获得性划分为地理维度服务渗透性和人口维度服务可得性两方面，具体选取每平方公里的银行业金融机构数、每平方公里的银行业金融机构从业人员数、每万人拥有的银行业金融机构数、每万人拥有的银行业金融机构从业人员数4个指标。需求方面，主要考察需求方对两种最基本的金融服务——存款服务和贷款服务的使用情况，具体选取金融机构各项存款余额占GDP的比重、金融机构各项贷款余额占GDP的比重2个指标，共计6个指标。

表5-1　普惠金融发展评价指标体系

维度	描述性指标	指标名称	指标说明
可获得性	地理维度服务渗透性	每平方公里的银行业金融机构数	银行网点数/省域土地面积
		每平方公里的银行业金融机构从业人员数	银行网点从业人员/省域土地面积
	人口维度服务可得性	每万人拥有的银行业金融机构数	银行网点数/省域常住人口数
		每万人拥有的银行业金融机构从业人员数	银行网点从业人员/省域常住人口数
使用情况	存款服务的使用情况	金融机构各项存款余额占GDP的比重	存款余额/GDP
	贷款服务的使用情况	金融机构各项贷款余额占GDP的比重	贷款余额/GDP

资料来源:《中国金融年鉴》、《中国区域金融运行报告》、中经网统计数据库。

2. 确定各指标权重

参考已有研究，本部分选用变异系数法（Coefficient of Variation Method)

① 王婧、胡国晖:《中国普惠金融的发展评价及影响因素分析》,《金融论坛》2013年第6期。

确定各指标在普惠金融指数中所占的权重。变异系数法直接利用各项指标所包含的信息、通过计算得到指标的权重，是一种客观赋权方法。变异系数 V_i 是标准差 δ_i 与平均数 X_i 的比值，其数学表达式为：

$$V_i = \delta_i / X_i$$

然后，加总求其和 $\Sigma_{i=1}^{6} V_i$，由此得到各指标的权重：

$$w_i = V_i / \sum_{i=1}^{6} V_i$$

3. 在指标权重确定的基础上构建普惠金融指数

由于各评价指标的计量单位和经济意义不同，不具有直接可比性，故使用线性阈值法对其进行无量纲化处理，得到普惠金融指数中第 i 个指标 d_i 的计算公式为：

$$d_i = w_i * (A_i - \mathrm{MIN}_i) / (\mathrm{MAX}_i - \mathrm{MIN}_i)$$

其中 w_i（$0 \leqslant w_i \leqslant 1$）为利用变异系数法求得的指标权重，$A_i$ 为第 i 个指标的实际观测值，MIN_i 为第 i 个指标样本中最不利的观测值，MAX_i 为第 i 个指标样本中最有利的观测值。由此可知 $0 \leqslant d_i \leqslant w_i$，$d_i$ 越大则该指标所代表的普惠程度越高。如果衡量普惠金融的指标为 n 个，则普惠金融状况可以表示为 n 维笛卡尔空间中的点 $D=(d_1, d_2, d_3, \cdots, d_n)$，这个空间中的点 $O=(0, 0, 0, \cdots, 0)$ 是可能出现的最坏情形，即完全的金融排除，而点 $W=(w_1, w_2, w_3, \cdots, w_n)$ 表示在普惠金融发展的所有层面上均达到最高水平。由此，普惠金融发展指数 IFI 可以表示为点 D 与点 W 之间的归一化的反欧几里得距离，其公式表示为：

$$\mathrm{IFI} = 1 - \frac{\sqrt{[(w_1 - d_1)^2 + (w_2 - d_2)^2 + \cdots + (w_n - d_n)^2]}}{\sqrt{(w_1^2 + w_2^2 + \cdots + w_n^2)}}$$

考虑到相关数据的可获性，课题组运用 2014～2018 年全国经济金融面板数据，计算省级层面普惠金融指数以反映长三角三省一市的普惠金融发展水平，并与我国其他各省普惠金融发展水平进行横向和纵向比较。

三 长三角普惠金融发展的整体情况

表 5-2 展示了 2014~2018 年全国、长三角地区普惠金融指数均值的变化趋势。横向来看，整体而言，长三角地区普惠金融指数均值高于全国平均水平。2014~2018 年，长三角地区普惠金融指数均值约为同期全国普惠金融指数均值的 3 倍。结合三省一市普惠金融发展情况可知，长三角地区普惠金融指数均值较大程度领先全国主要是因为上海市、浙江省和江苏省普惠金融发展水平较高。根据表 5-2，还可以发现长三角地区内部普惠金融发展并不平衡。上海市普惠金融水平不仅领先于全国，也领先于长三角地区其他省份。2018 年，上海市普惠金融指数约为浙江省的 5.46 倍，为江苏省的 5.91 倍，更是安徽省的 13.53 倍。

表 5-2 2014~2018 年全国、长三角地区普惠金融指数均值

年份	全国	长三角	上海	浙江	江苏	安徽
2014	0.0961	0.3066	0.8904	0.1482	0.1300	0.0579
2015	0.0978	0.2981	0.8399	0.1488	0.1390	0.0645
2016	0.0996	0.2978	0.8392	0.1512	0.1376	0.0631
2017	0.1007	0.3018	0.8460	0.1503	0.1472	0.0638
2018	0.1004	0.2997	0.8405	0.1539	0.1421	0.0621

资料来源：《中国金融年鉴》、《中国区域金融运行报告》、中经网统计数据库。

纵向来看，长三角地区普惠金融指数均值近年来呈小幅波动趋势。2014~2016 年，长三角地区普惠金融指数均值与上海市普惠金融指数变化趋势较为一致，均呈现减速放缓的趋势。2016~2017 年，长三角地区普惠金融指数均值出现小幅上升，这主要是上海市、江苏省、安徽省在同期的小幅上升所致。2017~2018 年，长三角地区普惠金融指数均值呈小幅下降趋势。结合三省一市普惠金融发展情况可知，上海市、江苏省、安徽省普惠金融指数在同期均出现速度降低是长三角地区普惠金融指数均值小幅下降的主要原因。

四　长三角普惠金融发展的分维度情况

1. 普惠金融发展的可获得性维度

表 5-3 展示了 2014~2018 年全国、长三角地区金融服务可获得性指数均值的变化趋势。可以发现，2014~2018 年，长三角地区金融服务可获得性指数均值呈现先减后增再减的变化态势。2014~2015 年，长三角地区金融服务可获得性指数均值以 7.1%的速度下降，结合三省一市情况分析可知，上海市金融服务可获得性指数在同期以 11%的速度下降是造成长三角地区该指数下降的主要原因。结合表 5-4 2014~2018 年长三角地区普惠金融指标描述性统计，从指数构成的具体指标进行分析，发现该分维度指数的下降主要与每万人拥有的银行业金融机构从业人员数的减少有关。

2015~2017 年，长三角地区金融服务可获得性指数均值持续稳步上升。2015~2016 年，长三角地区金融服务可获得性指数均值的增长与上海市、浙江省金融服务可获得性的同期改善相关。2016~2017 年，长三角地区金融服务可获得性指数均值的上升可从指数构成的具体指标来解释。表 5-4 显示，构成金融服务可获得性的四个分指标在同期皆出现一定幅度的增长。

2017~2018 年，长三角地区金融服务可获得性指数均值开始出现小幅下降。结合三省一市具体情况分析可知，该指数均值的下降主要是江苏省、安徽省同期的下降幅度总体上大于浙江省、上海市同期的上升幅度所致。进一步结合表 5-4 指数构成的具体指标分析可知，每平方公里的银行业金融机构数和每万人拥有的银行业金融机构数的减少是导致 2017~2018 年长三角地区金融服务可获得性指数均值下降的主要原因。2017~2018 年，长三角地区金融服务可获得性指数的多个分指标都出现了增长减缓甚至是下降趋势，这在一定程度上反映了随着时间推移，银行业金融机构正逐渐舍弃通过增设网点等传统方式提升金融服务可获得性，而是更多地结合金融科技手段来填补金融服务真空地带。

表 5-3　2014~2018 年全国、长三角地区金融服务可获得性指数均值

年份	全国	长三角	上海	浙江	江苏	安徽
2014	0.0949	0.3228	0.9618	0.1435	0.1302	0.0556
2015	0.0938	0.2999	0.8562	0.1435	0.1387	0.0612
2016	0.0950	0.3001	0.8588	0.1461	0.1368	0.0589
2017	0.0963	0.3052	0.8692	0.1452	0.1470	0.0593
2018	0.0959	0.3051	0.8710	0.1489	0.1416	0.0592

资料来源：《中国金融年鉴》、《中国区域金融运行报告》、中经网统计数据库。

表 5-4　2014~2018 年长三角地区普惠金融指标描述性统计

指标	2014 年	2015 年	2016 年	2017 年	2018 年
金融服务可获得性维度					
每平方公里的银行业金融机构数(个)	0.104	0.108	0.108	0.111	0.109
每平方公里的银行业金融机构从业人员数(个)	2.051	2.055	2.038	2.094	2.112
每万人拥有的银行业金融机构数(个)	1.688	1.744	1.734	1.764	1.719
每万人拥有的银行业金融机构从业人员数(个)	33.170	33.085	32.623	33.295	33.305
金融服务使用情况维度					
金融机构人均各项存款占人均 GDP 的比重	1.806	2.048	2.040	1.970	1.884
金融机构人均各项贷款占人均 GDP 的比重	1.359	1.415	1.440	1.466	1.474

资料来源：《中国金融年鉴》、《中国区域金融运行报告》、中经网统计数据库。

2. 普惠金融发展的使用情况维度

表 5-5 展示了 2014~2018 年全国、长三角地区金融服务使用情况指数均值的变化情况。可以发现，考察期内长三角地区金融服务使用情况指数均值先上升后下降，2016 年达到最大值 0.3038。具体而言，2014~2016 年，长三角地区金融服务使用情况指数均值逐年上升，但上升幅度减缓，增幅由 22.6%减至 0.2%。这一变化可以结合表 5-4 从指数构成的具体指标进行分析。2014~2015 年，金融机构人均各项存款占人均 GDP 的比重和金融机构人均各项贷款占人均 GDP 的比重这两个分指标分别以 13.4%、4.1%的速度增长，导致金融服务使用情况指数均值大幅提高。2015~2016 年，金融机构人均各项存款占人均 GDP 的比重下降，金融机构人均各项贷款占人均 GDP 的比重上升，

分项指标变化方向的不一致导致金融服务使用情况指数均值增速放缓。

2016~2018 年，长三角地区金融服务使用情况指数均值逐年下降，且降幅明显扩大，降幅由 1.6%变为 8.7%。结合表 5-4 从指数构成的具体指标分析可知，该分维度指数降幅扩大与金融机构人均各项存款占人均 GDP 的比重在 2016~2018 年加速下降有关，降幅由 3.4%变为 4.4%。那么是什么原因造成了长三角地区存款占 GDP 比重的加速下降呢？课题组认为，长三角地区数字金融发展较早且发展速度较快，地区数字金融产品和服务普及程度较高且居民、企业使用频繁，譬如互联网理财产品。前文中所指出的长三角地区存款占 GDP 比重在 2016~2018 年的下降正是因为需求主体将部分资金转移到互联网理财上，而本部分指数计算所选取的指标主要衡量传统普惠金融的发展情况，数字金融产品或服务的使用情况未被完全反映到指标中。观察表 5-4 还可以发现，长三角地区金融机构人均各项贷款占人均 GDP 的比重在 2014~2018 年持续增加，这反映了长三角地区信贷资金覆盖范围不断扩大以及人们对信贷服务接受意愿正逐步提升的现实情况。

表 5-5 2014~2018 年全国、长三角地区金融服务使用情况指数均值

年份	全国	长三角	上海	浙江	江苏	安徽
2014	0.1903	0.2473	0.4594	0.2837	0.1246	0.1217
2015	0.2337	0.3031	0.6039	0.3048	0.1472	0.1563
2016	0.2564	0.3038	0.5723	0.3009	0.1587	0.1835
2017	0.2578	0.2990	0.5538	0.2983	0.1527	0.1912
2018	0.2575	0.2731	0.4915	0.3006	0.1578	0.1424

资料来源：《中国金融年鉴》、《中国区域金融运行报告》、中经网统计数据库。

第三节 数字化时代的普惠金融：长三角县域数字普惠金融发展现状

随着移动互联网不断普及和数字技术持续创新，中国的数字普惠金融经历了快速发展。2016 年，G20 框架下普惠金融全球合作伙伴对数字普惠金融的定义被广泛接受。数字普惠金融泛指一切通过使用数字金融服务以促进普惠金融的行动。数字普惠金融突破了传统金融服务供给的时空约束，促使金融服务的交易成本更低、流程更加便捷，成为数字化时代普惠金融发展的重要动力。

课题组立足长三角地区数字普惠金融发展的客观现实，利用北京大学数字金融研究中心组织的联合课题组编制的数字普惠金融县域层面指数对长三角县域数字普惠金融的发展现状进行定量研究，并从覆盖广度、使用深度和数字化程度 3 个分维度，分析 2014～2018 年长三角县域数字普惠金融的整体发展水平、地区均衡程度以及动态变化情况，这将有利于政策制定者和从业人员更全面地了解长三角地区县域数字普惠金融发展情况，识别数字普惠金融发展过程中面临的瓶颈与障碍，同时制定相应政策，采取合理措施，促进长三角地区县域数字普惠金融健康可持续发展。

一 数字普惠金融指数的构建

北京大学编制的数字普惠金融指标体系包含了数字金融服务的覆盖广度、使用深度和数字化程度 3 个一级维度，账户覆盖率、支付业务等 11 个二级维度，共计 33 个具体指标。其中，覆盖广度主要通过电子账户数（如互联网支付账号及其绑定的银行账户数）等来体现；使用深度主要依据实际使用互联网金融服务的情况，包括支付业务、信贷业务、保险业务、投资业务和征信业务等，具体指标从实际使用人数、人均交易笔数和人均交易金额来衡量；数字化程度方面，便利性和成本是影响用户使用金融服务的主要因素。截至 2019 年 4 月，该指数覆盖了全国 31 个省、337 个地级以上城市和约 2800 个县，具有相当的代表性和可靠性。① 考虑到北京大学数字普惠金融指标评价体系包含的具体指标数量较多，课题组在此不详细列举，可参

---

① 郭峰等：《测度中国数字普惠金融发展：指数编制与空间特征》，《经济学（季刊）》2020 年第 4 期。

见《北京大学数字普惠金融指数（2011–2020）》。

图 5–1 展示了数字普惠金融指数计算的整体思路，在构建数字普惠金融指数时，首先采用对数型功效函数法对具体指标进行无量化纲处理，同时使用变异系数法为二级维度下的各个具体指标赋权，随后运用主观赋权法为一级、二级维度指标赋权，最后选用加权算术平均合成模型，依次进行加总处理，得到综合性的数字普惠金融指数。

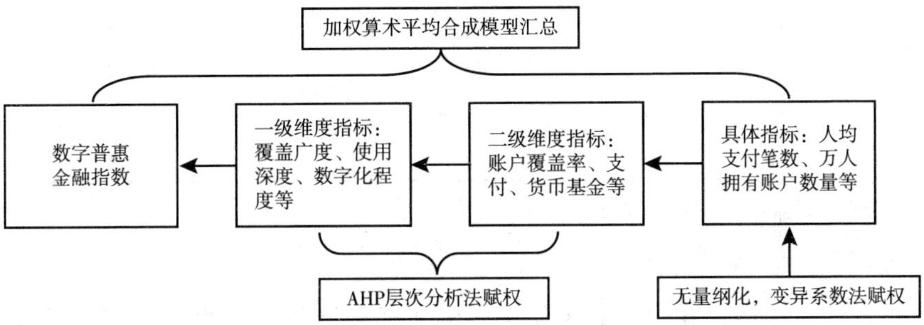

图 5–1 数字普惠金融指数计算的整体思路

二 长三角地区县域数字普惠金融发展的整体情况

作为我国目前经济发展速度最快、经济规模最大、最具发展潜力的经济板块，长三角地区近年来数字普惠金融发展水平居于全国前列。表 5–6 展示了 2014~2018 年全国、长三角地区县域数字普惠金融的发展情况。可以发现，2014~2018 年，长三角地区县域数字普惠金融指数均值逐年增长，且始终高于全国平均水平。2014~2015 年，无论是长三角地区还是全国，其县域数字普惠金融指数均值大幅增长，且全国县域数字普惠金融指数均值增速高于长三角地区，前者约为后者的 1.2 倍。2015~2018 年，长三角地区和全国县域数字普惠金融指数增速都出现了一定程度的放缓。长三角地区县域“高指数，低增速”的现象在一定程度上反映了这样一个事实：长三角地区居民数字素养相对较高，较早接触并使用数字金融产品和服务，有利于县域数字普惠金融发展，故其县域数字普惠金融指数均值高于全国平均水平。但也正是因为长三角地区县域较高的数字普惠金融水平，导致其数字普惠金融推广与全国相比趋于饱和，发展增速相对低于全国数字普惠金融发展增速。

表 5-6　2014~2018 年全国、长三角地区县域数字普惠金融指数均值

年份	全国	长三角地区
2014	47.15	65.79
2015	67.78	89.14
2016	90.03	96.19
2017	104.60	111.06
2018	105.32	113.24

资料来源：北京大学数字普惠金融指数。

表 5-7 展示了 2014~2018 年长三角地区县域数字普惠金融指数及其分维度指数（包括覆盖广度指数、使用深度指数、数字化程度指数）中位值的变化情况。可以发现，2014~2018 年，长三角地区县域数字普惠金融指数的中位值逐年增长。2014~2015 年，中位值从 66.32 增长至 87.61，增幅达 32%。同期数字普惠金融指数的分维度指数的中位值增幅也较大，其中数字化程度指数增幅高达 105%。2015~2017 年，由于长三角地区县域使用深度指数和数字化程度指数中位值分别以 19%、64%的复合增速高速增长，长三角地区县域数字普惠金融指数的中位值仍保持明显增长趋势，复合增速为 12%。然而，同期覆盖广度指数中位值增长乏力，复合增速仅为 3%，这可能是因为长三角地区县域数字普惠金融推广已经达到相对高度，趋于饱和。[①] 2017~2018 年，长三角地区县域数字普惠金融指数的中位值增长放缓，数字普惠金融指数的 3 个分维度指数中位值在 2017~2018 年出现不同程度的增长减缓甚至下降是主要原因。

---

① 张晖：《县域数字金融发展评价体系和普惠特征研究——兼论与传统普惠金融发展的关系》，《农业经济问题》2020 年第 11 期。

表 5-7　2014~2018 年长三角地区县域数字普惠金融指数及其分维度指数的中位值

年份	数字普惠金融指数的中位值	覆盖广度指数的中位值	使用深度指数的中位值	数字化程度指数的中位值
2014	66.32	70.80	79.44	25.23
2015	87.61	90.79	102.44	51.78
2016	96.21	94.42	113.36	88.04
2017	110.81	95.71	145.38	138.86
2018	113.44	95.53	145.60	125.67

资料来源：北京大学数字普惠金融指数。

三　长三角地区县域数字普惠金融发展的地区差异

在数字普惠金融快速发展的同时，与中国大多数区域经济特征一样，长三角县域数字普惠金融发展程度也存在一定的内部差异。为度量数字普惠金融发展的内部差距，我们计算了长三角县域数字普惠金融指数的变异系数。从图 5-2 可以看出，2014~2018 年，长三角地区县域数字普惠指数变异系数整体呈下降趋势。在数字普惠金融考察期初，长三角地区县域数字普惠金融指数变异系数高达 0.224，但 2018 年变异系数仅为 0.068，缩小了近 70%，反映了长三角地区内部数字普惠金融发展差距的收敛趋势。这在一定程度上说明了相较于传统普惠金融，数字普惠金融具有更好的地理穿透性，借助数字技术的发展和推广，能够使客户群体大众化、交易成本低廉化，突破传统普惠金融体系渠道有限、持续性差、创新乏力等局限，使得相对落后地区也可以享受到合适的金融服务，开创了一种全新的普惠金融模式。

四　长三角地区县域数字普惠金融发展的动态变化

长三角地区县域数字普惠金融发展正处于动态变化之中，其中不但有整体水平的变化，也存在着地区差异的变化。基于此，课题组分析了上海市、浙江省、江苏省、安徽省数字普惠金融发展的动态变化。表 5-8 至表 5-11 展现了 2014~2018 年三省一市县域数字普惠金融指数及其分维度指数均值的变化情况。

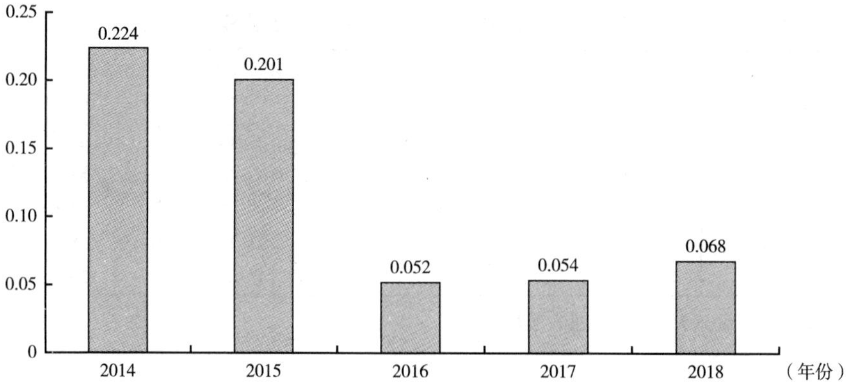

图 5-2　2014~2018 年长三角地区县域数字普惠金融指数变异系数

资料来源：北京大学数字普惠金融指数。

表 5-8　2014~2018 年长三角地区县域数字普惠金融指数均值

年份	上海	浙江	江苏	安徽
2014	65. 43	79. 61	66. 46	53. 06
2015	89. 75	106. 41	90. 07	73. 16
2016	99. 55	99. 05	97. 15	92. 24
2017	102. 7	115. 44	111. 87	106. 11
2018	100. 06	118. 95	114. 37	106. 79

资料来源：北京大学数字普惠金融指数。

纵向来看，2014~2018 年，长三角三省一市县域数字普惠金融指数均值整体呈上升趋势，且增长速度均从 2017 年开始放缓。结合数字普惠金融指数的 3 个分维度指数（见表 5-9、表 5-10、表 5-11）分析可知，2014~2017 年长三角三省一市县域数字普惠金融指数均值显著增长主要是由使用深度指数与数字化程度指数驱动，覆盖广度指数由于数字普惠金融服务覆盖面逐渐饱和而增幅较小。2017~2018 年，长三角县域数字普惠金融指数均值增长趋缓，这主要是覆盖广度指数均值增幅均小于 0，使用深度指数和数字化程度指数均值增幅缩小所致。

横向来看，长三角三省一市县域数字普惠金融指数均值在 2014 年、

2015 年差异较大（见表 5-8），县域数字普惠金融指数均值最高的是浙江省，最低的是安徽省，且差异十分显著。结合分维度指数（见表 5-9、表 5-10、表 5-11）来看，上述发展差异很大程度上是各省份在数字普惠金融覆盖广度上的差异造成的。相比于 2014~2015 年，长三角三省一市县域数字普惠金融指数均值在 2015~2018 年差异逐步减小，这表明长三角内部数字普惠金融发展的地区差异在逐渐缩小。

进一步分析表 5-8，还可以发现，2017~2018 年，上海县域数字普惠金融指数均值处于长三角地区最低水平，且其余年份中，上海市也并非领先者。作为长三角地区的核心城市，上海金融与科技发展水平处于全国前列，其数字普惠金融发展也应处于领先地位，是什么原因导致了这一现象呢？课题组认为可能是长期以来，上海经济发展以其核心地区为重心，对周边县域乡村的经济发展产生了较大的虹吸效应，使得上海县域发展远远落后于城市发展，也落后于长三角其他省份县域。

表 5-9　2014~2018 年长三角地区县域覆盖广度指数均值

年份	上海	浙江	江苏	安徽
2014	66.80	92.78	73.05	50.64
2015	88.20	121.13	96.70	71.42
2016	97.99	99.38	96.13	90.33
2017	83.89	100.66	97.46	91.30
2018	79.86	100.59	97.21	89.79

资料来源：北京大学数字普惠金融指数。

表 5-10　2014~2018 年长三角地区县域使用深度指数均值

年份	上海	浙江	江苏	安徽
2014	83.09	86.17	77.82	67.73
2015	109.38	113.81	100.92	87.79
2016	113.37	116.19	109.86	100.67
2017	141.28	153.08	143.67	134.36
2018	128.58	155.61	145.39	133.61

资料来源：北京大学数字普惠金融指数。

表 5-11　2014~2018 年长三角地区县域数字化程度指数均值

年份	上海	浙江	江苏	安徽
2014	28.82	24.20	24.06	34.44
2015	59.2	44.38	48.48	52.30
2016	79.61	66.80	77.43	83.27
2017	94.73	95.87	101.64	103.67
2018	114.905	112.98	114.66	114.21

资料来源：北京大学数字普惠金融指数。

第四节　长三角普惠金融发展典型案例

一　电商融资：江苏沭阳花木行业电商经营主体融资调查研究

随着“互联网+”时代的到来，农村互联网基础设施和交通体系日益完善，农村网民规模迅猛增长，物流配送体系进一步健全，农村电子商务得到蓬勃发展。部分农村地区将电子商务与当地特色农业产业深度结合，形成了一批主营水产品、花木、蔬果等特色农产品的电子商务村。农村电商的发展离不开金融支持，中国人民银行、银保监会等五部门联合印发的《关于金融服务乡村振兴的指导意见》明确提出鼓励金融机构开发针对农村电商的专属贷款产品，打通农村电商的资金链条。课题组聚焦江苏沭阳花木行业电商经营主体的融资行为，通过发放调查问卷研究电商经营主体在融资过程中存在的问题，并提出相应的解决方案，对于提升电商主体信贷可获性、推动农村电商进一步发展进而促进农村经济增长具有一定现实意义。①

（一）沭阳花木行业基本情况

沭阳县位于江苏省宿迁市，其花木行业历史悠久，早在 20 世纪 80 年代

① 刘昊：《农村电商经营主体融资可得性和创新模式研究》，南京农业大学硕士学位论文，2019。

就开始了花木的商品化生产。经过多年发展，沭阳县花木种植面积由20世纪90年代的0.3万亩扩张到2021年的60多万亩，成为江苏省最大的花木产区，同时也是中国四大花木主产区之一。沭阳县花木从业人员在25万人以上，有3万左右的专业花木经纪人长期活跃在全国各地，花木产业已经成为当地农业的支柱性产业。

沭阳县作为中国“互联网+三农”经营模式的典型代表，经过10多年的不懈探索，成功实现了电子商务和花木产业集群的有机融合发展。据相关部门统计，沭阳县花木产品的线上销售额已经达到了沭阳县花木产业总产值的一半以上。全县上下形成了浓厚热烈的电商氛围和富有活力的花木产业创新局面。

花木产业的迅猛发展充分反映了花木产业电商市场发展空间巨大，同时具备很好的经济效益。以沭阳县颜集镇为例，2018年上半年，全镇花木线上销售额达8.2亿元，同比增长30.5%，占全镇花木产品总销售额的52.6%。2018年以来，全镇新增网店近500个，网店总数7000多个，其中皇冠级别的网店500余家。全镇新增物流快递公司3家，总数达28家，确保订单快速送达。

（二）沭阳花木经营主体融资现状

2022年，沭阳拥有各类活跃网商达5万家，在主流电商平台花木类卖家中占60%的份额，是研究农村电商经营主体融资问题的典型案例。课题组共计发放200份调查问卷，其中38%（76份）为花木非电商经营主体，62%（124份）为花木电商经营主体。剔除资料不完整和逻辑不通的问卷，共计收回有效问卷190份。

1. 融资需求

面对“最近一年是否有融资需求”的问题时，花木电商经营主体中有72户表示有融资需求，42户表示没有。花木非电商经营主体中有42户有融资需求，34户没有融资需求。由表5-12可知，无论是花木电商经营主体还是花木非电商经营主体的融资需求普遍集中在20万元以下，其中10万元以下的融资需求更为突出。这反映出沭阳花木经营主体的融资需求规模普遍较小，与大部分经营主体处于成长期的事实相符。调研发现，花木经营主体最需要资金的环节集中在产前，花木产品经营前期投资成本较大，导致大部分花木经营主体资金匮乏。

表 5-12 融资需求额统计

单位：份，%

	10 万元以下	10 万～20 万元	20 万～50 万元	50 万～100 万元	100 万元以上
电商经营主体问卷数量	31	16	14	5	6
百分比	44	22	19	7	8
非电商经营主体问卷数量	24	6	7	2	3
百分比	57	14	17	5	7

2. 融资渠道

面对“资金紧张状况下经营主体的融资渠道排序”这一非必答问题时，调研发现无论是花木电商经营主体还是非电商经营主体都将银行作为融资渠道的首选，其次是向亲戚朋友借钱。当花木经营主体所需金额较小时，考虑到银行贷款手续繁杂且需偿还利息，他们更倾向于向亲戚朋友借钱。电商融资平台作为一种新型融资模式，放款速度快、手续简单且短期利率较低，然而实际中选择电商平台融资的经营主体却很少，该部分人群年龄集中在 20～35 岁，文化程度大都在高中及以上，所掌握的互联网知识和金融知识较多。这说明当地的电商平台融资普及率偏低，仅有少部分年轻人愿意使用，大部分人对电商平台融资业务的了解程度不高。另外，绝大部分的经营主体表示对电商平台融资没有兴趣，一方面由于电商融资平台在农村的宣传不到位，传统银行融资渠道短期内仍占据主导地位，另一方面源于农户对新事物普遍保持比较保守的态度（见表 5-13）。

表 5-13　融资渠道统计

单位：户，%

	银行	亲戚朋友	电商平台	其他
电商经营主体首选户数	72	26	7	5
百分比	65	24	6	5
选择户数	94	64	14	5
百分比	53	36	8	3
非电商经营主体首选户数	43	28	1	0
百分比	60	39	1	0
选择户数	65	51	2	4
百分比	53	42	2	3

3. 融资成本

关于贷款年利率，花木电商经营主体中仅有 6 户表示其贷款年利率在基准利率上浮 50%以下，9 户在基准利率上浮 50%~100%，53 户在基准利率上浮 100%~200%，4 户在基准利率上浮 200%以上。非电商经营主体回答上述利率范围的户数分别为 7、5、23 和 3 户。总体来看，大部分花木经营主体的贷款年利率集中在基准利率上浮 100%~200%，贷款成本普遍较高。该结果也符合常理，因为银行面向农村电商经营主体的贷款业务主要包括抵押贷款和信用贷款两类。由于缺乏抵质押物，银行很难向其发放抵押贷款。对于花木电商经营主体来说，信用贷款业务贷款利率过高，长期来看难以负担，这给花木电商经营主体造成了两难的局面，也是融资过程中存在的核心问题（见表 5-14）。

表 5-14　贷款年利率统计

单位：份，%

	基准利率上浮			
	50%以下	50%~100%	100%~200%	200%以上
电商经营主体问卷数量	6	9	53	4
占比	8	13	74	5
非电商经营主体问卷数量	7	5	23	3
占比	18	13	61	8

4. 融资可得性

从表 5-15 中可以发现，当受访对象是花木电商经营主体时，面对“是否从银行获得贷款”的问题，有 42 户选择了“是”，有 72 户选择了“否”。当受访对象是花木非电商经营主体时，面对“是否从银行获得贷款”的问题，有 16 户选择了“是”，有 60 户选择了“否”。由此可以粗略看出，花木电商经营主体的融资可得性要高于非电商经营主体。

表 5-15　是否从银行获得贷款统计

单位：份，%

	是	否
电商经营主体问卷数量	42	72
占比	37	63
非电商经营主体问卷数量	16	60
占比	21	79

从表 5-16 中可以看出，无论是花木电商经营主体还是花木非电商经营主体，其在融资过程中遇到的最主要困难都是缺乏抵押物和担保，这也是中国农村地区融资难、融资贵的主要原因。此外，农村地区信用评级制度不完善、融资成本过高也在一定程度上造成了融资困难。

表 5-16　经营主体融资过程中遇到的最主要困难统计

单位：份，%

	缺乏抵押物	缺乏担保	信用评级不达标	融资成本高
电商经营主体问卷数量	48	49	24	24
占比	33	33	17	17
非电商经营主体问卷数量	36	32	8	12
占比	41	36	9	14

5. 金融知识

当受访对象是花木电商经营主体时，面对“是否了解当地政府对花木行业农村电商的优惠政策”的问题，有 44 户表示了解，有 70 户表示不了解。当受访对象是花木非电商经营主体时，面对“是否了解当地政府对花木行业农村电商的优惠政策”的问题，有 19 户表示了解，有 57 户表示不了解。这说明花木经营主体普遍对当地政府的花木行业农村电商优惠政策了解较少，但相比之下，花木电商经营主体对政府的优惠政策比非电商经营主体了解要多。此外，选择“不了解”的调研对象文化程度集中在初中以下（见表 5-17）。

表 5-17 经营主体对当地政府对花木行业农村电商的优惠政策的了解统计

单位：份，%

	了解	不了解
电商经营主体问卷数量	44	70
占比	39	61
非电商经营主体问卷数量	19	57
占比	25	75

当受访对象是花木电商经营主体时，面对“是否了解一些金融基础知识”的问题，仅有 1 户表示非常了解，有 8 户表示比较了解，有 29 户表示稍微了解，有 76 户表示不了解。当受访对象是花木非电商经营主体时，面对“是否了解一些金融基础知识”的问题，仅有 2 户表示非常了解，有 5 户表示比较了解，有 11 户表示稍微了解，有 58 户表示不了解。由表 5-18 可以看出，无论是花木电商经营主体还是非电商经营主体，对金融基础知识的认知都不足，但相对来说，花木电商经营主体比非电商经营主体对金融基础知识的认知程度更高一些，这也是因为花木电商经营主体相对来说更加年轻化，且其文化水平相比非电商经营主体要高一些，所以对金融基础知识的认知渠道也更为广泛。此外，选择“不了解”的调研对象的文化程度集中在初中以下。

表 5-18　对一些金融基础知识的了解统计

单位：份，%

	非常了解	比较了解	稍微了解	不了解
电商经营主体问卷数量	1	8	29	76
占比	1	7	25	67
非电商经营主体问卷数量	2	5	11	58
占比	3	7	14	76

（三）目前存在的融资问题及解决方案

1. 经营主体自身层面

沭阳县花木电商经营主体成立时间多为最近几年，经营时间短、资本积累不足。大部分花木电商经营主体只有较少的私有财产和交通工具等可以用作银行等金融机构的抵押物，这些抵押物的数量非常有限，当花木电商经营主体遇到较大融资需求时，抵押物不够充足、担保方式不够灵活的问题就会显露出来。

管理水平落后、花木产品创新不足是沭阳县花木行业农村电商发展中存在的较为明显的缺陷。根据实地调研和走访了解到，当地大部分花木电商经营主体的财务制度不完善，这对其持续经营发展非常不利，花木电商经营主体的良好信誉难以建立。花木经营主体对市场上的电商平台融资产品了解甚少、文化水平普遍不高、金融认知程度较低等都压缩了当地花木电商经营主体进一步发展的空间。

当地花木电商经营主体的融资问题要想得到合理有效的解决，可以通过创新种植技术，生产精品苗木；规范财务制度，提高经营管理水平；普及金融知识，提高金融认知度及设立花木行业协会等措施改善。

2. 金融机构层面

沭阳县花木行业农村电商是通过电子商务升级传统花木种植业而来，目前银行等金融机构对花木电商经营主体的信用评级制度有待完善。同时，大多数花木电商经营主体对信用评级制度和财务制度等并不是很了解。对当地银行等金融机构来说，花木电商经营主体的贷款违约风险相比其他贷款业务要高很多，但是在信贷审批过程和监管费用等方面几乎没有差异。因此，出于信贷资金安全性方面的考虑，为了控制信贷风险，银行等金融机构对当地花木电商经营主体的信用贷款业务发放很少，大多还是以不动产抵押的方式对花木电商经营主体进行金融服务支持。

传统银行等金融机构在开展贷款业务时都是重抵押、轻信用，花木电商经营主体一般很难拿出足值的固定资产作为抵押物，因而贷款产品以及既有业务创新不能满足花木电商经营主体的融资需求。在实际工作中，当地银行等金融机构应当充分考虑到花木电商经营主体的特点，因地制宜地推出专项贷款产品、开通绿色审批通道，从而使当地花木电商经营主体的融资需求得到有效满足。

3. 政府层面

缺乏专业的花木评估机构。当地花木电商经营主体最主要、最有价值的资产就是花木产品，而花木抵押首先需要经过专业性资产评估。然而花木的种类非常多，不同的种类却可能有着相同的外形，但实际上两者价格相差非常大。同时，花木的市场价格波动性较大，所以将花木产品作为抵押物对于银行等金融机构来说具有很大的融资风险。目前我国专业性农业资产评估机构非常匮乏，短期内难以将花木产品作为抵押物，政府应当普及花木抵押登记，建立专业的花木价值评估机构。

另外，政策性农业信贷担保公司在农村的认知普及度不高，绝大多数人对政策性担保公司的了解几乎为零。当地政府应该加大宣传力度，配合探索“政府+银行+政策性农业信贷担保公司”的合作模式，加快建立健全农业信贷担保体系。

（四）沭阳县花木电商经营主体创新型融资模式的提出

现有的电商平台融资产品可以满足一些资金需求紧急、融资额度较小的花木电商经营主体融资需求，但是从实地调研和走访的情况来看，当地很多居民无法接受从银行以及亲戚朋友以外的渠道获得资金来源。课题组针对当地花木电商经营主体经营过程中最常见的产前采购和上下游赊账产生的资金短缺的问题，创新性地提出了担保机制下的线上农业供应链融资模式，并在原有的融资活动中加入了政策性农业信贷担保公司。

担保机制下的线上农业供应链融资模式又可分为线上预付账款融资模式

和线上应收账款融资模式。担保机制下的线上预付账款融资模式是在传统预付账款融资模式的参与主体间加入电商平台和政策性农业信贷担保公司，分别代替了原先农业龙头企业的推荐作用和担保作用。[①] 此外，参与主体之间通过电商平台发布信息、操作业务以及互相交流，电商平台在其中扮演着信息聚集库、业务执行者、各方协调者和进程监控者的综合性服务平台角色。担保机制下的线上应收账款融资模式是指以花木电商经营主体与其下游经营主体之间签订的购销合同所产生的应收账款为基础，并将其作为第一直接还款来源，通过电商平台和政策性农业信贷担保公司有效降低信息不对称和失真现象所带来的信贷风险，同时提高融资效率，促进农业供应链融资模式高效流畅地运作。

担保机制下的线上预付账款、线上应收账款融资模式流程如图 5-3、图 5-4 所示。

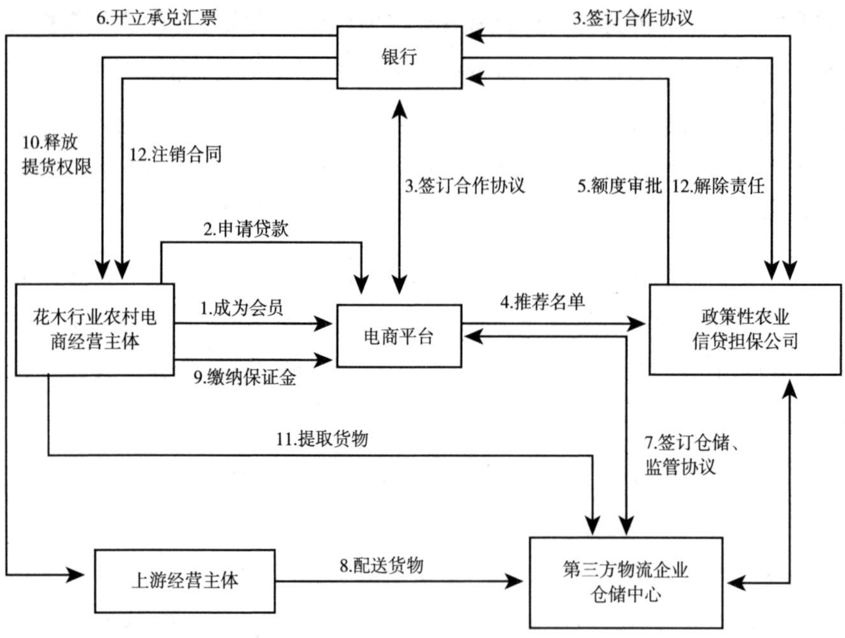

图 5-3　担保机制下的线上预付账款融资模式流程

注：图中的序号代表流程中的某一操作节点，不代表操作顺序。

---

① 唐艺、刘昊、徐建奎：《基于农村电商融资的创新思维模式研究——以江苏省沭阳县花木行业为例》，《农业经济问题》2021 年第 9 期。

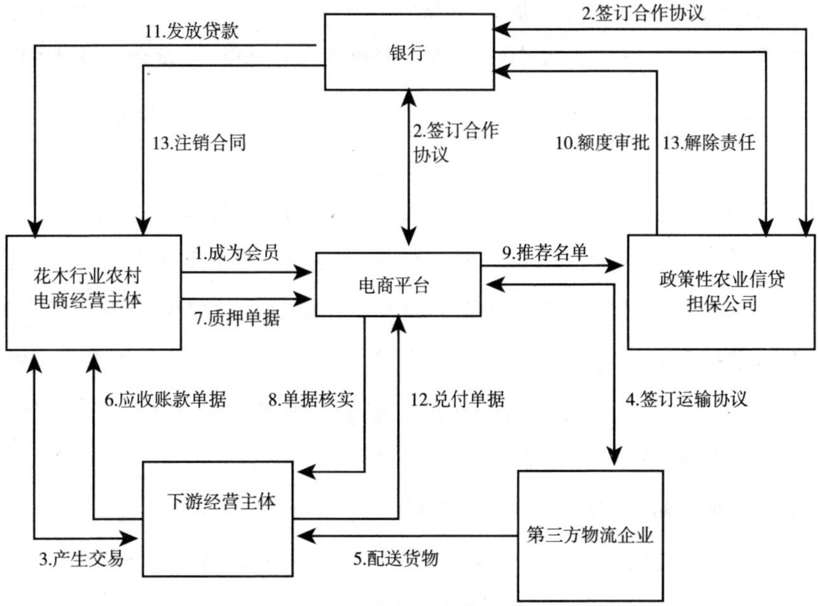

图 5-4 担保机制下的线上应收账款融资模式流程

注：图中的序号代表流程中的某一操作节点，不代表操作顺序。

二 “绿贷通”：浙江湖州“贷”动绿色普惠金融发展——来自国家绿色金融改革创新试验区的创新实践

大力发展普惠金融和绿色金融，是党的十八届三中全会发布的《中共中央关于全面深化改革若干重大问题的决定》中明确提出的金融改革方向，也是杭州 G20 峰会上全球金融治理“中国方案”的关键内容。

绿色金融是指金融支持环境改善、应对气候变化和资源节约高效利用的经济活动，即对环保、节能、清洁能源、绿色交通、绿色建筑等领域的项目投融资、项目运营、风险管理等所提供的金融服务。当前，普惠金融和绿色金融在一定程度上依然保持相对独立发展的态势，与我国经济金融发展实际需要相比仍有差距。一方面，一味地强调绿色金融发展，虽然引导资金流向了节约资源、技术开发和生态环境保护等产业，但将会使大量分布广、环境保护意识较差的小微经济体难以获得金融服务，导致“绿而不普”。另一方面，一味地突出普惠金融发展，虽然强化了对“长尾”群体、弱势群体的金融支持，但将使原本就以牺牲环境为代价组织生产的小微企业产生的污染越来越多，导致“普而不绿”。在此背景下，普惠金融和绿色金融融合协同显得尤为必要。

2017 年 6 月，经国务院批准、中国人民银行等七部委正式发文确定，浙江省湖州市成为全国首批 8 个创建绿色金融改革创新试验区的地市之一。以拓宽中小微企业融资渠道为抓手、以为中小微企业提供综合金融服务为重点，湖州市搭建的“绿贷通”银企对接服务平台是践行绿色普惠金融的典型案例，对其实践经验的总结和提炼，能够为其他地区“政银企”合作推进绿色普惠金融提供借鉴和启发。

（一）浙江湖州“绿贷通”案例描述

湖州市位于浙江省北部，是长三角城市群成员城市，也是环杭州湾大湾区核心城市。湖州市是习近平总书记首次提出“绿水青山就是金山银山”发展理念的城市，近年来一直致力于将自身的生态环境优势转化为经济优势。为继续扎实推进国家绿色金融改革创新试验区建设，深入实践绿色普惠金融，进一步拓宽企业融资渠道、提高融资效率，湖州市在全国首创“绿贷通”线上银企对接服务平台，目的在于为市内符合条件的企业提供精准、高效的融资服务，切实解决客户“融资难、融资贵”等问题。

1.“绿贷通”平台基本情况

2018 年 12 月，经过 5 个月试运行，湖州“绿贷通”银企对接服务平台正式启动。“绿贷通”由湖州市政府金融工作办公室、中国人民银行湖州市中心支行、湖州市银保监分局共同主办，湖州市绿色金融服务中心承办，汇集了湖州市所有银行机构及其信贷产品信息，并对接浙江省大数据发展管理局、湖州市大数据发展管理局及第三方相关数据库。

作为在线金融服务平台，“绿贷通”更像是一个连接银企的网上超市，为银行和中小微企业提供双向选择的机会。从金融产品供给方看，“绿贷通”平台汇集了湖州市国有银行、股份制银行、城商行、农商行 4 类共 35

家商业银行，所有银行在同一平台同时为企业提供差异化的信贷服务，供企业自主选择。平台按照产品特点将314款信贷产品分为“绿色贷”“科技贷”“小微贷”“三农贷”“创业贷”等12类，并对每款产品进行分类贴标，便于企业选择合适的信贷产品。从金融产品需求方看，中小微企业作为资金的主要需求方，当其根据实际需要在“绿贷通”上发布融资需求时，35家商业银行在线抢单，只有抢单成功的前3家银行，才能获得与企业对接的机会。此外，为实现银企高效对接，“绿贷通”还建立了限时受理机制，制定“139”工作规则，要求银行在企业提出申请后，1个工作日内接单响应、3个工作日内主动服务、9个工作日完成评估。

在线上融资变得更加快捷高效的同时，“绿贷通”还致力于激励企业绿色发展，具体体现在两个方面：第一，“绿贷通”平台建立绿色企业库，并为此搭建绿色企业认定评价服务平台，对通过认定的企业按照评级结果进行不同额度的贴息，激发企业绿色化转型升级的内生动力。第二，“绿贷通”平台开发了一款连接政银企和保险公司的“绿贷险”产品，一方面在机构之间建立起合作关系，促进银行和保险公司共担风险；另一方面，通过优先对被评级为“深绿色”的融资企业提供服务并为之提供优惠利率，激励企业绿色化转型。

2. “绿贷通”平台创新之处

(1) 信贷市场由卖方市场转向买方市场，提高金融服务的普惠性。

借助大数据、云计算等前沿数字技术，“绿贷通”将过去的线下银企对接转移到了线上，突破了金融基础设施不完善对中小微企业的融资约束，为银企对接提供了新平台。35家银行的主要金融产品都在“绿贷通”平台上展示，使得“绿贷通”更像一个信贷超市，银行之间同平台竞争，信贷市场由卖方市场转向买方市场，中小微企业可综合信贷利率、服务质量等因素在抢单成功的银行中自主选择。企业通过该平台获得了更多主动权，这在一定程度上缓解了中小微企业面临的融资难、融资贵的问题。此外，“绿贷通”平台制定的“139”工作规则使得银企对接过程更加便捷高效，缩短了银企对接时间。通过对银企匹配对接流程的优化，“绿贷通”平台缓解了中小微企业面临的融资慢问题，下沉了金融服务。

（2）激励企业绿色化转型，提升金融服务的绿色导向。

为激励当地企业朝绿色化发展，“绿贷通”平台根据湖州绿色融资企业和绿色融资项目认定评价地方标准，考虑与环境相关的回报、风险和成本等因素，通过综合评价企业排污、能耗、绿色经营等方面数据，自动将其分成“深绿”“中绿”“浅绿”三个等级。在此基础上，“绿贷通”对企业的激励机制主要包括以下两方面：一是直接对入选并符合条件的绿色企业提供不同等级的财政贴息。二是通过“政府+银行+企业”的间接激励机制，给“深绿型”企业提供贷款或担保的商业银行提供政策或利率补贴，促使银行优先为“深绿型”企业提供融资服务。“绿贷通”将绿色认定评价结果与绩效评估、政策激励、监管措施等相结合，引导企业将资金更多地配置到绿色产业、绿色企业和绿色项目中，增强银行在绿色企业和绿色项目融资过程中识别绿色属性的能力，提高银行信贷服务的绿色化水平，促进企业和银行共同重视绿色发展。

（二）湖州“绿贷通”平台工作成效

湖州“绿贷通”平台是对传统金融服务方式、银企融资模式的重大创新，大幅提高了企业从银行融资的获得感和体验度，有效推动了当地绿色普惠金融发展，形成政、银、险、企多方共赢的局面（见图 5-5）。

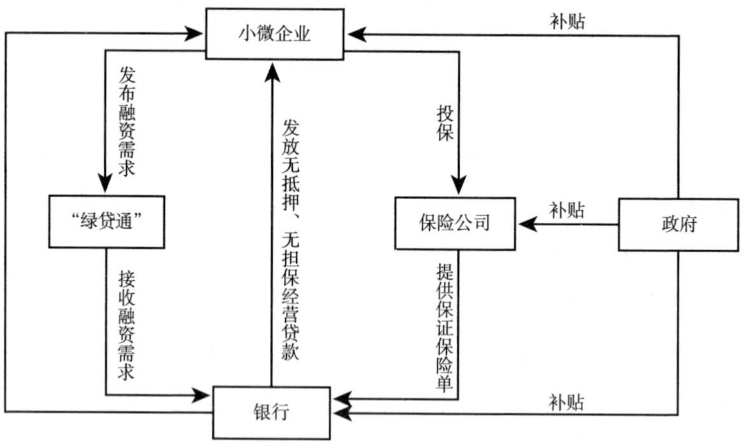

图 5-5　湖州“绿贷通”平台运行模式

1. 有效缓解了中小微企业融资难、融资贵、融资慢问题

截至 2019 年底，该平台注册企业已达 15500 多家，其中 13000 多家企业获得授信，累计帮助中小微企业实现融资 1300 余亿元，有效解决了融资难问题。截至 2019 年 8 月，平台已认定评价 277 家绿色小微企业，并对第一批 40 家绿色企业给予 524 万元贷款贴息，一定程度上缓解了融资贵问题。

2. 实现了“政府+银行+保险+企业”四方合作共赢

湖州市出台绿色小额贷款保证保险“绿贷险”政策，政府、银行、保险公司三方共同参与，发挥保险工具增信作用。为鼓励商业银行为“绿贷险”借款人提供优惠利率，政府对试点商业银行提供利息补贴，银行可将政府补贴资金用于冲抵不良贷款损失，保证其实际操作中的商业可持续性。同时，政府对保险公司提供不良贷款风险补偿，对保险共保体的累计赔付率超过 200%的部分，由政府给予全额补偿，累计补偿最高不超过 2000 万元。湖州市政府每年在绿色金融改革专项资金中安排 5000 万元用于贷款利息、保费补贴和保险公司超赔风险托底，真正实现了金融机构的风险可控，也推动了湖州绿色金融改革。

三　信用体系建设：安徽宿州党建引领信用村建设推动普惠金融发展

农村信用体系是社会信用体系的重要组成部分，是现代农村经济发展的基石，对于推动乡村振兴具有重要意义。做好以改善农村信用环境和融资环境为主要内容的农村信用体系建设工作，不仅关系农村金融的稳健运行，更关系农村基础建设和现代农业发展，关系农村经济繁荣和农民增收。因此，作为经济高质量发展的重要制度安排，新时代农村信用体系建设工作的重要性日益突出。为认真贯彻落实《中共中央国务院关于实施乡村振兴战略的意见》，2019 年，人民银行、银保监会、证监会、财政部、农业农村部在联合发布的《关于金融服务乡村振兴的指导意见》中明确提出，加快推进农村信用体系建设，全面开展信用乡镇、信用村、信用户创建活动，发挥信用信息服务农村经济主体融资功能。

近年来，全国各地不断创新农村信用体系的建设模式，为产业发展、乡村振兴构筑了持续有力的金融支撑。2019 年，安徽省委组织部、安徽省地方金融监管局、中国人民银行合肥中心支行等部门联合制定并出台了《关于选点开展党建引领信用村建设工作方案》，创新提出党建引领信用村建设，在安徽省 13 个地市中选择基层党建基础较好、经济发展条件较好、信用体系建设水平较高的 26 个乡镇开展试点工作，以党建为引领、以信用建设为切入点、以乡风文明评议为着力点、以农村金融改革为动力，走出了一条党组织牵线、金融搭台、信用串联、群众受益的乡村振兴新路子，引起了社会广泛关注。课题组以试点行徽商银行宿州分行为研究对象，总结和提炼党建引领信用村建设的实践经验，以期为其他地区及金融机构推进农村信用体系建设提供借鉴和启发。

宿州是安徽省地级市，地处安徽省北部，是长三角城市群城市。2020 年，宿州市全年生产总值 2045.0 亿元，财政收入 208.5 亿元，第一、第二、第三产业结构占比为 15.2∶35.2∶49.6。[①] 徽商银行是经原中国银监会批准、全国首家由城市商业银行、城市信用社联合重组成立的区域性股份制商业银行。徽商银行宿州分行是徽商银行在宿州市的经营机构，截至 2019 年底，在岗员工 322 人、下设 15 家对外营业机构、7 家自助服务区（点），是埇桥区党建引领信用村建设试点行。

（一）基本做法与工作成效

徽商银行宿州分行负责埇桥区大店镇大东村、张庙村 2 个村的信用村建设工作，成立“宿州分行党建引领信用村建设工作领导小组”，并由徽商银行宿州埇桥支行党支部与埇桥区大店镇大东村党总支组建联合党组织，合作开展农户的信息采集、录入、评级、授信、贷后管理等工作。党建引领信用村建设主要工作内容及成效如下。

1. 信息采集

徽商银行宿州分行首先对大东村、张庙村 2 个村进行了整体摸盘、实地

① 数据来源：宿州市 2020 年国民经济和社会发展统计公报。

考察。通过与村两委干部实地走访，徽商银行宿州分行在信息采集过程中建立“三看”制度，一看农户居住情况，二看农户农用设备情况，三看农户家庭劳动力情况，重点对农户资产、收入、劳动力、品德等方面进行面谈询问，保障信息采集的真实度、准确度。为了保证信息录入的及时性，徽商银行宿州分行采取边采集边录入的形式，号召行内全体党员发挥先进模范作用，参与信息录入工作。在此项工作中，大东村完成信息采集录入930户，占公安系统基础农户数的93%。张庙村完成信息采集1104户，占公安系统基础农户数的94.36%。

2. 信用评定

为保障农户乡风文明评议公开公正地进行，徽商银行宿州分行在两村开展农户乡风文明情况评级会，由徽商银行宿州分行工作人员指导，两村书记带头将评级表发放给各个包组干部，以组为单位进行评级。在全部录入系统后，第一时间在两村公示栏进行为期一周的评级结果公示。

3. 平台搭建

为农户提供便捷高效的金融服务，徽商银行宿州分行力争搭建三个平台。其一，党支部共建平台，由中共徽商银行宿州埇桥支行党支部和中共埇桥区大店镇大东村党总支联合共建，开展多方位合作。依托该平台，徽商银行宿州分行通过开展金融夜校活动，组织全支行党员不定期入村与农户进行交流，切实把金融知识送下乡，指导农户防范非法集资、电信诈骗等，提高农户风险意识；通过“送温暖”活动慰问贫困户、老党员，提高全行党员的社会责任感；通过学习村委会的扶贫经验，用银行的专业知识指引农村产业发展。其二，搭建金融服务点平台，力争打通农村金融服务最后一公里，为农民提供小额支付、转账、查询等金融指导服务。通过这个平台，可以把信用村建设工作长期深入开展下去。其三，建立微信工作群平台，由徽商银行宿州分行零售银行部、党群部、办公室、授信部等职能部门组成，定期汇报工作进度，发现问题并解决问题。

4. 成果运用

针对此次党建引领信用村建设，徽商银行宿州分行开发出“信农贷”

产品，对于 A 级、AA 级、AAA 级农户分别给予授信金额 5 万元、8 万元、10 万元。分行在两村共授信 1430 户，共计金额 9633 万元，A 级及以上农户授信率为 100%。在新冠肺炎疫情期间，为满足春耕资金需求，解决农户用信不便的问题，徽商银行宿州分行优化了金融服务方式，将原有的“信农贷”产品与线上产品相结合，简化放款流程，开启线上“快批”模式。截至 2019 年 8 月底，分行向 12 户农户累计投放贷款 60 万元，除去已还款农户外，目前剩余 9 户，贷款余额 48 万元。

5. 风险防控

为有效防范信贷资金风险，指引农户合理用信，徽商银行宿州分行严把授信、用信、贷后三道关口。在授信之前把好信息采集第一道关口，进行农户实地考察走访，重点关注农户资产、住房、劳动力情况。在用信之前实地考察农户经营情况，重点考察农户资金用途及还款来源，并以个人征信和流水等材料进行辅助考察，告知农户贷款资金用途的合理性、合法性。贷款发放后，村党组织发挥监督管理服务功能，将信用户信用变动情况及时向合作金融机构反馈，解决重短期建设轻长效管理的问题。

6. 宣传引导

（1）在信息采集之前，徽商银行宿州分行在两村开展“党建引领信用村建设”宣讲动员会，对各包组干部进行信息采集表等内容培训，为广大农户介绍贷款的金额、利率及申请流程，为后续工作顺利开展打下基础。

（2）在信息采集的过程中，徽商银行宿州分行与两村开展党建共建活动，为农户传播防范非法集资、假币识别、金融诈骗等知识，指导农户使用网银转账、ATM 机存取等便捷服务。

（二）推进党建引领信用村建设的主要问题与对策

试点以来，徽商银行宿州分行在进村入户信息采集及录入方面存在一些困难和问题：一是农户不信任，部分村民对涉及信贷资金方面的问题存在畏难情绪，不愿配合；二是农户知识水平有限，信息采集表上有很多专业术语，需要工作人员详细讲解，无形中降低了工作效率；三是户主多为男性，常年在外打工，家中无人或留下的都是妇女儿童，信息准确度存在偏差；四是村干部知识水平有限，部分表格存在错填、漏填情况，需要进行二次返工；五是主观因素得分占比较高，村干部对农户打分存在偏高情况，导致农户得分普遍较高。

党建引领信用村建设工作是一项长期工程，需不断总结经验、深入分析存在的问题，工作开展需要找准重心、把握重点。徽商银行宿州分行可以先与村内各个组的包组干部联系，由包组干部带领工作人员入户进行信息采集，以村内每组为单位开展工作，一是能够尽快取得农户信任；二是可以扩大品牌宣传效应；三是对包组干部进行系统业务培训，精确到每一项要素；四是对主观因素占比偏高的问题，适当调整提高授信门槛，参考村两委意见，对真正从事经营生产活动，如养殖、粮食收购等相对优质的、有资金需求的客户给予授信，严控贷款回收率与不良率。

（三）下一步的工作思路

1. 宣传推广“重诚信”

与村委紧密合作，积极举办党建引领信用村建设对接仪式、批量授信签约仪式等活动，综合运用电视、广播、微信、互联网等宣传方式，引导广大农户和新型经济主体积极支持、配合和参与农村信用体系建设。

2. 总结经验“树品牌”

加大对专业大户、特色农业产业化龙头企业以及有资源禀赋、经济基础、人文特色等村集体经济等的扶持力度，形成银行与信用村发展的深度融合，打造金融与党建示范基地。

3. 夯实金融综合服务点建设

依托金融综合服务点，以“大讲堂”“金融夜校”“送电影下乡”等形式开展金融知识宣传、消费者权益保护等普法宣传活动。

4. 依托电商平台积极推销特色农业产品

深化“党建引领信用村建设+电子商务服务平台”发展建设，扩大金融服务覆盖面，形成渠道畅通、支付安全、物流便捷的体系，使信用村特色农业产品通过电商平台进行推广销售。

5. 积极探索村集体经济信贷投放途径

与信用村扶贫工作队负责人及村两委沟通，筛选有潜力且持续稳定发展的产业项目，完善信贷手续、增强服务功能，减轻村集体及村民负担，积极探索村集体经济信贷投放途径，尽快实现“破冰”投放。

6. 强化建设结果运用

积极寻求多方联动，实现风险分担。在政府主导下加强与担保公司、保险公司等金融机构的多方联动，提高信用信息数据的使用率。根据信用户金融需求，匹配信贷、支付、结算、理财等多种金融产品，推出信用户产品包，为信用户提供“一揽子”金融服务。在非金融方面，进一步丰富信用户生活场景的应用，创新运用场景如信用公交、信用借书、超市优惠券、农产品推介等，激励农民提高守信意识。

四　科技赋能普惠金融：上海农村商业银行基于农业场景开展线上融资服务①

金融科技是指金融与新一代信息技术融合发展催生的新兴业务模式、新技术应用和新产品服务。当前全球信息技术创新日益加快，以大数据、云计算、物联网和人工智能为代表的信息技术与金融深度融合，推动金融科技的蓬勃发展，有力推动普惠金融的发展。2019 年 8 月，中国人民银行编制的《金融科技发展规划（2019~2021 年）》提出金融科技成为普惠金融发展的新机遇，帮助解决普惠金融发展面临的成本较高、收益不足、效率和安全难以兼顾的问题，并要求增强金融业科技应用能力。

实现农村金融普惠一直是普惠金融发展的重点与难点。② 作为普惠金融发展的新动力，运用金融科技手段滴灌式精准扶持小微企业、“三农”群体对于推动实施乡村振兴战略和区域协调发展战略具有重要意义。

---

① 此案例的原始材料来自上海农村商业银行，部分内容引自徐力《金融科技助力决战决胜脱贫攻坚》，《中国农村金融》2020年第19期。

② 周鸿卫、田璐：《农村金融机构信贷技术的选择与优化——基于信息不对称与交易成本的视角》，《农业经济问题》2019 年第 5 期。

（一）上海农村商业银行基于农业场景提供全线上融资服务的案例描述

上海农村商业银行（简称“上海农商银行”）作为一家聚焦服务“三农”的银行，秉持“普惠金融助力百姓美好生活”的使命，践行“诚信、责任、创新、共赢”核心价值观，推进“坚持客户中心、坚守普惠金融、坚定数字转型”核心战略，努力打造为客户创造价值的服务型银行，建设具有最佳体验和卓越品牌的区域综合金融服务集团。在英国《银行家》2020年公布的中国银行业100强榜单中，上海农商银行排名第24，在全国农商银行中排名第2。

1. 业务开展背景

自2018年起，上海农商银行积极对接农业农村部新型农业经营主体信息直报系统（简称“新农直报”）。2019年，上海农商银行围绕农业经营主体周期性资金需求特点，创新推出新农直报线上可循环贷款，有效降低农业主体融资难、融资贵的问题。2020年，从服务“三农”、支持绿色农业的角度出发，上海农商银行依托新农直报进一步结合场景应用，围绕核心企业开发全线上融资模式。上海农乐生物制品股份有限公司（简称“农乐生物”）作为陕西省洛川县人民政府“双减工程”指定主导企业，负责向洛川苹果种植农户销售国家推荐使用的有机肥。为满足洛川县苹果种植农民购买有机肥的生产经营需求，上海农商银行在项目合作过程中整合新农直报平台的农业大数据，聚焦陕西红富士苹果种植细分领域，走出地域限制，贯穿产业链，深入服务种植农户，为洛川农民提供定制化全线上普惠金融服务。待苹果成熟后，上海农商银行还为苹果种植农户免费提供该行网上商城作为额外销售渠道，帮助农户拓宽农产品销路，助力农民持续增收。

2. 基于农业场景提供线上融资服务的主要做法

（1）创新支农产品。

围绕农乐生物下游农户，上海农商银行开发个人在线贷款业务“农·鑫e贷”，充分运用移动互联、大数据等金融科技手段，为农户提供全覆盖的普惠金融服务，实现农户凭手机申请贷款“一次扫码、自动审批”。贷款专项用于支付农户购买“双减”有机肥套餐，实时通过受托支付方式划到核心企业农乐生物在银行开立的企业账户，实现客户风险评估、贷款审核、审批、发放、本息回收及其他关键环节的信贷流程线上化管理，有效解决了农资生产企业下游客户规模较小且分散导致的企业销售回款慢等问题。

（2）优化支农手段。

依托新农直报系统对主体信息进行采集，上海农商银行开发标准接口字段，在农户申请贷款时，同步自动化调取农户种植信息。农户仅需手机和身份证，就能在短短几分钟内完成支付和购买，打破了农户普遍不擅长使用电子设备的困境，打通了农户、银行与企业之间实时全线上的业务流程。此外，上海农商银行定价导向向“三农”业务政策倾斜，提供农户低息贷款，最大限度减少农户负担和还款压力。

（3）完善风控机制。

上海农商银行对每笔业务独立进行风控审批等关键环节的信贷工作。农乐生物在业务开展前开立银行保证金账户，存入定额保证金，并对逾期贷款按比例履行担保代偿责任。中国太平洋财产保险股份有限公司为农户提供种植业保险，完善了整个交易链条，也为农户带来了保障。

（二）上海农商银行全线上融资服务模式的工作成效

1. 助力农民增收

2020 年，上海农商银行在该模式下累计为贫困农户发放 5000 多万元融资资金，贷款户数 179 户，惠及果农 11630 人，应用面积 34890 亩，每亩增收 500 元，人均增收 1500 元，合计增收 1745 万元，且无一笔发生逾期的情况。2021 年，上海农商银行在首批规模全部投放完毕的基础上，再次增加了 5000 万元授信额度。农户得以通过种植苹果致富，使当地经济得以发展，使地方真正走出贫困。

2. 推动绿色发展

在国家不断出台政策鼓励有机肥替代化肥的大背景下，陕西洛川当地政府出具文件，将农乐生物作为“双减工程”主导企业，引导乡镇和农户共同推动绿色农业发展。上海农商银行为洛川苹果种植农户向农乐生物购买有机肥提供便捷的线上融资服务，助推落实国家农业种植双减工程要求。在农户支出成本不高于普通化肥和农药的前提下，增加苹果单位面积产出，并减少对土地和空气的污染，确保当地农业可持续发展，使当地农民稳定享受绿色红利。

（三）经验启示

1. 推进农业农村大数据发展

借助科技化手段，通过政策引领、市场化运作及点对点连接，为全国万千农业经营主体提供全面的培育和扶持；逐步建立健全农业上下游相关企业的准确信息，对异地企业尽职调查、进行风险判断；通过构建数字普惠金融运营平台，形成农村信贷大数据库，对农村信用体系进行静态管理与动态管理。让诚实守信转化为可用额度的“活钱”，让农业经营主体尝到讲信用的甜头，加快构建乡村产业体系，实现产业兴旺，促进农民增收，推动乡村生活富裕。

2. 搭建生态系统服务价值链

以农业数字化转型为抓手，创新支农模式，运用大数据、云计算、生物识别等前沿科技，构建基于农业产业链的金融生态场景，探索围绕农业产业链的“核心客户+外围链条”服务模式，弥补传统金融服务对“三农”客户融资需求覆盖不足的问题，更好地服务乡村振兴战略。

第五节　长三角普惠金融发展对策建议

课题组立足长三角一体化发展的国家战略，首先总结了长三角地区推进普惠金融发展的政策导向与路径选择，其次构建普惠金融指数，对2014～2018年长三角地区普惠金融发展状况进行量化研究并比较其发展差异，再次利用北京大学数字普惠金融指数，分析了数字化时代长三角县域数字普惠金融的整体发展水平、地区差异以及动态变化情况，最后分析了长三角地区普惠金融发展的4个典型案例。

根据分析结论，提出如下政策建议。

一　建立跨区域普惠金融合作机制，推进金融业务“同城化”

在长三角一体化发展进程中，经济主体异地投资、生产经营行为日渐常态化。然而，经济主体跨区域融资往往会碰到各种各样的障碍，甚至无法获得信贷资金。较高的普惠金融发展水平并没有惠及长三角地区跨区域经营企业，这主要是监管部门属地化监管和商业银行属地化经营造成的。其中监管部门为规避信用风险、防止重复授信，采取不鼓励异地贷款、限制异地授信金额、对异地贷款进行备案等措施，客观上限制了企业异地贷款。而银行出于自身考虑无法及时掌握跨区域贷款企业的经营情况，为有效防范信用风险和降低经营成本而限制对异地企业贷款。

长三角一体化的出发点是促进资源流动，使区域内部实现优势互补。金融一体化是长三角经济一体化发展的重要方面，在我国以间接金融为主导的金融结构特征下，长三角信贷市场分割阻碍了信贷资金在区域内的自由流动，不利于金融一体化发展，进而对各类经济主体更有效地利用金融资源、降低资金成本产生消极影响。为推进长三角金融一体化发展，首先建立适应长三角高质量一体化发展要求的普惠金融合作机制，协调区域金融监管政策，形成相对统一的区域性信贷市场，探索建立长三角跨省（市）联合授信机制，推动信贷资源在长三角地区自由流动，推进金融业务“同城化”，最终降低企业总体融资成本，提高区域金融效率。其次加强长三角地区金融基础设施互联互通，推动长三角地区各人民银行分支机构合作，建立长三角经济金融数据共享机制，推进公共部门的数据公开、主要经济指标和征信数据的共建共享。此外，依托全国信用信息共享平台，鼓励行业协会（商会）、信用服务机构、金融机构、大数据企业等机构上报市场信用信息，参与上报信息的机构信用信息共享，加快推进信用大数据在融资贷款、供应链管理等金融领域实现业务场景落地，降低商业银行异地贷款信息信用风险。

二　优势互补、错位发展，打造区域协同金融生态圈

长三角金融一体化发展并不意味着金融同质化发展，而应在推进金融一

体化发展过程中，充分结合三省一市的金融功能优势，错位发展，发挥比较优势，形成区域内分工与互补，打造适应各城市产业发展的区域协同金融生态圈。在这个方面课题组对三省一市的具体建议如下。

上海应围绕国际金融中心建设，集中长三角地区优质金融资源，以上海为中心，引领辐射长三角其他地区金融机构；江苏应将南京打造成区域金融中心，利用制造业和进出口贸易大省的优势，积极试点实践各类金融创新；浙江作为我国金融科技发展的高地，金融科技基础实力雄厚，应致力于数字技术创新，探索利用新技术手段缓解信息不对称、交易成本过高等传统金融难题；安徽人均金融服务资源相对稀缺，应大力发展绿色金融和普惠金融。总之，在长三角金融一体化进程下，三省一市应以协调促发展，不断优化金融业地区布局和机构体系，打造功能互补、优势叠加、特色明显的长三角金融集聚区，最终推动形成多层次、广覆盖、有差异、大中小合理分工的金融机构体系。

三　大力发展数字普惠金融，促进城乡融合

引导金融机构加大数字普惠金融发展力度，促进城乡融合，实现长三角一体化高质量发展，具体可从以下几个方面着手：第一，完善数字普惠金融发展的硬件条件。发挥财政资金对乡村数字普惠金融发展的引导作用，加快“数字乡村”建设，推进乡村基础设施向数字化、智能化转型。第二，营造数字普惠金融发展良好的软件环境。协同金融机构及金融科技公司等主体，促进互联网征信平台的信息共享，扩大征信信息的覆盖面，并逐步将互联网金融的相关信用信息接入人民银行的征信系统，建设高效、全覆盖的征信体系。第三，调动金融机构尤其是大型商业银行发展数字普惠金融的积极性。对于大型商业银行而言，它们具备雄厚的资金实力、丰富的管理经验以及良好的风控能力等优势，因此有条件大力发展数字普惠金融。各政府部门应通过给予定向降准、适当放宽利率管制等手段激励大型商业银行运用金融科技手段面向“三农”、小微企业开展普惠金融业务。

四　完善数字普惠金融监管，加强金融消费者权益保护

推进普惠金融长期可持续发展离不开科技创新，尤其是数字技术创新，然而数字普惠金融模式也可能会带来巨大的风险。作为我国金融科技中心，长三角地区数字普惠金融发展处于全国领先地位，在金融一体化融合发展过程中更要注意防范管理数字普惠金融风险。部分金融科技公司所具有的一些明显特征，很可能产生或加剧金融风险。长三角地区部分 P2P 平台的数据就直接表明了这些风险的存在，凸显了这些风险未能得到有效管理而产生的后果，这些风险不仅存在于普惠金融领域，甚至还影响到了整个金融领域的安全、稳健和消费者受保护程度。

在推进长三角一体化高质量发展过程中，必须重视防范数字普惠金融风险。政府部门需要在营造有利于金融创新的环境、有效防控风险和保护消费者权益这三大目标之间取得平衡。既要鼓励创新，也要加强监管，依法将金融活动全面纳入监管，有效防范风险。目前长三角地区的金融监管框架由人行、银保监、证监会和地方金融监管部门组成，这种分行业的金融监管体系容易忽略不属于传统金融机构的金融活动。因此，监督管理部门之间需要积极协调，减少监管重叠、监管空白，进而实现金融风险监管的全覆盖，提高监管效率。长三角地区还需建立健全金融监管协调机制，搭建一个以数字金融为重点监管目标的跨区域平台。此外，监管机构需要运用新机构、新产品、新模式的相关专业技能和知识，利用数字工具监测和监管金融风险，提高数字监管科技运用能力。

加强消费者权益保护是降低数字普惠金融风险的重要措施。第一，应完善配套法律、法规建设。政府应加强立法工作，尽量缩短新业务出现与监管政策法规出台之间的时滞，为数字普惠金融业务提供制度保障。第二，构建多元化的金融纠纷解决机制，在诉讼之外，可以充分利用调解等纠纷解决方式，推进长三角地区金融消费纠纷非诉讼纠纷解决机制建设。第三，加大对消费者的金融教育工作，提高消费者金融素养，帮助金融消费者了解依法享有的各种权利，自觉远离和抵制非法金融活动。

参考文献

黄益平、黄卓:《中国的数字金融发展:现在与未来》,《经济学(季刊)》2018 年第 4 期。

黄祖辉:《推进长三角乡村区域一体化振兴发展的建议》,《决策咨询》2019 年第 3 期。

刘昊:《农村电商经营主体融资可得性和创新模式研究》,南京农业大学硕士学位论文,2019。

孙国茂、安强身:《普惠金融组织与普惠金融发展研究》,中国金融出版社,2017。

唐艺、刘昊、徐建奎:《基于农村电商融资的创新思维模式研究——以江苏省沭阳县花木行业为例》,《农业经济问题》2021 年第 9 期。

张晖:《县域数字金融发展评价体系和普惠特征研究——兼论与传统普惠金融发展的关系》,《农业经济问题》2020 年第 11 期。

周鸿卫、田璐:《农村金融机构信贷技术的选择与优化——基于信息不对称与交易成本的视角》,《农业经济问题》2019 年第 5 期。

第六章 | 长三角乡村产业发展概况*

第一节 长三角乡村产业发展政策梳理

2019 年 10 月，上海、江苏、浙江、安徽三省一市中的 28 个市（区）共同签署“长三角地区乡村振兴区域合作联盟合作协议”，为打造长三角地区协调发展乡村产业新模式、实现涉农政策互联互通、有效建立区域深度融合农业政策保障体系、形成乡村振兴的区域合作提供有力政策支持。

新冠肺炎疫情、地缘冲突等内外部环境因素造成当前的复杂形势，而我国正处于经济增速放缓、经济结构调整的时期。在这种形势下，做好“三农”工作显得尤为重要。“三农”问题是国家安全、安定、发展、富强的重要基础，发展“三农”是实现乡村振兴的大前提。近年来，无论是国家层面还是省市级层面都出台了支持乡村振兴的相关政策。

一 省级政策

（一）上海市

2018 年 11 月，上海市发改委、农委牵头编制的《上海市乡村振兴战略规划（2018—2022 年）》和《上海市乡村振兴战略实施方案（2018—2022 年）》发布，指出要加快打造上海农业农村新风貌，加快编制及完善乡村

* 本章负责人：陈超，南京农业大学经济管理学院教授，博士生导师；张龙耀，南京农业大学金融学院教授，博士生导师。

规划，推进农民集中居住以增强农村集体经济活力，为农民创造长效持续收入。

1. 土地政策

2018 年 11 月，上海市出台《关于推进本市乡村振兴做好规划土地管理工作的实施意见（试行）》，通过政策设计改善乡村发展中的规划土地管理问题，政策支持内容主要聚焦镇村规划引领、基本农田优化、存量盘活利用、分类简化用地手续、规范设施用地类型和土地复合利用 6 大方面。2021 年 7 月，《上海市乡村振兴“十四五”规划》落实 202 万亩耕地特别是 150 万亩永久基本农田的保护目标，保障落实耕地和永久基本农田保护任务。

2. 发展优势产业，促进三产融合政策

2018 年，上海市旅游局、农委发布的《关于促进本市乡村民宿发展的指导意见》为上海市民宿产业提供政策性指导。2020 年，上海市“十四五”规划指出要增强郊区保障供给、生态涵养、文化传承功能，将其建设成高科技农业先行区、优质产业承载地、城乡融合示范区。2021 年《上海市乡村产业发展规划（2021—2025 年）》明确上海市“一园四区一基地”总体布局，定义乡村产业“一个空间、两大高地、一大标杆”发展定位。

3. 财政与金融政策

2019 年 5 月，上海市发布的《关于促进金融创新支持上海乡村振兴的实施意见》提出创新金融政策促进乡村振兴战略发展，是深入贯彻落实《上海市乡村振兴战略规划（2018—2022 年）》《关于金融服务乡村振兴的指导意见》等文件的要求。

4. 农村建设政策

2014 年，上海市政府办公厅发布《关于本市推进美丽乡村建设工作的意见》，提出美丽乡村建设要向“生态宜居、生产高效、生活美好、人文和谐”方向发展。2018 年 9 月，印发《关于推进上海市“四好农村路”建设实施意见的通知》，以“四好农村路”为载体，有力提升农村地区交通水平，服务于当地经济及乡村振兴。2019 年上海市政府办公厅发布《上海市农村村民住房建设管理办法》，对管理上海市村民住房建设、形成节约型土地资源利用格局等内容提出要求。

5. 生态治理政策

2015~2019 年，上海市先后印发《关于开展本市农村生活垃圾全面治理工作的实施意见》《上海市 2018—2020 年环境保护和建设三年行动计划》《关于切实加强本市乡村河湖治理与保护的指导意见》等文件，均致力于乡村河湖整治及水利资源保护工作，为乡村振兴战略的美丽发展环境提供保障。2022 年，上海市人民政府印发《崇明世界级生态岛发展规划纲要（2021—2035 年）》，以建设“滩水林田湖”生命共同体为目标，实现空间发展的集约型规划与保护。

（二）江苏省

2018 年，《江苏省乡村振兴十项重点工程实施方案（2018—2022 年）》等文件均在政策上给予江苏省乡村振兴战略巨大扶持。乡村产业发展的关键在于人、地、钱，为切实贯彻《国务院关于促进乡村产业振兴的指导意见》文件精神，江苏省政府于 2022 年 2 月出台了《关于促进乡村产业振兴推动农村一二三产业融合发展走在前列的意见》，通过政策支持来保障乡村产业发展，激发乡村产业要素活力。

1. 土地政策

2019 年，农业农村部和自然资源部印发《关于设施农业用地管理有关问题的通知》，江苏省依据该通知以及 2020 年中央一号文件和江苏省委一号文件精神，从统筹增量存量规划空间、实行分级保障制度以及鼓励各地多途径盘活存量土地资源来保障农村产业融合发展用地。2021 年，江苏省政府办公厅印发《江苏省“十四五”自然资源保护和利用规划的通知》，提出建立储备区制度，持续推进永久基本农田储备区建设，确保永久基本农田管得住、建得好、守得牢。2022 年，江苏省农业农村厅发布《江苏省高标准农田建设规划（2021—2030 年）》，通过设定具体的财政投资标准，落实资金分担，以有效推进高标准农田建设。

2. 发展优势产业，促进三产融合政策

2017 年 1 月，江苏省通过《关于推进农村一二三产融合发展的实施意见》，培育农村产业融合主体，强化农民合作社和家庭农场基础作用，发挥地方各类行业组织优势，积极引导外商投资农村产业融合发展。2020 年 3 月发布《关于促进乡村产业振兴推动农村一二三产业融合发展走在前列的意见》，提出充分发挥财政资金对乡村产业的引导作用，促进社会资本向农业农村领域倾斜，建设具备金融、电商、民生等多样化功能新型服务点。2021 年 3 月，江苏省政府办公厅发布《关于印发国家城乡融合发展试验区（江苏宁锡常接合片区）实施方案的通知》，致力于搭建城乡产业协同发展平台，探索“园区联动镇村发展”模式，创建现代农业产业园、农村产业融合示范园等农业园区，加强对城乡融合建设的精准支持。

3. 财政与金融政策

为深入贯彻江苏省对落实乡村振兴战略的精神，2018 年 12 月，江苏省农业农村厅出台《关于引导社会资本更多更快更好参与乡村振兴的实施意见》，综合运用财政、土地、金融、税收等政策手段构建社会资本投资支持体系，明确社会资本投资方向，健全社会资本投资服务平台，同时优先支持、重点扶持可带动乡村区域性产业发展的重大项目，建立健全“市县多投入、省里多支持”“社会资本多投入、财政多支持”的机制，集中财力弥补地方资金不足。2019 年 5 月，为推动江苏省农业升级、农村进步、农民发展，江苏省出台的《关于江苏金融服务乡村振兴的指导意见》提出建立健全多渠道资金供给体系，创新金融产品和服务方式，实现农村普惠金融，加强金融保障制度建设，促进农业金融风险补偿与信贷保障制度的衔接。2020 年 8 月，《江苏省政府投资管理办法》提出政府投资资金应当投向无法实现资源有效配置的农业农村以及生态环境保护等公共领域的项目。2021 年 8 月，江苏省政府办公厅印发《江苏省“十四五”金融发展规划》，提出深化“万企联万村、共走振兴路”行动，各地搭建相应金融服务平台，构建村企对接常态化融资配套机制，保障乡村产业发展。

4. 农村建设政策

2021年12月，江苏省人民政府办公厅发布《江苏省“十四五”教育发展规划》，加大战略性新兴产业人才培养力度，提升文化领域和现代服务业人才培养水平，加快补齐公共卫生和健康领域人才短板，夯实农村农业现代化人才基础，布局建设拔尖创新人才培养基地，为推动农业现代化提供人才。建立健全创业扶持相关政策，助力乡村振兴，引导社会各界优秀人才支持乡村产业发展。鼓励农业企业吸纳科技人才，支持农业企业人才培养，为农民开辟提升学历的新路径，建立扩充农村产业人才库，推动产教与产才一体化进程。着力发展“新农菁英”项目，扩大农村青年人才队伍，以创新创业振兴乡村产业。

5. 生态治理政策

2021年9月，江苏省人民政府发布的《关于大力发展绿色金融的指导意见》提出，要鼓励金融机构大力支持农村发展，助力乡村振兴和乡村宜居建设，着重参与生态种植、生态养殖、水产健康养殖、高标准农田建设、农业节水、农村水系整治、农业废弃物资源化利用等领域的建设。2022年，江苏省人民政府发布《省政府关于加快建立健全绿色低碳循环发展经济体系的实施意见》，大力发展生态循环农业，促进农牧（渔）业生态循环发展，加速产业融合发展，推动农业向生态、生活功能拓展。

（三）浙江省

2018年12月，浙江省发布《浙江省乡村振兴战略规划（2018—2022年）》，提出乡村振兴战略的阶段性规划，在明确目标任务、细化工作重点、强化政策保障等方面确保乡村振兴战略有序推进。

1. 土地政策

2014年9月，浙江省人民代表大会常务委员会发布《浙江省土地整治条例》，以此规范土地整治活动，加强耕地保护，提高耕地质量，优化土地利用空间布局。2019年12月，浙江省印发《浙江农田建设项目管理实施办法》，通过改良农业生产设备条件以扩大农田产能，实现农业可持续发展。

2. 发展优势产业，促进三产融合政策

2016 年 12 月，《浙江省人民政府办公厅关于加快推进农村一二三产业融合发展的实施意见》指出，要推动现代农业体系与第二、第三产业交叉融合，加速城乡一体化建设，焕发农村新面貌。2019 年 7 月，为做好省级休闲乡村和农家乐集聚村创建工作，规范创建管理，推动休闲农业和农家乐高质量发展，浙江省农业农村厅、省财政厅研究制定了《2019 年省级休闲乡村和农家乐集聚村创建指南》。

3. 财政与金融政策

为加强浙江省政策性农业保险财政补贴资金的结算管理，促进政策性农业保险工作顺利开展，根据浙江省政府发布的政策性农业保险相关协议，2013 年浙江省财政厅制定《浙江省政策性农业保险财政补贴结算办法》。2015 年浙江省出台《浙江省农业三项补贴政策综合改革试点方案》，着重推进制度创新、组织创新与金融服务创新三项任务，于 2017 年实现粮食生产局面改观、耕地有效保护、粮食播种面积稳定、规模种粮农户收入明显提高等目标。2018 年 1 月，浙江省财政厅发布《浙江省农业综合开发投资基金管理暂行办法》，该办法明确了设立省农发基金的目的、基本原则、组织架构和职责分工、投资内容和方式、投资管理和退出程序、收益管理、监督管理和风险防控等事项，有助于创新完善财政支农体制机制，利用市场的作用，将金融和社会资金向农业农村流动。2019 年 10 月，浙江省财政厅发布《浙江省乡村振兴投资基金管理办法》，该政策明确以省财政拨款为资金来源，设立省乡村振兴基金，高水平推进农业农村现代化。浙江省乡村振兴基金围绕省委、省政府重大决策部署和重点工作任务，重点支持战略和新兴产业、区域特色产业、农业农村基础设施、农产品加工和全产业链建设、国土空间综合整治及生态修复工程、新型综合服务体系建设、数字乡村建设以及省委省政府部署的其他乡村振兴重大任务。2020 年 5 月，《浙江省农业农村高质量发展专项资金管理办法》为加强和规范浙江省农业农村高质量发展专项资金管理、推进资金统筹整合和集中财力办大事、提高资金使用效益、促进乡村振兴战略实施和农业农村高质量发展指明了方向。

4. 农村建设政策

2016年，《浙江省深化美丽乡村建设行动计划（2016—2020年）》发布，该文件对浙江省美丽乡村建设提出具体要求、基本原则及工作举措，对浙江省农民的切身利益和美丽乡村升级版建设提供了指导意见。2020年，《浙江省人民政府办公厅关于深化农村公路管理养护体制改革实施意见》指出，要助力全省共同富裕示范区建设、交通强省建设，为“四好农村路”高质量建设提供制度保障。

5. 生态治理政策

2018年2月，根据《全国农村环境综合整治“十三五”规划》和浙江省农村环境保护工作的要求，浙江省环境保护厅同财政厅、省农办、农业厅、建设厅、水利厅组织编制了《浙江省农村环境综合整治实施方案》。2018年4月，浙江省人民政府发布《浙江省高水平推进农村人居环境提升的三年行动方案（2018—2020年）》。2019年5月24日，浙江省生态环境厅印发《浙江省农业农村污染治理攻坚战实施方案》。2020年12月，浙江省生态环境厅发布《浙江省生态环境保护综合行政执法事项目录》，按照“谁审批谁监管、谁主管谁监管”原则，对行政执法事项清单、综合行政执法事项清单和专业领域行政执法事项清单量化细化及调整，清晰划分责任边界，建设执法的标准化、规范化流程，建立健全农村生态环境管理责任制度。2021年《浙江省建设用地土壤污染风险管控和修复监督管理办法》出台，明确目的依据，规定适用范围、术语定义，明确污染责任人、责任从业单位、责任部门，为建设浙江宜居宜业宜游的乡村生态环境提供制度保障。2022年3月，浙江省千万工程领导小组发布《关于开展垃圾非正规堆放点排查和“两路两侧”村庄环境整治的通知》等文件，以集中重点整治和持续全域推进相结合的原则，持续深化农村人居环境综合整治行动，以道路村容干净整洁、环境优美协调、绿化景观宜人的整体风貌展示浙江未来乡村靓丽底色，打造美丽乡村的精品窗口形象。

（四）安徽省

2018年2月，《中共安徽省委安徽省人民政府关于推进乡村振兴战略的实施意见》以及《安徽省乡村振兴战略规划（2018—2022）》提出，产业兴旺是安徽省实现乡村振兴的重点。

1. 土地政策

2017年11月，为贯彻落实《关于完善农村土地所有权承包权经营权分置办法的意见》文件精神，安徽省发布《关于完善农村土地所有权承包权经营权分置办法的实施意见》，该意见提出健全农村土地产权制度，推动“四化”同步发展，加快建设美好安徽。2021年安徽省自然资源厅、省乡村振兴局、省农业农村厅出台《关于盘活农村土地资源服务乡村振兴战略的政策措施》，内容包括优化农村国土空间开发保护格局、完善农村建设用地保障机制、扎实开展全域土地综合整治和修复利用等16条支持政策，充分发挥自然资源要素保障作用，服务于乡村振兴战略。2022年1月，安徽省农业农村厅组织制定《安徽省农村土地经营权流转管理办法实施细则》，文件鼓励各地建立多种形式的土地经营权流转风险防范和保障机制，保障乡村振兴战略中农民的合法权益。

2. 发展优势产业，促进三产融合政策

2018年安徽省政府办公厅出台《关于支持淮河流域行蓄洪区农业产业化龙头企业发展带动脱贫攻坚的若干政策》，从资金支持、金融支撑、土地供给、税费减免等多方面培育龙头企业发展，进而助力脱贫增收。2019年4月，安徽省发展改革委印发《省统筹农村一二三产业融合发展资金管理办法的通知》，将用于推进农村一二三产业融合发展的省级转移支付资金用以支持农村产业融合发展，其中包括国家农村产业融合发展示范园、田园综合体、“农字号”特色小镇等发展建设。

3. 财政与金融政策

2014年，为贯彻落实党的十八大、十八届三中全会和《国务院关于进一步促进资本市场健康发展的若干意见》《国务院办公厅关于金融服务“三农”发展的若干意见》文件精神，《安徽省人民政府关于金融服务“三农”和实体经济发展的意见》提出要深化金融体制改革、大力发展普惠金融、引导加大“三农”和小微企业资金投放。2016 年 8 月《安徽省农业“三项补贴”改革实施方案》颁布，该方案对降低粮食生产成本、调动农民种粮积极性、促进粮食稳产增产、增加农民收入等方面发挥了重要作用。2022 年《安徽省“十四五”农业农村现代化规划》强调，既要发挥市场决定性作用，又要发挥政府作用，健全“双招双引”机制，强化财政、金融政策集成支持，积极引导工商资本下乡，增强农业农村发展活力。

4. 农村建设政策

2017 年 9 月《安徽省人民政府关于加快推进特色小镇建设的意见》提出，建设安徽特色小镇有助于帮助乡村实现创新创业。2020 年《安徽省深化农村公路管理养护体制改革实施方案》要求地方政府加大对农村公路养护支持力度。2021 年《中共安徽省委安徽省人民政府关于全面推进乡村振兴加快农业农村现代化的实施意见》指出，要建设农村道路提质工程，实施“数字皖农”建设工程，在推进快递进村、农村电商提质增效等方面助力乡村产业发展。同年，《关于加快农村寄递物流体系建设的实施方案》指出，要优化乡村物流体系，与乡村日益增长的生产生活和消费需求匹配，全面助力乡村振兴。

5. 生态治理政策

2018 年 12 月，根据《生态环境部、农业农村部关于印发农业农村污染治理攻坚战行动计划的通知》要求，为坚决打好安徽省农业农村污染治理攻坚战，安徽省人民政府发布《安徽省农业农村污染治理攻坚战实施方案》。2021 年 12 月《安徽省建设项目环境保护事中事后监督管理办法》要求各级生态环境部门应建设项目联动工作机制，畅通信息沟通和反馈机制，推进项目环评、排污许可、竣工环境保护验收、监测、执法等系统数据共享，为建设美丽乡村产业发展环境提供制度保障。2022 年 2 月，《深入打好污染防治攻坚战行动方案》提出，健全群众身边突出的生态环境问题投诉举报机制，解决本地区生态环境保护问题，建设宜居宜业的美丽乡村环境。

第二节　上海市乡村产业发展现状

一　上海市乡村产业的总体概况

1. 产业融合的新型主体初步形成

（1）家庭农场迅速崛起。上海长期致力于家庭农场发展，始终坚持家庭经营、适度规模、集约生产的发展模式，积极探索新型组织合作模式，发展重点由“培育发展”转向“融合发展”。截至2021年底，上海市共建成高标准农田面积11.5万公顷，总计3813家农业农村部门认定的家庭农场，其中包括115家市级示范家庭农场。

（2）农民专业合作社蓬勃发展。截至2021年底，上海市共创建223个市级标准化蔬菜园。据统计，农民专业合作社2538家，其中包括240家市级农民合作社示范社、97家国家级农民合作社示范社。

（3）龙头企业不断壮大，且带动力不断增强。截至2021年底，上海市共有各类农业产业化重点龙头企业201家，其中包括113家市级以上龙头企业，26家国家级龙头企业。同时上海市还有269家农业产业化重点龙头企业，其中包括88家市级以上龙头企业和24家国家级龙头企业。

2. 产业融合的手段及载体初具规模

（1）国家现代农业示范区建设成果丰硕。2015年1月，上海市被确定为首批国家级现代农业示范区。随后，上海市出台建设国家现代农业示范区的行动方案，并取得一定的成绩。以金山区现代农业产业园为例，自2019年入选国家现代农业产业园创建名单以来，金山产业园将国家现代农业科技园、国家有机产品认证示范区、国家农村产业融合发展示范园等项目纳入产业园区创建工作中，通过资源整合、联通规划、联动发展，形成金山特色、上海代表、全国领先的“生产+技术+加工+品牌+营销”新型产业融合发展模式。金山产业园区占地106.3平方公里，涵盖金山区吕巷镇、廊下镇2个镇22个村，耕地64539亩，2万户农户。2020年全年，园区实现总产值

40.2亿元，其中以果蔬为主导产业的种植面积达6万亩，总产值34.5亿元，主导产业覆盖率达85.8%。截至2020年底，园区内已入驻31家农产品加工业企业，培育11家龙头企业，形成中央厨房链条式产业集群基地。

（2）美丽乡村、休闲农业建设助力搭台。上海市在“乡村振兴战略”的指导下，通过改造农村村庄来发展美丽乡村。截至2020年底，上海市已累计完成76万户农户的村庄改造工作，完成量约占全市计划改造总量的78%。其中，浦东新区祝桥镇星火村等94个村庄先后被评为上海市“美丽乡村示范村”。

（3）农业品牌化战略大力推进。上海市通过推进农产品品牌建设，提升农产品市场竞争力，认证农产品数量稳步增长。截至2020年底，上海市共有943家绿色食品企业、1769个产品，全年认证农产品产量123.73万吨，绿色农产品食品认证率达27%，有16个地理标志农产品。上海市通过乡村产业能级提升工程，保证乡村产业品牌化战略的推进：第一，乡村数字化基础设施提升工程。全面推进5G网络深度覆盖，加快农村光纤网络“万兆到楼、千兆到户”的全覆盖。第二，乡村产品公共服务平台打造工程。依托线上联展活动，推广品牌农产品、特色手工、休闲文旅和“农业+”融合等乡村产品，建设“鱼米之乡”产销对接平台。第三，申农码场景应用工程。建立农业主体专题库，研究农业生产主体分类分级体系，推进“申农码”“申农分”场景建设。第四，智能农机提升工程。推进“机器换人”工程，建设8处以绿叶菜为重点的“机器换人”生产基地，打造10万亩水稻无人农场，引导新建及改扩建规模化畜禽、水产养殖场，开展智慧牧（渔）场建设。第五，农产品电子商务升级工程，推进“互联网+”农产品出村进城工程，打造一批跨境电商和直播带货平台。第六，生态农业产业示范建设工程。重点打造2个生态循环农业示范区、10个示范镇、100个示范基地。创建5个国家农产品质量安全县，全市农产品绿色生产基地覆盖率达60%，创建100个水产健康养殖示范场。第七，乡村产业品牌培育行动工程，全产业链培育乡村产业品牌，积极推动上海市特色农产品公用品牌列入中国农业品牌目录，培育50个“乡字号”“土字号”手工艺（食）品品牌，指导培育 1~2 个休闲农业和乡村旅游产品品牌，传承传统农耕文化，培育一批优质地产农产品品牌，如松江大米、奉贤黄桃等。

二 上海市乡村产业发展中存在的问题

1. 产业融合层次较低

近些年，上海市农村产业融合虽然取得一定成果，但整体上仍处于起步阶段，存在产业融合程度不足的问题，主要表现在：一是农业产业链向上下游延伸不足，造成产业融合度不高。上海市郊区部分农村依然是传统农业种植模式，直接在市场上售卖原材料而非建立自己的加工链条。二是乡村服务业需向深层次挖掘。目前上海市郊区农村的休闲农业多以观光和民宿为主，对高品质乡村人文社会风情的开发不足，且一些乡村产业项目同质化竞争严重，缺乏自身的核心差异化竞争力，持续赢利能力差。

2. 产业融合受资源要素约束

长期城市化实现了经济快速增长，但随之而来的是各类生产要素在农村流失，严重制约乡村产业发展。一是在土地层面上，农用土地转为建设用地指标紧张，由于缺少完整村庄发展规划，农村土地开发和利用没有得到有效引导。首先，上海城郊乡村产业发展用地缺少政策渠道，农产品再加工以及仓储用地不符合建设用地的管理要求；其次，利益驱动使得个别地方为实现城市化、工业化过度置换乡村建设用地指标，严重占用农村基础设施建设用地的规划指标。二是在资金层面上，宅基地抵押难、农民贷款难，导致部分乡镇产业链延伸发展受限严重。三是在人才层面上，农村地区对人才的吸引力较弱，大部分乡镇缺少复合型高素质人才，人才匮乏是制约乡村产业发展的重要因素。

3. 产业融合主体带动能力偏弱

当前，在上海市城郊地区乡村产业融合中，新型经营主体带动能力弱是造成产业融合进程缓慢的原因，主要表现在以下几个方面。一是新型经营主体实力较弱；二是新型经营主体不具备科学合理的经营管理体系，缺乏参与产业融合的意识；三是新型经营主体创新动力不足，部分产业融合项目建设效果欠佳，休闲农业乡村旅游中的江南文化、人文历史、农耕文化等特色文化内涵有待深入挖掘。

4. 产业融合发展面临体制机制障碍

一是行政管理体制僵化。实现乡村产业发展，就要实现一二三产业深度融合，但市各级政府各委办局在制定地方性法规、地方政府规章以促进乡村振兴时，仅从自身职能出发，没有充分考虑到农村产业发展的实际需要，未能形成多部门协调推进的工作机制，从而使农村产业融合面临的土地、资金、环境评价等问题更加突出。二是规划方向和工作重点不到位。当前，乡村发展的规划和工作方向均围绕第一产业展开，缺乏以第一产业引领特色第二、第三产业融合并进、深度发展的专项规划，亟须破除产业分割独立发展的传统模式，打通第一产业和第二、第三产业的空间承载体，从而实现产业联动发展。三是农业政策导向尚未正确处理好政府和市场的关系，农业全要素生产率提升受阻。如对于种养殖何种农产品，通常情况下由政府采取行政手段加以干预，而非市场机制的自发调节，导致农民和农村集体经济组织在农业生产经营上缺乏独立性和自主选择权，抑制了能动性和积极性的发挥。

三 上海市乡村产业发展对策

1. 创新管理体制机制，建立强有力的组织管理体系

上海市郊区农村产业融合涉及诸多部门和机构，需要从宏观层面加强统筹协调和规划引导，建立强有力的组织保障，要突破“九龙治水”、部门分离的格局，营造有利于产业融合的制度环境。建议在市区两级建立农村产业融合工作委员会，充分发挥政府的宏观指导作用，主要承担编制全市城郊地区镇村一二三产业融合发展规划、制定政策、区域协调和监督指导等工作，以促进各部门间有效协同工作机制的建立，整合推动高端高质量资源要素优先向农村地区集中。

2. 立足全球城市特色功能和资源禀赋，探索具有地域优势的产业多维度融合发展模式

一是贯通上下游环节，延长价值链，实现乡村产业纵向延伸。农产品一

体化具有提高农业附加值和提升农业产业价值链增值能力，积极推动标准化、品牌化建设，覆盖农业全产业链，实现乡村产业增效提质。

二是挖掘农业多样化特征，实现乡村产业横向整合。加速农业与旅游、养老、文化等领域的融合，提高农业附加值水平，拓宽农业增效增收空间。

三是以产业链“镇村联动”统筹带动作用，引导乡村产业交互融合。集镇作为城市与乡村的交汇点，在乡村产业发展中起着重要的纽带作用，因此，要突出集镇的引领和带动作用，打破产业壁垒，引导第二、第三产业集聚到镇；村作为第一产业的承载体，要将其打造为美丽田园综合体；镇则是第二、第三产业的承载体，要将其打造为农业产业链下游环节各类非农产业综合体，既能稳定解决农村剩余劳动力问题，又能实现农民增收、农业增长、农村稳定。

3. 推动优质资源要素高效集聚配置和高速流动增值，破解发展瓶颈

产业融合的实质是实现生产要素的跨区流动和合理配置。上海城郊地区长期存在资源要素净外溢现象，导致区域内农村产业融合遭受资源限制。因此，提高农村所需资源的有效供应，为乡村产业融合焕发新的活力。

一是要加大用地保障力度。“三块地”改革要稳步推进，适度增加农业设施用地规模，并优先向农村产业融合项目倾斜。同时落实田园综合体、特色小镇等用地的政策保障，为探索农业新模式保驾护航。

二是要满足资金需求。农村产业兴旺离不开涉农投资的支持，而“钱袋子”的使用是关键。财政支出要坚持优先向农村产业融合的关键领域和公共服务领域倾斜，以实实在在的资金投入为农村产业融合发展提供合理保障。要继续加强政策性金融扶持力度，支持地方金融机构在农村金融产品和服务方面进行创新，彻底激发农村产业金融创新活力。

三是要加大人才资源建设。积极探索建立农村产业融合专家数据库，鼓励创建具有特色的新型农村产业融合智库，整合各类专业技术人员，积极投身于农村产业融合项目建设。

四　上海市乡村产业发展典型案例分析

（一）主体简介

泖港镇隶属于上海市松江区，2014 年被评为国家级生态镇，先后获“上海市平安社区”“上海市社会治安综合治理先进集体”等荣誉称号。2019 年，泖港镇入选全国农业产业强镇建设名单；2020 年 5 月 13 日，获上海市文明镇荣誉称号；2021 年 9 月 8 日，入选国家能源局综合司整县（市、区）屋顶分布式光伏开发试点名单。

（二）模式简介

1. 发展模式概括

中国十大“美丽乡村”建设模式之一就是城郊集约型乡村模式（见图 6-1）。当时的农业部将其特征概括为地处大中城市郊区，拥有较高的经济水平、完善的公共基础设施，农业集约化、规模化，农民收入水平相对较高，是大中城市重要的“菜篮子”基地。可见，城郊集约型乡村模式是以农业为基础、以生态为重点，采用先进生产技术实现可持续的乡村发展模式。

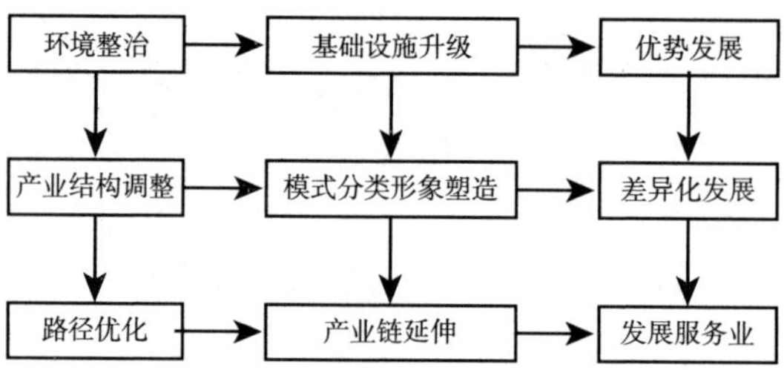

图 6-1　城郊集约型乡村模式

2. 发展策略

泖港镇振兴乡村主要采用城郊集约型模式。泖港镇主要发展农业产业，重点发展高产田，注重卫生环境管理，以节能环保为标准，大力提高亩均产量并发展有机农业、环保农业。城郊集约型模式是要实现农业的集约化发展和集约化经营，解决过去小农户“粗放型”经营模式带来的相关问题。

3. 具体做法

第一，从生态环境保护的角度对工业体系进行评价，并确立农业的主导地位，同时促进服务业高质量发展。

第二，实现农业高质量可持续发展需要提高环保农业地位。在农村通过土地流转，种田大户对土地进行集中，以家庭农场的形式实行经营，建设上海“菜篮子”生产基地。

第三，实现区域农产品品牌经营。通过打造地标农产品，提升品牌知名度，利用品牌效应提升农业附加值，带动农民经济效益增加。

第四，以“农业+旅游业”作为全新发展模式。对农村进行规划建设，策划各类旅游体验项目，利用农产品品牌效应促进旅游业，利用旅游业提高农民收益。

（三）主要成效

泖港镇下辖乡村摈弃先前工业模式，实现农业的规模化、集约化经营，帮助当地旅游业从零突破，推动当地经济发展。自 2007 年发展家庭农场以来，泖港镇以先进生产技术为基础，着力建设现代化农业体系，泖港镇家庭农场已基本实现专业化、规模化经营。2014 年，泖港镇以城郊集约型乡村模式被当时的农业部列为中国十大“美丽乡村”建设模式的典型案例。

（四）启示

泖港镇农业发展历史悠久，但由于传统经营方式较为粗放，且对生态环境影响较大，所以区域内农业相对效益不高。之后，引入工业集群带动经济增长，确实取得一定成效。但在 2004 年，泖港镇被划为基本农田保护区，导致泖港镇发展工业产业的思路受到限制。泖港镇果断改变思路，调整产业结构，在保障自身发展的同时稳定城市农产品供应，并延伸农业产业链，增加第三产业比重来促进经济发展。泖港镇的例子说明，在城郊乡村产业发展过程中，发展模式要做到“量身定制”，在整个区域层面进行思考，趋利避害，协同发展。

第三节 江苏省乡村产业发展现状

一 江苏省乡村产业的总体概况

近年来，江苏省农村经济发展态势喜人，农业总产值呈现稳定增长的趋势，农业生产条件大幅改善、农业现代化水平逐步提升、农民收入持续增长。

由江苏省政府牵头，种养专业大户、农民专业合作社、农业龙头企业、休闲农业和集体经济组织等现代农业新型经营主体积极与现代农业相结合，各种农业新业态、新模式如雨后春笋般迅速崛起。

1. 城乡融合发展，资源要素流动

近年来，江苏省将城乡融合发展作为工作重点，推动城乡交互发展政策实施，保障城乡要素合理流动，助力资本下乡。

江苏省通过民间资本、工商资本、外商资本等“三资”对农业进行开发，形成“泗洪模式”“盱眙模式”等代表性模式，为尚存产业发展提供了良好范例。相关统计显示，2020 年江苏省农业固定资产投资较 2019 年增加 36.7%，高出全国平均水平 7 个百分点。此外，加上各类型的资本投入，社会资本在农业固定资产投入中的占比超过 90%。

2. 消费能力提高，消费结构升级

随着社会经济的发展，城乡居民消费能力和消费需求不断提高，2020 年江苏居民人均消费支出为 31451 元，是 2018 年的 1.3 倍；城乡居民收入比由上年的 2.25∶1 缩小为 2.19∶1；消费结构日趋合理，消费类型从温饱型转向发展型、享受型。伴随消费空间的打开，居民对于农产品提出新的消费需求：一是品质化需求日益明显，优质农产品受到消费者欢迎，由此将推动农产品加工行业向精细化方向发展；二是休闲化倾向明显，休闲产品需求旺盛，随着 2.5 天弹性休闲制度的实施，休闲农业和乡村旅游等休闲产业将成为乡村产业发展的强劲动能。

3. 政策环境向好，发展基础夯实

2017 年以来，受国家有关部委的政策指引，江苏省政府各部门先后发布关于土地、资金、产业、文化、农村金融等方面的实施意见，给乡村产业发展提供了充分政策支持和指导。

2019 年 7 月，根据国务院指导意见，《关于推进农业高新技术产业示范区建设发展的实施意见》以培育农业高新技术产业和探索农业创新驱动新模式新方法为路径，通过农业产业化推动实现农业农村现代化。2021 年《江苏省“十四五”科技创新规划》指出，实施“藏粮于地、藏粮于技”战略，不仅有利于保障粮食安全以及增加农民收入，而且有助于加快农业农村现代化实现速度。2022 年 2 月《省政府办公厅关于加快农村寄递物流体系建设的实施意见》指出，围绕江苏省内的特色产业集群、特色农产品产地、现代农业示范园、国家农村产业融合发展示范园等产业主体，推进直播电商与邮政快递融合发展，由此带动乡村产业发展。

二　江苏省乡村产业发展成果

1. 科技创新助推农业高效发展

近年来，江苏省深入推进农业现代化发展。根据江苏省统计局数据，2020 年，全省新建 390 万亩高标准农田，新增设施农业面积 5.7 万公顷，年末农业机械总动力比上年增长 1.3%，科技助力农业生产能力稳步增强，江苏省农业总产值呈现稳定发展的趋势。2020 年全省农业总产值达 4102.2 亿元，同比增长 7.15%，总体成效良好（见图 6-2）。在农业细分产业发展情况上，2020 年江苏省每亩耕地创造的农林牧副渔产值达 7089.4 元，比上年同比增长 5.48%，近几年来发展态势较好（见图 6-3）。

2. 农业经营培育新主体新业态

农民合作社成为农民增收的新途径。2015 年以来，江苏省不断涌现土地租赁、农机经营、种植、养殖、种养结合等专业合作社，完成由“农民的联合”向“合作社的联合”的跨越。2020 年，江苏省新培育职业农民 28 万人，新组建各级农业产业化联合体超过 500 家，农民合作社 8.3 万家，累

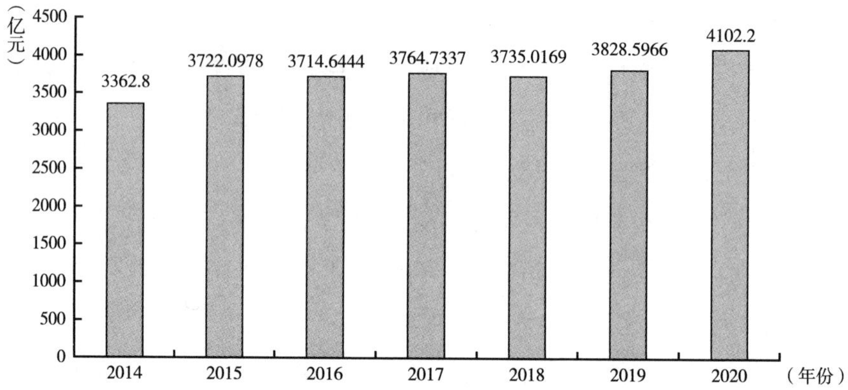

图 6-2　2014~2020 年江苏省农业总产值概况

资料来源：江苏省农业农村厅。

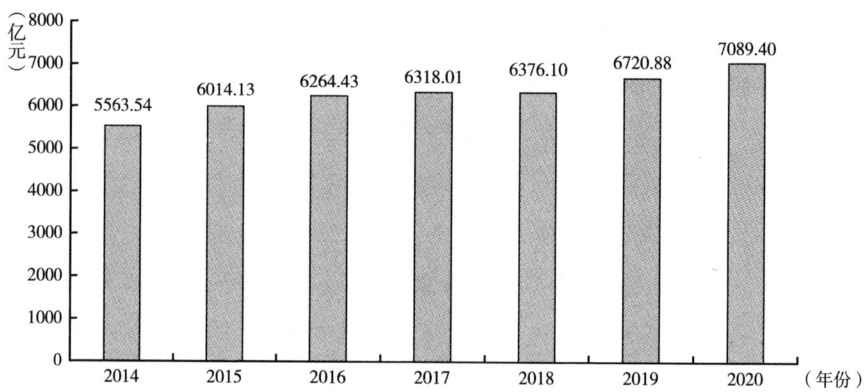

图 6-3　2014~2020 年江苏省每亩耕地创造的农林牧副渔增加值概况

资料来源：江苏省农业农村厅。

计培育县级以上示范社超过 1 万家，其中国家示范社 408 家、省级示范社 1374 家，全省农民合作社可分配盈余超过 150 亿元。

家庭农场为农业产业融合提供载体。江苏省各地积极鼓励家庭农场适度规模经营，结合农产品直销、乡村旅游等新模式，增进产业联动和产业融合。截至 2020 年底，江苏省共有家庭农场 17.5 万家，其中粮食类占比 55%，园艺、水产和种养类分别占 19%、10%、9%。

休闲农业是农业跨界融合的重要途径。2020 年，江苏省的休闲农业景点超过 1 万个，但休闲农业各项营业收入均低于上一年度，其原因是新冠肺炎疫情造成游客数量锐减。2016~2019 年，2019 年比 2018 年增加 89 亿元，同比增长 13.9%；相比 2016 年增加 248 亿元，增长 12.89%（见图 6-4），产业发展态势良好。同时江苏省休闲农业呈现强劲的消费动力，2019 年接待人数超 2.5 亿人次，同比增长 25.25%（见图 6-5）。

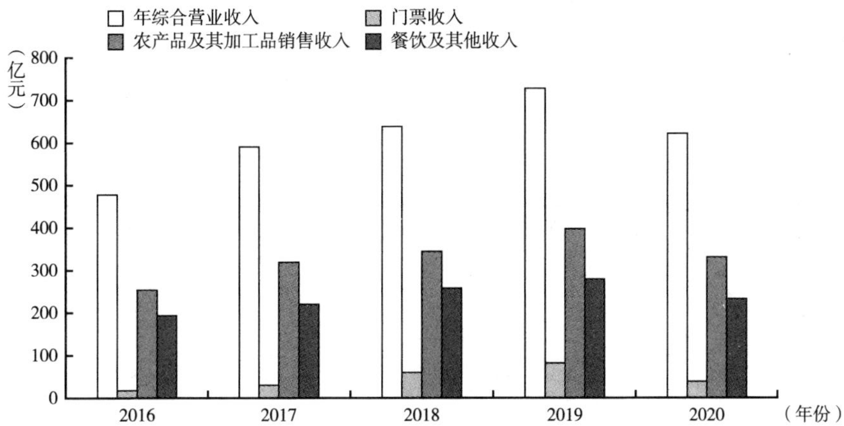

图 6-4 2016~2020 年江苏省休闲农业年综合营业收入统计

资料来源：江苏省农业农村厅。

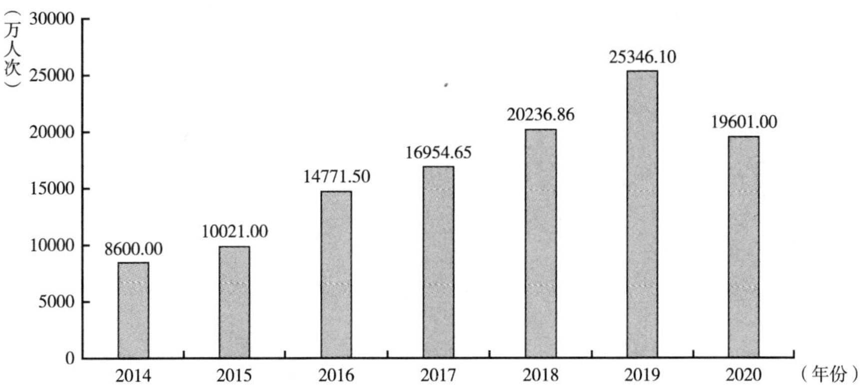

图 6-5 2014~2020 年江苏省休闲农业年接待游客人数统计

资料来源：江苏省农业农村厅。

龙头企业引领农村产业融合发展。江苏省打造龙头企业的标杆功能，将传统和现代市场营销网络、供应链建设和管理向龙头企业身后企业输出，以标准、品牌和资本为“集结号”，整合农村产业发展各要素，带领农民合作社、家庭农场和广大农户形成发展联盟，让生产要素与资源在城乡之间、区域之间、产业之间自由流动，提升农业经济活力，助力乡村振兴。截至2020年，江苏省县级以上农业龙头企业超过8500家，包括65家国家级、931家省级。省级以上农业龙头企业年销售额达8846亿元，同比增长4.87%，带动农户超过700万户，占全省农户的43%（见表6-1）。

表6-1　2013~2020年江苏省农业龙头企业统计

单位：个，亿元

年份	农业龙头企业数量			省级以上农业龙头企业销售额
	国家级	省级	总数	
2013	61	546	5645	6352.72
2014	61	546	5823	6998.80
2015	61	637	6158	6927.40
2016	61	637	6804	7599.39
2017	61	675	7465	7222.60
2018	61	775	≥7700	7800.00
2019	61	824	8000	8435.00
2020	65	931	≥8500	8846.00

资料来源：2013~2020年江苏年鉴。

3. 多元融合模式颠覆传统农业

近年来，江苏省各地在推进乡村产业发展中，不断创新体制机制，加大改革力度，根据各地实际情况，整合地区生产要素与特色产业，探索出一套产业发展融合模式，为推进乡村产业发展积累宝贵经验。其中主要包括推动农业内部有机融合、交叉重组、循环发展的生态综合种养模式，例如，扬州广陵区“稻虾、稻鸭”种养，里下河地区“一藕两虾”种养等；引进全产业链、全价值链，加速农业加工流通的产业链价值链融合模式，如连云港“菜篮子”工程、射阳大米全产业链等；发挥休闲农业的特点，实现产业融合的功能拓展延伸模式，如泰州兴化垛田产业体系；以信息产业作驱动，催生智慧型农业的技术渗透引领融合模式，如南京白马农业科技园；伴随特色小镇、农业产业强镇、美丽乡村等农业产业聚集形成产城产镇综合融合模式，如阳山蜜桃小镇、盘城葡萄风情小镇、白马蓝莓小镇等。

4. 融合载体助力产业纵深发展

江苏省近年助力各类融资载体（如农业加工区、农业服务平台、农业电商产业园等）的发展，为农村产业融合向纵深延伸创造条件。截至 2020 年底，江苏省先后建成 112 个省级现代农（渔）业产业园区，覆盖全省各农业县（市、区）。此外，还建成 203 家农村创业创新园区（基地），包括 78 家农业农村部农村创业创新园区（基地）。同时，“互联网+”的浪潮为农产品销售创造了新的切入口，2020 年，全省农产品网络销售额达 843 亿元。江苏省注重农村电商的发展，累计建成县级农业电商产业园或涉农电商创业园 82 个，新建“一村一品一店”省级示范村 456 家，新增智能农业示范点 624 个，农产品网络销售带来的经济效益不断提升。

三　江苏省乡村产业发展中存在的问题

1. 商业模式动力不足，缺乏造血机制

乡村产业发展的根本出发点是促进农民增收，产业留在农村、增值留给农民是实现乡村产业可持续发展的目标。乡村产业发展不能单纯依赖政府的扶持，更要基于市场要素和自身资源优势打造可持续发展商业模式。只有具备造血机制的商业模式，乡村产业才有生存乃至发展的可能。

目前，江苏乡村产业仍然处于起步发展阶段，多采用政府搭台、企业运营、政府埋单的运作模式，发展动力不足，缺乏造血机制，社会性和营利性无法统一。从市场运作的规律来看，江苏乡村产业存在如下问题：（1）产品开发与消费者需求不匹配，广而不精。对需求端研究不足，差异化的产品需求难以满足，产品与服务精准投放率不高。（2）产品开发缺乏深度和差异化定位，相似度高却不够集聚，尚未形成合理的产业分工合作机制。（3）产业营利模式开发不足，方式简单、单一甚至缺失。产业营利主要包括产品开发、生产、出售并形成规模效应的内涵式营利以及通过资本运作、兼并、收购等扩张途径的外延式营利。当前乡村产业的发展依旧停滞在内涵式营利，且规模效应不明显，散而不聚。

2. 产业资源配置不足，缺乏要素流动

目前，城乡二元结构依旧阻碍农业农村的发展，城乡产业联动困难、资金缺位、人才缺乏、技术落后等因素阻碍市场要素自由流动，乡村产业的产品、服务、企业和产业市场效益不明显，缺乏竞争优势。随着科技扩散壁垒逐步降低以及江苏省在科技方面的优势，当前要素资源投入不足集中表现在人才和资金两方面。一方面，由于城乡之间就业机会、教育医疗等资源的不均衡，乡村缺乏人才吸引力，从而产生人力资源短缺的难题；另一方面，农村还未建立符合农村经济发展的金融体制机制，造成农村金融价值实现效益低，农村资源无法变现为农村资产。

3. 产业发展质量不高，缺乏深度融合

当前，江苏省农业产业化和规模化发展仍处于初级阶段，存在产业选择趋同、层次不高、服务体系不健全等问题。从产业规模来看，优势和特色农产品基地规模偏小，同一区域开发较为分散，规模效应不明显。从产业布局上看，产业类型同质性严重（除区域特色产业外），在经营类型上也趋同，使得对内竞争激烈、对外竞争力不强。从产业融合来看，一是产业链向下游产业链延伸不足，尚未建立合理高效的供应链体系；二是向上游环节延伸单一，经营主体对农产品缺乏精深加工意识以及对农产品的副产品认识不够，无法实现对副产物更高价值的利用，对附加价值的挖掘有待加强；三是整体产业融合不足，农村生产生活服务功能不够完善，农民多样化生活服务需求难以有效满足，产业融合层次低、融合方式单一，农户与合作组织、企业之间的合作及联系有待加强。

四　江苏省乡村产业发展对策

江苏省乡村产业的发展要基于全产业链思维，深刻挖掘农业资源，深化产业分工和融合，打通生产体系；以工带农、以城带乡，促进资源要素双向流动，为产业发展注入强劲动力；规范产业链运行机制，保证乡村产业健康、稳定、持续发展。

1. 全产业链思维打通体系

提升乡村产业的竞争力需要对农业资源进行优化整合，采取全产业链的思维可以有效弥补传统农业经营方式竞争劣势，全产业链有助于将农业产业视为一个有机整体，全方位控制各环节的生产成本，提升生产效率，产业链可以充分向前向后延伸，产生更多的附加价值，因此，构建全产业链发展体系需要提高产业活力与竞争力。乡村产业发展的全产业链模式见图 6-6。（1）以农业生产为基础，推动农业生产规模化、现代化，实现规模化效应；（2）以市场需求为导向、农产品加工为抓手，挖掘消费者品质化、多样化、健康化需求；（3）以龙头企业为主导，发挥自身经营理念、技术、市场营销水平等优势，上联农民、中联企业、下联市场，实现农产品各产业链环节密切联合；（4）以品牌塑造为核心竞争力，树立品牌意识，依据地域特色、技术优势、生产特点等打造专属的品牌与地区生产文化，提升附加价值，创造品牌溢价和市场竞争力；（5）以公共服务为保障，把握农业生产趋势，完善农业发展过程中信息、法律、金融、保险等相关社会服务。

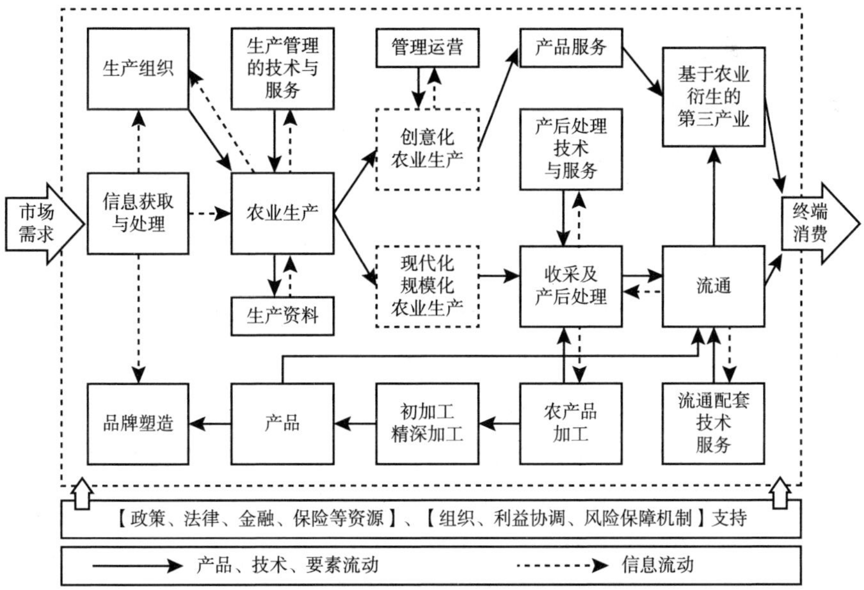

图 6-6　乡村产业发展的全产业链模式

2. 资源要素流动激发活力

农村产业的发展，不仅要依靠当地农业资源，更要补齐人才、资金、基础设施等生产要素的短板。资源流动要以市场需求为导向，进行城乡资源要素的市场化改革，打破城乡人才、资金等双向流动障碍，推动要素下乡；资源配置优先向农村地区倾斜，完善农村基础设施建设；加快培育新型经营主体，提供政策支持，发挥龙头企业、乡镇企业的优势资源和带动能力，构建现代化农业组织，实现农民增收、农业增效、农村发展；创新金融服务模式，将商业银行金融项目与农村农业生产相结合，成为乡村产业股东，让资本要素充分向农村流入，解决农民贷款难、筹资难等问题。

3. 完善运作机制稳固发展

一是建立全产业链组织运营机制，实现组织运营有效、效益可观，保证乡村产业有效运营。积极培育核心组织，提高产业组织化程度，充分利用农村组织基础，推动农民合作社等村集体组织实现功能转型和规范化建设。同时打破各个经营主体之间的分散状态，促进组织资源有效整合，构建“公司+合作社+农户”战略联盟，实现产前、产中以及产后组织的紧密联系，产业链上下联动，各个主体之间相互促进、共同发展。

二是建立利益协调机制，协调乡村产业在发展过程中利益分配争端问题，必要时可参与乡村产业的利益分配，帮助建立农户与农户之间、农户与新型经营主体之间良好的合作关系与紧密联系，让农户成为产业发展局内人，保障农民利益。首先要制定利益约束机制，明确各主体的权利义务，保障组织平稳。在完善产业链利益联结的基础上，加强利益联结体监督约束和协调沟通能力，搭建畅通的利益诉求通道，为产业链各主体的相互监督提供平台；同时可以构建权威中间组织或者第三方平台，针对各主体利益分配进行外部监督并对其利益诉求进行协调。

三是建立风险保障机制，降低乡村产业链受市场、自然灾害等冲击的风险，保证乡村产业持续发展。建立农业风险保障体系，以农业保险为核心，与土地流转、订单农业相结合，降低风险冲击；加快完善农业风险管理和预警系统，充分利用大数据平台，发挥互联网、物联网等现代生产力创造平台，实现对农业产业全链条式监测；通过技术引入和要素投入，促进农业现代化升级，提高产品品质和安全，控制生产风险；增强产业链间联系的紧密性，完善市场供给体系和价格保护机制，提高风险共担意识，促进产业链各主体间互帮互助，共同抵御市场风险。

五　江苏省乡村产业发展典型案例分析

（一）基本情况

兴化垛田位于江苏省里下河地区，被誉为当地历史地理和农业生态系统变迁的活化石，其农业系统被列入全球重要农业文化遗产保护项目。新中国成立之后，得益于兴化水利设施的兴建以及对河流湖泊的疏导治理，垛田利用得以优化，极大提高了油菜、香葱、芋头等农作物以及大虾、大闸蟹等水产品的产量与品质，改善了当地居民收入水平和生活品质。兴化市近年来充分利用开发垛田资源，培育蔬菜加工业、健康食品产业等特色产业高地，打造“贸工农一体化”“产加销一条龙”的产业新模式，同时不断加快发展以“千垛菜花节”“碧水东罗”为代表的乡村旅游业等第三产业，实现一二三产业融合发展。2020 年经过专家评审再次估算，兴化垛田传统农业综合价值超过 700 亿元，其中载体价值约为 350 亿元、服务价值约为 360 亿元。

（二）主要做法

1. 推动农业产业现代化

兴化拥有两个国家级项目，高标准农田建设和粮食生产功能区划定试点。以两个国家级项目为抓手，出台实施提升农村防洪排涝能力和农机装备能力的“两个四年”行动计划，为农业安全生产、提高生产效率创造条件。随着全市农业机械化行动计划的开展，粮食生产全程机械化覆盖面逐步扩大，农机社会化服务能力提升。2020 年底，兴化市农机总动力达 260.12 万千瓦，同比增长 2%；农业机械化水平接近 90%，主要粮食作物生产综合机械化水平达 93%。截至 2020 年，兴化市建设高标准农田达 6.5 万亩，新增规模高效设施农业基地 29 个，高效设施农业面积超过 3 万亩。

2. 培育新型农业经营主体，创新合作模式

兴化积极培育新型农业经营主体，并开展规范化建设。创新农村土地流转形式，推广实行“实物计租、货币兑现”的土地租金定价机制，给予家庭农场与农田基础设施政策倾斜，相关配套设施优先建设。2020 年，兴化市累计有 2400 家农民合作社、3014 家家庭农场；新型经营主体累计实现适度规模经营面积超过 70 万亩，接近一半主体采取规模化的经营模式；挖掘乡村产业的附加价值，积极发展休闲农业，培育出创意休闲农业主体 9 个，举办创意休闲农业节庆活动 8 个；国家田园综合体、省市特色田园乡村试点建设取得良好成绩，管阮村、施家桥村入选省级第二批特色田园乡村试点，国家田园综合体超过 50 个子项目全面推进；创建省级、市级示范农场以及绿色家庭农场 65 家，“缸顾乡千岛园果蔬合作社”“中堡镇夏庄水果种植家庭农场”等主体成为乡村旅游观光点及采摘园；打造龙头企业 200 多家，江苏兴野食品有限公司成功入选国家级农业龙头企业；积极推动社会资本下乡，与万科正式“牵手联姻”，打造“政府+社会资本+村集体”的东罗模式（见图 6-7），为实现特色田园乡村发展提供新路径。

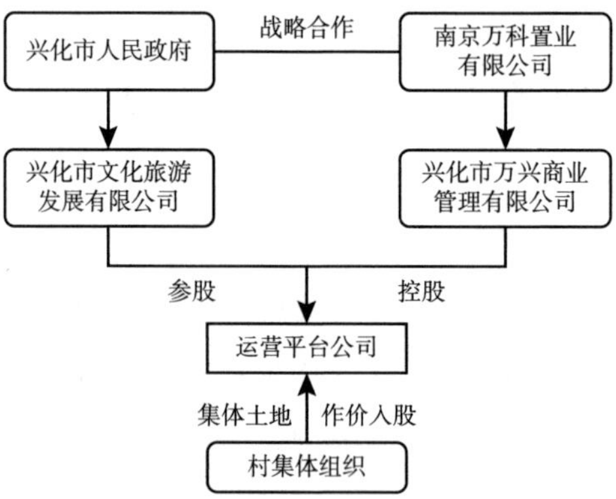

图 6-7 “政府+社会资本+村集体”的东罗模式

3. 打造农业文化遗产品牌优势

2018 年 7 月与《中央电视台军事 · 农业频道》合作举办“垛田故事——全球重要农业文化遗产（兴化）特色农产品分享会”；2018 年 9 月成

功举办“江苏泰州·兴化碧水东罗农民丰收节”，彰显垛田农业文化遗产保护区金字招牌优势，打响“垛田香葱”“农香芋”等兴化本地特色农产品品牌，通过品牌提升农产品市场竞争力，提升农产品效益。2021 年建立“全球重要农业文化遗产兴化垛田传统农业系统主题农家乐”，开展“水上森林春江诗会”、“建国 70 周年系列文化活动”、“中国梦　家乡美”经典诗文朗诵会、金东门老街非遗展演、“悦读水乡·书香芬芳”和“一点村色”等一系列地方特色鲜明、涉及面广的文化活动。

2018 年 10 月，“兴化大米”在上海成功开展品牌推介会，并再次入选“中国十大大米区域公用品牌”。2020 年，兴化市兴化香葱荣获“2020 全国绿色农业十大最具影响力地标品牌”称号。近些年通过兴化垛田传统农业系统的示范引领，农产品受到各方肯定，全市获得有机农产品证书农产品 9 个，被认证为国家地理标志产品农产品 7 个，获绿色食品证书农产品 78 个，其中，7 个水产品、2 个畜禽产品获绿色食品证书，沙沟镇（淡水鱼）成功入选第九批全国“一村一品”示范镇。农产品商标打造取得巨大成果，兴化市拥有 53 个农产品品牌并在 35 个国家和地区注册，15 家果蔬脱水加工企业通过 ISO 质量管理体系认证。

4. 农村产业融合发展

优化升级稻米、脱水蔬菜、虾蟹制品等种植业与水产业加以融合旅游、文化等产业，打造全产业链，实现农村产业融合发展。围绕传统种植业与水产业建设配套企业，并推进与新型经营主体的有效对接，通过农产品开展深加工、分级批发、农产品组合销售等方式来加快产业融合。以“农业龙头企业+农民专业合作社+生产基地+农民”模式，建立当地特色农产品产业化联合体。联合体开展产销一体化农产品产业链条，如利用农产品生长期发展观赏业、农产品与水产品收获期开展游园采摘模式，将农产品收获与游客活动相结合，有效推动了产业融合发展，提高了农民收入。

（三）发展瓶颈

1. 要素流动性差，产业发展动力不足

目前，兴化市农村基础设施以及资源条件与城镇相比，依旧存在巨大差异，各种资源在农村逐步流失，造成乡村产业“空心化”，乡村人口非农化、老龄化问题严重，缺乏青壮年劳动力，大大影响了乡村产业发展活力。产业融合不够，农业面源污染亟待整治，创新驱动不足，村级经济薄弱，造成农村严重“失血”“贫血”，限制农村产业的发展与乡村振兴战略的实施。

2. 利益联结机制不完善，农民参与度较低

乡村振兴的出发点和落脚点是让农民富起来。社会资本下乡固然会为乡村产业的发展注入活力，但其关键在于是否能够建立共同的利益共享机制。现如今，兴化市虽然引进社会资本参与乡村产业开发建设，但缺乏完善的利益联结机制。

（四）经验总结

1. 依托特色资源，挖掘农业潜在价值

作为世界农业文化遗产地，兴化市不仅注重呈现自然之美，更深入挖掘乡村的人文之美，做到“内外兼修”。一是突出特色生态资源优势，结合里下河生态经济示范区建设，突出“水”“绿”“垛”的生态元素，打造宜居田园水乡的生态品牌；二是充分合理利用垛田农业资源，立足全球重要农业文化遗产的地位，挖掘并发扬乡村传统文化，打造特色鲜明的自然村落，实现生态功能修复和产业可持续发展。

2. 培育特色产业，激发创新创业活力

兴化立足于当地资源禀赋，根据实际调整农业产业结构，加快产业联动发展。一是围绕“种风景、长风景、看风景”的目标，进行种植业结构的优化，依托春季千垛菜花旅游节、夏季万亩荷塘旅游季、秋季品蟹赏菊旅游季等活动载体，打造生态旅游农业。二是树立全产业链意识，加快农业产业融合，以农民为主体，打造家庭农场、龙头企业、农民专业合作社等农业产业融合主体；积极搭建农业产业融合载体，集聚科技生产要素；创新投融资机制，推动社会资本下乡，为乡村产业引入强力引擎。

3. 打造兴化名片，建立全品牌链体系

作为世界农业文化遗产地，兴化积极挖掘品牌价值，全力构建兴化特色的全品牌链体系。一是整合农产品产业链各环节，改善经营体制机制，提升

产业链各段附加价值。二是大力实施“品牌农产品质量安全提升工程”和“三品一标”质量品牌建设工程，培育具备地区特色、文化特色的知名大品牌，以质量服务品牌、用品牌彰显质量，提高农产品品牌质量。三是塑造农产品品牌形象，将“兴化大米”“兴化龙香芋”“兴化香葱”等农产品品牌进一步强化，保护好并发挥好垛田传统农业系统这一全球重要农业文化遗产的金字招牌，赋予品牌文化内涵。四是创新农产品营销模式，依托电子商务、农产品专场展销会等形式打造线上线下融合发展的格局，提高品牌市场影响力和竞争力。

第四节　浙江省乡村产业发展现状

一　浙江省乡村产业的总体概况

浙江省是我国农林牧渔一体化的综合性农区。历年来，浙江省委、省政府将农业发展作为深入贯彻城乡发展战略的重要抓手，保障农村经济呈现稳步态势。

浙江省气候环境适宜、生物多样性丰富，各类农产品（如粮油、渔业、蔬菜、果品、食用菌等）产业发展迅速，其中茶叶、蜂、食用菌等产业份额居全国领先地位。截至 2020 年底，省农产品出口总额在国内各省市名单名列前茅。

截至 2020 年底，据统计，全省共有农民专业合作社、家庭农场、农业龙头企业数量分别是 48783 个、35075 个和 6070 个。2017 年，全省第一产业固定资产投入逾 300 亿元；土地流转面积逾 1100 万亩，约占承包耕地的 3/5。建成 80 条规模达 10 亿元的示范农业全产业链，实现农产品网上销售 1109.5 亿元，建成 6000 多个休闲农业园区，实现 400 亿元产值。①

2020 年省农村常住居民人均可支配收入同比增长 6.88%。在全国各省

① 数据来源：浙江省农业农村厅。

区中，连续多年名列第一。农村股份经济合作社中，股东逾 4000 万个，资产总计达 1365 亿元，集体经济总收入在 2017~2019 年中平均每年增加 7%。通过实施消除集体经济薄弱村三年行动计划，实现农村集体经济收入逾 500 亿元，比上年增长约 10%。

二　浙江省乡村产业发展成果

1. 现代农业稳步发展

浙江省大力推进农业供给侧结构性改革，新型经营模式、新业态正在加快形成，农业产业化规模化态势良好。据统计，截至 2020 年底，浙江省拥有省级骨干农业龙头企业 505 家，省级智慧农业示范园区 11 个，农业物联网示范基地超过 240 个。共培育全国休闲农业与乡村旅游示范县接近 30 个，居全国第一。共培育农家乐休闲旅游特色村超过 1200 个，特色点接近 3000 个，农家乐经营户达 20463 户。

2. 产业兴农，大力推进规模化适度经营

浙江省将促进农业集聚发展作为农业转型发展战略举措，不断提高粮食生产功能区及现代农业园区水平，大力建设高标准农田，努力创建农业集聚区及特色农业强镇。到 2020 年，共确定 40 类特色农产品，按县域划定 430 个优势区域，35 条特色农产品产业带的培育由此推动。安吉白茶等 10 个产业区获批为全国特色农产品优势区域，浙南特色早茶产业集群被列入全国优势特色产业集群。据统计，浙江省已创建 69 个省级现代农业园区和 113 个特色农业强镇，建成 80 条单条产值超过 10 亿元的示范性农业产业链，总产值超 1600 亿元。

3. 信息兴农，农村电子商务引领农产品销售新风向

浙江省以实施“互联网+农业”“农村电子商务”等为目标，大力建设农产品网上销售和农民网上消费服务体系，切实提高农民的收入，提高农村消费水平。2019 年，浙江省“数字农业”农村发展总体水平为 68.8%，远高于 36.0%的全国水平，在发展环境、基础支撑、生产信息化、管理信息化、乡村治理信息化和服务信息化 6 个方面居全国前列。据统计，2020 年

这一年，共培育712个电子商务示范村、284个农村电商示范服务站（点）。

4. 创新兴农，着力构建“第六产业”发展体系

美丽乡村经济蒸蒸日上，具有区域经济特色的块状经济快速发展，休闲农业和乡村旅游等新兴产业新业态蓬勃兴起，带动农村产业融合发展。到2020年，浙江省共有24个区（县市）、28个示范点入选全国休闲农业与乡村旅游示范县、示范点，17个县（区）、54个示范乡镇（街道）、100个示范点入选省级休闲农业与乡村旅游示范名单。2020年，全省共接待游客2.47亿人次，同比增长27.9%，较2015年的1.03亿人次增长1.44亿人次；农家乐2.15万户，有17.1万名直接从业人员，带动逾100万人就业；农家客栈床位达到39.85万张，农家餐厅餐位160万个，休闲渔业经营主体达2413家，从业人员1.89万人，总产出达28.5亿元。

三　浙江省乡村产业发展中存在的问题

1. 缺乏农业经营主体，专业化程度低

现阶段，留在乡村的劳动力愈发稀少，多数农村青壮劳动力纷纷选择外出，出现“村庄空心化、农业副业化、农民老龄化”的现象，从而造成农村经营主体人员缺乏、农业经营主体缺乏农村电商专业知识等局面。

2. 产业发展缺乏规划，特色不明显

地方政府对乡村产业发展规划缺少理论支撑，其规划不具备科学性，各地缺乏产业定位与市场细分。许多乡村对休闲产业的盲目投资造成品质低下和竞争力不足，而部分区域在休闲产品发展中仅孤立提供本地资源与服务，发展后劲不足。

3. 缺乏乡村产业融合发展的思路和渠道

多数乡村在进行乡村振兴过程中尚未理解乡村产业融合的思路，仍将第一、第二、第三产割裂开来看待，在引领产业融合的局面中受到限制。农村经济增长相对简单，资源要素有限性和基层组织竞争力欠缺都会导致农村经济发展的失衡和不足。

4. 政策、土地、金融、人才等要素的扶持力度有待加强

农村非农产业发展存在明显的用地限制，亟须政策支持和金融支撑。资金短缺已经成为制约新型经营主体发展的瓶颈，需要加强跨界、多领域的专门人才支持。同时，农村经济观念、民主法治意识、责任意识、公共参与意识仍需提升。

5. 基层治理亟须转型升级

传统农村基本结构、农民生产生活方式以及农村自然资源环境等因素给农村集体经济发展带来阻力。首先，在政治层面，传统自上而下管理体制极易产生权力复制和基层权力滥用等问题。其次，在经济层面，农村集体经济需要资源禀赋、自然环境、政策引导等因素的支持。最后，在社会层面，由于社会各方面的重视程度不够以及政府对农民培育不足，导致集体经济难以发展壮大。

四　浙江省乡村产业发展对策

1. 品牌强农，筑牢乡村产业振兴硬基础

推进乡村振兴工程，引导企业和农户共同强化农产品地理标志、保护农产品品牌，打造企业品牌，培育一批“乡字号”“土字号”产品。第一，因地制宜，加速品牌培育。针对不同地区农业发展情况及资源禀赋优势，有计划有步骤地制定品牌培育策略，把当地的优质特色农产品资源优势转变成市场优势。第二，改变观念，加强品牌运营。加强宣传力度，提升品牌意识，激活“僵尸品牌”，挖掘品牌内涵，提高产品质量，打造具有特色的“珍品”“礼品”“贡品”。

2. 主体兴农，培育乡村产业振兴主力军

培育多元融合主体，鼓励农业产业化龙头企业、农民合作社、家庭农场、小农户等各类经营主体形成农业产业化联合体。第一，完善农村家庭农场发展中的薄弱环节，解决启动资金、劳动用工等问题。第二，加强多元化经营，实行“家庭农场+合作社+公司”“家庭农场+合作社+自己加工公司”等模式，提高组织的运作效率。

3. 数字助农，打造乡村产业振兴新引擎

全面实施数字农业“一号工程”，推进“互联网+现代农业”，推进农业生产、经营和生活的数字化转型。第一，打造乡村振兴产业发展新动力。加快农村数字化基础设施建设，建立“天空地”一体化的信息收集系统，建立健全农产品质量安全溯源体系。同时加快教育、医疗等与网络的融合，推进农村公共服务方式的数字化转型。第二，完善发展农村电子商务的薄弱环节。加强农产品的标准化，严把质量关，提高农产品贮运技术水平，大力引进和发展现代龙头物流企业，加强农村电商流通。第三，优化区域农村电商生态。以区域特色产业为基础，整合资源，推动农村电商生态链建设，探索构建区域农村电商联盟。

4. 产业富农，构建农村产业发展新体系

实现农村产业新体系需要产业要素跨区流动，以农村产业融合为目标，加快传统农业与新兴产业融合发展，加速多业态形成趋势。第一，以建设现代农业为目标，通过培育现代种养业、农产品加工流通业、乡村休闲旅游业、乡村新型服务业以及乡村信息产业，形成千亿级农业全产业链，构建乡村振兴产业新体系。第二，健全产业融合机制，把民俗文化和农耕文化等有机结合起来，促进农产品精深加工和休闲旅游等特色化发展。

五　浙江省乡村产业发展典型案例分析

浙江省根据本地互联网优势，依托于互联网平台，通过“互联网+”发展农村电子商务，从而带动乡村产业发展，其中比较典型的是诸暨农村电商发展。

（一）基本概况

诸暨市（浙江省辖县级市，由绍兴市代管）依据数字化发展潮流，建设电子商务专业村，构建农产品电商公共服务平台、设立村淘 4S 站，并把特色农产品作为销售主导产品，走出了一条互联网式的致富之路，诸暨市公共服务平台体系模式见图 6-8。2020 年，绍兴地区网上零售总额达 232.5 亿元，同比增长 6.5%。成功运作“9610”“9710”首单，率先完成绍兴市下达的目标任务，积极推动了“9810”跨境电商的第一笔订单①。

（二）具体做法

1. 公共服务平台建设

为了发展县域农村电商，诸暨市立足自身产业优势，在大力发展专业化电商、做大做实外循环产业的同时，提出县域内循环产业的构想（见图 6-8）。所谓县域内循环是指依托本地特色资源和区位条件，把农村经济与网络技术相融合，实现从传统农业向现代农业转变。诸暨全县着力抓好“基础服务加站点”建设，以农村电子商务基础服务为主搭建公共服务平台，村村通和中国邮政主要负责村级网点的建设，实现工业品下乡、农村创业就业和农产品销售的有机融合。

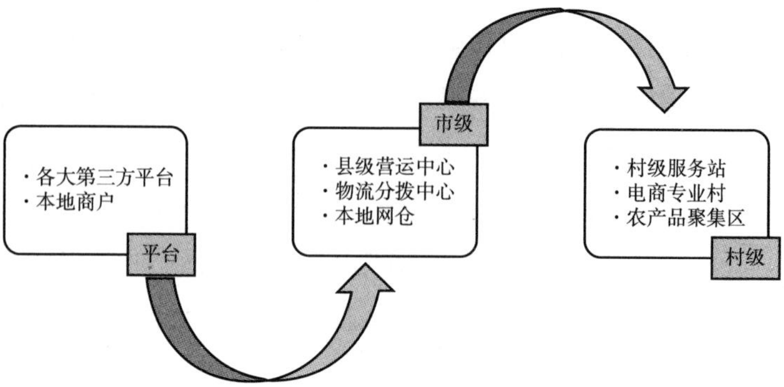

图 6-8　诸暨市公共服务平台体系模式

2. 快递进村——村淘 4S 服务站

村淘 4S 服务站（也称村淘 4S 店）可以帮助村民代购。针对不太了解网购操作的村民，可以到村淘服务站寻求站长帮助选购下单，先由站长代为付款，等快递包裹运输到村淘 4S 店、村民验货满意后再将货款交还给站长；若不满意，再由村淘服务站站长帮忙退货。

村淘可以帮助村民代售。以往因为交通不便、信息不顺畅，村民存在

① “9610”指常见的 B2C 集货模式出口；“9710”指适用于跨境电商 B2B 直接出口的货物；“9810”指适用于跨境电商出口海外仓的货物。

“买难，卖更难”的困境。如今有了村淘 4S 店，就可以帮助村民售卖一些乡村土特产。村淘可以根据农产品的供应量，在下架之前及时调整网上存货。

3. 网络节会

诸暨市在地方政府和农业局带领下，组织各类“网络文化节”和农副产品网上促销活动，让原本无人问津的农副产品、土特产一跃成为供不应求的“香饽饽”。

（三）发展瓶颈

1. 信息化水平低，设备投入不足

诸暨市当地安装电脑、宽带等设备的村民很少，多数还是通过传统方式获取外界信息，信息配套实施尚未完善。真正利用网络创业，并在网上把当地特色农产品销售出去的农民较少。

2. 电商意识淡薄，电商人才紧缺

农村从事农产品销售的农民普遍年纪较大，农民更多采用摊位零售等方式进行现货交易，缺乏对电子商务的认识，因此很难调动农民的积极性。发展农村电子商务，既要有农民的直接参与，又要有各种专业技术人员的支持，而农村出来的大学生虽受过高等教育，但他们对回到农村从事农业生产活动积极性并不高。

3. 农村散户多，生产规模小

诸暨大部分农户都是散户种植，种植面积小、分布较分散，很难实现规模效益。而且由于农产品种类繁多，销售渠道局限于当地市场，导致丰收时期，当地市场供过于求，农产品大量滞销，农民利益受损。

4. 监管力度不够，信任问题凸显

一直以来，我国农药施用量居高不下，顾客对食品的品质越来越重视、品牌意识越来越强。诸暨市大部分以小农户经营为主，在种植过程中，由于缺少相关的监督管理制度，且缺乏品质认证，无法完全满足顾客对品质的需求。

（四）经验总结

1. 强化电商意识，引进电商人才

发展农村电子商务，必须加强农民的电商意识，并引入相应的专业技术人员。诸暨市政府在培养和吸引人才方面，可以积极与省内各大院校进行磋商。同时，政府还可以增加高水平人才返乡创业补助，吸引更多有才干的青年建设农村。

2. 散户集结，规模种植

通过引进专业的电商技术人员，帮助有创业意愿的农户组织附近小农户成立合作社，使土地资源得到有效利用，实现资源合理利用。由合作社统一安排指导，对农户农业生产进行科学管理，并联系现有电商平台、物流公司统一销售、配送。农户与企业联合经营，既能很好地解决“小农”和“大市场”之间的矛盾，又能极大地减少经营成本。

3. 多管齐下，解决信任问题

政府和各类合作组织定期向村民宣讲农产品品质生产的重要性，增强农民的自觉性。鼓励农民积极申报农产品品质认证，引进质量溯源系统，在农产品外包装上印制 QS 质量认证标识，完善农产品质量追踪监控系统等。

在确保产品品质的基础上，还需要打造诸暨品牌，增加消费者的忠诚度。通过口碑和网络媒体的宣传，提高“诸暨”品牌的知名度，让顾客熟识诸暨品牌农产品。同时，诸暨市的村干部可以积极整合乡村资源，并与当地旅行社签订合作协议，组织乡村旅游。

网络环境规范化。完善当地的政策和法规，为当地发展创造有利的政策环境。加强质量监管、风险防范和管理体系建设，建立规范化的网络交易市场。政府可以将部分财政资金投资于扩大村淘服务站的覆盖面，让顾客在服务站下单后，就能在线下自提商品，给村民提供最大限度的安全感。

第五节　安徽省乡村产业发展现状

一　安徽省乡村产业的总体概况和发展机遇

1. 安徽省乡村产业的总体概况

安徽省作为改革开放和脱贫攻坚的前沿阵地，乡村振兴是安徽省经济和社会发展的重要契机，将极大地推动城乡统筹、产业空间优化和乡村环境提升。安徽省目前已快速融入长三角经济圈，在长三角城市群中形成独特的发展定位和目标，先进制造业发展和创新型经济导向正引领安徽省经济社会快速发展。

安徽省位于中国华东腹地，毗邻长江，具有显著的地理优势、丰富的农业资源和高质量的农产品。全省占地 13.96 万平方公里，拥有 8800 万亩耕地面积、5600 万亩林地面积和 870 万亩养殖水产面积，属于农业大省。安徽省农业现代化建设在国家和省政府的大力扶持下，已取得一些成果，为粮食增产、农业增效、农民收入增加等方面提供了技术支持。2020 年，安徽省农业机械总动力达到 6799.5 万千瓦，农作物耕种收综合机械化率达 81%。截至 2020 年，安徽省农村柴油使用量达 75.23 万吨，规模以上机电井数为 28.51 万眼。同时自 2015 年开始，安徽省农用化肥施用量、农药使用量逐渐减少，到 2020 年分别为 289.90 万吨、8.33 万吨，相比于 2015 年减少了 14.41%、24.96%，农业生产条件和现代化水平大幅提高（见表 6-2）。

表 6-2　安徽省农业现代化部分指标

指　标	2005 年	2010 年	2015 年	2017 年	2018 年	2019 年	2020 年
农业机械总动力/万千瓦	3983.83	5409.79	6580.99	6312.86	6543.81	6650.47	6799.5
机耕面积/千公顷	3775.15	4056.35	4287.86	7597.33	7489.51	7570.04	7668.43
机播面积/千公顷	2329.34	3606.59	5003.90	5505.31	5750.12	5970.52	6124.64
机收面积/千公顷	3326.47	5246.28	6440.64	6927.99	7248.94	7350.39	7420.12
农村用电量/亿千瓦时	64.22	107.41	156.75	171.31	180.79	189.15	205.31
农用化肥施用量/万吨	285.67	319.77	338.69	318.72	311.75	298.02	289.90
农用柴油使用量/万吨	55.58	68.13	75.69	75.49	75.52	74.68	75.23
农药使用量/万吨	9.48	11.66	11.10	9.94	9.42	8.83	8.33
规模以上机电井数/万眼	19.54	19.74	23.47	27.05	27.80	28.00	28.51

资料来源：安徽省统计年鉴。

在农林牧渔业总产值方面，安徽省近几年呈稳定发展的趋势，2014 年起全省农林牧渔业总产值超 4000 亿元，2020 年农林牧渔业总产值达

5680.91 亿元，其中 2016 年增幅较大，同比上一年增长 5.96%，总体发展情况较好（见图 6-9）。

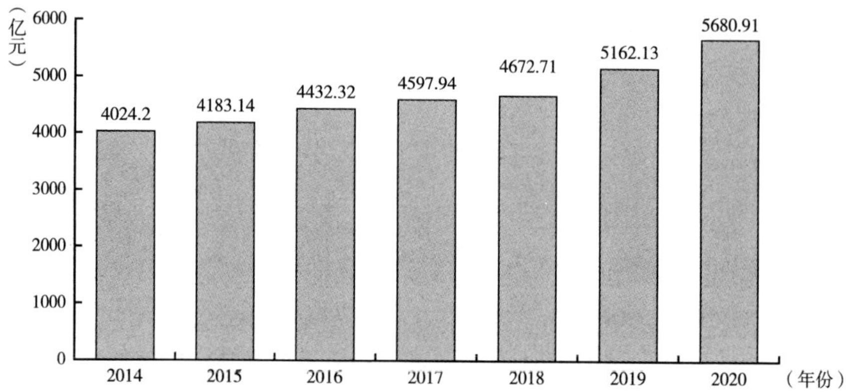

图 6-9　2014~2020 年安徽省农林牧渔业总产值概况

资料来源：安徽省统计年鉴。

同时，通过比较 2014~2021 年安徽省城镇和农村常住居民可支配收入情况（见图 6-10），虽然城乡之间可支配收入差异呈逐年增大的趋势，但农村常住居民人均可支配收入增速高于城镇常住居民。

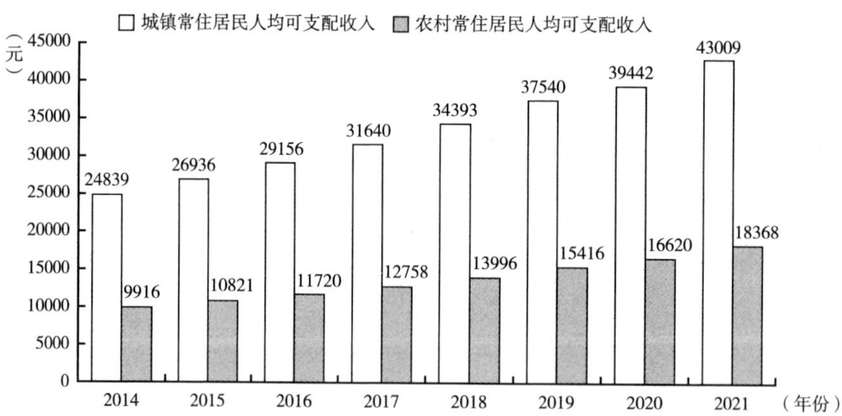

图 6-10　2014~2021 年安徽省城镇和农村常住居民可支配收入情况

资料来源：安徽省统计年鉴。

2. 安徽省乡村产业的发展机遇

安徽省是农村改革的开端，1978 年凤阳县小岗村“大包干”起到全国农村改革先锋队的作用。2017 年，党的十九大报告提出“乡村振兴战略”对安徽省经济社会发展来说是一次大机遇。

2018 年，安徽省政府办公厅印发《关于支持淮河流域行蓄洪区农业产业化龙头企业发展带动脱贫攻坚的若干政策》，从资金、金融支持、土地供应、税费减免等方面大力扶持行蓄洪区的龙头企业，促进贫困人口脱贫。2021 年发布《中共安徽省委安徽省人民政府关于全面推进乡村振兴加快农业农村现代化的实施意见》提出要加快农业农村现代化，努力实现农业强、农村美、农民富。

随着经济社会发展和生活水平提高，人们对高质量农产品的需求、对贴近自然生活的向往也逐渐增加，这些促进了农产品加工业、休闲农业、农产品电商的发展。安徽省在推动农村工业发展方面具有一定科技基础，截至 2021 年，安徽省共有 18 个国家级农业科技园区，辐射 16 个省市，对安徽省乡村振兴和农业现代化建设起到引领、示范和科技支持作用。

二　安徽省乡村产业发展成果

乡村振兴关键是要产业振兴。自改革开放后，第一、第二、第三产业产值都在持续增长，第一、第二、第三产业联系日益密切。近年来，安徽省大力推进农业产业结构调整，大力探索各种类型的农村第一、第二、第三产业融合发展模式，为农民增收致富增添新动力。

1. 休闲农业

安徽省通过持续深化农村改革，对农业、农村工业进行内部结构调整，推动第一、第二、第三产业的融合。2014～2020 年，虽然农业产值稳定增长，但是农业产值占农林牧渔业总产值比例总体呈下降趋势，已由 2014 年的 50.37%下降到 2020 年的 44.45%（见图 6-11）。同时，农林牧渔业服务业产值持续增长，其在农林牧渔业总产值中的比重稳步增长，由 2014 年的 4.04%上升到 2020 年的 5.73%，2020 年达 325.27 亿元（见图 6-12）。农业产值与农林牧渔服务业产值比重的变动，显示出安徽省农业发展已由传统农业转向以休闲农业为主。

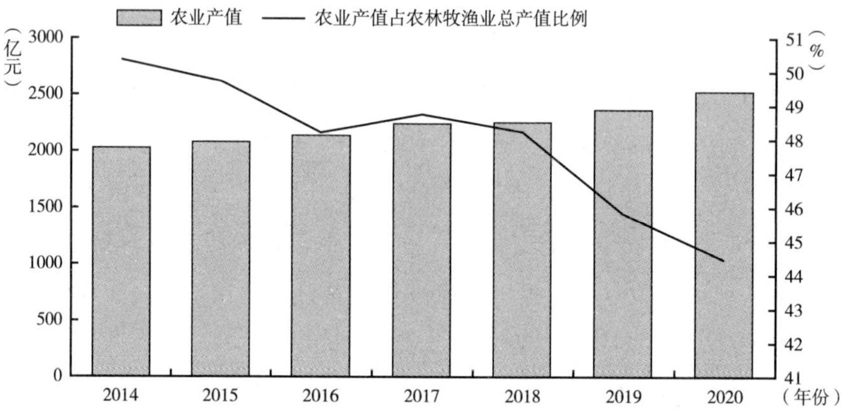

图 6-11　2014～2020 年安徽省农业产值情况

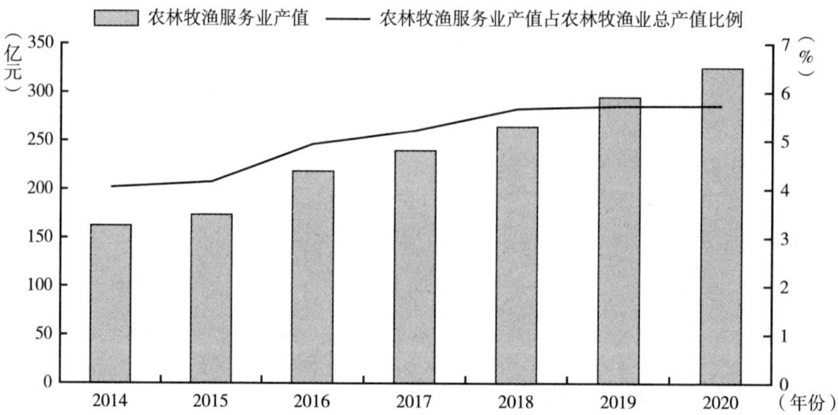

图 6-12　2014～2020 年安徽省农林牧渔服务业产值情况

据统计，安徽省在 2016 年共创建 12 个国家休闲农业和乡村旅游示范县、20 个示范点、3 个“国家十大休闲农庄”、11 个“中国最美乡村”、9 个“中国乡村”、5 个“五星级乡村”。在休闲农业中挖掘 4 处中国重要农业遗产、3 条休闲农业和乡村旅游精品线路。截至 2020 年底，已经创建了 42 个省级休闲农业和乡村旅游示范县、140 个省级休闲农业示范村以及全省农家乐 7000 个，其中包括 1024 个星级农家乐和 180 个五星级农家乐。

2018 年，安徽省共有 17047 个休闲农业和乡村旅游经营者，其中，从事休闲农业、乡村旅游的人数达 139 万，带动 118.6 万名农民就业。安徽省 2020 年上半年共接待 1.1 亿人次，较上年同期增长 12.8%；全年营业收入 490 亿元，较上年同期增加 14.1%；相关职工 73.6 万人，较上年同期增加 3.2%，其中有 58.3 万名农民，较上年同期增加 5.9%。

安徽省特别重视发展特色城镇。特色小镇的“特”和“小”可以满足农村的资源条件，发挥其特色功能，可以弥补基础设施落后、整体规划缺乏、特色不鲜明、难以形成规模经济和集聚效应等不足，从而使特色小镇成为安徽城乡接合部促进农村养老、休闲旅游业发展的重要力量。截至 2022 年，安徽省拥有 65 个特色小镇，其中国家级特色小镇 15 个、省级特色小镇 50 个。

2. 农副食品加工业

在乡村产业发展实践中，安徽省重视龙头企业在乡村产业的引领作用，给予政策、金融、税务等方面的支持以促进龙头企业发展。2013 年，安徽省规模以上农副食品加工企业达 1553 家，资产总计 970.30 亿元。2016 年安徽省农副食品加工业健康发展，规模以上企业数量 1786 家，与 2013 年相比增加 233 个，同比增长 15%；资产总额为 1151.70 亿元，增长 181.40 亿元，同比增长 18.70%。2012 年，国务院发布了《关于支持农业产业化龙头企业发展的意见》，指出要对农业龙头企业大力扶持。但是因竞争格局的加剧，安徽省规模以上农副产品加工企业在 2016~2020 年出现明显的下滑，降幅分别为 5.54%、4.68%、10.39%、0.62%，其中 2019 年受疫情和汛情等不利因素影响，部分农副食品加工企业退出市场，但降幅整体呈收窄趋势；2020 年资产总计 1088.87 亿元，同比增长 7.22%，呈现上升势头（见表 6-3）。2019 年，安徽实施“五个一批”农业振兴战略，其目标是在农产品加工强县、农产品加工强园、农产品加工领军企业、知名大型农产品加工企业以及有影响力的农产品品牌五方面入手。

表 6-3　2013~2020 年安徽省规模以上农副食品加工企业情况

年份	规模以上农副食品加工企业数量/个	规模以上农副食品加工企业资产总计/亿元
2013	1553	970.30
2014	1641	1060.58
2015	1716	1105.70
2016	1786	1151.70
2017	1687	1100.42
2018	1608	1030.96
2019	1441	1015.57
2020	1432	1088.87

资料来源：安徽省统计局。

3. 农产品电商

《关于印发推进电子商务进农村全覆盖工作方案的通知》目的是推动“电商安徽”战略、加速农业发展、实现农产品精准扶贫。2017 年，安徽省累计培训人数超 40 万人次，在一定程度上解决了农民就业问题。农村产品网络销售总额突破 300 亿元，实现 387.4 亿元农产品电子商务销售额，促进农民收入的增长。安徽省 2018 年拥有近 14 万家在线商店，近 370 万名从事电商的员工，大多数都是在县城以下的地方。截至 2020 年底，安徽省网络零售额超过 2500 亿元，总量位居全国第 8，年均增长 30%以上，电子商务经营主体超过 50 万家，农产品电商发展态势良好。

三　安徽省乡村产业发展中存在的问题

1. 政府未充分发挥财政投入及政策引导作用

第一，安徽省财政投资水平在全国范围位于中等偏上，与国内的主要城市相比仍有较大差距。第二，安徽省农村基础设施、农村公共服务体系与全国平均水平、先进省份相比，仍存在很大差距。2017 年底，安徽省公路已达到 4904 公里，覆盖 93%的县市，但 83%的计划人口超过 5 万的乡镇和 69%的国家重点镇尚未实现全覆盖，安徽省还有 12000 多平方公里的土壤侵蚀，人为侵蚀现象依然十分突出。阜阳和宿州的地下水水位仍然持续下降，河湖管理中的乱占、乱采、乱堆、乱建等“四乱”问题依然存在。第三，在产业集聚和融合政策上，安徽政府缺乏吸引投资者的相关政策，在产业集聚、产业融资、税收等政策上缺乏政策引导和扶持。

2. 新型经营主体未充分发挥重要作用

新型农业经营主体是产业融合的重要力量，缺乏对新型农民进行教育和培训，同时将返乡农民工留在乡村等问题上没有得到有效落实。相当一部分农民不了解培训的重要性，仍使用传统耕种手段，缺乏管理能力，截至2020年，安徽省农业加工转化率为67%，低于全国平均水平。

3. 一二三产业融合的利益联结机制不健全

农村改革鼓励乡村产业对农业进行“反哺”，而三产融合的关键在于农民分享利益，从而缩小了城乡之间的收入差距。然而，在安徽省一二三产业融合发展中，由于缺乏对新型经营主体的保护，农户权益不能得到保障，产业发展未能达到预期效果。

4. 新型融合型产业形态过于单一

当前安徽省的一二三产业融合形式是“传统休闲农业+乡村旅游+电子商务”，该模式虽取得一些成绩，但从整体上看仍处在起步阶段，新的融合产业形式相对单一，产业融合深度有待加强。

四 安徽省乡村产业发展对策

1. 发挥政府支持作用

安徽要加强一二三产业的融合，加大资金投入，加快配套设施建设。通过优惠政策，扩大乡村产业发展资金来源，并在税收、金融等方面给予支持。

2. 重点培育农村一二三产业融合主体

在一二三产业融合过程中，培训和发展新型经营主体是关键。安徽省政府应重视龙头企业、专业合作社、种植大户和家庭农场等新型经营主体的主体地位，引导它们在一二三产业融合中发挥其主体作用，积极学习专业知识，不断增强自身的经营能力。

3. 强化利益联结机制

在一二三产业融合过程中，应保证农民、职工的主体地位，建立能进能出、互惠共赢、风险共担的利益联结机制。安徽省在一二三产业融合过程中可以建立多种形式的利益共同体，树立风险共担意识，保证新型经营主体在一二三产业融合中的利益，实现合作共赢。

4. 培育新型业态，创新模式增强融合功能

要发挥新型经营主体的示范引领作用，不能仅限于休闲观光农业、乡村旅游、循环农业、农村电子商务等传统融合方式。在一二三产业深度融合的过程中，要继续推进产业融合、产业链延伸、农业内部融合、功能拓展和技术渗透发展，持续增强产业融合功能体系。

五　安徽省乡村产业发展典型案例分析

安徽华卫集团禽业有限公司（以下简称“华卫”）与宣州区内的农民专业养殖合作社、家庭农场、家禽排泄物消纳基地等形成华卫产业联合体，采用“公司+农户+基地+合作社”的模式，在一二三产业融合方面取得一定成绩，对促进乡村产业兴旺、农民增收作用明显。

（一）基本概况

华卫位于安徽省宣城市经济技术开发区天湖工业园区，是国家农业产业化龙头企业、中国百强畜牧企业、全国农业企业500强、民族特需产品定点企业。2013年公司销售收入10.75亿元，资产总额45284万元；2016年实现产值12亿元；2020年达到15亿元，下辖12家分子公司，综合实力跻身国内一流现代化农牧企业行列。

（二）具体做法

1. 以“公司+农户+基地+合作社”为利益联结机制组织形式

宣州区是全国首批农村产业融合发展试点区，家禽养殖是其传统特色工业，也是工业融合发展的重要支柱产业。华卫以“公司+农户+基地+合作社”的方式带动农户参与养殖，最终形成农户与龙头企业“利益共享、风

险共担”的长期模式。一是实行农户准入，实行标准化生产策略。公司按照标准化制度的要求，由专业合作社对即将进入的农户进行技术培训，并在验收合格后签订合同，明确双方责任，做好标准化生产。二是建立“市场风险基金”，实行“农民不受市场风险”的经营策略。通过合作社为农户提供鸡苗、全价饲料、防疫药品等技术服务和技术培训。按合约保护价格进行回收，确保农民获得的收益。为防止重大疾病和市场风险，在农户遭受重大经济损失时，应按销售收入的 0.5%设立风险基金，以减少农户的市场风险。三是实行“技术责任制”。通过培训和技术服务，与公司签订技术服务合同，并将其分配到本地区，与农户签订技术服务责任书，确保技术服务在标准化生产中得到及时跟进。

2. 产业链延伸发展

发展加工企业，一是防范风险、提高风险应对能力，其中一方面是为了防范行业风险，另一方面是为了适应市场需求，增强对市场的应变能力。二是提高农产品附加值，使农户收入更加稳定，同时也为企业提高利润空间。华卫家禽现已向饲料加工、食品加工与有机肥生产三个方面延伸。公司拥有饲料加工厂年生产畜禽配合饲料能力 12 万吨。在食品加工领域，公司有华东地区规模最大的三黄屠宰加工基地，年加工能力达 2000 吨。在有机肥生产上，公司有机肥加工厂每年可生产 5 万吨生态环保有机肥，并将畜禽养殖废弃物进行综合利用，建成规模较大沼气项目，将沼气用于发电，将沼渣转化为有机肥料。

3. 科技创新支持发展

企业持续发展关键在于技术创新，这是企业的核心能力。华卫每年在科技方面投资超过 3%，并与中国农科院、南京农业大学、安徽农业大学、安徽省农科院等高校及科研机构建立产学研基地。华卫与安徽农业大学共同研制成功“皖江黄”“皖江麻”两个新品种，并获得安徽省科技进步二等奖、宣州地区科技进步一等奖；在食品研发方面，公司与南京农大食品研究院签署了食品研发战略合作协议，并向全国 28 个省、自治区、直辖市销售。2020 年 11 月 20 日，获批安徽第 29 批省企业技术中心。截至

2022年3月，华卫家禽已拥有专利35项、商标38项，领先99%的同行，掌握禽业科技繁育养殖与禽产品加工的核心技术，为造就完整产业链打下坚实基础。

（三）发展瓶颈

1. 深加工滞后

虽然华卫家禽注重产业链延伸，并顺应市场需要，对家禽进行加工，但主要是初级加工，缺乏深加工，高附加值产品比重很小。

2. 防疫措施不完善

由于缺少系统、全面的技术训练，加之技术水平落后，养殖中存在隔离、消毒、防疫等综合防疫措施不当、盲目用药的现象。

3. 受市场所限，企业利润较低

近年来，家禽业低迷，低价鸡肉在消费者心中并不受待见，加上2019年年末新冠肺炎疫情使我国大部分活禽交易市场休市，对华卫家禽这样的大型企业造成一定影响。

（四）经验总结

1. 三产融合是乡村产业兴旺的根本

“做强一产、做大二产、做活三产”，延伸农业产业链条，打造农业全产业链是我国农业发展到现阶段的客观要求。华卫家禽借助地区优势，紧密结合市场需求，大力延伸产业链，以“公司+农户+基地+合作社”合作形式，将养殖业与工业相融合，联合农民专业养殖合作社和农户，经过多年努力拼搏、稳健经营，从当初小规模家庭养殖，发展成为大型集团型企业，并且“华卫”牌商标被评为安徽省著名商标。如今，华卫集团名下经营业务覆盖禽业、饲料、食品、有机肥等，在一定程度上解决了当地农村居民就业问题，促进了农民增收。

2. 政府在促进乡村产业发展中具有重要作用

安徽省华卫家禽借力国家和安徽省乡村振兴、一二三产业融合等政策性红利，已然发展成为当地农业的龙头企业。政府对乡村产业发展的支持包括政策法规、金融、税务、基础设施等，政府支持能降低农户和企业的运营风险以及生产经营成本，让农户和企业更放心、更大胆地生产运营，让乡村产业持续健康发展。

参考文献

韩晓玲、李宏：《产业振兴背景下安徽省农村一二三产业融合度分析》，《农村经济与科技》2019 年第 15 期。

王蕾、周云峰：《乡村振兴国外的经验做法及对安徽省的启示》，《安徽农业科学》2019 年第 3 期。

焦丽娟：《安徽省农村一二三产业融合发展研究》，安徽农业大学硕士学位论文，2018。

汪恭礼：《乡村振兴战略背景下的安徽省农村产业融合发展探析》，《当代农村财经》2018 年第 2 期。

张扬等：《安徽省休闲农业和乡村旅游发展状况分析及对策建议》，《安徽农学通报》2017 年第 18 期。

戴春：《农村一二三产业融合的动力机制、融合模式与实现路径研究——以安徽省合肥市为例》，《赤峰学院学报》（自然科学版）2016 年第 6 期。

牟国义主编《江苏年鉴 2019》，江苏年鉴杂志社，2019。

兴化年鉴编纂委员会编《兴化年鉴 2019》，江苏凤凰科学技术出版社，2019。

刘媛：《江苏省农村产业融合的现状分析、发展思路与政策建议》，《江苏农业科学》2019 年第 15 期。

成华、王强、施一成：《江苏省农村产业融合发展的环境及态势分析》，《江苏农业科学》2019 年第 15 期。

鲁冬一、丁鸣江：《江苏省兴化市社：推进农村产业融合，助力乡村振兴》，《中华合作时报》2019 年 4 月 2 日。

王江姣：《浙江省诸暨市跨境电子商务发展现状及对策》，《中国市场》2016 年第 15 期。

马佳丹：《诸暨市农村电子商务发展现状及对策研究》，《中国商论》2016 年第 28 期。

边绍蕾：《县域电商规模化发展模式研究》，浙江农林大学硕士学位论文，2018。

郭超：《新型城镇化背景下电子商务产业园规划问题和对策研究》，浙江大学硕士学位论文，2017。

张婷婷：《我国休闲渔业转型升级研究》，浙江海洋大学硕士学位论文，2017。

李晓、张明生：《浙江农村一二三产业融合发展的路径分析与提质对策》，《浙江农业科学》2020 年第 8 期。

陈斯佳、张明生、赖齐贤：《浙江乡村振兴十大典型模式分析》，《浙江农业科学》2020 年第 2 期。

孔德议、陈佑成：《乡村振兴战略下农村产业融合、人力资本与农民增收——以浙江省为例》，《中国农业资源与区划》2019 年第 10 期。

第七章 | 长三角新型农业经营主体发展状况*

随着农业现代化进程的快速推进、农业生产经营方式的快速转变，原有的农业生产组织形式已难以适应现代农业发展要求，新型农业经营主体逐渐成了不可忽视的经营主体。2022 年中央一号文件指出，要“持续推进农村一二三产业融合发展，大力发展县域富民产业”。此外，《乡村建设行动实施方案》中也提到，要加强农村信息基础设施建设、推动“互联网+”服务向农村延伸覆盖，为进一步培育新型农业经营主体提供了明确方向。可见，培育新型农业经营主体、推动农村一二三产业融合发展、推进数字技术与农业生产的深度融合，已成为当前实施乡村振兴战略的重要内容。因此，在坚持农村基本经营制度的基础上，加快培育新型农业经营主体和服务主体，不断增强其发展实力、经营活力和带动能力，助推我国农业农村现代化进程，对促进小农户和现代农业发展有机衔接、助力乡村全面振兴具有十分重要的意义。

当前，我国现代农业的发展核心在于如何处理好培育新型农业经营主体和扶持小农户两者关系的现实问题。一般情况下，小农户所拥有的土地资源相对较少、组织成本高、融资能力弱，运用现代生产技术的能力不强，因而其现代农业发展动力不足。为促使小农户更好地融入市场，党的十九大报告明确提出了“实施乡村振兴战略，发展多种形式适度规模经营，培育新型农业经营主体，健全农业社会化服务体系，实现小农户和现代农业发展有机

* 本章负责人：何军，南京农业大学经济管理学院教授，博士生导师。

衔接”的新思路。

长三角地区农业一体化发展是推动农业可持续发展的客观要求，是农业供给侧结构性改革的必然选择，是实施乡村振兴战略的必由之路，更是提升长三角地区农业综合效益和国际竞争力的重要途径。随着长三角区域一体化上升为国家战略，长三角地区的“农业一体化”也逐步引起了国家和地区的重视。事实表明，长三角地区的国民经济、社会发展水平已居全国前列，实现了农村产业高度融合发展的目标。同时，长三角地区的农产品消费市场十分巨大，促使该区域农业生产经营方式向现代化经营方式转变。因此，该区域为适应市场需求，开始培育新型农业经营主体，加快构建以家庭经营为基础、合作社与龙头企业为纽带、社会化服务为支撑的立体式复合型现代农业经营体系，实现了乡村振兴的良好开局。

随着工业化和城镇化的不断推进，社会结构逐渐出现新的分化，市场经济促使各种生产要素逐步向乡村社会流动。不同地域的要素资源禀赋及其结构处于不断变化和调整过程中①。农户对不同资源的分配、对要素的替代及重新组合，推动了长三角地区新型农业经营主体稳步发展，进而促使家庭农场、农民专业合作社、龙头企业数量逐渐增多。同时，长三角地区农业一体化进程中还面临一些问题：一方面，长三角地区发达的工业经济吸引了大量劳动力流向非农劳动力市场，“未来谁来种地、怎样种好地”问题日益凸显；另一方面，长三角地区传统小农户土地资源少、组织成本高、融资能力差、现代生产技术应用能力不强，导致现代农业发展动力不足。因此，亟须加快培育新型农业经营主体和服务主体，积极优化农业资源要素配置，推进农村一二三产业融合，夯实乡村全面振兴的产业基础，培育农业农村新动能，以实现农业高质量发展、小农户和现代农业发展有机衔接，进而推进长三角地区“农业一体化”发展。故而，在转变农业发展方式、推进农业供给侧结构性改革的背景下，厘清长三角地区区域内部上海、江苏、浙江和安

---

① 何军、朱成飞：《新结构经济学视角下新型农业经营主体发育与农村土地流转方式选择——以江苏省为例》，《东北师大学报》（哲学社会科学版）2020年第2期。

徽新型农业经营主体的发展现状以及发展中存在的主要障碍，促进该区域新型农业经营主体快速发展是当下的重要课题。

第一节　长三角新型农业经营主体发展概况

随着区域经济的快速发展，长三角三省一市各类农业生产组织不断创新经营模式，辐射带动小农户参与市场，促进农业规模经营稳步发展，成为乡村振兴的重要推动力量。但不同地区资源禀赋、政策条件等存在差异，使得新型农业经营主体面临不同外部环境，进而导致其发展情况各不相同。

一　长三角新型农业经营主体发展现状*

1. 家庭农场

近年来，新型农业经营主体呈现蓬勃发展态势。我国坚持把实施乡村振兴战略作为新时代“三农”工作总抓手，农村创业创新主体培育加快，新型农业经营主体发展总体上取得显著成效、发展态势良好。截至 2020 年底，上海市级以上示范农民专业合作社、示范家庭农场、示范社会化服务组织发展到 600 多家，涵盖粮油、园艺、林业、养殖、水产、种养结合等各个领域。截至 2020 年底，上海市经农业农村部门认定的家庭农场 3965 家，其中市级示范家庭农场 76 家；江苏省家庭农场总数超过 17.5 万家，其中省级示范家庭农场 2290 家；浙江省累计培育发展家庭农场超过 11 万家；安徽省累计培育家庭农场达 14.3 万家，较“十二五”时期增加 4.25 倍。

2. 农民专业合作社

长三角地区紧紧围绕农业现代化建设要求，以发展多种合作形式为抓手，不断改革创新，农民合作社事业蓬勃发展，农民合作社产业类型日趋多

* 本部分资料来源于《上海市国民经济和社会发展统计公报》、安徽省农业农村厅、江苏省农业农村厅以及浙江省农业农村厅官网。

样，目前已成为组织服务农民群众、激活乡村资源要素、引领乡村产业发展和维护农民权益的重要组织载体。截至2020年底，上海市纳入统计范围的农民专业合作社2506家，其中国家级示范社97家、市级示范社240家；江苏省登记注册农民专业合作社8.3万家，其中国家级示范社408家、省级示范社1374家；浙江省登记注册农民专业合作社4.2万家；安徽省登记注册农民专业合作社达10.9万家，位居全国第5。

3. 农业龙头企业

农业龙头企业是构建现代农业产业体系的重要主体和强大引擎，在推动产业兴旺、带动农民增收等方面发挥着重要作用，已成为乡村产业振兴生力军以及小农户与现代农业有效衔接的重要载体。近年来，长三角地区农业龙头企业保持着平稳健康发展的态势，优势特色产业规模不断壮大，农业龙头企业在农村经济发展中的引领作用继续得到巩固，成为经济社会发展的一大亮点。截至2020年底，上海市各类农业产业化重点龙头企业有365家。其中，农业产业化国家级重点龙头企业有24家、省级以上和市级以上重点龙头企业有88家；江苏省级以上农业产业化龙头企业总数达897家；浙江省级骨干农业龙头企业共有505家，其中国家级农业龙头企业有65家；安徽省级农业产业化重点龙头企业有999家，农业产业化国家级重点龙头企业有62家。

4. 农业产业化联合体

长三角各地区围绕主导特色产业，培育了一批农业产业化联合体，创新了农业生产组织方式，提升了农产品市场竞争力，带动了产业发展和农民增收。其中，上海市鼓励以“公司+农民合作社+家庭农场”“公司+家庭农场”等形式组建农业产业化联合体，进行“产加销一体化”经营，以提升该地区产业综合竞争力。江苏省支持以农业龙头企业为主要牵头方组建农业产业化联合体，并鼓励龙头企业参与规模产业基地建设，发展订单生产。截至2020年底，江苏省已挂牌成立产业化联合体达500家；浙江省第二批省级示范农业产业化联合体入选57家；而安徽省作为全国农业产业化联合体首创地，近年来联合体发展迅速，省级示范农业产业化联合体已有343家。

5. 农业社会化服务体系

健全的农业社会化服务体系是小农户与现代农业有机衔接的重要通道。截至 2020 年底，上海市农业社会化服务组织超过 2600 个；江苏省根据农村劳动力、农业生产改进手段和社会化服务水平的不同，因地制宜地发展了多种形式的适度规模经营，全省适度规模经营比达 67%；浙江省社会化服务组织超过 4.6 万个，每万人有社会组织数 8.1 个，累计建成现代农业产业园区 100 个、特色农业强镇 100 个、一二三产业深度融合的省级现代农业园区 100 个；安徽省农机服务收入可达 538.6 亿元，全年推广应用机械化深松深翻整地面积达到 693.2 万亩、精量播种面积达到 3339.2 万亩、机械化化肥深施面积达到 2323.7 万亩。

二　长三角地区资源禀赋差异

长三角地区新型农业经营主体发展态势良好，这与该地区资源禀赋密切相关。新型农业经营主体的培育需要劳动力、土地、资本、技术等农业要素的有机结合，但由于长三角区域内各地经济、文化及自然环境等资源条件存在差异，致使不同地区农业基本要素供给情况有所不同，区域之间新型农业经营主体的培育方式及农户采取的农业经营形式存在差异。因此，梳理长三角地区农业资源禀赋差异、了解各地优势资源情况，对推动长三角区域一体化发展、建设现代化经济体系具有重大意义。

1. 劳动力

随着农村经济快速发展，农业发展方式快速转变，农业经营规模不断扩大，总体上，农村人口和农业就业人口比重呈下降趋势，但不同地区存在明显差异。

从表 7-1 可以看出 2015 年和 2020 年各地区农村人口比重及农业就业人口比重，上海、江苏、浙江和安徽农村人口比重都呈下降趋势。工业化、城镇化驱使劳动力向城镇的第二产业、第三产业转移，造成农村人口占比下降，从降幅来看，安徽降幅最高，下降了 7.8 个百分点。

表 7-1 2015 年和 2020 年各地区农村人口比重及农业就业人口比重

单位：%

地区	农村人口占总人口比重			农业就业人口占农村人口比重		
	2020 年	2015 年	增减	2020 年	2015 年	增减
全国	36.1	43.9	-7.8	34.7	36.3	-1.6
上海	10.7	12.4	-1.7	10.0	5.0	5.0
江苏	26.6	33.5	-6.9	30.0	32.8	-2.8
浙江	27.8	34.2	-6.4	11.6	13.2	-1.6
安徽	41.7	49.5	-7.8	32.0	48.1	-16.1

资料来源：2016 年和 2021 年《中国农村统计年鉴》《上海统计年鉴》《江苏统计年鉴》《浙江统计年鉴》《安徽统计年鉴》。

由于农村人口和农业就业人口比重可间接地反映农业劳动力情况，因此比重下降可能是不同地区城镇化水平和地区农业劳动力存量存在差异所引起的。

安徽劳动力存量多、城镇化进程落后于上海、江苏和浙江，属农业劳动力转移较快阶段。江苏与浙江存量次之，城镇化水平也接近，农业劳动力转移较弱。上海存量低、城镇化率全国第一，故而上海市农业劳动力转移更弱，农业劳动力存量与其他三省有所差异。

从表 7-2 可以看出各年龄段所占比重情况。长三角区域各地 15~64 岁人口所占比重整体上呈下降趋势，也就是说，农业劳动力规模呈现逐渐减少的趋势。但值得注意的是，仅有浙江处于这一年龄段的人口比重呈上升趋势。

表 7-2 2015 年和 2020 年各年龄段所占比重情况

单位：%

地区	0~14 岁		15~64 岁		65 岁及以上	
	2020 年	2015 年	2020 年	2015 年	2020 年	2015 年
全国	17.9	16.5	68.6	73.0	13.5	10.5
上海	9.8	8.9	73.9	74.6	16.2	16.5
江苏	22.2	14.9	68.6	80.9	16.2	4.2
浙江	18.3	12.1	73.3	70.9	13.3	17.1
安徽	19.2	17.9	65.7	71.9	15.0	10.3

资料来源：2016 年和 2021 年《中国统计年鉴》。

随着农业规模化、现代化的不断推进，农户人力资本的积累更为迅速，劳动力的知识结构和劳动技能发生了改变，从事农业生产活动的农业劳动力呈现受教育水平逐渐提高的趋势。从表 7-3 中可以看出 2015 年和 2020 年农村居民家庭户主文化程度情况。高中学历及以上的农业劳动力比重是增加的，从 2015 年的 12.5%上升到 2020 年的 13%。

表 7-3 2015 年和 2020 年农村居民家庭户主文化程度情况

单位：%

指标	2020 年	2015 年	增减
未上过学	3.4	3.8	-0.4
小学程度	32.3	30.7	1.6
初中程度	51.3	53.1	-1.8
高中程度	11.2	11.1	0.1
大学专科程度	1.6	1.2	0.4
大学本科及以上	0.2	0.2	0

注：2015 年各项比例数相加大于 100%，系数据四舍五入的问题。

资料来源：2016 年和 2021 年《中国农村统计年鉴》。

2. 土地

土地资源与其他农业生产要素不同，土地要素供给是基本稳定的。从表 7-4 可以看出 2015 年各地区农用地情况。长三角三省一市中土地总体规模与各类土地规模差别均较大。安徽耕地面积最多，浙江林地面积最多，江苏其他类型土地（包括城镇村及工矿用地、交通运输用地、水域及水利设施用地）面积最多。而上海由于总体土地规模相对较小，各类型土地面积都较小。

土地作为不可再生资源，其数量相对固定，但作为基本农业生产要素，不仅需要保证其数量，还要保证其质量。从表 7-5 中 2015 年和 2020 年农作物播种面积及亩产情况可以看出，空间上长三角地区三省一市中，上海虽然耕地面积最小，但其粮食作物的单产是长三角区域内最高的，一定程度上表明了上海土地质量相较于其他地区更好。

表 7-4　2015 年各地区农用地情况

单位：千公顷

地区	耕地	园地	林地	草地	其他类型土地
全国	134881.2	14214.2	252801.9	219320.3	23646.0
上海	191.6	16.5	46.0	—	59.3
江苏	4573.3	297.2	256.2	0.1	1343.6
浙江	1977.0	574.3	5637.8	0.3	399.5
安徽	5866.8	346.5	3735.5	0.5	1172.7

资料来源：2016 年《中国农村统计年鉴》。

表 7-5　2015 年和 2020 年农作物播种面积及亩产情况

单位：千公顷，万吨/千公顷

地区	农作物播种面积		粮食作物亩产	
	2020 年	2015 年	2020 年	2015 年
全国	167487.1	166373.8	0.57	0.55
上海	255.2	340.2	0.80	0.69
江苏	7478.4	7745.0	0.69	0.66
浙江	2014.5	2290.5	0.61	0.59
安徽	8818.0	8950.5	0.55	0.53

资料来源：2016 年和 2021 年《中国农村统计年鉴》。

3. 资本

高质量发展农业已成为当前各地区实现农村经济增长的主要手段，实现要素集约利用正是农业高质量发展的必由之路。从传统农业向现代农业转型过程中，农业生产要素结构变化显著，农业劳动力大规模流向城市和非农产业，农业生产中资本要素增长迅速，促使农业生产逐渐从劳动密集型向资本密集型过渡，资本对劳动要素的替代效应不断增强。统计数据显示，国家财政用于农林水等各项支出总体上呈上升趋势，2020 年国家财政用于农业、林业和农村综合改革支出明显增加（见表 7-6）。

表 7-6　2015 年和 2020 年国家财政用于农林水等各项支出情况

单位：亿元

	2020 年	2015 年	增减
农业	7514.4	6436.2	1078.2
林业	2035.1	1613.4	421.7
水利	4543.2	4807.9	-264.7
农业综合开发	—	600.1	—
农村综合改革	1822.4	1418.8	403.6

资料来源：2016 年和 2021 年《中国农村统计年鉴》。

近年来，随着市场经济不断发展，工业化水平不断提升，政府对农业生产的投入力度不断加大，“工业反哺农业”效果凸显。由表 7-7 可以看出，总体上 2020 年长三角三省一市人均可支配收入和农林牧渔业总产值都明显增加（上海略有减少）。由此可见，国家财政投资促进了生产要素的有机结合，资源配置效率得到提升，农村居民生活水平也因此得到改善。

近年来，随着基础设施改善，农村地区逐渐形成了一个较为完整的信息网络，大幅降低农户获取信息的成本；另外，农村道路、通信条件的改善以及农田水利的建设完善，不仅提升了农户从事农业生产的生产效率，也为农产品交易平台的搭建创立了有利条件。长三角三省一市农村电力和农田水利建设整体呈上升趋势，2020 年各地区农田水利基础设施逐渐完善。

表 7-7　2015 年和 2020 年各地区人均可支配收入及农业产值情况

单位：元/人，亿元

地区	人均可支配收入			农林牧渔业总产值		
	2020 年	2015 年	增减	2020 年	2015 年	增减
全国	17131.5	11421.7	5709.8	137782.2	107056.4	30725.8
上海	34911.3	23205.2	11706.1	279.8	302.6	-22.8
江苏	24198.5	16256.7	7941.8	7952.6	7030.8	921.8
浙江	31930.5	21125	10805.5	3496.9	2933.4	563.5
安徽	16620.2	10820.7	5799.5	5680.9	4390.8	1290.1

资料来源：2016 年和 2021 年《中国农村统计年鉴》。

4. 技术

加快推进现代种业创新发展和农业机械化是我国实现农业现代化重要举措之一。2020 年我国大力推进科教兴农，加强国家现代农业产业科技创新中心、产业技术体系和农业科技创新联盟等建设，新创建主要农作物全程机械化示范县 161 个，农业科技进步贡献率达到 60%。近年来我国还大力推动乡村治理数字化建设，将数字技术应用于农业领域，对推动农业高质量发展和乡村全面振兴具有重要作用。互联网技术的不断发展为我国培育新型农业经营主体、实现农业现代化奠定了基础。截至 2020 年 12 月，农村地区互联网普及率为 55.9%，农村网民规模达 3.09 亿，占网民整体的 31.3%。

与此同时，随着良种、良法和农业科技机械在农业生产实践过程中的不断应用，农业生产效率得以提升。[①] 全国农作物耕种收综合机械化率超过 71%，主要农作物自主选育品种超过 95%。此外，长三角地区主要农业机械设备数量呈减少趋势，而各地区的机械化程度却不断提高，这就意味着综合性农业机械逐渐代替了单一功能的农业机械，反映了农业技术水平的不断提高。

第二节　新型农业经营主体发育的动力机制和演变路径*

在农业产业化战略下，新型农业经营主体逐步兴起，我国农业生产体系正经历从小农农业经营体系向新型农业经营体系转变。针对我国新型农业经营主体的培育，结合中国农业发展实践，部分研究讨论了不同经营主体在我国的发育现状。专业大户、农民专业合作社和农业龙头企业是当前我国农业发展的核心，家庭农场是城镇化背景下完善家庭经营

① 胡敬：《长三角地区农业农村现代化发展水平比较分析》，《市场周刊》2021 年第 7 期。

* 本节内容参见何军、朱成飞《新结构经济学视角下新型农业经营主体发育与农村土地流转方式选择——以江苏省为例》，《东北师大学报》（哲学社会科学版）2020 年第 2 期。

这一基本经营制度最适宜的形式。虽然发展过程中所侧重的主体不同，但各种主体均有其存在的必要性，且各主体并不存在优劣、高低之分。新型农业经营主体的发展破除了农地流转的现实困境，是提高农业生产率和农户收入的有效抓手。综合来看，随着劳动力流动、农业产业结构调整、基础设施的改善以及农业政策的推动，农业生产中要素投入方式、生产组织形式以及农产品运销方式也发生了相应的变化，这些变化引起了农户的分化以及农业经营方式的转变，这一转变集中体现在新型农业经营主体发育的多元化特征。

为此，本章基于新结构经济学理论，搭建了一个符合经济学规律和要素变化的分析框架，着重探究现阶段新型农业经营主体发育的动力机制，进一步分析在不同地区以及农业内部不同产业之间新型农业经营主体演化的规律与差异，回答“新型农业经营主体的发展机理是怎样的，未来将长期存在的小农户应采取何种形式的农业发展道路，以实现与现代市场的衔接，实现我国农业现代化和乡村振兴”这些问题。

一 新结构经济学在农业经济中的分析框架

古典经济学家一般认为，一国的禀赋仅由土地、劳动力和资本构成，这些实际上是经济运行过程中，企业所使用的要素禀赋。一般来说，要素禀赋结构一般会呈现劳动力或自然资源相对丰富、资本相对稀缺的特点，因而生产也多集中于劳动力或资源密集型产业，采用传统、成熟的技术，生产出产品。然而，经济发展要求现有产业不断地向新的、资本密集程度更高的产业扩展，从而实现产业多样化和产业升级。如果没有这种结构变迁，产业升级的空间就很小。

林毅夫提出的新结构经济学是“关于经济发展过程中结构及其变迁的一个新古典框架”，认为“如果没有结构转变，持续的经济增长将不可能实现”。这一框架是以决定劳动生产率水平的技术不断创新、产业不断升级以及决定交易费用的“硬的基础设施”和“软的制度环境”不断完善的结构变迁的过程作为切入点，倡导以新古典的方法来研究经济发展过程中经济结构及其变迁的决定因素，主张在每一时点的经济结构内生决定于该时点给定的要素禀赋结构，该结构决定了一国的比较优势，并决定了该国的最优产业结构。一个特定国家产业结构的升级要求要素禀赋结构的升级和新技术的兴起，同时基础设施也要相应改善。新结构经济学试图把不同发展程度的国家经济结构和相关的生产活动特性的差异引进现代经济学的理论分析，具体来说有以下三个要点。

第一，一个经济体的要素禀赋结构会随着发展阶段的不同而不同。它在任意特定的时刻是给定的，但随着时间推移是可变的。它决定了一国的比较优势，进而决定了该国的最优产业结构。因此，一个经济体的产业结构也会随着发展阶段的不同而不同。一个特定国家产业结构的升级要求禀赋结构的升级（即由劳动力和自然资源相对丰裕的结构升级到资本相对丰裕的结构）和新技术的引进，同时基础设施（包括有形的和无形的）也要相应改善，以有利于经济的运行和交易。

第二，经济发展阶段并非仅有“穷”与“富”这种两分的情况，而是一条从低收入的农业经济一直到高收入的后工业化经济的连续谱。发展中国家产业升级和基础设施改善的目标，未必就是发达国家现有的产业结构和基础设施状况。因此，需要特别强调发展中国家在发展过程中的增长甄别与因势利导。

第三，在经济发展的每一个水平上，市场都是资源得以有效配置的基本机制。作为一个动态的过程，经济发展必然伴随着以产业升级以及硬件和软件基础设施的相应改善为主要内容的结构调整。这种升级和改善需要一个内在协调机制。这样，在市场机制外，政府就需要在结构调整过程中发挥积极作用。

这一分析框架强调的是发展中国家的产业升级过程，必须与该国比较优势的变化相一致，即一个经济体的要素禀赋结构会随着发展阶段的不同而不同。因此，一个经济体的产业结构也会随着发展阶段的不同而改变。虽然新结构经济学没有针对农业领域研究特定的理论框架，但农业经济结构的发展演变也符合新结构经济学提出的基本规律，要素禀赋结构的变化对我国农业现代化产生了深远的影响。同时，强调政府的因势利导，也符合中国农业发展的实际和客观要求。

随着工业化和城镇化不断发展，社会分工和社会结构也开始出现新的分化，产业分工和市场经济要素逐步向乡村社会流动。不同地域的自然资源、劳动力和资本等要素禀赋结构处于不断调整之中，这种调整表现在两个层面：宏观层面上，各地要素禀赋结构存在巨大差异，经济发展水平受土地及水文等自然资源条件约束存在异质性，导致农业产出结构与就业结构发生调整；微观层面上，农户在选择农业或非农业发展时，不同农户所拥有的土地面积、有效劳动力人数、劳动技能以及资本积累存在差异，农户据此对要素投入之间的替代关系进行改变，重新组合要素投入，引起农户生产经营组织的转变，继而产生新型农业经营主体。

作为一个动态的过程，因农业要素禀赋结构变迁而引起的新型农业经营主体的产生必然伴随着以产业升级以及“硬件”和“软件”基础设施的相应改善为主要内容的结构调整。而土地制度作为农业生产中最为基础的“软件”设施，必然也发生相应改变。面对不同的农业要素禀赋结构，各类新型农业经营主体能够运用的资源存在差异，土地流转方式的选择也不同，最终影响农业经营主体土地流转方式的选择。

相对于工业来说，农业生产具有特殊性——农业是自然再生产与经济再生产的统一，其生产过程既依赖于自然条件，也面临着市场的竞争风险。农业自然再生产的过程中具有周期性特征，受到气候温度和土地资源的约束，不同的地形地貌适合种植的作物不同，决定了新型农业经营主体的培育需要利用好自身范围内的空间资源。随着工业化、城市化进程不断加快，农村逐渐向开放性、信息化、组织化和规模化方向发展，在经济再生产的过程中与市场接轨，加大了农产品的交易，加快了城乡一体化发展。当前农业生产要素禀赋结构以及由此引发的有形和无形的调整主要集中在以下几个方面：生产要素的投入、农业生产技术的采用、农业基础设施、社会资本利用、生产中的合作以及生产信息获取。农业生产经营的构成要素和基本特征如表 7-8 所示。

表 7-8　农业生产经营的构成要素和基本特征

构成要素	基本特征
生产要素的投入	劳动密集与资本密集
农业生产技术的采用	传统技术与现代技术
农业基础设施	陈旧基础设施与高标准农田及农村设施
社会资本利用	传统乡村网络与公共服务网络
生产中的合作	家庭经营与合作经营
生产信息获取	传统信息渠道与新媒体渠道

基于表 7-8 中关于农业生产经营的构成要素和基本特征，以及借鉴新结构经济学的相关理论，本章认为中国农村社会经济结构通过“农业要素禀赋结构—比较优势—产业、技术、软硬基础设施变动—农业生产组织结构变迁—农地流转形式选择—新型农业经营主体发育”这一作用路径对农村新型农业经营主体的发育产生作用。

二　农业要素禀赋结构调整

“以家庭承包经营为基础、统分结合的双层经营体制”是我国农村基本经营制度。在这一基本经营制度下，家庭承包经营是双层经营体制的基础，也促使农户成了农业生产经营中最基本的经营主体。农民是主要从农业中获得生活资料、在农业生产中主要利用家庭劳动的农户；农民部分地参与不完全或不全面的市场，这些不完全的市场包括：资金市场的不完全、可变要素供给缺乏规律、市场信息很少、土地市场不完善等。随着我国工业化、城镇化、市场化程度不断加深，农村要素禀赋结构发生改变。一方面，农村劳动力大量流向城镇非农经济部门，不仅使农村劳动力市场发生了改变，还通过增加农户的非农收入，使不同农户对土地“收入功能、社会保障职能、就业功能”的侧重点和依赖程度产生差异。另一方面，农村资金、市场信息等不完全市场发生了不同程度的改变，促进了农村要素的供给和流动。当前农村社会经济结构在以下几个方面发生了深刻变化。

1. 农户资源禀赋结构的变化

农户面临的社会经济发展水平和所能够支配的要素资源禀赋决定了其采取何种农业经营形式。随着城市化和工业化进程加深，农业效益较低、农民社会地位不高等现象出现，大量农村剩余劳动力进城务工，转移到非农部门就业，导致农村劳动力资源成为紧缺资源、季节性和区域性劳动力短缺问题开始凸显。传统农户急剧分化，老人、妇女已成为家庭农业生产的主要力量。农村老龄化和农业兼业化、副业化趋势明显，小规模的传统农业生产方式难以为继，"谁来种地，怎么种地"的问题致使农业发展面临严峻挑战。伴随劳动力转移而来的是农村劳动力价格的上涨，这也诱致农户使用机械替代劳动，以农业机械为主的劳动节约型技术和以化肥为主的土地节约型技术发展的不均衡性，间接地改变了劳动和土地的相对稀缺性，要素相对稀缺性的变化使得要素禀赋发生改变。此外，随着农村信息化的快速发展，农户人力资本的积累更为迅速，人力资本总量和人均人力资本都呈现快速增长，劳动力的知识结构和劳动技能发生了根本性的改变。在农村劳动力要素结构不断调整的同时，农村金融领域的一系列改革措施推进了农业资本要素市场的发展，农村资本要素结构也开始变化，为资本要素在各产业、城乡间的流动带来了现实可能性。随着一批务工人员返乡创业，国家对农村金融体系的支持使得农村信贷环境优化，财政支农资金不断增加，加上农业龙头企业和工商资本下乡，使农村地区农业生产资本投入数额开始增加，尤其是在大城市周边以及城郊地区，资本要素投入逐渐增多。

2. 农业生产要素相对价格的变动

农业生产要素相对价格是影响农户生产经营决策的主要因素。随着农村要素资源禀赋结构调整，要素相对价格必然发生变动。目前这一变动主要体现在土地与劳动、劳动与资本以及土地与资本的比率变化中。在城乡一体化进程中，土地作为一种有限资源，其租金水平不断提高；而随着农业剩余劳动力不断向外流出，劳动力逐渐成为一种稀缺资源，劳动力价格也不断攀升。改革开放以来，农业劳动力成本增长了13.22倍，虽然同期化肥的价格也增长了6.52倍、机械的价格增长了3.74倍，但劳动力价格的增长速度远远高于化肥和机械的增长速度，也显著高于从事农业生产带来的效益提升的速度；同时随着劳动力价格的上升，以及农村资本市场的完善，使得运用资本购买农业机械来替代劳动力成为可能，劳动与资本的相对比率发生改变。农业生产要素价格指数的变化还呈现明显的阶段性特征，大致可以分为三个阶段：第一阶段（1978~1990年），劳动、化肥、机械等生产要素价格稳中有升，但增长幅度较小，增长趋势不明显；第二阶段（1991~2000年），生产要素价格出现短暂的波折，这与始于20世纪90年代早期的化肥等农业生产资料市场化改革不无关系；第三阶段（2001年至今），生产要素价格分化明显，劳动力成本增长速度最快且增长势头强劲，化肥价格增长速度次之但增长趋势较为波折，机械价格增长速度明显放缓并趋于稳定。伴随农业劳动力成本增长所带来的劳动投入的减少，使得农业机械、化肥等资本投入大幅增加，农户在进行生产决策时越来越倾向于采取节约劳动、用资本替代劳动的策略，反映了我国农业生产出现较为明显的“资本深化”迹象。

3. 农业技术水平的提升

改革开放以来，我国劳动节约型技术进步迅速，一方面提高了农业现代化程度，提高了农业劳动生产率水平；另一方面也释放了大量边际生产贡献率为0的农业劳动力。随着我国社会主义市场经济的发展，工业化水平不断提升；同时，近年来随着“工业反哺农业”的实施，政府对农业生产的投入力度不断加大，农业科技发展加快。中国农业科技进步贡献率由2012年的53.5%提高到2020年的60.7%，取得了超级稻、转基因抗虫棉、禽流感疫苗等一批突破性成果。2019年我国大力推进科教兴农，加强国家现代农业产业科技创新中心、产业技术体系和农业科技创新联盟等建设，新创建主要农作物全程机械化示范县151个，农业科技进步贡献率突破60%。全国农作物综合机械化率超过71%，主要农作物自主选育品种超过95%。包括基础研究、推动产学研融合、加强农村人才队伍建设等一系列举措强化了科技装备人才支撑，在生物种业、智慧农业等重点领域实现了原创性突破。

数字技术对于推动农业高质量发展和乡村全面振兴具有重要作用。随着良种、良法和农业科技机械不断运用于农业生产实践，农业生产效率得到提升，农业生产主要由科技进步推动，数字农业和数字乡村在长三角试点，建设农业农村大数据中心，加快物联网、区块链、人工智能、5G 等现代信息技术应用，智能气象监测预警防控系统等“云科技”对苗情、虫情实时监测，新型农机推动生产全程机械化。在智能农机装备上建立了农机北斗导航与智能测控信息应用平台，研制了植保无人机精准施药技术与装备，大幅提升了作业效率。

4. 农业基础设施的改善

农业基础设施通常是指在农业生产的各个环节所使用的劳动材料等生产要素的总和。进入 21 世纪，中央财政对“三农”的资金投入力度加大，中小型水利设施、农村公路、农村沼气设施等基础设施覆盖率大幅增加。农业生产条件得到改善，农业生态环境得到有效保护，农业综合生产能力显著提高，可持续发展能力进一步增强；农田有效灌溉面积增加，农业抵御旱涝等自然灾害的能力增强，与农业生产直接相关的部分水库得到除险加固。由于国家对农机具购置进行补贴，农机设施条件得以迅速改善。

近年来，农村电力和通信设施得到普及，新能源设施建设大量增加。“村村通”“光纤入户”等政策的实施，有效地改善了我国农村道路交通条件和信息通信条件。一方面，随着基础设施条件改善，农村地区逐渐形成了一个较为便捷和完整的信息网络，农户获取外界信息的成本大幅降低，农户可以借此机会学习农业技术，提高自身知识结构和劳动技能。另一方面，农村道路和通信条件的改善，为农产品交易平台的搭建创立了有利条件，如农资销售、农产品销售渠道开始呈现多元化，乡村专业市场发展迅速，村级商品流通市场、电子商务配送站覆盖广泛，农村土地交易平台建立，现代物流能力和旅游接待能力大幅度提升。这些变动在一定程度上降低了包含“信息费用、谈判费用、起草和实施合约的费用、界定和实施产权的费用、监督管理的费用和改变制度安排的费用”等在内的交易成本。

以上四个层面的变迁使农户家庭生计发生变化。不同农户对土地收入功能、社会保障功能、就业功能的依赖程度不同，其比较优势也有所不同，不同的比较优势衍生出非农农户、传统小农户、兼业农户、发展型农户和服务型农户五类。

三　农地流转方式选择与农业组织结构变迁

前文阐述了在要素禀赋结构调整的背景下形成了非农农户、传统小农户、兼业农户、发展型农户和服务型农户五类不同的农户。由于他们的比较优势不同，其农业经营方式也不同，这五类农户在我国“以家庭承包经营为基础、统分结合的双层经营体制”的制度背景下，形成了专业化家庭经营主体、农村合作化经营组织、社会化服务+独立经营主体、农业产业化联合体和传统农户经营主体五种农业经营主体。

农业生产经营的构成要素如图 7-1 所示，不同的农业经营主体，拥有的劳动力、资本、技术等资源禀赋结构不同，而要素资源禀赋结构改变、要素相对价格变动、农业技术水平改进、信息成本变动与要素、产品市场交易成本改变，导致生产中不同经营主体的现实收益和潜在收益存在差异，这一差异不仅反映了成本结构的不同，也反映了农业生产利益点的调整方向，导致了农户的分化。农户作为理性经济人，土地要素投入以及生产结构的安排会根据要素禀赋结构及其相对价格进行调整。一方面，由于非农农户及部分兼业农户受农业生产和非农就业收入比较收入差异，以及从事农业生产的机会成本高，因而选择脱离农业，形成部分有效的流转土地供给。另一方面，专业化家庭经营主体和农村合作经营组织等新型农业经营主体，为了追逐利润最大化和规模效益，希望通过耕作更多的土地，以期获取土地资源潜在的获利空间和土地积聚后的规模效应。此外，社会化服务+独立经营主体也期望通过为农户提供社会化服务进行联耕、联种、联收，以实现土地规模化经营。

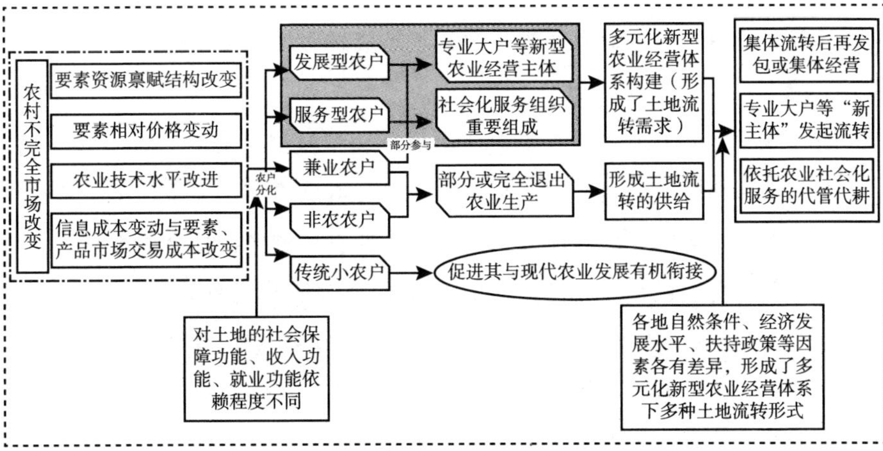

图 7-1　农业生产经营的构成要素

1. 专业化家庭经营主体

专业化家庭经营主体主要由发展型农户及部分兼业农户构成，包括专业大户、家庭农场等规模化的家庭农业生产组织，通过正式渠道与非正式渠道进行土地流转。随着工业化和城镇化的推进，部分地区的剩余劳动力基本转向城镇和工业部门，农业生产从传统农业向现代农业过渡，其特征表现如下：农业生产的目的是实现市场利润，根据市场需求决定农业生产；在生产中农业劳动力投入开始出现相对短缺，资本与劳动之间的相对价格发生转变，受潜在利润驱使，生产组织者会加大资本要素投入。而随着劳动力和资本两大要素禀赋结构的调整，为获取追加资本所带来的收益，专业化家庭经营主体需要通过扩大土地经营面积以实现规模效益和经营利润最大化。为此，专业化家庭经营主体自发地与农户协商，通过转包或者租赁土地的方式使土地经营权在农户之间流转。这种专业化家庭经营主体自发进行农地流转具体可以分为两种：一种是在亲属关系或者邻里朋友关系的信任基础上进行的农村土地非正式流转，这类流转大多为口头协议，流转期限等具有不确定性；另一种是通过土地流转服务市场或基于土地流转合同契约的正式流转，这类流转对流转周期、土地租金以及土地用途等有明确的规定，且新型农业经营主体的发育程度与土地流转契约期限呈正相关，新型农业经营主体的增加可以有效吸纳转出土地，并规范农村土地流转市场。

2. 农村合作化经营组织

随着劳动力、土地和资本要素结构调整和乡村“不完全市场”的完善，农业生产要素价格的契约连锁逐步解除，各要素供给开始独立，主要通过集体经济组织组建土地股份合作社。此外，传统农村的乡村社会资本利用开始下降。首先，受潜在利润驱使，农业经营者为改变自己在市场中的谈判地位，由部分拥有相对较多资本、技术的发展型农户牵头，联合服务型农户以及兼业农户，在土地要素集中、生产资料采购、产品销售中开始出现零星的农户合作现象，成立各种形式的专业合作社。其次，在一些经济发展水平较高的地方，农户类型多为非农型，这类农户基本上脱离了农业生产，同时这些地区的集体经济发展相对较好，促成这些地区的农业生产组织多为村集体经济成立的合作经济组织，包括土地股份合作社、生产专业合作社等。这类型的经营主体，拥有足够的资金能够负担高额的整体流转费用以及流转后通过发展农业产业实现农地的高效利用，同时又拥有强有力的组织能力来组织农户土地整体流转。这种合作化经营组织，多选择土地经营权“置换”、入股等形式通过村集体进行二次流转的方式，即农户先通过土地承包经营权入股等形式将土地流转至村集体，再由村集体流转至各经营主体，或者村集体经济组织进行统一经营。具体流转形式又分为两种：①土地通过集体流转，并将农民的安置补助费和土地补偿费用于农民社会保障，使失地农户的社会保障与城市居民社会保障有机衔接，用城镇居民保障置换农户的土地承包经营权。②通过促进土地股份合作社的设立，村集体将农户土地承包权或经营权量化入股，由村集体经济组织统一管理、集中整治，并将土地交由集体统一经营或者发包给其他新型农业经营主体经营。农户凭借土地承包经营权取得股份，并按股份取得土地经营所得分红或发包所得分红。

3. 社会化服务+农户经营

随着工业化发展，对于广泛存在的兼业农户，一方面其农业经营收入在家庭总收入中的比重开始下降，不再居于支配地位，导致农业生产的机会成本上升，农户投入更多的劳动力并不符合利润最大化的“理性经济人”的行为决策，缺乏增加资本投入购置农业机械的动力。另一方面这部分兼业农户仍然看重对土地的收入功能和社会保障功能，因此他们的土地经营权流转意愿较低。另外，随着工业化带来的财政收入的提高，国家政策开始向农业倾斜，政府开始提供农业生产中的基础设施、技术服务等社会化服务；在市场分工不断深化过程中，服务型农户也开始通过成立农机专业合作社等组建农业社会化服务组织，实现土地统一生产经营。因此，这些农户可以选择依托农业社会化服务，通过开展土地托管、联耕联种、代耕代种、统防统治，把分散的土地经营主体联系起来，使原本相互独立的小规模土地经营单位纳入一体化、产业化体系，以群体的组合优势形成规模化经营，成为土地流转方式的新补充。这弥补了兼业农户的不足，既节约了兼业农户的劳动力投入，也提高了这部分农户的生产效率，实现小农户与现代农业的有机衔接。

4. 农业产业化联合体

农业产业化联合体是我国农业管理部门与农业生产经营组织在实践中提出的一个政策性概念，是由多种新型农业经营主体构成的农业经营组织联盟，其组织性质和目标、成员构成和治理结构等多个方面相较于以往的农业产业化经营模式具有明显的特殊性。目前尚处于初步发展阶段的农业产业化联合体受政府手段与市场机制共同影响的特点突出，因而决策部门对农业产业化联合体内涵的认识，将直接影响农业产业化联合体具体的实践形式。农业产业化联合体组织创新的核心在于通过产业链纵向维度的“分工细化+要素融合”与横向维度的“规模扩张+市场地位提升”，实现原本各主体外部交易内部化。通过资源要素整合集聚、市场地位强化，提升两个市场（“资源要素市场”和“产品销售市场”）的话语权，最大限度降低生产成本、提高产品售价，实现市场势力重塑下的资源配置优化、生产效率提升与利润长期可持续增长。以“牵头企业+农民合作社+家庭农场或专业大户”为主要组织架构的联合体，其纵向维度的深化主要围绕两个方面展开：一方面，加快成员间协作一体化的进程；另一方面，实现行业资源配置的组织内部化。从实践情况看，前者以降低交易费用、提升交易效率为目标；后者以提高资源配置效率、扩大盈利空间为归宿。联合体将生产经营、社会化服务、产品销售等环节以“契约锁定”的形式相互联系，实现了产业协作的纵向一体化。事实上，协作一体化过程实现了生产过程一体化，资源配置的“组织内部化”则完成了各类要素的内部流动，将“原本要素的外部间交易”变为“组织内部的订单化流动”，节约了交易成本，提升了资源配置效率。在组织创新的同时，组织发育也不可避免地出现某些异化和主体行为扭曲、成员行为选择“俱乐部化”、家庭农场经营“去家庭化”、忽视小农户等问题，一定程度上使组织进化不仅面临内部利益联系弱化、成员分化风险，也与政府支持其发展的政策目标相背离。

5. 传统小农户家庭经营

小农户家庭经营仍将是我国农业的基本经营方式，其特点表现为：在要素资源的利用上，受技术水平、土地面积的约束，生产中主要利用劳动要素，对资本要素的利用动力不强。生产技术主要利用传统的经验技术，表现为风险最小化的特征；生产过程中家庭是主体，社会化服务水平低，亲属、邻里在生产资料的购买上偶尔会给予帮助（人情、民间借贷）；农忙时互助。生产的目的是家庭的消费，很少进行市场交换。对这部分农户而言，土地的保障、收入和就业三大功能仍十分重要，故而“小农户家庭经营”在我国的长期存在具有现实意义。这部分小规模农户在生产过程中，很难通过流转土地承包经营权的方式实现土地流转，同时由于目前要素市场的不完全性，他们的土地产出效率较低。根据我国目前农村发展状况，要实现传统小农户与现代农业的衔接，单纯依靠规模化经营是不够的，应寻找其他的衔接路径。

第三节　长三角新型农业经营主体发展的支持政策

2022 年 3 月，农业农村部发布《农业农村部关于实施新型农业经营主体提升行动的通知》指出，要“以加快构建现代农业经营体系为主线，以内强素质、外强能力为重点，突出抓好农民合作社和家庭农场两类农业经营主体发展，着力完善基础制度、加强能力建设、深化对接服务、健全指导体系，推动由数量增长向量质并举转变，为全面推进乡村振兴、加快农业农村现代化提供有力支撑。”国家政策趋向于宏观指导，长三角地区三省一市针对国家政策并结合当地实际，对推动新型农业经营主体的高质量发展政策进行细化和延伸。本节通过对长三角地区新型农业经营主体的政策文本分析，总结长三角地区新型农业经营主体发展的重点方面，以实现该地区农业高质量发展的战略目标。

一　政策文本分析

1. 财政支持政策

利用财政支持方式来促进新型农业经营主体发展，是国家和各省市制定激励政策过程中必须考虑的重要方面。长三角地区贯彻落实国家新型农业经营主体财政支持政策，对现代农业产业园、农业机械化、高标准农田建设等方面都给予政策倾斜（见表 7-11）。

表 7-11　长三角地区新型农业经营主体财政支持政策

地区	实施细则名称	发布时间
上海	关于上海市都市现代农业发展专项项目申报指南	2022 年 6 月 1 日
	关于下达 2019 年扶持新型农业经营主体培育项目资金的通知	2020 年 1 月 7 日
	关于加快推进农业机械化和农机装备产业转型升级的实施意见	2020 年 3 月 4 日
	关于本市开展现代农业产业园建设工作的指导意见	2017 年 11 月 2 日
	关于印发《上海市农田建设项目和资金管理办法》的通知	2019 年 11 月 14 日
	关于下达 2019 年中央财政绿色高质高效创建项目工作任务的通知	2019 年 9 月 19 日
	关于修订《上海市都市现代农业发展专项项目和资金管理办法》的通知	2018 年 4 月 19 日
江苏	关于印发《江苏省现代农业发展专项资金管理办法》的通知	2020 年 3 月 18 日
	关于开展 2020 年省级现代农业产业示范园建设和申报工作的通知	2020 年 6 月 30 日
	关于开展农机购置补贴引导植保无人机规范应用试点工作的通知	2019 年 9 月 29 日
安徽	关于做好支持新型农业经营主体建设高标准农田工作的通知	2020 年 3 月 10 日
	关于印发主要农作物生产全程机械化推进行动实施方案的通知	2019 年 7 月 4 日
	关于做好全程机械化综合农事服务中心建设工作的通知	2020 年 4 月 17 日
浙江	关于印发浙江省农业农村高质量发展专项资金管理办法的通知	2020 年 5 月 11 日
	关于印发浙江省农业绿色生产发展资金管理实施细则的通知	2018 年 8 月 13 日

上海市一方面运用新型农业经营主体培育项目资金促进该市新型农业经营主体高质量发展，激发新型农业经营主体的内生动力。另一方面，以家庭农场等新型农业经营主体为受益主体，运用都市现代农业发展专项资金、高标准农田建设等资金，推动上海市农机装备和农业机械化向高质量、高效能转型升级，提升农业社会化服务水平，加快推进都市现代绿色农业发展。江苏省也在现代农业发展资金的使用范围中，明确提出将其部分资金用于培育新型农业经营主体，支持农民合作社、家庭农场和农业企业高质量发展、开展农业生产社会化服务等方面。同时，以绿色发展为导向，以物联网、大数据等技术为支撑，以新型农业经营主体为主导，引进返乡农民、返乡创业大学生、退伍军人等入园，进行江苏省级现代农业产业示范园的建设。安徽省充分发挥新型农业经营主体在高标准农田建设中的重要作用，引导其按高标准进行农田建设，并把农机合作社、家庭农场等新型农业经营主体作为推进全程机械化的主要依靠对象，采取政策倾斜、项目优先、指导帮扶等措施，使之成为新技术和新机具集成的试验田、全程机械化新模式的展示场、新机手和新农民的训练营，进而优化安徽省传统农业主产区优势，提升竞争力。浙江省大力探索政府购买服务的有效实现形式，扩大政府向新型主体购买农业公益性服务，鼓励农合联承接相适应的政府购买农业公益性服务。重点扶持有条件的农（渔）民、农创客（新农人）、家庭农场、规范化农民专业合作组织等发展粮食、畜牧业、渔业生产，推广农业科技，提升公共基础设施建设，实现农业农村的高质量发展。

2. 金融保险政策

随着农业适度规模经营的发展，各类农业新型经营主体对信贷资金的需求日益强烈，融资难、融资贵成为制约新型经营主体“做大做强”的重要因素。为将更多“金融活水”引入农业农村发展领域，长三角地区主管部门积极推动构建政府、银行、公司、保险机构四位一体新型农业担保体系。长三角地区新型农业经营金融支持政策见表 7-12。

上海市对关系国计民生、种植面积较大、饲养数量较多、农业总产值占比相对较高的保险标的险种以及对促进都市现代农业发展有重要意义的保险

表 7-12　长三角地区新型农业经营金融支持政策

地区	实施细则名称	发布时间
上海	关于完善本市政策性农业信贷担保体系财政支持政策意见的通知	2020 年 7 月 9 日
	关于印发《上海市农业保险财政补贴方案(2019—2021 年)》的通知	2019 年 7 月 3 日
	关于印发《上海市嘉定区农业保险财政补贴方案(2020—2022 年)》的通知	2020 年 4 月 8 日
江苏	关于充分发挥融资担保体系作用大力支持小微企业和“三农”发展若干措施的通知	2019 年 10 月 2 日
	关于公布 2019 年度高效设施农业保险省级财政奖补险种目录的通知	2019 年 7 月 5 日
	关于印发《关于加快农业保险高质量发展的实施意见》的通知	2020 年 6 月 4 日
安徽	农业信贷担保体系建设实施方案	2015 年 12 月 1 日
	关于印发农业信贷担保“劝耕贷”工作实施方案的通知	2015 年 8 月 2 日
	关于印发全省农业保险扩大试点实施方案的通知	2017 年 11 月 24 日
	关于进一步增加政策性农业保险补贴品种和扩大补贴范围的通知	2019 年 11 月 16 日
浙江	《农业保险条例》办法	2015 年 1 月 15 日
	关于印发浙江省农业保险财政补贴结算办法的通知	2016 年 1 月 6 日
	关于加快完善培育支持新型农业经营主体政策体系的实施意见	2018 年 8 月 14 日

标的 5 类 17 项险种以中央、市、区财政共同承担的方式给予财政保费补贴，并对市级示范以上的新型农业经营主体在保持保费补贴标准和市区财政承担比例不变的前提下，增加 10%的单位补贴保额。江苏省用以奖代补的方式，对高效设施农业的保险标的 21 类保险保单给予保险费补贴，省财政的补贴比例为 50%。安徽省为满足新型农业经营主体业多层次、差异化的保险需求，探索建立了覆盖大宗农作物生产成本的“基本险+大灾险（补充险）+商险”三级保障体系和特色农产品保险的“基本险+商业险”保障模式。浙江省落实农业保险保额覆盖直接物化成本，创新“基本险+附加险”产品。完善保费动态调整机制，逐步提高保额，开展保费激励试点，鼓励对经营规范、风险防范到位的新型农业经营主体给予保费优惠。

3. 农业用地政策

长三角地区积极推动落实农业用地政策，保障新型农业经营主体和服务主体合理用地需求（见表7-13）。在符合土地利用总体规划的前提下，推动各地通过调整优化村庄用地布局、有效利用存量建设用地等支持新型农业经营主体和服务主体发展。

表7-13 长三角地区新型农业经营主体和服务主体用地政策

地区	实施细则名称	发布时间
上海	贯彻《国务院办公厅关于加快推进农业供给侧结构性改革大力发展粮食产业经济的意见》的实施意见	2018年7月27日
	上海市农业委员会关于本市开展现代农业产业园建设工作的指导意见	2017年11月2日
江苏	关于印发《江苏省家庭农场名录管理暂行办法》和《江苏省省级示范家庭农场评定及监测办法》的通知	2020年8月24日
	关于促进小农户和现代农业发展有机衔接的若干措施的通知	2019年9月30日
	关于加快推进稻田综合种养工作的通知	2017年1月20日
安徽	关于深化高标准农田建设"四个结合"创新工作的意见	2020年4月17日
	关于做好支持新型农业经营主体建设高标准农田工作的通知	2020年3月10日
	关于组织申报开展农村闲置宅基地和闲置住宅盘活利用试点示范有关事项的通知	2020年2月28日
	关于下达2020年度高标准农田建设任务的通知	2020年1月6日
浙江	关于切实做好2019年度种植业五园创建工作的通知	2019年5月28日
	关于印发万家新型农业经营主体提升工程实施方案的通知	2018年9月6日

上海市积极推进农业供给侧结构性改革，大力发展粮食产业经济。在土地利用年度计划中，对粮食产业发展重点项目用地予以统筹安排和重点支持。支持和加快国有粮食企业依法依规将划拨用地转变为出让用地，增强企业融资功能。

江苏省贯彻落实中央关于培育发展家庭农场的相关文件精神，引导和促进全省家庭农场高质量发展，强化对家庭农场的管理服务，健全家庭农场名录管理制度。推广不同模式稻田综合种养，包括一批稻渔共作模式、一批农牧结合模式以及一批稻经轮作模式，进一步调整优化农业结构，转变农业发展方式，促进农业增效和农民增收。

安徽省通过高标准农田建设助推新型农业经营主体发展。立足现代农业发展全局，科学谋划高标准农田建设项目布局，着力加强基地建设，培育经营主体，推动农村三产融合发展。

浙江省计划通过5年（2018~2022年）努力，建立一支知识型、技能型、创新型农业经营人才队伍，引导培育一批绿色发展先行主体。依据自然条件、农村劳动力转移、农业机械化水平以及社会化服务水平等因素，合理确定家庭农场适宜规模，避免人为“垒大户”。加大对家庭农场稳定流转土地、整合土地资源、改善基础设施的政策扶持力度。积极支持家庭农场改善生产设施设备，落实相关农业用地政策，保障家庭农场建设必备的仓储、农机场库棚等基础设施。

4. 人才支持政策

新型农业经营主体和服务主体是推进农业农村现代化建设的骨干力量，是破解“未来谁来种地、怎样种好地”问题的迫切需要。只有持续不断地为广大农民更新知识、提高技能、增强素质，才能为新型农业经营主体高质量发展提供持久动力。长三角地区贯彻落实深化国家人才政策，通过人才振兴带动新型农业经营主体发展，长三角地区新型农业经营相关人才支持政策见表7-14。

表7-14　长三角地区新型农业经营相关人才支持政策

地区	实施细则名称	发布时间
上海	关于做好2019年新型职业农民培育和农业从业人员培训的通知	2019年7月22日
江苏	省政府办公厅关于加快培育新型职业农民的意见	2015年10月8日
安徽	关于加快构建政策体系培育新型农业经营主体的实施意见的通知	2017年12月22日
浙江	关于加快完善培育支持新型农业经营主体政策体系的实施意见	2018年8月14日

上海市针对都市农业新型经营主体带头人和青年农场主，重点开展培育工作，并为新型职业农民能力提升拓展通道，促进职业培训与学历教育对接。组织多样化的培训和交流学习方式，提高知识和技能水平。

安徽省支持人才培养和引进双向发展，一方面依托新型职业农民培育工程，整合各渠道培训资金资源，实施现代青年农场主培养计划、农村实用人才带头人培训计划以及新型农业经营主体带头人轮训计划。另一方面，将新型农业经营主体列入高校毕业生“三支一扶”计划、大学生村官计划服务岗位的拓展范围。鼓励农民工、大中专毕业生、退伍军人、科技人员等返乡下乡创办新型农业经营主体。

浙江省人才培养政策中同样支持人才的培养与引进相结合，发挥浙江省优势，加强产学研协作，支持农民合作社联社、农业龙头企业建立技术推广和培训基地，形成全省农业职业教育集团，大力培养农业生产经营人才。建立支持农民合作社引进职业经理人的制度。此外，还根据不同人群特点，对农业生产经营主体技术人员进行职称评审。

江苏省通过建立培育对象数据库，重点遴选生产经营型、专业技能型和专业服务型三类职业农民，结合当地实际情况、农时农事、农业产业政策科学制订培训计划，分类开展职业农民培训，逐步提高农业生产经营水平。对新型职业农民开展多种形式的职业教育，鼓励地方政府与院校合作，委托定向培养农业后继人。

5. 数字技术应用政策

农业的主流趋势，以“数字化”为特征的现代农业是未来农业发展的主流。数字技术与农业产业体系、生产体系、经营体系是驱动新型农业主体和服务主体高质量发展的重要力量。长三角各地区不断加快数字技术的推广应用，积极引导工商资本、金融资本投入数字农业农村建设，将有效赋能传统农业，解决传统农业痛点。长三角地区新型农业经营相关数字技术应用政策见表 7-15。

表 7-15 长三角地区新型农业经营相关数字技术应用政策

地区	实施细则名称	发布时间
上海	关于加快推进农业机械化和农机装备产业转型升级的实施意见的通知	2020 年 7 月 7 日
	关于贯彻《国务院办公厅关于深化种业体制改革提高创新能力意见》的实施意见	2020 年 6 月 22 日
	关于印发上海市农作物种质资源普查与收集行动实施方案的通知	2020 年 4 月 16 日
	关于做好 2020 年市政府实事项目新型职业农民培训和我市农民教育培训工作的通知	2020 年 3 月 24 日
	上海农业信息化情况报告	2020 年 3 月 16 日
	关于印发《关于促进金融创新支持上海乡村振兴的实施意见》的通知	2019 年 5 月 31 日

续表

地区	实施细则名称	发布时间
江苏	关于做好“互联网+”农产品出村进城工程试点县建设的通知	2020 年 5 月 26 日
	省政府办公厅关于加快推进渔业高质量发展的意见	2020 年 5 月 39 日
	省政府关于促进乡村产业振兴推动农村一二三产业融合发展走在前列的意见	2020 年 3 月 23 日
	关于开展全国乡村治理体系建设试点示范工作的通知	2019 年 7 月 25 日
安徽	中共安徽省委安徽省人民政府关于抓好“三农”领域重点工作确保如期实现全面小康的实施意见	2020 年 3 月 23 日
	关于加快推进水产养殖业绿色发展的实施意见	2019 年 8 月 20 日
浙江	浙江省农业农村厅关于做好 2020 年基层农技推广体系改革与建设补助项目实施工作的通知	2020 年 7 月 23 日

二　长三角新型农业经营主体发展的重点方面

新型农业经营主体是农业先进生产力的代表，是推进农业转型升级和粮食增产、农业增效、农民增收的主要力量。近年来，长三角地区三省一市各级政府出台支持政策，加大资金投入，鼓励社会力量积极参与新型农业经营主体和服务主体培育，加快构建以农户家庭经营为基础、合作与联合为纽带、社会化服务为支撑的立体式复合型现代农业经营体系，在新型农业经济主体培育和发展过程中，也呈现各自的亮点和特色。

1. 上海注重绿色农产品生产，发展生态农业

上海市政府高度重视新型农业经营主体培育工作，积极引导龙头企业发挥引领作用，联合农民合作社、家庭农场组建农业产业化联合体，实行产加销一体化经营。同时，上海市新型农业经营主体以农业供给侧结构性改革为主线，把增加绿色农产品供应放在突出位置，重点发展“绿色农业、规模农业、品牌农业、科技农业”，积极建设示范引领区域，实现绿色食品全域覆盖，进而打造“绿色有机农业高地”。

2. 江苏注重建设社会化服务体系，创新发展模式

江苏省依托社会化服务体系建设，探索新型农业社会化服务方式，推动

服务业态和服务模式创新，农业经营逐步从生产型向服务型转变。首先，创新农业经营主体发展方式，鼓励发展示范性新型农业经营主体。通过建设一批经营规模大、服务能力强、产品质量优的示范合作社和示范家庭农场，为新型农业经营主体的发展提供了基础。其次，发挥政策资金支持在家庭农场、龙头企业以及农业产业化联合体高质量发展中的作用，建立专项贷款平台，从而保障新型农业经营主体的高质量发展。最后，发展农业社会化服务组织，推进农村科技服务体系建设。以农机合作社作为重点发展对象，大力发展农业社会化服务体系，促进农机社会化服务组织形式多样，提升社会化服务水平。在此基础上，进一步结合“一县一业”和“一村一品”的发展模式，突出特色精准服务，加快科技成果转化，推进农村科技服务体系建设。

3. 浙江注重互联网技术应用，以科技引领农业

浙江省作为我国改革开放的强省和农村改革的先行先试区，坚持以改革创新为引领，借助互联网和工商资本等优势，促进农业与互联网、大数据的结合，走出一条“互联网+农业”的农业现代化道路，为全力探索构建新型农业经营体系、发展现代农业以及振兴乡村夯实基础。一方面，浙江省坚持主体联合与产业链接并举，推进农业组织化经营。以“运行规范化、生产标准化、经营品牌化、社员技能化、产品安全化”为主要内容的农民专业合作社“五化”创建活动，促进农业组织化主体间的横向联合；通过互联网技术与产业融合发展政策，创新发展“互联网+农业”新业态与全要素产业链，完善订单带动、利润返还、股份合作等与农户利益联结机制，进行全要素产业链的打造。另一方面，坚持公益性依托和市场化运作并举，深化农业社会化服务。创新服务形式，支持和鼓励集体经济组织、农民专业合作社、龙头企业和专业服务公司开展农业生产托管服务，提高产前、产中、产后各环节服务能力。深化农技推广、农产品质量监管、动植物疫病防控“三位一体”综合服务中心建设，面向新型主体拓展信用评价等公益性服务；整合农民信箱、农技 110、土地流转、农产品质量追溯等资源，建立“一站式”农业信息网络和数据库。

4. 安徽注重创新农业经营模式，实现向农业强省跨越

安徽省作为我国传统农业大省，是农村经济改革的起源地，一直致力于在发挥传统农业主产区优势下，大力发展家庭农场、农业产业化联合体等新型农业经营主体，进而打造现代农业发展新高地。安徽省新型农业经营主体培育和发展围绕“推进生产要素优化配置—发展多种形式适度规模经营—创新利益联结机制”的逻辑主线展开。在推进生产要素优化配置方面，一是安徽省鼓励农民以土地、林权、资金等为纽带，积极发展生产、供销、信用“三位一体”的合作模式，引导新型农业经营主体多元融合发展。二是支持农业产业化龙头企业和农民合作社开展农产品加工流通和社会化服务，带动农户发展规模经营。在发展多种形式适度规模经营方面，安徽省通过参与粮食生产功能区、重要农产品生产保护区、特色农产品优势区以及现代农业产业园、农业科技园、农业产业化示范基地等建设，促进农业专业化布局、规模化生产。在创新利益联结机制方面，通过优价收购、低价服务、农资统购、返利分红等方式，拓宽农民增收渠道，实现多方共赢。同时，通过试点农民土地经营权股份合作方式，总结新型农业经营主体带动农户发展特色种养业经验，推广“保底收益+按股分红”等模式，最终实现红利共享。

第四节　长三角新型农业经营主体的案例分析

新型农业经营主体是当前推进农业经营体制机制创新领域的重要组成部分，长三角新型农业经营主体已取得了一定的成绩。因此，选取长三角三省一市具有代表性的案例进行调查研究，对长三角新型经营主体发展成果进行展示，并探讨当前该区域新型经营主体存在的问题以及对现代农业发展的经验和启示，对进一步发展新型农业经营主体具有重要意义。故此，本节根据长三角三省一市新型农业经营主体的发展特点，选取上海市特色家庭农场、江苏省有代表性的农民专业合作社、浙江省“互联网+”的新业态农业产业发展形式以及安徽省农业产业化联合体进行细致分析，为进一步发展新型农业经营主体提供经验指导。

一　上海松江区李春风家庭农场[①]

1. 家庭农场发展历程

李春风家庭农场位于上海市松江区泖港镇腰泾村，创办于 2008 年，2020 年的经营面积为 430 亩，是集品牌稻米绿色生产、生猪饲养和现代农机服务“三位一体”的集约型家庭农场。2008 年，李春风开始经营 117 亩粮食家庭农场；2011 年探索“种粮+养猪”相结合的经营模式，发展种养结合生态循环家庭农场；2013 年，组建农机互助点；2015 年，创办上海万群粮食专业合作社；2016 年，注册“李春风”牌大米商标；2019 年，家庭农场大米产品被中国绿色食品发展中心认证为绿色食品 A 级，同年，李春风创建李春风智慧农业劳模工作室，并在种植方式方法上不断创新求突破，利用现代互联网技术，收集农田环境数据，实时监测农田情况，并通过种养结合实现生态循环、绿色种植。

2. 农场发展路径及成效

第一，机械化生产，规模化经营。430 亩的农场规模、熟练的农机驾驶技能以及优良的水稻耕作技术，是李春风家庭农场能够机械化生产、规模化经营的基础，既能节省耕作成本，又能通过提供农机服务获得额外收益。近年来，李春风结合松江特有区域耕作特点和政策扶持力度，配置了多台农机设备，将其农场打造成了“机农一体型”的家庭农场。

第二，种养结合，发展循环农业。2011 年，李春风申报了种养结合家庭农场建设。从 2013 年开始，李春风家庭农场开始了“公司+农户”的养殖方式，代养了当地农业企业松林公司的 500 头生猪，每年增收近 13 万元。并以此实现了种养结合，达到生态循环效果。此外，农场还与松林公司签约，将每年的稻谷卖给松林公司，降低了交易成本。

第三，延伸产业链条，从“卖稻谷”走向“卖大米”。在推动高效绿色

① 《上海市松江区李春风家庭农场“三位一体”集约发展破解“谁来种地”难题》，《乡村振兴》2020 年第 10 期。

现代农业发展过程中，上海市提出了由“卖稻谷”向“卖大米”转变的号召。2014 年，松江大米成功获批为沪上唯一稻米类国家地理标志保护产品。李春风家庭农场所在区域，正是松江大米的核心种植区和主产地，农场所在区域的地理优势，为李春风家庭农场从“卖稻谷”向“卖大米”的转型奠定了基础。2015 年，李春风创办了属于自己的上海万群粮食专业合作社，并入选为“松江大米”品牌指定销售点，该合作社不仅经营自家种植的优质大米，还与松江本地农业龙头企业签约，以高于稻谷市场收购价 15%的价格销售优质稻谷。故而，在 2018 年李春风家庭农场率先实现了“卖稻谷”向“卖大米”的转型。

3. 发展困境

李春风家庭农场在获得生产经营成就的同时，也面临着许多困境。一是猪舍覆盖范围有限，土地肥力增长不均。一座猪场的还田量对应约百亩田，并不能覆盖所有承包田块，而提升土壤质量仅靠施用猪尿粪远远不够。基于此，李春风在探索改善土壤质量上花了许多功夫，也采用种植绿肥、深翻作为改良土壤的补充方式，但不同的品种对土壤改良的收效不一样，水稻收割期和绿肥的长势也不同，效果依然甚微。二是随着种植、养殖规模的扩大以及产业链条的延伸，所需要的农用机械设备更为广泛，而由于建设面积的局限，家庭农场用于仓储、晾晒、冷藏保鲜、农机放置、农产品初加工等设施无处放置。

4. 经验与启示

通过李春风家庭农场的成功经验可知，在都市郊区发展现代农业，开展粮食种植，实现增收，应当具备几个要素：一是适度规模。充分利用农业机械实现合作共赢。二是种养结合，采用“公司+农户”养殖模式。大力发展循环农业达到降本增效的实质效果。三是延伸产业链、提升农产品附加值。李春风家庭农场秉承的规模化经营、种养结合、大力发展循环农业、延伸产业链条、开展社会化服务的理念取得了显著成效。

李春风家庭农场的主要启示有以下几个方面：第一，采用多元化经营模式。通过创新家庭农场经营模式，如“家庭农场+农业合作社”和“家庭农场+公司”，发展“多元化家庭农场”，实现资源最优配置，提高家庭农场生产效率。[①] 第二，因地制宜发展家庭农场。李春风家庭农场位于上海松江区泖港镇腰泾村，腰泾村有着优越的地理位置，水陆交通十分便利，且临近农业企业松林公司，为其开展种养结合经营模式奠定了基础。第三，提升农场主的人力资本。多元丰富的经历有利于提升农场主的人力资本，使其在积累农业经验的同时还能有效增加经营管理、市场营销和社会资源等方面的优势，从而更有效地促进家庭农场的成长和绩效提升。

二 江苏太仓市电站村五大合作社联合体

1. 合作社联合体基本概况

电站村隶属城厢镇，位于太仓市区北端——金仓湖西延区，西靠 204 国道，南贯浏双线，交通便捷。2020 年，辖区面积 3.2 平方公里，耕地面积 3183 亩，下设 30 个村民小组，总农户数 619 户，在册农业人口 2272 人，外来人口 2850 人。全村建立惠民经济股份合作社、益民农业土地股份合作社、助民蔬菜合作社、利民劳务股份合作社和便民电站生态园五大农民合作社，并通过划分工业集聚区、生态林果休闲区、高标准农田区、农民集中居住区四大板块实现了村民集中居住、工厂集中到工业小区、土地集中经营管理，加快推进农业现代化。如今，电站村已跃升为一个拥有集体资产 2 亿余元，人均年收入达 4.2 万元的富裕村。

2. 合作社联合体发展路径及成效

第一，创新合作模式，构建富民强村载体。太仓市电站村组建了五大合作社，全村参与五大合作的农户比例达到 100%。电站村的发展主要是通过当地城郊型农业的优势，满足城乡居民物质和文化生活不断提高的需求，开辟持续强农、富农的新途径，实现带领全村共同走向富裕的发展目标。

---

① 王楠：《家庭农场多元化经营与收入的相关性研究——以 H 市家庭农场为例》，《农业经济与管理》2020 年第 1 期。

第二，集中土地资源，发展规模经济。全村主要以发展林果为主，占规划耕地面积 1800 亩。电站村依托科技、品牌、营销和旅游 4 个支撑点来做大做强林果产业，其中主要产品包括苹果、翠冠梨、葡萄、火龙果、蓝莓、樱桃等，且由于不同种类水果的生长季节不同，使得该村一年四季都能进行林果采摘，年销售额超过 2000 万元。

第三，科技兴农，发展特色农产品。电站村的助民蔬菜合作社在发展过程中，充分利用了当地的科技和人才优势，获得江苏省农科院、苏州农业职业技术学院等的支持，以完成对当地特色农产品的技术革新。其中，翠冠梨和新毛芋艿这两种特色产品都是技术革新的结果，是最受消费者欢迎的农产品，更是电站村生态园区的招牌农产品。即使两种农产品销量已经非常可观，但合作社依然在不断改进梨树的栽培方式，采用了“V”形架式的栽培技术，减少了断枝落果的现象，使翠冠梨每亩产量提高了 20%；此外，利用脱毒组培技术，优化地方特色毛芋艿品种，使得脱毒后种植的新毛芋艿在产量和品质方面都有所提高。

3. 发展困境

电站村合作社在获得一定经济效益的同时，也面临发展困境。当前电站村发展面临的主要问题是园区建设的土地问题。电站村正在规划建设以“太仓之仓”为核心概念的生态园区，结合文化、旅游、自然农业等方面，建造“一心一环六大主题”的休闲园区。其中“一心”是指发展核心，“一环”是指青青水乡，“六大主题”分别是情景休闲、农艺文创、户外拓展、亲子乐园、王泾仓场、有机农耕。目前园区内的重大建设项目使用的都是原来的建设用地，如葡萄酒庄、康养二期和大卖场都是依靠政府土地政策推动，并按照相应规划要求逐步建成。园区的建设用地远不能满足园区的规划需求，使得土地问题成为制约电站村发展的主要困难。

4. 经验与启示

太仓市电站村最大的亮点在于依托当地集体经济的发展优势组建了五大农民合作社联合体，利用这五大农民合作社为整个村的农业发展提供全产业链服务。通过成立五大农民合作社联合体，对农业产业链进行总体把控，在每个产业环节都设有专业合作社，并以优势产业为切入点，发展休闲旅游，通过休闲旅游的繁荣反哺蔬果产业和三产服务业的发展，形成一条完整的产业链，不断拓展农业生产、生活、生态新功能，深耕主业，建设生态园，延伸产业链。

电站村全力加快农旅融合发展，充分利用电站生态园累积的生态环境优势，建成游船码头、开心农场、休闲咖啡屋、木屋民宿区、房车露营基地等旅游配套设施，进一步增强电站村生态旅游的品牌效应，将自然资源优势转化为经济发展优势，实现农业产业的转型升级，进而带动农民增收、农业增效。最终以村为单位走出了一条独具当地特色的产业融合发展之路，实现了全村共同发展、共同富裕的目标。

三　浙江白牛淘宝村

1. 淘宝村概况

白牛村位于临安区西部，昌化镇西端，由原白牛、高犁、沥溪三村合并而成，2020 年，地域面积 12.4 平方公里，人口 1558 人。产业以电子商务为主，工业、农业为辅。白牛村里有大小电商企业 68 家，全国销售额达 4.7 亿元，村民人均收入达 5 万元以上。[①] 自 2007 年起，个别村民在网络经济大潮的推动下依靠临安山核桃主产地这一独有地理优势，大胆尝试电子商务在农产品销售上的应用，建立电子商务交易平台，经营以山核桃为主的坚果类炒货，自此电商不仅促进农业增效，更使农民增收。

2. 电商发展的动力及路径

一是“网络+公司+农户+协会”的发展模式。白牛村已经形成山核桃种植农户提供货源、炒货企业加工、电商农户销售、电商协会推动的发展模式。电商协会积极组织开展各类学习、交流活动，并在降低商户经营成本、统一包装、统一定价等方面起到积极作用，促进公平竞争的同时，确保了白牛村电商产业健康有序发展。

---

① 郑军南：《白牛村：数字乡村建设赋能共同富裕的几点启示》，《杭州》2021 年第 20 期。

二是商户集群式发展。白牛村正由原先的“小、散、杂”向“强强联合、资源共享”的集群式发展转变。白牛村建造了电商产业园以吸引电商企业入驻，通过构建电商集群进行资源共享，形成规模效益。商户依靠低成本带来的规模经济、范围经济及外部经济来获取竞争优势，进而打响了白牛村山核桃地区品牌。

三是政府大力扶持电商产业。随着白牛村电子商务发展的影响力增大，当地政府不断加大扶持力度。具体而言，首先，白牛村创造了良好的电商创业环境。结合小城镇环境综合整治，以“宜购、宜居、宜乐”为特色，以电商产业为核心，加快建设电商创业大楼、物流仓储等项目进展，推进白牛电商小镇建设。其次，白牛村获得了倾向性的资金扶持。白牛村为目前入驻的创业企业提供了一系列优惠政策，如两年内场地免租金、免税；对大学生创业给予一定数额奖励。最后，白牛村引进了电商人才。政府牵线企业与本地大专院校、职业高中教育进行互动，成立了“电子商务培训基地”，同时招引返乡大学生、专业技术人才落户，解决电商农户的业务知识和技术人员短缺问题。

四是提供新型农业经营主体发展的新业态形式。首先，白牛村电子商务的市场前景被认可。大批的农民工和大学毕业生回到农村参与农村电子商务建设，成为“新农人”。其次，新型农业经营主体通过结合电子商务进行经营创新，借助电商平台拓宽销售市场，利用电商优势适应市场变化。农村电商的发展为新型农业经营主体增收提供了新业态。

3. 电商发展的困境

第一，青年电商人才和专业技术人才短缺。白牛村电商户的年龄结构不合理，多以中年人为主，青年人才不足，不利于新技术的使用与推广。同时，作为新型行业的农村电子商务迫切需要技术型人才队伍，白牛村高学历人才以及专业技术人才严重缺乏，与行业发展需求之间的矛盾日益凸显。

第二，土地要素制约，经营场地的需求得不到满足。随着白牛村电子商务经营规模不断扩大，对电商户因办公、加工、分装、仓储以及相关运营配套设施用地需求增多。但是，村庄可用于建设的用地仅300余亩，土地资源十分紧缺，严重制约了白牛村电子商务的发展。

第三，产品同质化程度高，行业内容易形成恶性竞争。白牛村的电子商务从业者主要从事山核桃、夏威夷果等坚果的收购、包装及销售等工作，产品同质性极高、特色不鲜明，竞争异常激烈。部分电商户通过盲目压低价格来占领市场，导致一些小网店销售量锐减，难以维持基本经营，严重制约了当地电商经济的健康发展。

第四，发展模式以“低、小、散”为主，专业化程度低。白牛村电商的经营模式主要是个体经营模式，较为分散。白牛村的发展是自发“跟风”形成的，工作人员主要以家庭成员为主，没有专业人员和设备做产品质量控制，标准不统一、专业化经营程度较低、产品质量参差不齐。

第五，季节性销售特征明显。坚果作为休闲食品，销售集中于下半年，尤其是“双十一”“双十二”等购物节以及春节前后，而上半年作为销售淡季，家庭作坊的主要成员无事可做。

4. 经验与启示

白牛村的基本经验有以下几点：首先，因地制宜发展现代特色农业。从当地特色产业基础入手，借助电子商务和网络经济发展，建立电商服务体系及农村电子商务模式，实现村落发展能级的跃升，突破了乡村产业“内卷化”的低效困境。其次，榜样引领。推动基层党组织“头雁”带头示范作用，在助力淘宝村快速发展的同时引导转型创新，从而保持淘宝村长远、健康发展。最后，政府扶持，村企联动。优化农村电商环境，建设电商公共服务中心，提供电商公共服务，普及提升电商专业知识，培训电商人才，建设行业协会，发挥协会资源合作、自律提升行业组织作用。

白牛村的主要启示有以下几个方面：首先，聚焦地方特色产业，引进合适的农产品新品种，使村庄转型成为特色农产品专业村，进而升级为农产品电商村。其次，适时推动产业要素聚集，夯实电商发展基础，坚持“多条腿走路”，既让农产品企业转型电商，也让农民加入网商队伍，既要做好网上零售，还要占据网上批发的主动权。最后，尊重市场规律，积极引导产业发展，电商村的形成是市场经济起决定性作用的结果，政府应注重经营主体培育，打造产品品牌，做好专业人才的内培外引。

四　浙江安吉全产业民宿

1. 安吉民宿基本概况及发展优势

安吉县隶属浙江省湖州市，有“中国第一竹乡、中国白茶之乡、中国椅业之乡”之称。2020 年，县域面积 1886 平方公里，户籍人口 47 万人，下辖 8 镇 3 乡 4 街道 209 个行政村和 1 个国家级旅游度假区、1 个省级经济开发区、1 个省际承接产业转移示范区，是中国美丽乡村发源地和绿色发展先行地。①

安吉发展民宿主要有以下四点优势：第一，生态优美，环境宜居。境内“七山一水两分田”，山清水秀，全县植被覆盖率在 70%以上，空气质量优良率保持在 85%以上，地表水、饮用水达标率均为 100%，被誉为气净、水净、土净的“三净之地”。第二，区位优越，交通便捷。不仅是长三角经济圈的几何中心，更是高速公路、国省县道、航空和码头等交通路径全面畅通的重要地区。第三，历史悠久，人文深厚。安吉建县于公元 185 年，境内地域文化丰富，竹文化、茶文化、昌硕文化互相交融。第四，改革创新，绿色崛起。坚持改革引领，创新“两山”实践，加快高质量赶超发展，初步形成了具有地方特色的“1+2+3”生态产业体系。

2. 安吉民宿发展成效

第一，成为当地农民重要的增收项目。安吉县在乡村民宿产业发展中坚持“生态文明+共创共富”，以村民为主体，实现从“点上萌芽”向“遍地开花”的转变，陆续建成一批民宿集聚村，辐射带动周边产业发展，促进村民增收。

第二，传统文化与现代生活融合，打造 3.0 版民宿模式。从当地村民为

---

① 数据来源：2021 年安吉县国民经济和社会发展统计公报。

主的景区依托型一代乡村民宿，到以改造升级为主的生态度假型二代乡村民宿，再到现在以品质优良为特色的文化创意型三代乡村民宿，其现代的民宿设计与安吉当地的农居建筑、田园文化高度融于一体，呈现传统文化与现代生活的融合。

第三，丰富了当地旅游业态，推动了乡村旅游转型升级。民宿的发展必须与其他相关产业充分融合，安吉县利用“旅游+”“住宿+”等模式，通过民宿与旅游、文化、农业等产业融合，使休闲养生农业、体验农家生活等产品应运而生，极大拓展了乡村旅游业态。安吉县民宿正在从“单一吃住”向“多元经营”、从“各自为战”向“抱团发展”转变。

第四，成为乡村振兴的重要载体。安吉县民宿的发展吸引了更多城里人的到来，让回到农村的年轻人有了发展机会，也使当地村民产生乡村认同感和参与感。从这个角度而言，民宿成为乡村振兴的重要载体。

3. 发展瓶颈

第一，客源整体不足，存在明显的季节性。安吉县旅游主要以山水观光为主，旅游产品和旅游项目对自然景观依赖性强，受季节影响也较为明显。因此安吉民宿的客源不足，且客源季节性强。

第二，经营规模差距大，规模效益不明显，存在分层现象。安吉县的民宿虽然数量众多，但多以零散经营为主，尚未形成规模效益，缺少行业内部的沟通交流与指导。部分民宿在面积、投资上不足，致使民宿发展受到限制，造成县内民宿经营规模差距大。此外，民宿的营销方式、服务质量、劳动力素质等方面的差距也造成了民宿经营状态整体上的不均衡。①

第三，产品单一，缺乏核心竞争力。从安吉民宿的整体发展来看，产品类型单一、风格类似、同质性强、创新意识薄弱。民宿产业的发展未与文化体验、农业观光、农副产品销售等多个产业深度融合，难以吸引更多的游客。除此之外，大部分民宿经营者是当地农民，经营管理理念相对落后、管理水平相对欠缺，并且其经营的民宿主题不突出、特色不明显，导致缺乏核

---

① 毛哲然：《桐庐县民宿发展现状及提升策略研究》，浙江农林大学硕士学位论文，2018。

心竞争力。

第四，市场定位不清晰，营销效果不明显。民宿营销方式较为多元化，最主要的是与第三方平台合作，同时借助微信等网络方式营销，但营销成本较高，不能得到有效推广，从而削弱了竞争力，也阻碍了民宿市场的形成。除此之外，民宿经营者不清楚自身及市场的定位，没有根据不同旅游者的喜好或旅游市场的需求进行细分，一定程度上影响了民宿的有效营销和推广。

4. 经验与启示

首先，安吉县民宿成功的关键在于采用“村民主体+工商资本+多元投资”模式，实现多元主体经营、聚合力助推民宿“成长”。其次，尽可能挖掘民宿附加价值和所在地的休闲资源，为游客提供更多附加服务，以提高游客的体验感，共同打造一个丰富的安吉民宿集群，让民宿产业更灵活。最后，实现小民宿到大产业、大市场、大联动的转变，提高乡村民宿的消费需求、提升民宿综合带动作用，促进乡村民宿业态的不断演化和升级。

目前，安吉县民宿为当地带来的经济效果显著，但要保持长久稳定发展，需要注重经营管理方面的问题。其一，注重文化特色，引导安吉民宿走精品化、特色化路线，加强游客旅游体验感。其二，明确自身定位，根据目标群体服务对象特点明晰民宿定位，有针对性地提高游客旅行质量。其三，拓宽营销渠道，从产品、活动、点评三方面扩宽流量渠道，提高产品转化率，进而提升收益。其四，塑造民宿品牌，民宿中植入安吉特色元素，比如推广安吉元素伴手礼、非遗手作、布置民宿图书馆等，打造安吉民宿服务品牌。

五　安徽肥东县“中国好粮油”世昌农业产业化联合体

1. 产业化联合体成立历程

“中国好粮油”世昌农业产业化联合体位于古城镇杨塘社区，属于典型的江淮分水岭地区，该区域为合肥市重要的农业生产区。但由于临近市区，众多农户转向非农就业，农地抛荒现象严重。在此背景下，从事粮食收购经营并积累了一定资本的胡荣汉于2012年成立了肥东县世昌水稻种植专业合作社，并在政策助推下，于2013年成立肥东县兄弟家庭农场（现已改名为肥东县胡盼盼家庭农场）；随后在2013年8月成立肥东县世昌粮油贸易有限公司。至此，形成了“公司+合作社+家庭农场”的模式，其规模逐步扩大。此外，在合肥市肥东县委县政府、县农业农村局和各级粮食主管部门的组织指导下，成立了肥东县“中国好粮油”世昌产业化联合体。

2. 具体做法

第一，以现代科技为动力，明确功能定位。在农业生产种植上，改进了传统种植结构一季小麦（或油菜籽）一季水稻的模式，采用“水稻-土豆”种植结构，并开发出“秸秆-绿肥-菌渣-有机水稻环种植”模式，不仅在技术上取得了较好成果，也为农民创造了利润。销售模式上，肥东县世昌合作社也运用了科技创新的电商销售模式，通过电商销售平台进行品牌宣发。此外，联合体逐步更新经营理念，积极招收农林院校毕业生，形成了完善的高等人才管理梯队。同时注重参加政府部门等开展的培训项目，通过与农林院校的合作研发，为联合体发展提供了人才支撑。

第二，建立三大利益联结机制，实现联合体一体化经营。在肥东县世昌农业产业化联合体的实践中，通过建立合同契约、生产要素（资金、技术、信息、资产、品牌、劳动力等）、成员互助三大利益联结机制，初步形成了联合体内农业龙头企业、农业生产合作社、家庭农场等三大新型农业经营主体的一体化经营格局，降低了农业经营风险，结成了利益共同体，这也是联合体与传统订单农业或“公司+（合作社）+农户”模式的主要区别。

第三，带动农民主体创收，加强社会化服务。肥东县世昌水稻种植专业合作社带动农民主体增收。一是提供就业机会；二是拓宽农产品的销售渠道；三是为农户提供平整后的农田土地；四是为贫困户无偿提供旋耕、植保服务。肥东县世昌农业产业化联合体不仅在生产上带动农民增收增产，为农民提供及时且多元的社会化服务，同时也为当地消费者提供了更加优质的产品和服务。

3. 面临的困境

客观来说，目前安徽省的现代农业产业化联合体尚处在发展的初级阶段，联合体内农业龙头企业等新型农业经营主体发展还面临诸多问题。

第一，品牌建立困难，市场风险较大。肥东县物产丰富，农产品质量过关。但当前该地区农户所生产的农产品品质尚不统一，且产量尚未形成规模，因此难以满足市场需求。此类问题一直是限制“世昌产业联合体”发展的主要因素，以致该联合体无法建立地域性品牌。在涉农产业发展中，联合体面临较大的市场风险，仍未解决“种粮易、卖粮难”的问题。

第二，融资难问题突出。世昌产业化联合体主要由农业龙头企业、家庭农场和农业合作社以利益联结为纽带形成的农业经营组织联盟。现实中，流转土地、提高农业装备水平、购买各类农资、建设农业生产设施等难免需要大量的资金，但由于该产业化联合体自身资金积累有限、缺乏有效的抵押物，致使其难以从金融机构及时获得足额贷款融资，很大程度上限制了联合体的发展。

第三，农业设施用地落实难度较大。产业化联合体主要由农业龙头企业、家庭农场以及专业合作社联合而形成，相比单一的新型农业经营主体，其规模相对较大，因此在发展到一定程度之后，产业化联合体缺少生产所必需的晾晒场、仓储、农机库棚等农业设施用地，农业设施用地供给与新型农业经营主体需求之间的矛盾日益突出，直接压缩了联合体的发展空间。

4. 经验与启示

首先，农业产业化联合体的创建需要政府的引导和推动。现代农业产业化联合体是多种新型农业经营主体联合组成的一种新型农业经营主体，其规模往往较大，涉及的利益主体更多，因此，在其创建初期尤其需要政府有关部门的推动和引导，并给予政策支持。其次，农业龙头企业的带动作用是农业产业化联合体发展的关键。因农业龙头企业在农业生产要素整合、农产品交易市场议价等多方面具有优势，故居于核心主导地位，农民专业合作社、家庭农场则主要围绕整体目标开展农业生产和服务，以实现分工协作，从而达到效益最大化的最终目的。最后，紧密的利益联结机制的建立是联合体得以建立和持续运营的根本所在。合同、章程、契约等是建立农业产业化联合体内部“互惠互利”的紧密型利益联结的机制，以降低其内部的交易成本和市场风险，稳定经营预期，获得超额经济利润，实现联合体的规范运营和各方共赢。

第五节　面临问题与政策建议

在当前的工业化与城镇化发展水平下，区域间农业要素禀赋结构的差异短期无法消除。因此，新型农业经营主体的多元化特征也将长期存在。需要通过相关政策手段，促进农业经营组织结构的优化，同时通过推动土地要素市场的完善，促进农业经营主体与现代市场的有机衔接。

一　面临问题

1. 上海新型农业经营主体面临的问题

上海市通过建立健全政策体系、完善管理制度、创新融合发展等方式，突出发展家庭农场这类新型农业经营主体，不断提高其农业经营效率，进一步引导新型农业经营主体成为助推都市现代绿色农业发展的重要力量，但是在实践过程中仍存在一些问题。一是发展质量有待提升。上海市新型农业经营主体数量较多，但发展质量较低、规模较小问题突出。由于土地稀缺问题，上海市家庭农场与合作社经营规模有限，同时上海市家庭农场所生产的农产品多以初加工为主，其精深加工率普遍低下，且农产品品牌的知名度不足，尚未形成品牌效应，竞争优势不明显。二是辐射带动能力相对薄弱。各类经营主体虽然在各自领域发挥作用，但是缺乏整合型优势。上海新型农业经营主体并未完全形成“种养一体化”“产加销一条龙”“一二三齐步走”的农业产业化运营机制，上下游产业链缺乏有效链接，农户难以充分分享产业链接延伸带来的红利，无法引导绿色农业、循环农业和有机农业高水平发展。三是相关扶持政策有待落实。税收、信贷、用电、用水、用地等方面的政策措施尚待加强，尚未有效落实优惠政策。

2. 江苏新型农业经营主体面临的问题

江苏省不断加大对农业的支持力度，建成了许多示范性家庭农场、合作社和农业产业化联合体，切实提高了农产品的市场竞争力，建立了特色的农产品品牌，实现了农民增收，但仍存在以下问题。一是家庭农场经营水平有待提升，合作社发展质量有待提高。江苏省家庭农场由追求数量发展转向追求高质量发展的过程中面临人才缺乏、品牌申请程序复杂、认证成本高、粮食型家庭农场利润空间不断被压缩等问题。二是农业社会化服务供需矛盾突出，服务体系亟待完善。江苏省现有服务体系在降低生产成本、进行产品深加工以及拓宽销售渠道等方面仍比较薄弱，农民增收效果不明显，供需矛盾较为突出。三是农业产业化联合体发展不充分，利益联结机制有待健全。目前，江苏省的农业产业化联合体发展已经初显成效，但成员对农业产业化联合体的认知水平不高、对联合体的理解不够全面，农业产业化联合体的牵头企业规模不足以有效驱动联合体进一步发展。此外，江苏省农业龙头企业带动小农户的意识不强，而且企业规模偏小，带动农户增收能力有限，极少数农业龙头企业尚存有“等”“靠”“要”的思维，市场竞争意识不足，难以建立带动小农户的长效机制。

3. 浙江新型农业经营主体面临的问题

通过着力培育发展新型农业经营主体，顺应农业现代化对加快构建新型农业经营体系的要求，浙江省新型农业经营主体适应市场能力和带动农民增收致富能力不断增强，农业竞争力和质量效益稳步提升，有力地促进了现代农业的发展，但在推进过程中仍存在一些问题。一是生产要素来源有待拓展。大多数新型农业经营主体在获得农业生产要素方面，面临诸多难题，如土地流转存在困难、资金来源渠道不畅、缺少人才支撑等。二是风险防御能力有待增强。相对于普通农户来说，新型农业经营主体面临更大的自然风险、市场风险和质量安全风险。一些经营主体的地理位置处在河、湖、山坡附近，这些地方多为自然灾害高发区，遇到恶劣气候，极易受到损失。此外，新型农业经营主体所生产的农产品往往较为单一，且受到农产品保鲜期的时限、区域市场供需比等诸多因素影响，只有适度规模经营才能有利可图，反之则亏损风险加大。三是带动辐射能力有待提升。龙头企业与合作社、家庭农场的利益联结不紧密，合作社规范化程度不高，对社员的统一服务还有待加强。新型农业经营主体在数量上增长较快，经营规模在不断扩大，但质量普遍不高，多数都只停留在信息、技术服务及初级产品包装、销售的层面，很少进行深加工、精加工等，以致难以实现大幅度增收。

4. 安徽新型农业经营主体面临的问题

近年来，安徽省各类从事农业生产和服务的新型农业经营主体蓬勃兴起，成为推动现代农业建设的重要力量，加快了现代农业发展，但是作为传统农业的主要产区也存在如下问题。一是融资困难问题普遍存在。与传统小农经营方式不同，规模化、专业化的农业经营方式需要投入大量资金，而较高的银行门槛，致使借款者无法提供合适的贷款抵押担保物，借款压力和难度较大。加之农村金融机构服务体系滞后，其所能提供支持力度较弱，导致金融支持无法满足新型农业经营主体发展需求。二是风险保障与发展需求不匹配。农业生产不可避免地面临市场、自然、技术等多种风险，而新型农业经营主体由于专业化程度高和规模大等特征，对风险保障提出了更高的要求，其农业保险的购买偏好和购买需求与传统小农经营存在明显差异。三是制度建设体系和政策扶持体系待完善。制度不完善、管理不规范是制约安徽省新型农业经营主体发展的困境之一。农业经营主体存在财务管理混乱、规章制度无法有效执行的现象，加之成员在民主议事、民主决策和民主管理上的意识不强，制约了经营主体的生产经营。

二　政策建议

1. 立足于地方资源优势，选择适宜的新型农业经营主体

各个地区不同的资源禀赋决定了各地发展农业的优势不同，而各个新型农业经营主体产生的背景与发展路径也存在区别，因此各地适宜发展的新型农业经营主体类型不尽相同。首先，在新型农业经营主体发展的过程中，政策实施往往具有时间上的滞后性，难以在短时间内改变配套基础设施，同时

在实际操作中具有较大的不确定性。在推动新型农业经营主体的发展过程中，应当完善对农户的政策支持体系，促使农户根据自身条件有意识地选择适宜的经营方式，实现因地制宜发展。其次，发挥各地区核心优势，促进农业与互联网、大数据相结合。在各地区新型农业经营主体的建设发展中，应当注重农业与互联网、大数据相结合，实现“互联网+农业”，改变农户对自身及市场认识不足的现状，改善农户信息不对称等问题，通过大数据提前预判为农户利益兜底，借助互联网优势拓宽农产品销售渠道，树立品牌优势。

2. 深化农村金融体制改革，给予经营主体资金支持

长三角地区新型农业经营主体在发展过程中应当注意给予经营主体以及农户资金支持，完善金融体制，帮助经营主体进行模式创新。一是要扶持农村资金互助组织。在农业合作社发展过程中，出现一种以信用合作为基本形式的农村资金互助组织，属于农村合作金融范畴。相较于正规金融组织，此类互助组织对新型农业经营主体经营状况更为了解。应当放宽此类组织的准入条件，对其进行扶持，规避正规金融机构在借贷过程中面临的评估困难、流程复杂等问题。二是要促进中小商业银行改革，推出新的授信模式。通过政府担保等方式，促使中小型商业银行向新型农业经营主体发放免抵押贷款，满足新型农业经营主体小额资金需求。同时完善资产评估体系，缓解新型农业经营主体申请大额贷款时面临的资产评估难题。三是积极探索农业保险体系改革道路，降低经营模式的创新风险。在加大农业保险保费补贴力度的同时，应当探索农业保险新模式，开拓针对特色农业、观光农业、设施农业、民宿在内的多种新型经营模式的专项保险业务。加大推广力度，促使新型经营主体和小农户更多参与农业保险，通过农业保险的方式为新型经营主体模式兜底，降低其创新风险。

3. 加大教育培训力度，提高经营人才素质

长三角地区新型农业经营主体在经营过程中均出现了经营者年轻化的现象，但经营者总体素质仍有待提升，培养兼具科技素质、职业技能与经营管理能力的新型职业农民有十分重要的意义。一是要整合现有培训资源，开展农业职业教育和职业培训，依照学历、工作背景等具体情况培育一批具有专

业技能与职业素养的新型农民，并鼓励新型农民加入新型农业经营主体，成为管理人员。二是要加强人才引进，鼓励农业院校大学生参与创办新型农业经营主体，发展现代农业，为农业现代化发展储备力量。三是完善农业社会化服务体系，提升小农户组织程度。伴随农业生产力的发展与农业市场化程度的提高，农业社会化服务体系在现代农业发展中占据越来越重要的地位。加强农业社会化服务体系建设以提升小农户组织程度，帮助小农户更好地与大市场衔接迫在眉睫，在产前积极培育专业化社会化服务组织，为小农户提供产前土地、资本、技术上的全链条服务，在产后通过社会化服务体系帮助小农户进行农产品流通，推动地方综合性合作组织的发展，实现小农户间在更大范围和更高层次上的合作，进而促使小农户在产前、产中和产后三个方面均无后顾之忧。

参考文献

Verma, B. N., Bromley, D. W., "The political economy of farm size in India: the elusive quest." *Economic development and cultural change* 4 (1987): 791-808.

蔡键、唐忠、朱勇：《要素相对价格、土地资源条件与农户农业机械服务外包需求》,《中国农村经济》2017 年第 8 期。

陈苏、胡浩、傅顺：《要素价格变化对农业技术进步及要素替代的影响——以玉米生产为例》,《湖南农业大学学报》（社会科学版）2018 年第 3 期。

杜志雄、王新志：《中国农业基本经营制度变革的理论思考》,《理论探讨》2013 年第 4 期。

傅晨、任辉：《农业转移人口市民化背景下农村土地制度创新的机理：一个分析框架》,《经济学家》2014 年第 3 期。

韩俊：《实施乡村振兴战略的目标要求》,《中国乡村发现》2018 年第 6 期。

江生忠、朱文冲：《基于 Logit 模型对新型农业经营主体农业保险购买偏好的特征研究》,《财经理论与实践》2021 年第 2 期。

周广竹：《新型农业经营主体的发展困境与调适策略》，《农业经济》2021 年第 5 期。

黄祖辉、俞宁：《新型农业经营主体：现状、约束与发展思路——以浙江省为例的分析》,《中国农村经济》2010 年第 10 期。

孔祥智、张琛、张效榕：《要素禀赋变化与农业资本有机构成提高——对 1978 年以来中国农业发展路径的解释》，《管理世界》2018 年第 10 期。

林毅夫：《新结构经济学：反思经济发展与政策的理论框架》，北京大学出版社，2012。

刘冠勤：《我国新型农业经营主体多元发展形势与制度供给》，《农业经济》2016 年第 10 期。

王冬、边志强：《农业供给侧结构性改革能力评估及其增收效应分析——基于新结构经济学的视角》，《西南民族大学学报》（人文社会科学版）2020 年第 12 期。

魏金义：《要素禀赋变化、技术进步偏向与农业经济增长研究》，华中农业大学博士学位论文，2016。

吴丽丽、李谷成、周晓时：《要素禀赋变化与中国农业增长路径选择》，《中国人口·资源与环境》2015 年第 8 期。

薛超、周宏：《劳动力禀赋变化与生产条件差异下的农业技术选择——以中国水稻机插秧技术推广应用为例》，《重庆大学学报》（社会科学版）2019 年第 6 期。

叶敬忠、张明皓：《恰亚诺夫主义视角的农政问题与农政变迁》，《开放时代》2021 年第 3 期。

余航、周泽宇、吴比：《城乡差距、农业生产率演进与农业补贴——基于新结构经济学视角的分析》，《中国农村经济》2019 年第 10 期。

张红宇：《中国现代农业经营体系的制度特征与发展取向》，《中国农村经济》2018 年第 1 期。

赵军洁、张建胜：《新中国 70 年农业经营体系改革回顾和政策展望》，《经济纵横》2019 年第 8 期。

赵伟峰、刘菊、王海涛：《新型农业经营主体培育的安徽样本：发展实践与政策启示》，《当代经济研究》2016 年第 5 期。

周泽宇：《城乡二元结构、农业生产率提升与国家粮食安全——新结构经济学视角下的乡村振兴战略》，《农村经济》2019 年第 10 期。

陈航英：《中国的农业转型——基于农村四十年发展历程的思考》，《南京农业大学学报》（社会科学版）2020 年第 3 期。

李海峥、苏妍、熊咸芳、许伊婷：《基于工资的人力资本度量：从微观个体到宏观总量》，《计量经济学报》2021 年第 3 期。

李江一、秦范：《如何破解农地流转的需求困境？——以发展新型农业经营主体为例》，《管理世界》2022 年第 2 期。

罗浩轩：《农业要素禀赋结构、农业制度安排与农业工业化进程的理论逻辑探析》，《农业经济问题》2021 年第 3 期。

宋洪远、石宝峰、吴比：《新型农业经营主体基本特征、融资需求和政策含义》，《农村经济》2020 年第 10 期。

谢地、李梓旗:《“三权分置”背景下农村土地规模经营与服务规模经营协调性研究》,《经济学家》2021年第6期。

熊磊:《新型农业经营主体与小农户协同发展:现实价值与模式创新》,《当代经济管理》2020年第9期。

黄莉芳、杨向阳、王芳、徐立霞:《资本类型与新生代农村劳动力非农就业——来自江苏的证据》,《南方人口》2016年第6期。

第八章 | 乡村振兴与发展的个案观察*

第一节 日本的六次产业发展及其对我国乡村振兴的启示

农业农村现代化是全面实现现代化的重要基础。日本在推进农业农村振兴的进程中，一项重要的举措就是发展六次产业。六次产业的概念最早是在20世纪90年代由日本东京大学名誉教授今村奈良臣提出的，是指要推进与农业相关的一二三产业融合发展，鼓励农户从事多种经营，不仅从事种养业，同时还从事农产品加工、农产品流通销售以及观光旅游等第二、第三产业，以此提升农产品附加值和农民收入。随着理论与实践的发展，今村奈良臣将原有的“第一产业+第二产业+第三产业=六次产业”的定义改为“第一产业×第二产业×第三产业=六次产业”，这一方面体现了从一二三产业的简单相加过渡到一二三产业的相互融合与深度合作，另一方面更强调了农业在产业链、价值链中的主体地位。乘积中如果第一产业为0，即农业、农村衰退，六次产业也将变为0，从而失去意义，正是有了农业、农村的活力才能体现六次产业的活力。进入21世纪，日本农民收入出现较大幅度的下降，与20世纪最后10年的最高水平相比，2008年的农民收入甚至不到1995年的一半。同时，出现了农业缺乏吸引力、农业劳动力老化，农村缺乏活力、

* 本章负责人：严瑾，副研究员，南京农业大学社会合作处副处长、新农村发展研究院办公室副主任。

农村空心化的发展困境。在此背景下，日本政府逐步采纳了今村奈良臣的六次产业发展理念，并于 2010 年以法律的形式大力推进六次产业发展，推动将农产品生产、加工、销售及相关服务业融合起来，形成经营多样化和规模化的格局。近年来，日本通过大力发展六次产业，极大地提升了农产品附加值，延伸了产业链，提升了价值链，激发了农业农村活力，促进了农村经济社会的发展和农民的增收。

随着我国进入新发展阶段，推动农村一二三产融合发展已成为我国实现“三农”发展新突破的必然要求，也是实现乡村巩固拓展脱贫攻坚成果、有效衔接乡村振兴、实现农业农村现代化的重要途径。今村奈良臣首倡的六次产业理念，以及日本积极推进的六次产业实践也受到了学界较为广泛的关注。路征对六次产业的概念、类型与特征进行了阐述，分析了日本六次产业的成效和挑战。张佳书等指出日本发展六次产业主要有农产品加工、面向企业直接销售、实体店铺销售、农家餐馆销售、通信销售 5 种模式。姜长云、崔振东、邱灵等指出日本六次产业化的核心内容是促进“地产地消”，并结合我国国情提出了推进我国农村产业融合发展的建议。张来武指出日本发展六次产业的实践具有以农业为基础、充分开发农业多重功能与价值、提高农产品的文化附加值、重视技术创新的作用等特点，同时提出了产业融合背景下六次产业划分理论，在一二三产融合基础上提出了第四产业信息(互联网⊕)① 产业和第五产业文化创意（文化创意⊕）产业，并提出通过发展第四、第五产业进一步加深一二三产融合来推动六次产业，是对六次产业理论的又一发展和创新。在我国乡村振兴战略全面实施的背景下，农业“新六产”作为产业升级的新理念，具有重要的理论价值与战略意义。

概言之，日本实施六次产业取得了明显成效。鉴于日本与中国同属东亚国家，有着地理位置相近、农业资源禀赋相近、农村空心化与农业老龄化现

① 张来武对在六次理论中用为何用“⊕”符号进行了说明，他指出，因为“⊕”可以代表世界上任何的运算规则，所以用文学语言来表达，“⊕”是指融合；用经济学语言表达，是指创新。

状相近等相似因素，本文通过回顾与反思，深入剖析日本六次产业发展的政策背景、实施路径及其实践成效与有益经验，寻求其对中国一二三产业融合发展的借鉴意义，为我国的乡村振兴战略实施提供启示。

一　日本六次产业的实施概况

六次产业理论被提出后，日本政府相继出台一系列政策制度，强化政府引导和政策支持，推进农工商协同合作，培育多元化经营主体，给予充足的资金支持，在深入挖掘地域资源、发展农村特色产业基础上，将农业相关的工商活动内化于乡村地域振兴动能，强有力地推动和保障了六次产业的实施，对提升农业竞争力、增强农村经济社会活力和促进农民增收发挥了极其重要的作用。

（一）日本政府推动六次产业的政策支持措施

1. 通过政府文件、法令等确定农业“六次产业化”政策

2008 年，日本在内阁会议上提出《农山渔村第六产业发展目标》，这是日本政府首次在政策大纲中提及六次产业。同年，日本颁布了《农工商合作促进法》，该法令鼓励第一产业从业者与中小企业联合，联合开发新产品，提升农业综合价值。2009 年 11 月，日本农林水产省专门制定了《农业六次产业化白皮书》。2010 年，日本农林水产省制定并颁布了《六次产业化·地产地消法》，促进农山渔村资源的活用，鼓励农产品在产地进行加工、利用和消费，标志着日本正式以法律形式推进农业“六次产业化”。同年，政府出台了《农山渔村六次产业化政策实施纲要》《农山渔村六次产业化政策工作相关补助金交付纲要》《农业主导型六次产业化准备工作实施纲要》《农业主导型六次产业化准备工作补助对象事业及补助对象事业费》等一系列配套政策，大力支持、鼓励和推动六次产业发展。日本还于 2012 年颁布了《六次化基金法》，设立了专门基金及管理机构，充分吸引社会资本参与六次产业发展。

2. 成立专门机构提供服务保障

日本政府自上而下成立了专门机构来保障六次产业的顺利推进。如农林

水产省的“食料产业局”专门负责推进六次产业相关工作，并在北海道、东北、关东、北陆、东海、近畿、四国、九州、冲绳等地的农政局都专门设立了“推进六次产业化办公室”。2020年，日本政府在中央和地方共设立了46个“六次产业化支援中心”，向社会公布联系方式，免费为各地农业从业者提供关于六次产业的咨询服务，从中央到地方都形成了较为完备的农业推广体系。

3. 培育专门人才予以专业指导

日本政府在全国配备了具有农产品生产与加工、商品开发、市场经营、法律等知识和经验的人才担任“六次产业策划者”，对农户在六次产业的新商品开发、市场扩大、项目申请、知识产权、广告策划等方面进行帮助和指导，政府定期对其工作进行评价，以需求为导向不断完善对六次产业人才的培养，提升指导服务的质量。日本政府还在各地开展了以培养六次产业策划者为目的的人才研修班，聘请具有六次产业成功经验的农户、餐厅经营者、乡镇企业家等担任志愿者，完善人才支撑体系，不断培养六次产业专门人才。

（二）日本六次产业的实施路径

日本农林水产省提出，六次产业的意义在于综合推进农林渔业的第一产业和制造业的第二产业、销售业的第三产业的一体化，活用农山渔村丰富的地区资源产生新的附加值，由此促进农山渔村收入和就业机会的增加。其强调农业向后延伸，融合发展基于地域农业资源的第二、第三产业，使农林渔生产者能够分享农产品加工、流通和消费环节的收益，而不是让现有的工商资本向前整合或者兼并农业。面对乡村发展困境，日本通过实施六次产业发展来推动农村振兴。六次产业中一二三产业的融合，无论是简单相加的“1+2+3”模式还是相互融合的“1 ×2 ×3”模式，都离不开农业的主体地位。日本六次产业与乡村振兴的联动，正是基于乡村原有农业资源，通过活用资源和开发特色以产生新价值，通过促进一二三产业融合来延伸产业链、提升价值链，催生新业态，以此来促进农民增收，推动产业发展，激发乡村活力（见图8-1）。

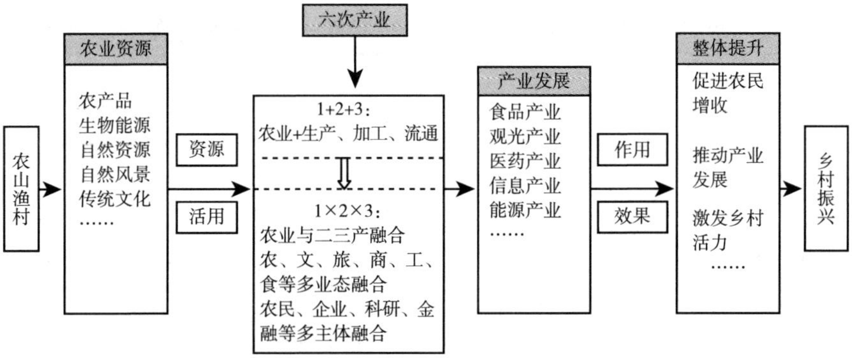

图 8-1　日本六次产业实施路径

二　日本发展六次产业的实践成效

日本以六次产业为链接，通过拓展多样发展内容、培育多元发展主体、融合多种发展形式，实现了农山渔村的农业资源向新兴产业转变的过程，有效提升了农业竞争力，增强了农村经济社会活力，促进了农民收入增加，进而实现乡村振兴。其实践成效主要体现在以下几个方面。

1. 相关发展指标同比提升显著

对比日本《六次产业化·地产地消法》刚落地的 2010 年、实施 6 年后的 2016 年以及日本农林水产省 2020 年最新公布的 2018 年六次产业各相关事业开展情况（见表 8-1），可以看出日本发展六次产业以来，不仅农民的参与数量明显增长，而且总销售额和农民收入均有了显著提升，农民获得了实在效益。

由表 8-1 可见，日本在六次产业的实施形式和农民收益上，3 个年度均是农产品加工和直接销售两类占主体地位。3 个年度从业经营体总数量最少的均是农家餐馆，这与日本农村地区人口密度低、交通不方便、餐厅经营的季节性等有一定关系。2010～2018 年，六次产业从业经营体总数量增长了 5.4%，年销售总额增长了 41.3%，户均销售额增长了 34.3%，数据相当可观。其中，农产品加工、直销、农家民宿和餐馆四类的数量和销售额均显著

表 8-1　2010 年、2016 年、2018 年日本农业六次产业各相关事业数量及年销售额

	年份	参加六次产业的类型					
		农业六次产业相关事业总和	农产品加工	农产品直销店	观光农园	农家民宿	农家餐馆
参加事业经营体总数量（个）	2010	62300	28180	22050	8760	1920	1390
	2016	64860（+4.1%）	29180（+3.5%）	24120（+9.4%）	6670（-23.9%）	3060（+59.4%）	1830（+31.7%）
	2018	65650（+5.4%）	29390（+4.3%）	24700（+12.0%）	6590（-24.8%）	2930（+52.6%）	2050（+47.5%）
年销售额总额（百万日元）	2010	1654372	778332	817586	35246	5102	18106
	2016	2257524（+36.5%）	1092357（+40.3%）	1069682（+30.8%）	39209（+11.2%）	12907（+153.0%）	43369（+139.5%）
	2018	2338421（+41.3%）	1117317（+43.6%）	1118815（+36.8%）	40334（+14.4%）	12906（+153.0%）	49050（+170.9%）
平均每户销售额（万日元）	2010	2653	2762	3707	402	265	1298
	2016	3481（+31.2%）	3744（+35.6%）	4435（+19.6%）	588（+46.3%）	422（+59.2%）	2369（+82.5%）
	2018	3562（+34.3%）	3802（+37.7%）	4530（+22.2%）	612（+52.2%）	440（+66.0%）	2393（+84.4%）

注：数据系根据日本农林水产省发布的《六次产业化综合调查》统计资料分析得到，括号中百分数为以 2010 年为基期的增长比。日本农林水产省公布的 2010 年六次产业数据中，将农产品加工和直接销售类别按农户个体经营和农协经营分别统计，笔者将两项数据进行了整合。日本农林水产省 2016 年、2018 年六次产业各项数据均将渔业和农业分开统计，笔者根据广义农业的定义，将渔业和农业的各类数值整合后进行统计分析

提升。观光农园的经营总数量虽减少了 24.8%，但总销售额逐年增加，户均销售额增长了 52.2%，体现了该类型经营效益的显著提升。涨幅最突出的是农家民宿和农家餐馆，2018 年从业经营体总数量较 2010 年分别增长了 52.6%和 47.5%，年销售总额分别增长了 153.0%和 170.9%，户均销售额分别增长了 66.0%和 84.4%。这表明六次产业通过充分挖掘地方特色，发掘农业的多重功能，将第二、第三产业的加工、销售、文化体验和观光旅游等与第一产业的农业生产充分融合，注重将重心转移到更有潜力提升农业附加值的观光体验等行业，拓展了农业的多种功能，

延伸产业链、提升价值链，发展新业态、新模式，实现了农业提质增效、农户增收。

2. 横向比较优势明显

从横向比较来看，日本政策金融公库对同样得到资金支持的100例积极参与六次产业事业的农户和103例没有开展六次产业事业的农户开展的调研表明，同样融资后的3年，实施六次产业事业的营业额增加率为24.7%，而未实施的增加率仅为14.6%。上述两类对象创造的附加值额增加率分别为29.3%和17.8%，对提供岗位的员工工资增加率分别为32.0%和9.1%（见表8-2），两者差别明显。日本农林水产省食料产业局在2019年5月“关于六次产业化推进”的调研表明，2015年从事六次产业综合化事业的经营体平均每户雇佣人数为5人，到2019年平均每户雇佣人数上升至15人，由雇佣、投资产生的经常性利润和创造的附加值等平均每户约达4600万日元。由此可见，参加发展六次产业的经营体对增加农产品附加值、提高农户收入、带动地方就业等促进地方经济社会发展的成效更为显著。

表8-2　同样得到资金援助后实施六次产业与非实施六次产业经营体的成效比较

单位：%

比较内容	实施六次产业的经营体	未实施六次产业的经营体
营业额增加率	24.7	14.6
附加值额增加率	29.3	17.8
提供岗位的员工工资增加率	32.0	9.1

资料来源：笔者根据日本政策金融公库《农业的六次产业化相关调查》中数据整理得到。

3. 农民获得感增强

在日本《六次产业化·地产地消法》及其相关政策实施后，日本政策金融公库选取了297名六次产业从业者调研该事业的成效。其中74.50%的从业者表示实现了收入增加，50.30%的从业者认为扩大了农产品生产规模。此外，对确立企业化经营、员工干劲提升、保证农业地域支援和确保继承人等效果的认可度分别达到 34.50%、28.50%、28.50%和 15.20%（见图 8-2）。正是基于六次产业发展带来的好处，有 76.20%的从业者希望继续扩大六次产业的发展，计划缩小的占比为 0%（见图 8-3），这体现了六次产业从业者充分感受到发展六次产业带来的实在效益和显著成果。

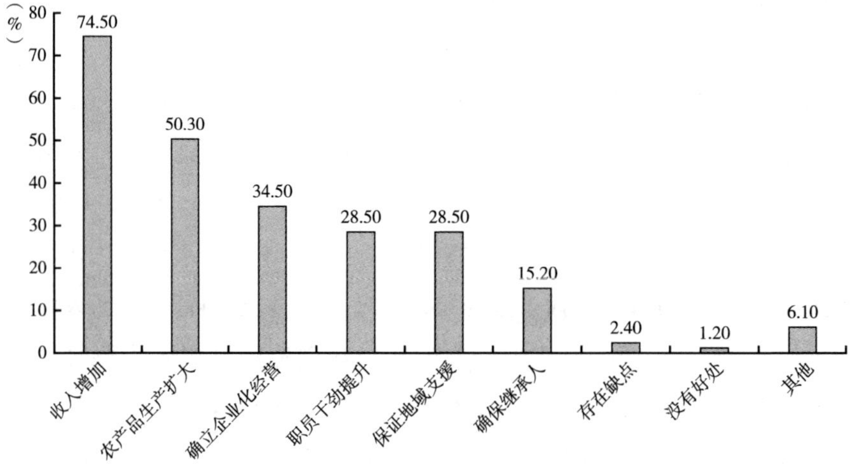

图 8-2　从业者实施六次产业认可度效果

资料来源：数据系笔者根据日本政策金融公库调查资料计算得到。

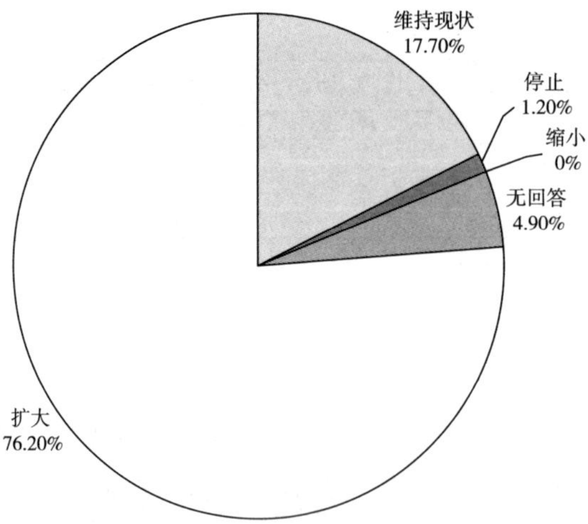

图 8-3　从业者今后发展六次产业的意愿

资料来源：数据系笔者根据日本政策金融公库调查资料计算所得。

三　日本发展六次产业的经验剖析

如前所述，日本农业六次产业对推动日本农村振兴，促进农业发展、农民增收，激发农村活力等方面发挥了重要作用并取得了显著成效，并在内容多样化、形式混合化、主体多元化等方面都呈现良好的发展态势。日本农林水产省分别在 2011 年、2018 年和 2019 年编制了 100 例、162 例和 165 例《六次产业化先进事例集》，大力推广宣传各地六次产业的先进典型。通过对六次产业先进实践案例的剖析，课题组认为，之所以六次产业在日本得到充分发展，除了国家给予了法律、政策、资金等一系列有力保障举措，还得益于以下几方面的做法。

1. 注重一二三产业的有机融合，实现农业增效

日本六次产业化的核心内容就是促进"地产地消"，鼓励农业从业者从事多种经营，通过一二三产业融合形成集农产品生产、加工、销售、服务于一体的产业链条，将原本外溢的农业附加值内部化，使农业生产者获得更多农产品加工、流通等环节的增值收益，为农业旅游业的附加值创造条件，以此增加农民收入、增强农业活力。日本政府出台的《六次产业化·地产地消法》提出推进一二三产业融合，促进"地产地消"，强调将农业"增值"留在农村。同时依托《农工商合作促进法》，构建起农工商协作利益联结机制，推进农业生产者与第二、第三产业的合作，如农业、医疗业、食品业、福利业的合作，农业与高校、互联网、科研机构等的合作来推动农业综合经营的发展。同时，明确农工商合作中的工业和商业出资股份不能超过 49%，从而防止工商业"吞食"农业，保障了农业生产者的收益。值得注意的是，六次产业化并不是指第二产业的加工和第三产业的销售、服务等必须全部都要纳入生产者的产业链中，而是农业经营者基于自身情况和特色的综合分析，有选择地进行产业融合。例如，2017 年政府共认定"六次产业综合化实施项目"1698 件，这是日本政府支持农业从业者将农产品及其副产品的生产、加工、销售一体化，鼓励生产者延伸农业产业链、提升价值链，给予资金和制度支持的有力举措。由该事业的实施内容（见表 8-3）可以看到，

日本农户开展六次产业的方式主要分为加工、直接销售、农家餐馆、出口等一种或多种组合形式。其中，对农产品进行“加工+直接销售”的组合形式所占比重最大，达到75.2%；其次是对农产品“加工”，以及“加工+直接销售+农家餐馆”组合形式，分别为12.2%和6.9%；单一“出口”和经营“农家餐馆”的比重分别仅为0.3%、0.4%。由此可见，六次产业的一二三产业有机融合是基于农户在对自身情况的充分了解和综合把握的基础上，有选择地进行产业融合和合作，制定和生产匹配自己实际状况的经营方式和特色产品，让农民在产业链延伸和产业转型升级中获得更多收益，极大增强了农业的竞争力。

表 8-3　2017 年日本政府认定的六次产业综合化项目所从事内容

单位：个，%

从事内容	数量	占比
加工	190	12.2
直接销售	56	3.6
出口	5	0.3
农家餐馆	6	0.4
加工+直接销售	1170	75.2
加工+直接销售+农家餐馆	107	6.9
加工+直接销售+出口	22	1.4

资料来源：日本农林水产省《对六次产业化·地产地消法认定事业者跟踪调查的结果》。

2. 注重依托技术创新和管理创优打造品牌，实现产品增值

日本在推进六次产业化过程中，十分重视激发农业从业者主动探索技术创新和管理创优来促进产业提质增效和产品附加值提升。六次产业从业者通过不断优化农产品加工技术，开发新产品，不断提高生产、加工、销售（流通）各个环节的品质和创意，并进行有机融合，从而实现农业经营的多元化、复合化、特色化和农产品的个性化、品牌化，极大提高农产品的附加值，获得销售和经营的成功。例如，京都南丹市的绿色日吉农事组合法人，在生产丹波黑大豆的基础上，引进烘煎机、干燥机、羊羹制造机等机器设

备，对丹波黑大豆进行加工，生产开发出黑豆羊羹、黑豆茶、黑豆甘露煮、黑豆果冻、黑豆浆等30余种新产品。同时还和京都学园大学等高校合作，通过该校生物环境学院研发的从煮豆汁中提取异黄酮的技术，共同研发了黑豆浆等产品，并积极宣传其对预防高血压、改善女性更年期和缓解Ⅱ型糖尿病症状的功效，极大地提高了产品的附加值，扩大了产品的品牌影响力。

另外，通过对加工等环节的严格管理和高质量把控，保障生产出让消费者信赖的优质、绿色、健康食品。在生产经营过程中，还注重降低成本，谨慎务实地根据业务开展情况扩大规模和增加投资设备，提供符合消费水平的价格实惠的优质产品。

3. 注重激活多元经营主体和多样营销策略，实现农民增收

日本政府在实施六次产业化以来，注重因地制宜地培育多元化经营主体。在《食品、农业和农村基本计划》中，明确指出发展第六产业要运用当地居民的经验和智慧，特别要根据农村现有人口特点，培育老人和女性成为新的经营主体。从政策目标来看，日本六次产业不仅要激活农村现有人口的活力，还要致力于吸引城市人口回流，以解决农村劳动力严重不足的现实问题。当然，农业生产者自身的能力和资源是相对有限的，只有调动多方力量，融合推进多元经营主体共同参与，才能促进六次产业化的快速发展。正是基于这样的实践逻辑，从经营主体来看，日本六次产业主要形成了农业生产者主导型、农村剩余劳动力型（老人、妇女、限制性劳动能力者等）参与型、协会组织主导型、企业主导型和产业协同型等几种主要发展模式。另外，六次产业经营者在实践中为了扩大销路，还积极采取一系列行之有效的营销策略，实现持续稳定的收入，保证消费市场的持续发展。例如，重视专业化的广告设计，积极向消费者传达品牌形象；进行常态化的产品宣传，及时更新产品和服务信息；开展定制化的服务，通过会员制等加强消费者和农业经营者的联系互动；组织特色化的主题体验活动，通过经常性地策划试吃体验、采摘体验等系列营销活动来保持与顾客定期的密切交流。例如，埼玉县春日部市的农户，在用自家生产的蓝莓制成蓝莓酱进行销售的同时，还经营了观光农场，开展蓝莓采摘等体验活动，并邀请顾客对自己采摘的蓝莓进

行现场加工制作，充分体验采摘和加工的乐趣，以此吸引了大量回头客。该农户在销售的同时还配发宣传资料，宣传商品的品牌特色。同时创立了定制所有者制度，以协议形式对顾客长期的采摘和购买等提供个性化服务。该农户在实施六次产业化后，来园人数从 2011 年的 200 余人增加到 2017 年的 1800 余人，创收成效明显。

4. 注重活用地域各类特色资源，实现农村增色

基于活用地域各类特色资源的日本六次产业化十分注重立足乡村实际并由此极大地推动了地域振兴。日本的六次产业从业者非常注重活用当地的特色资源，将农业生产和产品与当地的生物能源、历史文化、特色景观、民风习俗、传统工艺等有机融合，将当地的资源禀赋融入农家民宿、农家餐馆、观光农场等观光旅游新事业，打造地方品牌，走差异化发展道路，以浓郁的地方特色吸引消费者。同时，六次产业从业者还注重活用地方人力资源，加强与当地农户的合作。比如，与当地农民共同使用农业设备等以减少成本、直接从农户处购买农产品进行加工、雇佣当地农民作为员工等，既活用了当地资源又促进了地域活力，带动了经济社会发展，促进了地域振兴。例如，调研的滋贺县甲贺年糕工房公司，于 2011 年开始发展六次产业，生产上充分利用日本最大湖泊琵琶湖的土壤和水质等天然优越条件，产出黏度高、软度好的优质糯米和粳米。在加工中承诺加工出不使用添加剂的年糕、米粉、乌冬面等产品，对此进行销售并经营了农家餐厅，成为地方一道响当当的特色美食。立命馆大学等高校积极对产品的研发、加工、设计、营销等献计献策，提供多方面的科技支持。年糕工房还非常注重饮食文化的传承与弘扬，定期举办乡村年糕节等传统活动。营业额从 2008 年的 5770 万日元上升为 2016 年的 6420 万日元，雇佣人数显著增加，极大促进了农村就业和经济发展。

虽然日本的六次产业发展取得了显著的成效，但在实践过程中也逐渐出现了新的问题。根据日本农林水产省对 2000 位农户进行的跟踪调查[①]，认

① 日本农林水产省对 2000 户六次产业从业者进行问卷调查，问卷有效回收率为 84.7%。

为“从事六次产业面临的困难”回答最多的是缺乏专业的知识、技术、能力等，占比近60%；然后是资金不足，占40.7%；第三是人才、劳动力不足，占38.40%；认为缺乏农业合作者、其他产业合作者以及生产规模不够等均在25%左右（见图8-4）。基于上述日本政府对受访农户的跟踪调查、课题组的实地走访调研和对典型案例的剖析，本文认为日本当前发展六次产业面临的主要困境在于：农业经营主体由于对自身定位和对市场需求等综合知识的缺乏，导致其对六次产业发展规划的制定还不够科学；区域产地间加工农产品的同类化、同质化加剧，以及竞争日益激烈的严峻形势，导致具有高附加值特色新产品的研发和品质、品牌提升遭遇瓶颈期；日本农村的少子高龄化、从业者专业知识与技术的缺乏，导致六次产业劳动力不足，高素质的农业复合应用型人才短缺严重；由于过度依赖政府的政策和资金支持，导致从业者在扩大事业规模、寻求多元资金支持和推动多方合作方面的主动性和能力较为欠缺等。

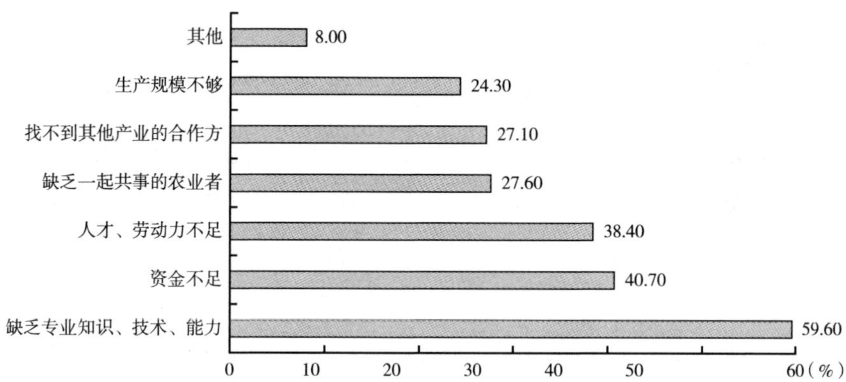

图8-4　农业从业者认为发展六次产业面临的困境

资料来源：笔者根据日本农林水产省调查资料计算得到。

四　日本六次产业对我国乡村振兴的启示

（一）我国借鉴日本六次产业发展的现实基础

理论研究和实践表明，农业产业融合发展已成为现代农业发展的重要趋势。从我国政策层面和发展趋势来看，2015 年中央 1 号文件首次提出了“推进农村一二三产业融合发展”。2016 年初，国务院发布了《关于推进农村一二三产业融合发展的指导意见》，从产业融合方式、融合主体、融合服务、推进机制等方面进行了系统部署。近六年来，我国中央 1 号文件持续关注富民乡村产业发展，强调要“推进农村一二三产业融合发展”。党的十九大提出的实施乡村振兴战略中也鼓励农村一二三产业融合发展。党的十九届五中全会通过的《中共中央关于制定国民经济和社会发展第十四个五年规划和二〇三五年远景目标的建议》进一步明确“推动农村一二三产业融合发展，丰富乡村经济业态，拓展农民增收空间”，以此助力“优先发展农业农村，全面推进乡村振兴”。可见，乡村振兴的基础在产业兴旺，产业兴旺的出路在一二三产业融合发展。从发展阶段来看，我国已步入全面建设社会主义现代化国家的新阶段，新一轮产业技术革命为农村产业融合发展创造了技术条件。随着农业信息化、专业化、标准化等的推进，新业态、新模式不断涌现，新型农业经营主体参与产业融合能力明显增强，也为我国推进一二三产融合提供了良好的组织基础。

我国与日本同属东亚国家，农业农村发展状况与日本有较多的相似之处，我国农业资源禀赋与日本比较接近，且都是人多地少，难以通过土地规模经营在国际市场上实现竞争优势，因此，都需要通过差异化、特色化、高附加值化来发挥优势。我国的农村社会正在经历着类似日本经济高速增长时期的人口流出和人口老龄化现象，因此，日本应对村庄过疏化和人口老龄化的农业发展政策对我国有一定的参考价值。日本发展六次产业和我国实施乡村振兴的目标都是进一步激发农业农村活力。我国积极推进一二三产业融合发展，学习借鉴六次产业的先进经验，吸取发展过程中的教训，有助于我国缓解类似日本的农村空心化、高龄化、农业后继无人、农业农村区域经济衰退等问题，增强农业农村的发展活力。日本的六次产业化非常重视“地产地消”，这对我国特别是在推进我国中西部乡村振兴的过程中具有重要的借鉴意义，不仅有利于缓解农村人口老龄化和农村过疏化对农业农村发展的不利影响，还有利于培育农村一二三产业融合的发展环境和农村新产业、新业态的增长点。

我国农业农村还存在基础弱、底子薄，农业人才匮乏，农村一二三产业融合发展程度较低、融合层次较浅，农业科技创新能力不够强，农业供给质量亟待提升，农产品的品质和效益有待提高，农民适应生产力发展和市场竞争的能力不足等问题。但是我国具备超大市场等优势，这些都是在我国促进乡村产业发展、全面推进乡村振兴中需要综合考虑的因素。因此，立足中国国情和“三农”发展的现实基础，参考日本六次产业发展的有益经验，对我国更好地实施乡村振兴战略有着重要的决策参考价值。

（二）对我国乡村振兴有益的启示

1. 优化顶层设计，做好产业融合发展引导

日本六次产业的成功是基于农业从业者根据自身特色、优势和实际，有针对性地进行一二三产业的有机融合，开发产品的特色个性，实现商品的差别化、品牌化，从而提升产品的附加值。我国地域广阔，农耕文明历史悠久，地域特色鲜明，各地有着丰富的自然和人文资源优势。为了避免各地区重复建设、同质化加剧，需要对不同地区的乡村产业发展做宏观规划指导。要遵循《中华人民共和国乡村振兴促进法》中对产业发展的要求，各级政府要支持并促进农村一二三产业融合发展。要以国家《乡村振兴战略规划（2018—2022 年）》《全国乡村产业发展规划（2020—2025 年）》等国家层面的产业规划为指引，充分结合各地区实际，既要发挥市场在产业发展中的基础性作用，也要发挥政策保障、决策指导和高端智库的作用，确保政策落实落地，实现可持续发展。一方面要帮助农村和农业经营者树立一二三产业有机融合的发展理念，通过深入调研，激活地方产业、民族、文化、历史等资源禀赋，用好地理标志和地域特色，因地制宜地帮助其做好顶层设计和规划布局。帮助打造一二三产业融合发展的富民乡村产业，逐步形成小而精的乡村品牌、规模适中的强镇产业、辐射力强的产业集群，推动建立现代农业产业体系、生产体系和经营体系，通过科学规划引领农业转型升级。另一方面要做好决策咨询，在打造高质量特色农产品和服务的全产业链过程中及时提供指导和答疑，促进乡村特色资源与消费需求互动衔接，发展新产业、新

业态，挖掘新功能、新价值，培育新型农业经营主体，打造新品牌，切实提高农业竞争力。

2. 加强平台建设，推进一二三产业融合发展

日本六次产业发展的关键是产业融合，同时还注重农业生产者与第二、第三产业形成紧密的利益联结机制。农村一二三产业融合发展是我国推进乡村产业发展和乡村全面振兴的主要路径。在新发展阶段推进乡村振兴，应该贯彻新发展理念，充分发挥社会主义制度集中力量办大事的制度优势，同时充分发挥政产学研用的协同创新作用，创设条件，打造平台，加强示范引领，以农民为主体，通过组织制度创新，引导农民参与第二、第三产业环节，更多分享产后增值收益，促进一二三产业融合。一是打造多业态融合平台，通过农业与文化、旅游、康养、信息产业等有机结合，打造一批集循环农业、创意农业、农事体验、智慧农业于一体的田园综合体、特色田园乡村、一二三产业融合先导区、农业科技现代化先行示范区等，打造农村产业融合发展的平台载体，探索区域特色三产融合发展的可持续发展模式。二是建设多主体融合平台，常态化推进政产学研合作、校地企协同，建立专业化的技术转移机构和面向乡镇企业的技术服务网络平台，建设“互联网+”新型信息服务平台，促进高校和科研院所的科研成果与乡村产业链条紧密结合，提高成果和专利的转移转化与推广应用，发展农民、科研、企业、金融等多元主体共享资源、共建链条、共创品牌的融合模式。三是构建多功能示范平台，立足区域农业资源，建设一批集科研试验、技术推广、人才培养、区域示范等功能为一体的乡村振兴服务基地，依托区域优势特色产业集群建设现代农业产业园，开展示范推广，发挥基地与平台对乡村振兴的示范引领、辐射带动作用。同时打造一批富有地域特色、体现乡村气息、承载乡村价值，可示范、可推广的乡村振兴样板间，培育一批“土字号”“乡字号”品牌，打造“一村一品”“一县一业”的发展格局，为农业农村发展增添新动能。

3. 强化科技赋能，促进农业提质增效

日本六次产业发展取得成功的要素之一是农业生产者充分挖掘本地的

资源禀赋，专注于生产优质、绿色、安全、特色的农产品。科技在产业发展和产品品质提升中发挥着重要作用，是实现产业提档升级和农业产业链延伸的核心动力。我国农业资源丰富，但是挖掘利用水平较低，特别是乡村产业发展还处于相对落后的状态，科技含量较低。这就要求我们在推进乡村振兴中，依托乡村特色优势资源，强化科技创新引领，不断推进农业价值链提升，实现多元功能综合，加强创新链与产业链的融合互促，不断催生基于农业的新业态，促进农业、农村、农民发展水平全面提升。一方面要立足农村发展需求和农业科技前沿，加强科技研发和原创性成果突破，提升农业科研和创新能力，加快种业创新、农业生物、农业机械、生态环保、绿色智能农产品、智慧农业等核心科技的研发，促进学科交叉融合创新，强化农业科技创新源头供给。另一方面要加强信息技术、生物技术、制造技术、新能源技术、人工智能等与农业发展的交叉融合与创新，带动农业向绿色、智能发展，加强现代农业产业链技术创新，培育新业态、新模式。同时应充分结合农业地域特色，提升农产品育种、栽培、养殖、生产、加工、销售等各环节先进实用技术的研究与创新，开发形式多样、个性鲜明的优质、绿色、健康，具有竞争力的特色优质农产品，以科技支撑助力农业农村特色产业提质增效，增加附加值，带动全产业链提档升级。

4. 加大人才培养力度，激活乡村振兴内生动力

人是生产力中最根本、最活跃的因素。日本农林水产省在全国配备了具有生产、加工、商品开发、市场经营、法律等知识的“六次产业策化者”，对农民进行帮助指导，还在各地举办六次产业策化者研修班，帮助其提升技能，并以优厚的政策吸引新农人。但是，即便有较大力度的政策支持，日本年轻人从事农业的意愿并不高，这也导致了日本农业经营管理人才的紧缺，制约了六次产业的进一步发展。我国乡村振兴和农业农村现代化的关键在于靠科技、靠人才。当前，我国高等农业教育已开始围绕乡村振兴的紧迫需求，实施了“卓越农林人才教育培养计划 2.0”，提出了“安吉共识”“北大仓行动”“北京指南”的“新农科”建设“三部曲”，构建全面发展“新

农科”的体系，创新推进高等农林教育的改革与实践。今后，一是要鼓励和支持高校通过主动布局新兴农科专业，开发新时代农林优质课程资源，利用一二三产业融合发展的增长点加强交叉学科和新型涉农专业建设。探索建设面向区域特色的乡村振兴定向班、培养专业学位研究生等，发挥各类实践基地的育人作用，培养高素质高层次的复合应用型农业人才。同时，还要从儿童就开始培养其对农业农村的感情，加强“大国三农”情怀教育，培养人民对农业农村美好生活的向往。二是要积极面向新型农业经营主体、乡村干部、职业农民等开展内涵丰富的培训，为乡村振兴输送基层实用技能型人才。三是要优化引人、用人、留人环境，吸引和鼓励各类人才在广阔乡村干事创业，引进和培育农业创新创业型人才，为乡村振兴增添“源头活水”。此外，还应发挥科技特派员、农技推广人才、驻村干部等人才队伍的作用，提高农村专业人才的服务保障能力。

第二节　高校助力乡村振兴的实践理路——以南京农业大学定点帮扶工作为例

2021 年 2 月 25 日，习近平总书记在全国脱贫攻坚总结表彰大会上庄严宣告：经过全党全国各族人民共同努力，在迎来中国共产党成立一百周年的重要时刻，我国脱贫攻坚战取得了全面胜利，现行标准下 9899 万农村贫困人口全部脱贫，832 个贫困县全部摘帽，12.8 万个贫困村全部出列，区域性整体贫困得到解决，完成了消除绝对贫困的艰巨任务，创造了又一个彪炳史册的人间奇迹。我国脱贫攻坚战取得决定性胜利，这不仅再次充分彰显了中国共产党领导和我国社会主义制度的政治优势，体现了我国扶贫工作的“中国速度”，也为世界减贫事业提供了“中国方案”。高校作为脱贫攻坚战中的一支重要力量，以其特有的科技、人才资源和智力优势，也在扶贫开发实践中形成了“高校模式”。高校定点帮扶工作亦是习近平总书记关于精准扶贫重要思想的生动实践。在脱贫攻坚战取得全面胜利之后，高校仍要按照党中央、国务院的要求，落实“四个不摘”精神，持续深化推进中央单位定点帮扶工作。

为了更好地发挥高校示范引领作用，向社会展示高校定点帮扶成效，教育部自2016年开始组织“直属高校精准扶贫精准脱贫十大典型项目”（自2021年起更名为“直属高校精准帮扶典型项目”）评选，精心选取在结对的定点帮扶县实施一年以上并取得良好成效，具有可学习、可推广价值的项目，较全面地呈现了高校多样化的帮扶路径。纵览评选产生的典型项目可以看出，高校参与定点帮扶工作已基本上形成了一种具有自身特点与发展态势的固定模式。但就帮扶形式而言，也呈现特色性与多样性，涉及教育、产业、党建、科技、消费、智力、健康、文化等多种帮扶方式。总结和分析直属高校这支重要“生力军”开展定点帮扶助力乡村振兴的实践经验和精准推进定点帮扶工作的有效路径，对于巩固和拓展高校帮扶成果，促进高校更好地服务定点帮扶地区实现巩固拓展脱贫攻坚成果同乡村振兴的有效衔接，继而全面推进乡村振兴，具有重要意义。

基于此，本文以长三角地区教育部直属高校、连续三年荣获“中央单位定点帮扶工作成效考核评价”最高等级、连续三年荣获教育部“直属高校精准扶贫精准脱贫十大典型项目”的南京农业大学为例，以南京农业大学定点帮扶贵州省麻江县的实践经验为研究样本，总结、梳理了高校在定点帮扶助力乡村振兴中的独特优势、创新做法和典型经验，同时，也前瞻性地提出了高校定点帮扶助力乡村振兴的发力点。

一　高校助力乡村振兴的组织逻辑

高校作为知识、智力、人才、技术的聚集高地，承担着人才培养、科学研究和社会服务的基本职能，也正因为高校具有科学探索、知识创新、技术集成的优势，在新时代的中国大地上，它又被赋予了一项独特的使命，即成为脱贫攻坚与乡村振兴的重要社会力量。特别是党的十八大以来，高校参与扶贫工作的力度越来越大。2012年11月，国务院扶贫办、教育部、中组部等八部委联合印发了《关于做好新一轮中央国家机关和有关单位定点扶贫工作的通知》，要求中央和国家机关参与定点扶贫工作，第一次实现定点扶贫工作对国家扶贫开发工作重点县的全覆盖，44 所教育部直属高校以一校帮一县的形式对 44 个贫困县开展定点帮扶。随后，教育部在 2013 年出台了《教育部关于做好直属高校定点扶贫工作的意见》，各高校按照意见精神，围绕各自优势特色，攻坚克难，逐步形成了具有高校特色的扶贫路径。2019 年，结合扶贫工作新形势，教育部又印发了《教育部关于做好新时期直属高校定点扶贫工作的意见》，要求各高校进一步落实帮扶责任，发挥高校优势，创新帮扶形式，汇聚多方合力，加强组织领导，更有力地推进定点扶贫工作。同年，教育部会同国务院扶贫办印发《关于进一步充实教育部直属高校定点扶贫工作力量的通知》，新增高校采取“1+1”模式增强帮扶力量，将 75 所直属高校全部纳入定点扶贫行列。并于 2018 年起围绕投入帮扶资金、引进帮扶资金、培训基层干部、培训技术人员、购买贫困地区农产品、帮助销售贫困地区农产品 6 项扶贫关键指标实行“6 个 200”的底线任务要求，压实工作责任。在脱贫攻坚战取得全面胜利后，中共中央、国务院又出台了《中共中央　国务院关于实现巩固拓展脱贫攻坚成果同乡村振兴有效衔接的意见》《关于坚持做好中央单位定点帮扶工作的意见》《关于做好 2022 年全面推进乡村振兴重点工作的意见》，教育部也出台了《教育部办公厅关于坚持做好直属高校定点帮扶工作的通知》，要求中央单位、直属高校仍要延续完善脱贫攻坚与乡村振兴有效衔接的对口帮扶工作机制，扎实推动巩固拓展脱贫攻坚成果，加快全面推进乡村振兴。

从以上的政策文件来看，高校已被赋予了脱贫攻坚、乡村振兴的使命。从组织功能的角度看，高校参与定点帮扶助力乡村振兴，正是凭借着它所具有的科技和人才优势，才能在乡村振兴与定点帮扶中有效激发出发展的内生动力。

1. 高校是助力乡村振兴的科技创新源

马克思主义认为，生产力是推动社会前进最活跃、最革命、最根本的力量。科学技术是第一生产力。高校作为科学研究高地，已经成为科学理论与基础研究的主力军和技术创新的策源地，为农业农村发展提供了源源不断的创新驱动力。据统计，在“十三五”国家重点研发项目——农业农村领域中，高校累计牵头承担了近40%的项目。这些科技与知识的原创性研究，特别是直接关乎农业生产发展的遗传育种、种养技术、土壤改良、病虫害防治等一系列科技与知识的创新性成果，在定点帮扶与乡村振兴工作中嫁接到贫困地区、偏远山区，有力地推动了地方产业发展和区域经济社会的发展。如邓秀新院士的科研团队，不断突破制约我国柑橘产业发展的关键问题，成功构建了柑橘优势产业带，基本实现柑橘常年有鲜果，大幅提升了种植效益。例如，仅湖北秭归县，柑橘种植年产值超过5000万的村就将近20个。

2. 高校是助力乡村振兴的技术供给源

长期以来，高校注重推进产学研用一体化，促进技术创新上中下游的对接与耦合。在参与定点扶贫与助力乡村振兴的过程中，高校更是突破体制机制障碍，直接推动了成果转化和技术落地，服务帮扶地区产业迭代升级、激发持久内生动力。教育部2016年以来评选出的60个“直属高校精准扶贫精准脱贫十大典型项目”，均离不开高校相应的科技支撑和智力支持。特别是人工智能、物联网、大数据等新技术、新专业在高校的兴起和发展，为进一步巩固拓展脱贫攻坚成果、全面推进乡村振兴提供了更多可能。如西安电子科技大学发挥其学科优势，按照“互联网+现代农业”的思路，为帮扶地区量身定制了“农掌门”惠农服务平台，打通了农业科技信息服务与推广的“最后一公里”，助推了当地西瓜、甜瓜产业的发展，极大促进了农户的增收致富。

3. 高校是助力乡村振兴的人才保障源

高校聚集了丰富的人才智力资源，人才优势是高校最显著的特征，这里同样聚集了大批高水平的农业农村科技创新人才与技术服务人才，这为助力乡村振兴提供了有力保障。统计显示，在国家现代农业产业技术体系“十三五”新增岗位科学家中，来自高校的专家就有164人，占总数的46%，以他们为代表的高校专家便是高校助力乡村振兴的坚强后盾。在脱贫攻坚与乡村振兴的广袤田野，高校探索了“专家大院”“科技小院”等技术推广模式，构建了“新农村服务基地”“专家工作站”“教授服务团”等智力支持平台，在授人以鱼的同时更授人以渔，切实将高校人才优势转化为地方产业富民的有力保障。教育部还于2020年3月组建了由150余名高校专家组成的全国教育扶贫和乡村振兴专家人才库，围绕政策研究、规划制定、工作咨询、政策宣讲、课题研究、项目评审及验收等方面开展工作，为帮扶工作和服务乡村振兴战略持续提供智力支持，并探索长效机制。

二　南京农业大学定点帮扶的实践探索

南京农业大学作为首批参与定点扶贫的教育部直属高校，自2013年起承担了国务院扶贫办、教育部等八部委部署的定点扶贫贵州省麻江县的工作。麻江县位于贵州省中部，隶属于贵州省黔东南苗族侗族自治州，属于滇桂黔石漠化区，是国家扶贫开发工作重点县。全县总人口17.66万人，2014年全县贫困村36个，贫困发生率为27.1%，扶贫脱贫压力大。南京农业大学与麻江县结对以后，通过实地摸排，锁定了技术和资金是其主要致贫原因。据统计，在2014年统计的15368户建档立卡贫困户中，因缺技术致贫的有4773户，占比最高，为31.1%；因缺资金致贫的有4710户，占比30.6%（见图8-5）。因此，南京农业大学充分发挥学科特色和人才优势，深入分析麻江的资源禀赋和帮扶需求，确立了以产业为核心的帮扶模式，同时综合党建、教育、智力、消费扶贫等多种帮扶方式，帮助麻江实现特色产业的迭代升级，促进一二三产业融合发展，带动当地经济社会发展。截至2018年末，麻江县贫困发生率降至1.55%，2019年4月，贵州省政府宣布麻江县退出贫困县序列。贵州省委书记、省长联合署名向南京农业大学发来感谢信，黔东南州委州政府多年给学校发来感谢信，肯定学校在麻江的扶贫模式“把脉问诊、对症下药，创新帮扶举措，促进科技推广应用，着力开展党建扶贫、产业扶贫、智力扶贫、科技扶贫、消费扶贫等工作，多层面开展精准帮扶活动，已在黔东南州乃至贵州全省推广”。

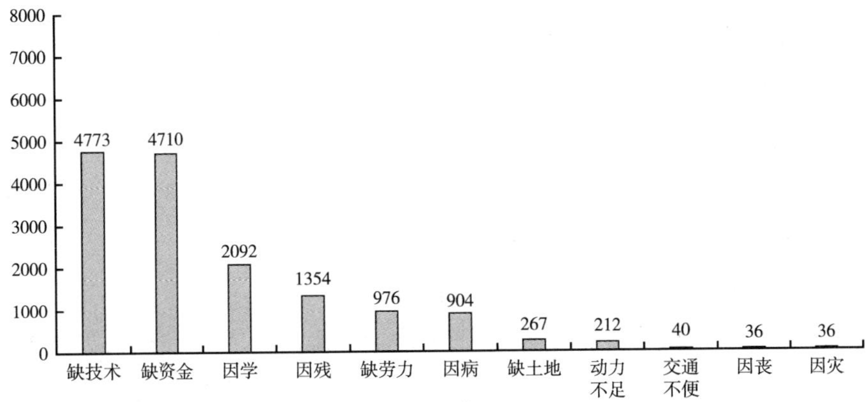

图 8-5　2014 年麻江县建档立卡贫困户致贫原因分析

（一）下好“一盘棋”，汇聚帮扶合力

1. 校内“一盘棋”，强化组织领导

南京农业大学成立了由学校党委书记、校长为“双组长”的扶贫开发工作领导小组，并明确了每个成员单位的工作职责，全校“一盘棋”统筹推进定点扶贫工作。2021 年，学校调整原扶贫开发工作领导小组为乡村振兴工作领导小组，将所有学院负责人和更多相关职能部门负责人作为小组成员，进一步凝聚了资源、充实了力量，形成了服务乡村振兴的强大合力。学校定期召开常委会、校长办公会，专题研究定点帮扶与乡村振兴工作，召开领导小组会议来研讨推进各项相关工作，分管校领导定期召开工作推进会与调度会，校领导班子还开展扶贫与乡村振兴领域的专题学习等，始终按照习近平总书记的要求，“把扶贫开发列入重要议事日程”，“把实施乡村振兴战略作为新时代‘三农’工作总抓手”，摆在更加突出的位置。

2. 校地“一盘棋”，加强校地联动

习近平总书记强调，必须坚持精准扶贫、精准脱贫。南京农业大学坚持以需求为导向开展精准帮扶，根据麻江的资源禀赋和实际需求，助力麻江制定了“1258”产业规划（即麻江发展 1 万亩红蒜、2 万亩锌硒米、5 万亩商品蔬菜、8 万亩蓝莓的战略性产业规划），并签订了一揽子帮扶协作方案。

建立校地联动工作机制，定期召开校地联席会议，每年学校党委书记和校长分别带队赴麻江调研，校领导班子成员结合分管工作多次赴麻江推进各项工作。建立常态化校地互访制度。2019~2022年，校地产业专家、技术人员、行政部门等校地互访达到千余人次。校地“一盘棋”，共同确定定点帮扶与助推乡村振兴的工作重点，共同破解发展难点和堵点，使得帮扶工作得以科学规划、高效实施、精准落地。

（二）牵好“牛鼻子”，把握产业核心

自2013年习近平总书记提出“精准扶贫”以来，产业帮扶就被赋予了非常重要的意义和内涵。2015年出台的《中共中央 国务院关于打赢脱贫攻坚战的决定》将产业扶贫提升到了一个新高度，明确提出要发展特色产业脱贫，支持贫困地区加快一二三产业融合发展，让贫困户更多地分享农业全产业链和价值链的增值收益。南京农业大学坚定贯彻落实习近平总书记讲话精神和国家文件要求，牢牢牵好助力麻江县产业发展的“牛鼻子”，充分发挥学校科技和人才优势，结合麻江的资源禀赋和产业特色，因地制宜地确立了“用金牌学科、铸招牌产业、创品牌产品”的帮扶思路，以新技术、新品种、新思路、新方法为麻江产业发展注入新动能，以科技支撑和人才支持助力麻江传统特色产业提档升级，积极培育新型产业提质增效，促进麻江一二三产业融合发展，南京农业大学对麻江县产业帮扶思路举措见图8-6，帮助贫困户实现了增收，极大促进了当地经济社会发展。

1. 发挥高校学科人才优势，推动传统特色产业迭代升级

麻江县素有“锌硒米之乡”“中国红蒜之乡”的美誉，处于云贵高原向湘桂丘陵过渡的锌硒矿带，土壤富含锌硒等微量元素，有着得天独厚的地理优势。但种植观念落后、栽培技术陈旧、品种质量不佳等导致锌硒米品质下降、产量不高、口感不佳、销路不畅；红蒜品种退化、病虫害严重、栽培技术粗放、种植面积大幅度“缩水”。在激烈的市场竞争中，麻江原有的特产无特色，招牌不招财。南京农业大学依托学科优势和科技支撑，针对麻江地区特色产业不“特”，优势物产不“兴”的现状，瞄准制约产业发展的痛点，通过系统的产业规划、先进技术再造等形式助力当地

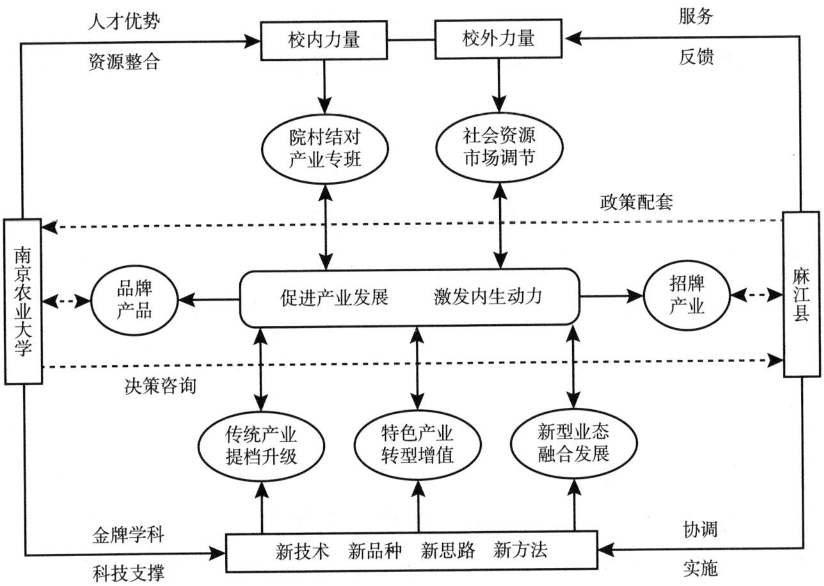

图 8-6　南京农业大学对麻江县产业帮扶思路举措

传统特色产业提档升级，重新拉动产业发展和乡村振兴新引擎。为重振麻江锌硒米产业，南京农业大学发挥作物学国家“双一流”学科和工程院院士团队的优势。一方面，学校育种专家团队十余次赴麻江开展调研、检测，筛选了 20 余个优良品种进行对比研究，最终选定学校培育的出米率高、综合抗性强、适口性好的优质粳稻“宁粳 8 号”“宁香粳 9 号”，相继将其引入麻江，提升了原有稻米品质。另一方面，在麻江建成“金色稻海、坝上粮仓”稻米展示基地，试验示范和推广锌硒米高效优质的生产技术和先进的栽培管理技术，有针对性地制定锌硒米高效优质生产技术规程。在新品种和技术引入后，麻江锌硒米实收测产达到 666.1 公斤/亩，创造了该地区粳米栽培的产量记录以及黔东南州的历史纪录。其锌、硒含量达到常规稻的 3 倍左右，与散户相比，平均每亩增收 100 公斤、纯收益新增约 700 元。2021 年学校进一步引种新品种“宁香粳 9 号”，在专家的实产验收中平均产量高达 700 公斤/亩，对比当地常规产量 440 公斤/亩，再次实现了亩产的突破性提升。在南京农业大学的科技支撑下，麻江的锌硒米供不应求，售价达到每斤 10 元，带动贫困户每户年均增收约 3500 元，种植及辐射产业面积达到 20000 亩。针对麻江红蒜产业面临的发展困境，南京农业大学依托国家级重点学科蔬菜学科的优势，提出了一套“分级播种—蒜种提纯复壮—脱毒育苗—优质高效栽培—保鲜储运”的技术实施方案，先后建设实验基地和栽培示范基地，开展红蒜脱毒与种苗提纯复壮关键技术的研发。随着优质种苗繁育、高效栽培、标准化生产等技术不断优化，麻江红蒜亩产量超过 1000 公斤，栽培面积从不足 1000 亩到超过 5000 亩。同时针对农户用除草剂解决“草比蒜多”的技术瓶颈，提出“地膜覆盖”种蒜技术，保持地下土湿度，从而减少病害发生率和杂草生长。通过地膜覆盖增温和绿色防控技术等大大提升了红蒜的附加值，每亩收入约 8000 元。学校以科技支撑推动麻江传统产业提档升级、特色产业转型增值，助力打造了麻江品牌，极大提升了市场竞争力，为乡村振兴高质量发展贡献了“高校智慧”和“高校力量”。

2. 围绕全产业链布局，推动一二三产深度融合

根据麻江喀斯特地貌，土地碎片化、难以实现机械化等地域特点，南京农业大学敏锐地找到了发挥菊花学科优势落地生根的契合点。菊花耐寒、无需机械化采摘等特点正好适应麻江的地理气候条件。南京农业大学菊花课题组更是保存了 3000 余个菊花品种、5000 余份菊花资源，拥有世界上最大的菊花种质资源基因库，建有科研实力雄厚的菊花研究团队。学校充分发挥这一科技优势，精准指导和推动麻江创新发展菊花产业。在品种引进、技术指导、基地建设、产业融合等方面提供科技支撑，将先进的技术、理念、科研成果和管理经验“嫁接”到麻江，布局全产业链进行帮扶。自 2015 年以来，先后打造了菊花产业 1.0——状元故里菊花谷项目，菊花产业 2.0——药谷江村菊花谷项目，菊花产业 3.0——世界菊花谷建设项目，致力于打造中国西部最大的菊花科技源、资源圃与观光园。“麻江品菊季”累计吸引游客近 200 万人次，带动旅游综合收入超过 2 亿元。一年一度的“品菊季”还带动了当地花生、小米、野菜等特色农产品的销售，更是带火了一批当地的农家乐、民宿等。如今，麻江茶用菊种植面积已近 1500 亩，带动农户

678 户，菊花企业以每斤 6 元的均价收购鲜菊花，每亩产净利润达 2000 元以上。通过“麻江品菊季”等旅游品牌的打造，实现农文旅融合发展，更带动和激活了衍生和相关产业的发展。农户进一步拓展产业链条，菊花点心、菊花茶、菊花口红、精品盆栽等衍生品应运而生，1000 余户农民在家门口成功就业。一二三产业的融合发展促进了麻江现代农业的提质增效，以菊花为依托的“农业、文化、旅游”综合产业链布局已基本形成（见图 8-7），成为促进农民增收致富的一个新兴产业。

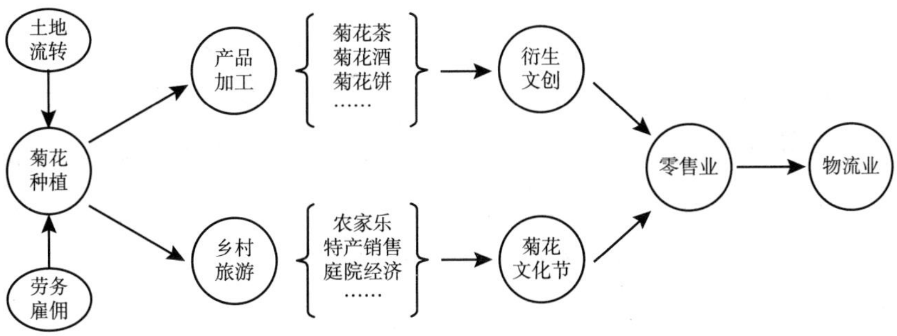

图 8-7　以菊花为核心的产业链布局

（三）打好“组合拳”，促进全面发展

1. 打好社会资源组合拳，不断巩固拓展高校定点帮扶成果

一方面，南京农业大学积极发动校友等社会力量参与乡村振兴和定点帮扶，帮助巩固拓展扶贫脱贫成果。一是依托校友企业，帮助麻江农特产品开展有机认证、技术检测等，提升产品品质。二是把校友资源引进麻江，通过成立“校友企业俱乐部”、组建区域性与行业性校友分会等，凝聚校友力量，直接对接地方需求，推动产业发展。三是发动广大校友力量开展消费扶贫，打造稳定、多样的销售渠道，实现产销良好对接，增加经济效益，帮助自主脱贫，巩固脱贫成果。另一方面，针对农村产业抗风险能力差、规模小、产业链短、产品附加值低等问题，南京农业大学联合政府、企业等共同发起组建特色产业联盟，推动协同发展。2022 年，已成立了稻米、电商、草莓、家禽、生猪、菊花等多个新型农业经营主体产业发展联盟，由学校专

家负责对产业发展中的问题答疑解惑、开展技术指导与技能培训，吸纳300余户新型农业经营主体和50余户贫困户积极参与，以科技链聚集特色产业链，实现抱团发展，有针对性地解决了产业发展中的难点、堵点。

2. 打好校内力量组合拳，探索定点帮扶有效衔接乡村振兴

助力麻江脱贫后，还要继续做好巩固拓展脱贫攻坚成果，有效衔接乡村振兴。结合麻江2019年脱贫后的新形势，南京农业大学在前期扶贫工作基础上创新帮扶模式，实施“南农麻江‘10+10’行动”，由10个学院分别对接麻江10个村，以院村结对形式精准帮扶，以10个村为主战场进行县域辐射，以党建为引领，以产业为核心，综合打好党建、产业、智力、教育、消费、健康、文化帮扶等组合拳，促进乡村的产业振兴、组织振兴、生态振兴、人才振兴及文化振兴，探索定点帮扶有效衔接乡村振兴新路径。“南农麻江‘10+10’行动”实施以来，麻江的仙坝村、卡乌村、新场村、水城村等入选了贵州省乡村振兴“十百千”示范工程示范村、精品旅游示范村等，展现了美丽乡村新风貌。学校院村结对帮扶的水城村，更是在2021年2月25日举行的全国脱贫攻坚总结表彰大会上获得了“全国脱贫攻坚先进集体”的殊荣。

（四）建好“根据地”，构建长效机制

1. 建好线下“根据地”，搭建平台融合发展

在麻江乡村振兴新形势下，南京农业大学于2021年积极推动成立了麻江乡村振兴研究院，打造集应用研究、科技推广、成果转化和人才培养等功能为一体的综合性科技服务平台，进一步在麻江创新构建服务乡村振兴的长效帮扶根据地，打造助力乡村振兴的新引擎。同时，学校还建设了南京农业大学贵州麻江研究生乡村振兴工作站，将麻江产业发展新需求和学校人才培养相结合。校地双方不仅共同制定了贵州麻江研究生乡村振兴工作站进站、出站等配套管理办法，还成立了工作站管理委员会，配备了双导师，合力推动工作站建设。学校选派10多个学科领域20余名研究生导师和50余名研究生进驻麻江，将促进麻江乡村振兴工作与学校的新农科人才培养有机融合，使研究生工作站成为校地常态化联系的固定据点和稳定平台。这些工作

既利于将“大科学”根植于“大土地”，培养高素质的复合应用型人才，又能将科技力转化为生产力，解决地方产业发展技术难题。一系列乡村振兴平台的建设实现了高校帮扶从“游击战”向“阵地战”的转变，构建了高校定点帮扶助力乡村振兴的长效机制。

2. 建好线上“根据地”，突破时空长效帮扶

南京农业大学积极探索“互联网+乡村振兴”模式，开发“南农易农”App，开展科技推广服务与答疑解惑，多维度助力乡村振兴。该平台设置了当前农事、定点帮扶、易农微课、农业专家、实用技术、农业服务、市场资讯等10多个专题，建设了由粮食、水果、蔬菜、花卉、茶药、家禽、畜牧、水产、经管、食品加工等14个领域的118名专家组成的专家库，为农户提供线上农业技术指导与服务。“南农易农”线上农技推广服务平台，一方面能够常态化地给用户及时普及各类农业资讯，及时上传学校专家教授的微课视频，根据农时农事发布实用技术，一对一地对农户的问题进行远程指导与答疑解惑等。另一方面可以向东部发达地区远程推介农村地区的农特产品，搭建校企联络平台，形成产销对接联络机制。线上服务平台的搭建有效解决了定点帮扶和助力乡村振兴工作中校地距离较远产生的时空难题，为学校常态化助力乡村振兴工作提供了有力的载体支持。

三　新时期高校助力乡村振兴的路径优化

习近平总书记在2020年12月召开的中央农村工作会议上强调，脱贫攻坚取得胜利后，要全面推进乡村振兴，这是“三农”工作重心的历史性转移。脱贫攻坚目标任务完成后，对摆脱贫困的县从脱贫之日起设立5年过渡期。过渡期内要保持主要帮扶政策总体稳定。教育部也明确提出，直属高校仍要继续开展定点帮扶工作，不断拓展深化帮扶形式和内容，保持工作力度不减。因此，新时期的高校助力乡村振兴和定点帮扶工作仍然需要不断注入高校智慧和高校力量。

1. 实施动态监测，深化防止返贫工作

在摆脱绝对贫困以后，贫困的内涵和特征将发生新的变化。对于刚刚脱

贫的地区和人口来说，其抗风险能力还很低，有可能出现快速返贫、因故致贫的情况，也有可能存在隐性贫困、相对贫困等情形，这都是需要精准破解的新问题。高校可以通过建设定点帮扶信息系统，依托大数据统计等，开展细致的入户调查，系统录入帮扶对象的各类详细数据，实行帮扶户档案的动态管理，保证帮扶工作能够“对症下药”并“按需给药”。同时，在高校已有的多年帮扶工作基础上，建立党建帮扶、产业帮扶、教育帮扶、消费帮扶等特色数据库，形成追踪调查，总结特色经验与不足，科学研判帮扶工作的经验和成效，跟踪动态监测，不断完善防止返贫帮扶机制，为探索巩固拓展脱贫攻坚成果有效衔接乡村振兴时代高校高质量帮扶路径提供现实依据。

2. 强化科技赋能，全面促进产业升级

我国脱贫攻坚的经验和高校定点帮扶的实践都充分表明，产业发展是确保贫困地区和人口脱贫致富的强劲动力和持久之策。在全面推进乡村振兴的过程中，同样可能存在一些需要改进的问题，比如从产业的地缘属性来看，部分已脱贫地区的产业是“外源植入”性的，“嫁接”到当地是否合适还需要进一步检验；从产业分布来看，不少产业增量大，不同地区产业趋同性强，可能影响其可持续发展；从产业层次来看，部分帮扶地产业还处于较低水平，特别是一二三产业融合发展程度不够。因此，要实现地区的持久发展、产业振兴，就需要不断促进地方产业的迭代升级、转型增值。这就要求高校进一步提供科技支撑和技术支持，不断赋能乡村发展，通过校地充分协作，以联合申报项目、建设示范基地、选派科技特派员等形式，培育与地方发展相适应的产业，进一步推动高校新技术、新品种的落地与科技成果的转移转化，依托政产学研的融合等持续为地方乡村振兴高质量发展提供新动能。

3. 发挥教育优势，持续激发内生动力

习近平总书记多次强调，扶贫要同扶智、扶志结合起来，智和志就是内力、内因。同时，乡村振兴关键在科技、在人才。要提升已脱贫地区发展的持久内生动力，就要保证加强人才队伍建设，努力培育人、吸引人、留住人。高校要发挥其在理念、人才、科技、教育等方面的特色优势，深度融入帮扶地的自然环境、文化底蕴、资源优势等，形成具有高校特质和地方特色的教育帮扶、文化帮扶模式，打造人才培养平台、人力引留环境，更好地激发农村地区的内生动力，走出一条可持续、高质量的助力乡村振兴之路。比如，针对农村地区区域教育基础薄弱的现实，专门开设技能培训班，甚至举办职业技术学校，发挥教育阻断贫困代际传递的作用。通过远程教育、成人教育、示范培训班等形式，为帮扶地区培育懂农业、爱农村、爱农民的人才队伍。通过营造优良环境，吸引能人回乡，促进贤人治乡，不断激发乡村振兴发展的内生动力和活力。

4. 构建长效机制，全面推进乡村振兴

党的十九届五中全会通过的《中共中央关于制定国民经济和社会发展第十四个五年规划和二〇三五年远景目标的建议》中明确指出，要实现巩固拓展脱贫攻坚成果同乡村振兴有效衔接，“十四五”时期需要重点关注脱贫地区和脱贫群众，有效巩固脱贫减贫成果，推动脱贫攻坚和乡村振兴的有机衔接仍然任重道远。高校定点帮扶和助力乡村振兴工作，也应重视构建帮扶长效机制，推动从全面小康到全面乡村振兴。一是要发挥高校智囊作用，帮助地方在“十四五”规划中高位谋划，聚焦乡村振兴目标，做到规划先行。二是发挥资源平台优势，帮助地方构建现代乡村治理体系，充分发挥政府、社会、企业等治理主体的主动性和积极性，实现治理效能提升。三是要加强校地互动，用好过渡期内的帮扶政策和乡村振兴支持政策，因地制宜、以需求为导向，打好产业、人才、组织、生态、文化的组合拳，有力地巩固拓展脱贫成果，迈向全面振兴，助力贫困地区真正实现从脱贫到振兴的跨越发展。

四 总结

长期以来，高校一直是脱贫攻坚和乡村振兴中不可或缺的重要力量，探索和创造出了“高校品牌”，也真正发挥了高校科技对产业发展的支撑作用，并推动了农科教相结合的综合服务模式的发展，既为决胜脱贫攻坚和乡村振兴贡献了重要力量，也为新时代“三农”工作积累了宝贵经验。为了中国人要把饭碗端在自己手里、要装自己的粮食，就需要进一步提升农业产业竞争力；为了绿水青山变为金山银山，就需要不断升级传统产业，保护生态环境。总之，没有农业农村的现代化，就没有整个国家的现代化。在迈向现代化强国的新时代，高校肩负着新使命，也面临着新机遇。高等学校基础研究珠峰计划的实施，带动了一大批新的科技创新；“四新”人才培养计划的启动，掀起了新一轮人才培养变革；乡村振兴战略的深入推进，无疑又赋予了新的社会需求和责任。高校唯有秉承习近平总书记的嘱托，继续以立德树人为根本，以强农兴农为己任，拿出更多科技成果，培养更多知农爱农新型人才，为推进农业农村现代化、确保国家粮食安全、提高亿万农民生活水平和思想道德素质、促进山水林田湖草沙系统治理、全面推进乡村振兴做出新的更大贡献。

参考文献

张来武等：《第四产业：来自中国农村的探索》，人民出版社，2018。

王乐君、赵海：《日本韩国发展六次产业的启示与借鉴》，《农村经营管理》2016 年第 7 期。

路征：《第六产业：日本实践及其借鉴意义》，《现代日本经济》2016 年第 4 期。

张佳书、苑会娜、傅晋华：《日本发展“六次产业”的典型模式及对中国的启示》，《中国科技论坛》2016 年第 10 期。

姜长云：《日本的“六次产业化”与我国推进农村一二三产业融合发展》，《农业经济与管理》2015 年第 3 期。

崔振东：《日本农业的六次产业化及启示》，《农业经济》2010 年第 12 期。

邱灵：《推进农村一二三产业融合发展：日本做法及其启示》，《全球化》2016 年第 10 期。

张来武：《产业融合背景下六次产业的理论与实践》，《中国软科学》2018 年第 5 期。

张来武：《六次产业理论与创新驱动发展》，人民出版社，2018。

关鑫、姜文来、信军等：《乡村振兴背景下农业“新六产”理论与形成路径研究》，《中国农业资源与区划》2020 年第 9 期。

孔祥利、夏金梅：《乡村振兴战略与农村三产融合发展的价值逻辑关联及协同路径选择》,《西北大学学报》(哲学社会科学版)2019 年第 2 期。

严瑾、黄绍华:《脱贫攻坚与乡村振兴有机衔接的高校实践理路》,《湖北民族大学学报》(哲学社会科学版)2020 年第 5 期。

《坚持把解决好“三农”问题作为全党工作重中之重　促进农业高质高效乡村宜居宜业农民富裕富足》,《人民日报》2020 年 12 月 30 日。

图书在版编目(CIP)数据

长三角乡村振兴与发展观察 / 严瑾等著 . --北京：社会科学文献出版社，2022.11

ISBN 978-7-5228-0925-0

Ⅰ.①长… Ⅱ.①严… Ⅲ.①长江三角洲-农村-社会主义建设 Ⅳ.①F320.3

中国版本图书馆 CIP 数据核字（2022）第 194089 号

长三角乡村振兴与发展观察

著　　者 / 严　瑾　刘祖云 等

出 版 人 / 王利民
组稿编辑 / 任文武
责任编辑 / 郭　峰
文稿编辑 / 程亚欣
责任印制 / 王京美

出　　版 / 社会科学文献出版社 · 城市和绿色发展分社（010）59367143
地址：北京市北三环中路甲 29 号院华龙大厦　邮编：100029
网址：www.ssap.com.cn
发　　行 / 社会科学文献出版社（010）59367028
印　　装 / 三河市龙林印务有限公司

规　　格 / 开　本：787mm × 1092mm　1/16
印　张：23.25　字　数：356 千字
版　　次 / 2022 年 11 月第 1 版　2022 年 11 月第 1 次印刷
书　　号 / ISBN 978-7-5228-0925-0
定　　价 / 98.00 元

读者服务电话：4008918866